독일외교문서
한 국 편

1874~1910

10

이 저서는 2017년 대한민국 교육부와 한국학중앙연구원(한국학진흥사업단)의 한국학 분야 토대연구지원사업의 지원을 받아 수행된 연구임 (AKS-2017-KFR-1230002)

This work was supported by Korean Studies Foundation Research through the Ministry of Education of the Republic of Korea and Korean Studies Promotion Service of the Academy of Korean Studies (AKS-2017-KFR-1230002)

독일학총서 Bibliothek der Germanistik

독일외교문서
한국편

1874~1910

10

고려대학교 독일어권문화연구소 편

보고사
BOGOSA

개항기 한국 관련
독일외교문서 번역총서 발간에 부쳐

1. 본 총서에 대하여

본 총서는 고려대학교 독일어권문화연구소가 한국학중앙연구원에서 시행하는 토대사업(2017년)의 지원을 받아 3년에 걸쳐 출간하는 작업의 두 번째 결과물이다. 해당 프로젝트 〈개항기 한국 관련 독일외교문서 탈초·번역·DB 구축〉은 1866년을 전후한 한-독 간 교섭 초기부터 1910년까지의 한국 관련 독일 측 외교문서 9,902면을 탈초, 번역, 한국사 감교 후 출판하고, 동시에 체계적인 목록화, DB 구축을 통해 온라인 서비스 토대를 마련함으로써 관련 연구자 및 관심 있는 일반인에게 제공하기 위한 것이다. 본 프로젝트의 의의는 개항기 한국에서의 독일의 역할과 객관적인 역사의 복원, 한국사 연구토대의 심화·확대, 그리고 소외분야 연구 접근성 및 개방성 확대라는 측면에서 찾을 수 있다.

이번 우리 연구소가 국역하여 공개하는 독일외교문서 자료는 한국근대사 연구는 물론이고 외교사, 한독 교섭사를 한 단계 끌어올릴 수 있는 중요한 일차 사료들이다. 그러나 이 시기의 해당 문서는 모두 전문가가 아닌 경우 접근하기 힘든 옛 독일어 필기체로 작성되어 있어 미발굴 문서는 차치하고 국내에 기수집된 자료들조차 일반인은 물론이고 국내 전문연구자의 접근성이 극히 제한되어 있는 상황이다. 이런 상황에서 우리의 프로젝트가 성공적으로 마무리된다면 절대적으로 부족한 독일어권 연구 사료를 구축하여, 균형 잡힌 개항기 연구 토대를 마련하고, 연구 접근성과 개방성, 자료 이용의 효율성을 제고함과 동시에 한국사, 독일학, 번역학, 언어학 전문가들의 학제 간 협동 연구를 촉진하는 중요한 계기가 될 것이다.

2. 정치적 상황

오늘날 우리는 전 지구적 세계화가 가속화되고 있는 상황 속에 살고 있다. '물결'만으로는 세계화의 속도를 따라잡을 수 없게 되었다. 초연결 사회의 출현으로 공간과 시간,

그리고 이념이 지배하던 지역, 국가 간 간극은 점차 줄어들고 있다. 그렇다고 국가의 개념이 사라지는 것은 아니다. 오히려 국가는 국민을 안전하게 보호하고 대외적으로 이익을 대변해야 하는 역할을 이런 혼란스러운 상황 속에서 더욱 성실히 이행해야 하는 사명을 갖는다.

한국을 둘러싼 동아시아 국제정세는 빠르게 변화하고 있다. 지난 2년 사이에 남북한 정상은 두 번의 만남을 가졌고, 영원히 만나지 않을 것 같았던 북한과 미국의 정상 역시 싱가포르에 이어 하노이에서 역사적 회담을 진행하였다. 한반도를 둘러싼 오랜 적대적 긴장 관계가 완화되고 화해와 평화의 분위기가 조성된 것이다.

하지만 한반도에 완전한 평화가 정착되었다고 단언하기란 쉽지 않다. 휴전선을 둘러싼 남북한의 군사적 대치 상황은 여전히 변한 것이 없다. 동아시아에서의 주변 강대국의 패권 경쟁 또한 현재 진행형이다. 즉 한반도 평화 정착을 위해서는 한국, 북한, 미국을 비롯해서 중국, 러시아, 일본 등 동아시아 정세에 관여하는 국가들의 다양하고 때로는 상충하는 이해관계들을 외교적으로 세밀하게 조정할 필요가 있다.

한국은 다양한 국가의 복잡한 이해관계를 어떻게 조정할 것인가? 우리 프로젝트 팀은 세계화의 기원이라 할 수 있는 19세기 말에서 20세기 초 한반도의 시공간에 주목하였다. 이 시기는 통상 개항기, 개화기, 구한말, 근대 초기로 불린다. 증기기관과 증기선 도입, 철도 부설, 그 밖의 교통 운송 수단의 발달로 인해서 전 세계가 예전에 상상할 수 없을 정도로 가까워지기 시작하던 때였다. 서구 문물의 도입을 통해서 한국에서는 서구식 근대적 발전이 모색되고 있었다.

또 한편으로는 일본뿐만 아니라 청국, 그리고 서구 열강의 제국주의적 침탈이 진행되었던 시기였다. 한국 문제에 관여한 국가들은 동아시아에서 자국의 이익을 유지, 확대하려는 목적에서 끊임없이 경쟁 혹은 협력하였다. 한국 역시 세계화에 따른 근대적 변화에 공감하면서도 외세의 침략을 막고 독립을 유지하려는 데에 전력을 기울였다. 오늘날 세계화와 한국 관련 국제 정세를 이해하기 위해서는 무엇보다 그 역사적 근원인 19세기 후반에서 20세기 초반의 상황을 알아야 한다. 이에 본 연구소에서는 개항기 독일외교문서에 주목하였다.

3. 한국과 독일의 관계와 그 중요성

오늘날 한국인에게 독일은 친숙한 국가이다. 1960~70년대 약 18,000여 명의 한국인은 낯선 땅 독일에서 광부와 간호사로 삶을 보냈다. 한국인들이 과거사 반성에 미흡한 일본을 비판할 때마다 내세우는 반면교사의 대상은 독일이다. 한때는 분단의 아픔을 공유하기도 했으며, 통일을 준비하는 한국에 타산지석의 대상이 되는 국가가 바로 독일이다. 독일은 2017년 기준으로 중국과 미국에 이어 한국의 세 번째로 큰 교역 국가이기도 하다.

한국인에게 독일은 이웃과도 같은 국가이지만, 정작 한국인들은 독일 쪽에서는 한국을 어떻게 인식하고 정책을 추진하는지 잘 알지 못한다. 그 이유는 독일이 한반도 국제정세에 결정적인 역할을 끼쳐온 국가가 아니기 때문이다. 오늘날 한국인에게는 미국, 중국, 일본, 러시아가 현실적으로 중요하기에, 정서상으로는 가까운 독일을 간과하는 것이 아닐까 하는 생각이 든다.

그렇다면 우리는 독일을 몰라도 될까? 그렇지 않다. 독일은 EU를 좌우하는 핵심 국가이자, 세계의 정치, 경제, 사회, 문화를 주도하는 선진국이자 강대국이다. 독일은 유럽뿐만 아니라 동아시아를 비롯한 전 세계의 동향을 종합적으로 고려하는 가운데 한국을 인식하고 정책을 시행한다. 독일의 대한정책(對韓政策)은 전 지구적 세계화 속에서 한국의 위상을 보여주는 시금석과 같다.

세계화의 기원인 근대 초기도 지금과 상황이 유사하였다. 미국, 영국에 이어서 한국과 조약을 체결한 서구 열강은 독일이었다. 청일전쟁 직후에는 삼국간섭을 통해서 동아시아 진출을 본격화하기도 했다. 하지만 당시 동아시아에서는 영국, 러시아, 일본, 청국, 그리고 미국의 존재감이 컸다. 19세기 말에서 20세기 초 한반도를 둘러싼 국제정세에서 독일이 차지하는 위상은 상대적으로 높지 않았다.

하지만 당시 독일은 동아시아 정세의 주요 당사국인 영국, 러시아, 일본, 청국, 미국 등의 인식과 정책 관련 정보를 집중적으로 수집하고 종합적으로 분석하였다. 세계 각국의 동향을 종합적으로 판단한 과정에서 독일은 한국을 평가하고 이를 정책으로 구현하고자 했다.

그렇기 때문에 개항기 한국 관련 독일외교문서는 의미가 남다르다. 독일외교문서에는 독일의 한국 인식 및 정책뿐만 아니라, 한국 문제에 관여한 주요 국가들의 인식과 대응들이 담겨 있는 보고서들로 가득하다. 독일은 자국 내 동향뿐만 아니라 세계 각국의 동향을 고려하는 과정에서 한국을 인식, 평가하고 정책화하였다. 그렇기에 독일외교문서는 유럽 중심에 위치한 독일의 독특한 위상과 전 지구적 세계화 속에서 세계 각국이 한국을 이해한 방식의 역사적 기원을 입체적으로 추적하기에 더할 나위 없이 좋은 자료인 것이다.

4. 이번 번역총서 작업과정에 대해

1973년 4월 4일, 독일과의 본격적인 교류를 위하여 〈독일문화연구소〉라는 이름으로 탄생을 알리며 활동을 시작한 본 연구소는 2003년 5월 15일 자로 〈독일어권문화연구소〉

로 명칭을 바꾸고 보다 폭넓은 학술 및 연구를 지향하여 연구원들의 많은 활동을 통해, 특히 독일어권 번역학 연구와 실제 번역작업에 심혈을 기울여 왔다. 이번에 본 연구소에서 세상에 내놓는 4권의 책은 모두(冒頭)에서 밝힌 대로 2017년 9월부터 시작한, 3년에 걸친 한국학중앙연구원 프로젝트의 1년 차 연구의 결과물이다. 여기까지 오기까지 작업의 역사는 상당히 길고 또한 거기에 참여했던 인원도 적지 않다. 이 작업은 독일어권연구소장을 맡았던 한봉흠 교수로부터 시작된다. 한봉흠 교수는 연구소소장으로서 개항기 때 독일 외교관이 조선에서 본국으로 보낸 보고 자료들을 직접 독일에서 복사하여 가져옴으로써 자료 축적의 기본을 구축하였다. 그 뒤 김승옥 교수가 연구소 소장으로 재직하면서 그 자료의 일부를 번역하여 소개한 바 있다(고려대 독일문화연구소 편, 『(朝鮮駐在) 獨逸外交文書 資料集』, 우삼, 1993). 당시는 여건이 만만치 않아 선별적으로 번역을 했고 한국사 쪽의 감교를 받지도 못하는 상태였다. 그러나 당시로써 옛 독일어 필기체로 작성된 보고문을 정자의 독일어로 탈초하고 이를 우리말로 옮기는 것은 생면부지의 거친 황야를 걷는 것과 같은 것이었다.

우리 연구팀은 저간의 사정을 감안하여 이번 프로젝트를 위해 보다 철저하게 다양한 팀을 구성하고 연구 진행에 차질이 없도록 하였다. 연구팀은 탈초, 번역, 한국사 감교팀으로 나뉘어 먼저 원문의 자료를 시대별로 정리하고 원문 중 옛 독일어 필기체인 쿠렌트체와 쥐털린체로 작성된 문서들을 독일어 정자로 탈초하고 이를 타이핑하여 입력한 뒤 번역팀이 우리말로 옮기고 이후 번역된 원고를 감교팀에서 역사적으로 고증하여 맞는 용어를 선택하고 필요에 따라 각주를 다는 등 다양한 협력을 수행하였다. 이번에 출간된 4권의 책은 데이터베이스화하여 많은 연구자들이 널리 이용할 수 있을 것이다. 총서는 전체 15권으로 구성될 예정이다.

2018년 9월부터 2019년 8월까지 작업한 2차분 6권을 드디어 출간하게 된 것을 연구 책임자로서 기쁘게 생각한다. 무엇보다 긴밀하게 조직화된 팀워크를 보여준 팀원들(번역자, 탈초자, 번역탈초 감수 책임자, 한국사 내용 감수 책임자, 데이터베이스팀 책임자)과 연구보조원 한 분 한 분에게 감사드린다. 그리고 프로젝트의 준비단계에서 활발한 역할을 한 김용현 교수와 실무를 맡아 프로젝트가 순항하도록 치밀하게 꾸려온 이정린 박사와 한승훈 박사에게 감사의 뜻을 전한다. 본 연구에 참여한 모든 연구원의 해당 작업과 명단은 각 책의 말미에 작성하여 실어놓았다.

2020년 봄날에
고려대학교 독일어권문화연구소장
김재혁

일러두기

1. 『독일외교문서 한국편 1874~1910』은 독일연방 외무부 정치문서보관소(Archives des Auswärtigen Amts)에서 소장하고 있는 근대 시기 한국 관련 독일외교문서를 번역한 것이다. 구체적으로는 1874년부터 1910년에 이르는 시기 독일 외무부에서 생산한 한국 관련 사료군에 해당하는 I. B. 16 (Korea)과 I. B. 22 Korea 1에 포함된 문서철을 대상으로 한다. ※ Peking II 127, 128에 수록된 한국 관련 기사(시기 : 1866~1881)는 별도 권호를 지정해서 출판할 예정임을 알려둔다.

2. 당시 독일외무부는 문서의 외무부 도착일, 즉 수신일을 기준으로 문서를 편집하였다. 이에 본 문서집에서는 독일외무부가 문서철 편집과정에서 취했던 수신일 기준 방식을 따랐다.

3. 본 문서집은 한국어 번역본과 독일어 원문 탈초본으로 구성되어 있다.

   1) 한국어 번역본에는 독일어 원문의 쪽수를 기입함으로써, 교차 검토를 용의하게 했다.
   2) 독일어 이외의 언어로 작성된 문서는 한국어로 번역하지 않되, 전문을 탈초해서 문서집에 수록하였다. 해당 문서가 주 보고서인 경우는 한국어 번역본과 독일어 원문 탈초본에 함께 수록하였으며, 첨부문서에 해당할 경우에는 한국어 번역본에 수록하지 않고, 독일어 탈초본에 수록하였다. ※ 주 보고서에 첨부문서로 표기되지 않은 상태에서 추가된 문서(언론보도, 각 국 공문서 등)들은 [첨부문서]로 표기하였다.

4. 당대 독일에서는 쿠렌트체(Kurrentschrift)로 불리는 옛 독일어 필기체와 프로이센의 쥐털린체(Sütterlinschrift)가 부가된 형태의 외교문서를 작성하였다. 이에 본 연구팀은 쿠렌트체와 쥐털린체로 되어 있는 독일외교문서 전문을 현대 독일어로 탈초함으로써 문자 해독 및 번역을 용이하게 했다.

   1) 독일어 탈초본은 작성 당시의 원문을 그대로 현대 독일어로 옮기는 것을 원칙으로 했다. 그 때문에 독일어 탈초본에는 문서 작성 당시의 철자법과 개인의 문서 작성상의 특성이 드러나 있다. 최종적으로 해독하지 못한 단어나 철자는 [sic.]로 표기했다.

2) 문서 본문 내용에 대한 다양한 종류의 제3자의 메모는 각주에 [Randbemerkung]을 설정하여 최대한 수록하고 있다.

3) 원문서 일부에 있는 제3자의 취소 표시(취소선)는 취소선 맨 뒤에 별도의 각주를 만들어 제3자의 취소 영역을 표시했다. 편집자의 추가 각주 부분은 모두 대괄호를 통해 원주와 구분하고 있다.

4) 독일어 탈초본에서는 연구자들의 편의를 돕기 위해서 각 문건 상단에 원문출처, 문서수발신 정보, 문서의 수신 과정에서 추가된 문구 등을 알아볼 수 있도록 표를 작성하였다.

예)　　　　　　Die Rückkehr Li hung chang's nach Tientsin. ──❶

PAAA_RZ201-018901_162 ──❷			
Empfänger	Bismarck ──❸	Absender	Brandt ──❹
A. 6624. pr. 30 Oktober 1882. ──❺		Peking, den 7. September 1882. ──❻	
Memo	Orig. 1. 11. nach Hamburg ──❼		

① 문서 제목 : 원문서에 제목(문서 앞 또는 뒤에 Inhalt 또는 제목만 표기됨)이 있는 경우 제목을 따르되, 제목이 없는 경우는 "[　]"로 표기해 원문서에 제목이 없음을 나타냄.

② 원문출처 : 베를린 문서고에서 부여한 해당 문서 번호에 대한 출처 표기. 문서번호-권수_페이지 수로 구성

③ 문서 수신자

④ 문서 발신자

⑤ 문서 번호, 수신일

⑥ 문서 발신지, 발신일

⑦ 문서 수신·전달 과정에서 추가적으로 작성된 문구

이 같은 표가 작성되지 않은 문서는 베를린 자체 생성 문서이거나 정식 문서 형태를 갖추지 않은 문서들이다.

5. 본 연구팀은 독일외교문서의 독일어 전문을 한국어로 번역·감교하였다. 이를 통해 독일어 본래의 특성과 당대 역사적 맥락을 함께 담고자 했다. 독일외교문서 원문의 번역 과정에서 뜻이 분명하지 않은 경우에는 [번역 주석]을 부기하였으며, [감교 주석]을 통해서 당대사적 맥락을 보완하였다. 아울러 독일외교문서 원문에 수록된 주석의 경우는 [원문 주석]으로 별도로 표기하였다.

6. 한국어 번역본에서는 중국, 일본, 한국의 지명, 인명은 모두 원음으로 표기하되, 관직과 관청명의 경우는 한국 학계에서 일반적으로 통용되는 한문의 한국어 발음을 적용하였다. 각 국가의 군함 이름 등 기타 사항은 외교문서에 수록된 단어를 그대로 병기하였다. 독일외교관이 현지어 발음을 독일어로 변환되는 과정에서 실체가 불분명해진 고유명사의 경우, 독일외교문서 원문에 수록된 단어 그대로 표기하였다.

7. 한국어 번역본에서는 연구자들의 편의를 돕기 위해서 각 문건 상단에 문서제목, 문서수발신 정보(날짜, 번호), 문서의 수신 과정에서 추가된 문구 등을 알아볼 수 있도록 표를 작성하였다.

예)

01
조선의 현황 관련 ─❶

발신(생산)일	1889. 1. 5 ─❷	수신(접수)일	1889. 3. 3 ─❸
발신(생산)자	브란트 ─❹	수신(접수)자	비스마르크 ─❺
발신지 정보	베이징 주재 독일 공사관 ─❻	수신지 정보	베를린 정부 ─❼
	No. 17 ─❽		A. 3294 ─❾
메모	3월 7일 런던 221, 페테르부르크 89 전달 ─❿		

① 문서 제목, 번호 : 독일어로 서술된 제목을 따르되, 별도 제목이 없을 경우는 문서 내용을 확인 후 "[ ]"로 구별하여 문서 제목을 부여하였음. 제목 위의 번호는 본 자료집에서 부여하였음.

② 문서 발신일 : 문서 작성자가 문서를 발송한 날짜

③ 문서 수신일 : 문서 수신자가 문서를 받은 날짜

④ 문서 발신자 : 문서 작성자 이름

⑤ 문서 수신자 : 문서 수신자 이름

⑥ 문서 발신 담당 기관

⑦ 문서 수신 담당 기관

⑧ 문서 발신 번호 : 문서 작성 기관에서 부여한 고유 번호

⑨ 문서 수신 번호 : 독일외무부에서 문서 수신 순서에 따라 부여한 번호

⑩ 메모 : 독일외교문서의 수신·전달 과정에서 추가적으로 작성된 문구

8. 문서의 수발신 관련 정보를 특정하기 어려운 문서(예를 들어 신문 스크랩)의 경우는 독일외무부에서 편집한 날짜, 문서 수신 번호, 그리고 문서 내용을 토대로 문서 제목

을 표기하였다.

9. 각 권의 원문 출처는 다음과 같다.

자료집 권 (발간 연도)	독일외무부 정치문서고 문서 분류 방식			
	문서분류 기호	일련번호	자료명	대상시기
1 (2019)	I. B. 16 (Korea)	R18900	Akten betr. die Verhältnisse Koreas (1878년 이전) 조선 상황	1874.1~1878.12
	I. B. 22 Korea 1	R18901	Allgemiene Angelegenheiten 1 일반상황 보고서 1	1879.1~1882.6
	I. B. 22 Korea 1	R18902	Allgemiene Angelegenheiten 2 일반상황 보고서 2	1882.7~1882.11
2 (2019)	I. B. 22 Korea 1	R18903	Allgemiene Angelegenheiten 3 일반상황 보고서 3	1882.11~1885.1.19
	I. B. 22 Korea 1	R18904	Allgemiene Angelegenheiten 4 일반상황 보고서 4	1885.1.20~1885.4.23
	I. B. 22 Korea 1	R18905	Allgemiene Angelegenheiten 5 일반상황 보고서 5	1885.4.24~1885.7.23
3 (2019)	I. B. 22 Korea 1	R18906	Allgemiene Angelegenheiten 6 일반상황 보고서 6	1885.7.24~1885.12.15
	I. B. 22 Korea 1	R18907	Allgemiene Angelegenheiten 7 일반상황 보고서 7	1885.12.16~1886.12.31
	I. B. 22 Korea 1	R18908	Allgemiene Angelegenheiten 8 일반상황 보고서 8	1887.1.1~1887.11.14
4 (2019)	I. B. 22 Korea 1	R18909	Allgemiene Angelegenheiten 9 일반상황 보고서 9	1887.11.15~1888.10.3
	I. B. 22 Korea 1	R18910	Allgemiene Angelegenheiten 10 일반상황 보고서 10	1888.10.4~1889.2.28
	I. B. 22 Korea 1	R18911	Allgemiene Angelegenheiten 11 일반상황 보고서 11	1889.3.1~1890.12.13
	I. B. 22 Korea 1	R18912	Allgemiene Angelegenheiten 12 일반상황 보고서 12	1890.12.14~1893.1.11

5 (2020)	I. B. 22 Korea 1	R18913	Allgemiene Angelegenheiten 13 일반상황 보고서 13	1893.1.12~1893.12.31
	I. B. 22 Korea 1	R18914	Allgemiene Angelegenheiten 14 일반상황 보고서 14	1894.1.1~1894.7.14
	I. B. 22 Korea 1	R18915	Allgemiene Angelegenheiten 15 일반상황 보고서 15	1894.7.15~1894.8.12
	I. B. 22 Korea 1	R18916	Allgemiene Angelegenheiten 16 일반상황 보고서 16	1894.8.13~1894.8.25
6 (2020)	I. B. 22 Korea 1	R18917	Allgemiene Angelegenheiten 17 일반상황 보고서 17	1894.8.26~1894.12.31
	I. B. 22 Korea 1	R18918	Allgemiene Angelegenheiten 18 일반상황 보고서 18	1895.1.19~1895.10.18
	I. B. 22 Korea 1	R18919	Allgemiene Angelegenheiten 19 일반상황 보고서 19	1895.10.19~1895.12.31
	I. B. 22 Korea 1	R18920	Allgemiene Angelegenheiten 20 일반상황 보고서 20	1896.1.1~1896.2.29
7 (2020)	I. B. 22 Korea 1	R18921	Allgemiene Angelegenheiten 21 일반상황 보고서 21	1896.3.1~1896.5.6
	I. B. 22 Korea 1	R18922	Allgemiene Angelegenheiten 22 일반상황 보고서 22	1896.5.7~1896.8.10
	I. B. 22 Korea 1	R18923	Allgemiene Angelegenheiten 23 일반상황 보고서 23	1896.8.11~1896.12.31
	I. B. 22 Korea 1	R18924	Allgemiene Angelegenheiten 24 일반상황 보고서 24	1897.1.1~1897.10.31
8 (2020)	I. B. 22 Korea 1	R18925	Allgemiene Angelegenheiten 25 일반상황 보고서 25	1897.11.1~1898.3.15
	I. B. 22 Korea 1	R18926	Allgemiene Angelegenheiten 26 일반상황 보고서 26	1898.3.16~1898.9.30
	I. B. 22 Korea 1	R18927	Allgemiene Angelegenheiten 27 일반상황 보고서 27	1898.10.1~1899.12.31

9 (2020)	I. B. 22 Korea 1	R18928	Allgemiene Angelegenheiten 28	1900.1.1~1900.6.1
			일반상황 보고서 28	
	I. B. 22 Korea 1	R18929	Allgemiene Angelegenheiten 29	1900.6.2~1900.10.31
			일반상황 보고서 29	
	I. B. 22 Korea 1	R18930	Allgemiene Angelegenheiten 30	1900.11.1~1901.2.28
			일반상황 보고서 30	
10 (2020)	I. B. 22 Korea 1	R18931	Allgemiene Angelegenheiten 31	1901.3.1~1901.7.15
			일반상황 보고서 31	
	I. B. 22 Korea 1	R18932	Allgemiene Angelegenheiten 32	1901.7.16~1902.3.31
			일반상황 보고서 32	
	I. B. 22 Korea 1	R18933	Allgemiene Angelegenheiten 33	1902.4.1~1902.10.31
			일반상황 보고서 33	

10. 본 문서집은 조선과 대한제국을 아우르는 국가 명의 경우는 한국으로 통칭하되, 대한제국 이전 시기를 다루는 문서의 경우는 조선, 대한제국 선포 이후를 다루는 문서의 경우는 대한제국으로 표기하였다.

11. 사료군 해제

I. B. 16 (Korea)와 I. B. 22 Korea 1은 개항기 전시기라 할 수 있는 1874년부터 1910년까지 한국 관련 독일외교문서를 연, 월, 일에 중심으로 분류하여 정리한 사료군이다. 개항기 한국과 독일의 거의 전 분야에 걸친 다양한 관계를 확인할 수 있는 기초적인 사료라 할 수 있다. 한국과 독일의 관계 전반을 확인할 수 있는 편년체식 사료군은 독일이 동아시아정책에 기반을 둔 한국정책을 수립하는 데 기본이 되었다.

● I. B. 16 (Korea) : 1859년 오일렌부르크의 동아시아 원정 이후 베이징과 도쿄에 주재한 독일 공사들이 조선과 독일의 수교 이전인 1874~1878년간 조선 관련하여 보고한 문서들이 수록되어 있다. 이 시기는 조선이 최초 외세를 향해서 문호를 개방하고 후속 조치가 모색되었던 시기였다. 특히 쇄국정책을 주도하였던 흥선대원군이 하야하고 고종이 친정을 단행함으로써, 국내외에서는 조선의 대외정책 기조가 변화할 것이라는 전망이 나오던 시절이었다. 이러한 역사적 배경 속에서 I. B. 16 (Korea)에는 1876년 이전 서계문제로 촉발되었던 조선과 일본의 갈등과 강화도조약 체결,

그리고 조선의 대서구 문호개방에 관련해서 청국, 일본을 비롯해서 조선의 문호개방에 관여한 국가에 주재한 외교관의 보고서 및 언론기사를 비롯한 참고문서들이 수록되어 있다.

- I. B. 22 Korea 1 : 독일 외무부는 조선과 조약 체결을 본격화하기 시작한 1879년부터 별도로 "Korea"로 분류해서 한국 관련 문서를 보관하기 시작하였다. 영국외무부가 한국 관련 문서를 "China"와 "Japan"의 하위 목록에 분류한 것과 비교해보면, 독일외무부는 일찍부터 한국에 대한 중요성을 인식하고 대응했던 것으로 볼 수도 있다.

그 중에서 I. B. 22 Korea 1은 1879년부터 1910년까지 한국에 주재한 독일외교관을 비롯해서 한국 관련 각종 문서들이 연, 월, 일의 순서로 편집되어 있다. 개항기 전시기 독일의 대한정책 및 한국과 독일관계를 조망하는 본 연구의 취지에 부합한 사료군이라 할 수 있다. 그러기에 I. B. 22 Korea 1에는 한국의 국내외 정세 관련해서 한국에 주재한 독일외교관을 비롯해서 청국, 일본, 영국, 러시아 등 한국 문제에 관여한 국가에 관한 보고서 및 언론 기사를 비롯한 참고문서들이 수록되어 있다.

차례

외무부 정치 문서고 조선 관계 문서
1901.3.1~1901.7.15

외무부 정치 문서고 조선 관계 문서
1901.7.16~1902.3.31

외무부 정치 문서고 조선 관계 문서
1902.4.1~1902.10.31

외무부
A편

외무부 정치 문서고
조선 관계 문서

———————

1901년 3월   1일부터
1901년 7월 15일까지

제31권
참조: 제32권

외무부 정치문서고
R 18931
한국 No. 1

1901년	목록	수신정보
페테르부르크 3월 3일 보고서 No. 154 러시아가 한국의 중립화와 관련해 일본에 제안하다.		3249 3월 6일
런던 3월 19일 전보문 No. 232 일본이 한국에서 소요를 일으키려 시도할 것이다. 그럼으로써 러시아와의 합의에도 불구하고 한국을 점령하려는 구실을 확보하려는 속셈이다.		4203 3월 20일
런던 3월 6일 전보문 No. 184 런던 주재 일본 공사는 러시아와 독일이 한국과 관련해 협정을 맺지 않은 사실에 만족해한다. 또한 영국과 일본이 러시아와 분쟁을 빚을 경우에 독일 이 중립을 지킬 것이라는 독일 대사 하츠펠트 백작의 개인적인 의견 표명에 도 흡족해한다. 일본은 프랑스가 중립을 지킬 것인지 확신하지 못하기 때문 에 영국에게 동맹 체결을 건의했지만 뜻을 이루지 못했다.		3413 3월 6일
도쿄 3월 1일 보고서 A. 22 가토는 러시아가 일본에게 한국의 중립화를 제안했다는 소식을 날조된 것으 로 규정한다. 그 반면에 아오키는 러시아가 니시협정을 보완하기 위한 제2의 협정을 제안했지만 거부되었다고 주장한다.		5360 4월 10일
페테르부르크 4월 4일 보고서 No. 241 러시아가 한국의 마산포항을 획득했다는 "Birshewyja Wedomosti"지의 보도.		5211 4월 7일
서울 3월 22일 전보문 No. 1 한국 정부는 총세무사 브라운을 해고할 수 있도록 영국의 도움을 요구한다. 이로 인해 영국 대표는 훈령을 요청했다.		4378 3월 23일
서울 3월 24일 전보문 No. 3 영국 대리공사가 총세무사 브라운에 대한 매정한 처사를 이유로 들어 한국 측의 사과를 요구한다. 영국 순양함 도착.		4492 3월 25일
3월 25일 쾰른 신문 한국의 외국인 채용에 대해 서울 주재 러시아 대표의 항의. 러시아인은 예외 이다.		4528 3월 25일
런던 3월 29일 보고서 No. 109 영국 하원에서 Cranborne이 설명한 바에 따르면, 한국 정부와 브라운의 갈등 이 해소되었다. 브라운은 앞으로도 한국 정부를 위해 근무할 것이다.		4827 3월 31일

서울 4월 3일 전보문 No. 5 한국 정부가 총세무사 브라운의 해고를 철회했다.	5097 4월 5일
서울 2월 12일 보고서 No. 28 한국의 왕세자와 이재선 왕자에게 일본의 훈장이 수여됨.	4821 3월 30일
서울 4월 23일 전보문 No. 8 한국 정부가 프랑스의 운남 신디케이트와 5백만 달러의 차관 계약을 체결했다. 담보는 해상관세이다. 게다가 운남 신디케이트는 광산 개발도 허가받게 될 것이며, 여기에 독일이 참여하길 바라는 듯 보인다.	6077 4월 24일
서울 3월 23일 전보문 No. 2 일본이 한국에서 소요를 야기하려는 징후는 보이지 않는다.	4396 3월 23일
서울 2월 20일 보고서 No. 32 이토 내각은 보다 적극적인 한국 정책을 지지하는 일본 군부를 진정시키기 위해 노력하고 있다. 그러나 이토의 정책은 너무 온유하고 신중한 듯 보인다. 러시아와 일본은 한국의 중립화보다는 오히려 한국에 대한 러일협정을 더욱 명확하게 규정하기를 바란다.	5349 4월 10일
서울 5월 4일 전보문 No. 9 영국인들이 포트 해밀턴을 점령하려 했다는 소문은 근거 없는 것이다.	6736 5월 6일
도쿄 4월 22일 전보문 No. 37 일본은 세계 금융시장의 여건이 불리하다는 이유를 들어, 이미 계획한 4천7백만 엔의 차관 도입을 취소하려 한다. 일본은 재정난에 직면해 있지 않다.	5980 4월 22일
도쿄 주재 해군무관의 3월 5일 보고서 B 82 러시아에 대한 일본의 호전적 분위기. 러시아가 어떤 형태로든 만주를 합병하게 되면, 일본은 한국을 요구할 것이다. (일본은 푸젠도 염두에 두고 있다.) 일본과 한국의 정치관계와 무역관계. 지난 역사에 대한 고찰.	6610 5월 4일
도쿄 4월 11일 보고서 A. 49 일본인들은 러시아의 베이징 조약 포기를 외교적인 성공으로 여긴다. 일본은 해군이 육군보다 호전적인 분위기다. 가토의 말에 의하면, 만일 러시아가 만주를 청국에 돌려주지 않는 경우 새로운 위기가 도래할 것이다. 한국의 독립이 위태롭다. (원본문서 : 청국 25)	6814 5월 8일

서울 3월 20일 보고서 No. 47 한국 정부가 유럽 열강에 공사 파견을 계획하고 있다. 그렇게 되면 유럽 열강 들도 서울에 정식 공사를 보낼 계획을 세울 것이라고 기대한다. 열강들의 보장 하에 한국을 중립화하려 한다. 러시아는 이 계획에 호의적이 라고 한다. 여러 부처에 외국인 고문 임명.	7018 5월 12일
서울 3월 22일 보고서 No. 48 한국의 법부대신 김용준에 대한 대역죄 재판. 사형선고. 여러 고위관리들의 명예 실추.	7019 5월 12일
서울 3월 30일 보고서 No. 52 한국 국내의 소요사태. 충청지방에 대담한 여인 등장.	7325 5월 17일
페테르부르크 5월 8일 보고서 No. 346 러시아의 마산포 획득 문제에 대한 "Birshewyja Wjedomosti"지 기사.	6903 5월 10일
메모: 한국 왕이 브레멘 암살사건을 계기로 폐하께 보낸 전보문.	7016 5월 12일
서울 3월 24일 보고서 No. 49 총세무사 브라운을 물러나게 하려는 한국 정부의 노력이 실패하다. 무력을 이용해 브라운을 관사에서 쫓아내려는 시도. 영국 대표의 개입. 영국군함의 제물포 도착. 러시아는 한국의 견해를 옹호한다.	7020 5월 12일
서울 4월 3일 보고서 No. 56 브라운 사건에서 한국 정부가 굴복했다. 영국 대리공사의 한국 왕 알현. 파블 로프는 한국인들이 진지하게 외교조치에 임하지 않았음을 유감으로 여긴다.	7595 5월 22일
서울 4월 19일 보고서 No. 66 총세무사 브라운의 관사를 비우는 문제로 인해 다시 불화 발생. 외부대신의 퇴임. 영국 군함 "Barfleur"호의 제물포 도착	8487 6월 7일
서울 4월 9일 보고서 No. 60 러시아 측에서 마산포에 계획한 시설물의 상태. 마산포의 러시아 전투병력 내지는 경찰병력의 수. 이에 대한 일본의 입장.	8035 5월 30일
서울 4월 10일 보고서 No. 61 러시아의 만주정책에 반대하는 일본에 대한 러시아 대표의 발언. 러시아와 일본의 관계. 한국에서 일본의 신중한 태도.	8036 5월 30일

서울 5월 5일 보고서 No. 76 총세무사 브라운 사건. 영국 측에서 포트 해밀턴을 점령할 계획이라는 소문. 운남 신디케이트의 차관. 이와 관련해 일본이 한국 왕에게 이의 제기.	9116 6월 19일
도쿄 5월 23일 보고서 No. A. 65 한국 정부 측에서 마산포에 일본 거류지를 설치할 권리를 허가했다고 한다.	9159 6월 20일
베이징 6월 23일 암호전보문 No. 407 즈푸에서 한국 국경의 소요사태 발생에 대해 보고. (원본문서 : 청국 24)	9366 6월 24일
상트페테르부르크 6월 26일 암호전보문 No. 202 한국에서 폭동이 발생해 선교사 여러 명이 살해되었다는 "Novoye Vremya" 지의 보도. 한국군 파견.	9465 6월 26일
베이징 6월 28일 암호전보문 No. 414 (사본) 상당히 큰 규모의 청국 도적단들이 펑황 북쪽에 있다고 서울 주재 영사가 보고한다. 러시아 수비대가 그곳으로 파견되었다. (원본문서 : 청국 24)	9584 6월 28일
서울 6월 29일 암호전보문 No. 10 (사본) 청국 폭도들이 펑황과 국경 사이의 지역을 장악하고 있다. (원본문서 : 청국 24)	9649 6월 30일
베이징 7월 5일 암호전보문 No. 432 (사본) 러시아 군대의 다구만 상륙과 압록강에 포함 파견 계획.	9993 7월 6일
베이징 암호전보문 437. 발신일 불확실(7월 11일 도착) 청국인 철수. 국경지대의 위협 해소. 러시아의 해군 파견 철회. (사본 – 원본문서 : 청국 24)	10189 7월 10일
서울 7월 2일 암호전보문 No. 11 (사본) 로마 가톨릭 선교단에 대한 일본 신문의 선동.	9892 7월 4일
도쿄 7월 7일 암호전보문 No. 56 (사본) 퀠파트의 소요와 관련해 선교단을 겨냥한 일본 언론의 선동. (원본문서 : 한국 10)	10060 7월 7일
서울 7월 8일 암호전보문 No. 13 (사본) 영국과 미국의 중재로 선교단에 대한 선동 중단. (원본문서 : 한국 10)	10133 7월 9일

상트페테르부르크 3월 2일 보고서 No. 929 마산포에 러시아 부영사관 설치.	3616 3월 9일
베이징 6월 28일 암호전보 No. 414 (사본) 평황 북쪽에 청국 폭도단 출현. 러시아 수비대 파견. (원본문서 : 청국 24)	9584 6월 28일
서울 5월 7일 보고서 No. 77 오스트리아 함대의 제물포 방문. 오스트리아 제독의 한국 왕 접견 (원본문서 : 오스트리아 73)	9671 6월 30일
서울 5월 8일 보고서 No. 78 러시아의 마산포 계획에 대한 오스트리아 순양함 "레오파르트"호 함장의 발언.	9672 6월 30일
서울 5월 14일 보고서 No. 82 (사본) 한국의 선동적인 단체들 및 퀠파트 상황에 대한 프랑스 주교 뮈텔의 보고서. (원본문서 : 한국 10)	9674 6월 30일
메모 7월 8일 자 상트페테르부르크의 보고서 No. 547에는 일본인이 한국 영토 (Kanchua 섬)을 노린다는 블라디보스토크 "Novoye Vremya"지의 기사 내용 이 포함되어 있다. 이 보고서는 한국 문서 10에 있다.	10148 7월 10일
서울 5월 30일 보고서 No. 90 (사본) 퀠파트의 소요사태로 인해 프랑스 포함 두 척과 한국 병사 100명 퀠파트에 파견. (원본문서 : 한국 10)	10346 7월 14일
서울 5월 21일 보고서 No. 25 한국 군대. 현재 상황에 대한 일람표. 원본 문서를 7월 14일 반송 요청과 함께 참본부에 전달.	10162 7월 10일 10749 7월 22일
서울 2월 27일 보고서 No. 35 한국 기계창에 프랑스인 두 명의 채용 및 다른 프랑스인들의 채용이 확정되 었다.	5520 4월 13일
도쿄에 4월 19일 암호전보문 No. 24 일본은 경제적 이해관계 때문에 만주 및 한국과 관련해 러시아와 합의하려 한다.	5757 4월 19일

도쿄 4월 28일 보고서 No. A. 52 러시아는 일본이 전쟁 자금을 마련할 목적으로 한국에 진출할 것을 우려한다.	8080 5월 31일
도쿄 4월 25일의 해군 보고서 전쟁 가능성.	8082 5월 31일
도쿄 3월 29일의 보고서 No. A. 41 일본은 독일이 한국 문제에서 중립을 지키겠다고 한 약속을 믿는다.	6578 5월 4일
서울 3월 29일의 보고서 No. 51 러시아 군함의 제물포 방문. 한국의 총세무사 브라운의 해임과 관련한 협상 상황.	7324 5월 17일
도쿄 2월 20일의 보고서 A. 16 신임 외무대신 가토의 성격 묘사. 외교단과 가토의 관계. 가토에 대한 러시아 공사의 반감 어린 비판. 가토는 러시아에 대해 비우호적인 정책을 펼칠 것이다.	AS 444 3월 23일
홀스타인의 3월 27일 자 건의서 일본이 보다 강경한 정책을 펼치도록 설득하는 임무를 독일이 아닌 오로지 영국만이 맡을 수 있는 이유에 대한 설명. 독일이 영리정책만을 추구하는 일본 편에 서게 되면 러시아의 불신을 사게 될 것이다. 그러나 영국이 삼국동맹에 가담하면서 일본도 함께 끌어들이면 바람직할 것이다. 러시아와 일본이 한국 때문에 분쟁을 빚는 경우에, 지금으로서 우리는 중립을 지킨다는 선언으로 충분하다.	AS 465 3월 27일

01

[러시아의 대일 한국중립화안 제안에 대한 주러영국대사의 발언 보고]

발신(생산)일	1901. 3. 3	수신(접수)일	1901. 3. 6
발신(생산)자	알벤스레벤	수신(접수)자	뷜로
발신지 정보	페테르부르크 주재 독일 대사관	수신지 정보	베를린 정부
	No. 154		A. 3429
메모	해독 극비		

A. 3429   1901년 3월 6일 오후 수신

상트페테르부르크, 1901년 3월 3일

No. 154

독일제국 수상 뷜로 각하 귀하

이곳 영국 대사[1]는 러시아가 일본에게 한국의 중립화를 제안한 사실을 몇 주 전에 알아냈다고 주장합니다. 영국 대사는 어떤 경로로 알아냈는지는 밝히지 않았습니다. 그러나 일본 정부는 만주의 상황이 명백하게 해명되지 않는 한, 한국의 중립화 문제를 뒤로 미루는 편이 좋겠다고 답변했다는 것입니다.

러시아가 직접 새로운 조치를 취했다는 것인지 아니면 도쿄 주재 독일제국 대리공사[2]가 작년 9월 25일에 보고했던[3] 도쿄 주재 한국 공사 측의 제안이 문제되는지는 말씀드릴 수 없습니다.

알벤스레벤[4]

---

1   [감교 주석] 스코트(C. S. Scott)
2   [감교 주석] 베델(Wedel)
3   [원문 주석] A. 15648 삼가 동봉.
4   [감교 주석] 알벤스레벤(Alvensleben)

[러시아의 한국중립화 제안 거절 및 향후 러일개전시 독일의 입장에 관한 하야시와의 담화 보고]

발신(생산)일	1901. 3. 5	수신(접수)일	1901. 3. 6
발신(생산)자	하츠펠트	수신(접수)자	
발신지 정보	런던 주재 독일 대사관	수신지 정보	베를린 외무부
	No. 184		A. 3413
메모	전보문 No. 114와 관련해		

사본

A. 3413   1901년 3월 6일 오전 수신

전보문

런던, 1901년 3월 5일 오후 11시 20분

3월 6일 오전 3시 30분 도착

독일제국 대사가 외무부에 송부

전문 해독

어젯저녁 본인은 하야시[1]에게 만찬 초대를 받았습니다. 식사 후 하야시는 최근 청국에서의 상황 변화에 대해 언급했습니다. 그는 사태가 극히 심각하다고 말했으며, 베를린으로부터 그에 대해 어떻게 생각하느냐고 본인에게 물었습니다. 본인은 지난 며칠 동안 베를린에서 별다른 소식을 듣지 못했으며, 그래서 이 문제에 대한 독일제국 정부의 입장과 관련해 알려줄 말이 없다고 일본 공사에게 대답했습니다. 그리고 본인은 하야시에게 다음과 같이 말했습니다. "만일 남작께서 제 개인적인 의견을 묻는다면, 저는 도쿄에서 청국의 상황을 심각하게 여기는 것을 충분히 이해한다고 말씀드릴 수 있을 것입니다.

---

1   [감교 주석] 하야시 다다스(林董)

러시아가 청국 북부지방에서 취한 조치는 일본의 긴요한 이해관계와 직결되기 때문입니다. 이 점에서는 그 누구도 이의를 제기하지 않을 것입니다. 그리고 그것은 영국과도 크게 관련될 것입니다. 그 반면에 독일은 청국에 대해 정치적으로는 거의 관심이 없는 것이나 진배없고 오로지 무역 분야에만 관심이 있기 때문에 간접적인 영향만을 받을 것입니다. 그러므로 독일이 이 문제로 인해 자칫 러시아와의 전쟁에 휘말릴 수 있는 조치를 취해야 할 명분도 없을 것입니다. 도쿄에서는 러시아와 독일이 동아시아와 관련한 조약을 맺었다고 오랫동안 오해했습니다. 얼마 전에 하야시는 그에 대해 제게 문의했고, 저는 그야말로 근거 없는 오해라고 확실하게 설명할 수 있었습니다(베를린 측의 전보문 No. 78 참조). 동아시아에서 일본과 러시아의 분쟁이나 혹은 그 밖의 갈등이 발생할 경우, 독일은 일본의 반대편에 서야 할 어떤 의무도 없습니다. 개인적으로 관찰한 바를 토대로, 오히려 저는 일본 단독으로든 또는 일본과 영국이 연합해서든 청국에서 러시아를 무력으로 제지할 수밖에 없는 경우 독일은 절대 중립을 지킬 것이라고 자신 있게 단언할 수 있습니다."

그러자 하야시는 러시아와 독일이 한국 및 동아시아와 관련해 조약을 맺었다는 일본 정부의 그릇된 추측을 당시 분쇄할 수 있어서 매우 기뻤다고 말했습니다. 하야시는 자신이 그 잘못된 추측을 완전히 분쇄하는 데 성공했으며, 러시아에 우호적인 정책을 펼치려던 이토[2]의 마음을 돌리는 데 결정적으로 기여했다고 말했습니다. 예전에는 이토가 한국을 비롯한 여러 문제들에 있어서 러시아와 합의하는 길이 일본의 이익에 가장 유용하다는 견해를 옹호했다고 합니다. 그런데 이제 일본 총리대신은 일본과 러시아의 제휴가 불가능함을 확신하게 되었다는 것입니다. 러시아와 일본이 서로 굳게 약속했는데도 러시아가 한국을 포함해 청국 북부지방을 완전히 점유하려는 야욕을 드러냈기 때문이라고 합니다.

몇 주 전에 러시아가 한국의 중립화를 제안했을 때(런던 측의 전보문 No. 100과 108)도, 이러한 이유에서 도쿄에서는 단호하게 거절했다는 것입니다. 러시아가 선의에서 그런 제안을 했다고 확신할 수 있었다면, 일본 측에서는 평화를 위해 아마 그 제안에 동의했을 것이라고 합니다. 현재 도쿄에서는 러시아와의 전쟁을 조만간 피할 수 없을 것이라는 견해가 지배적이라고 합니다. 러시아에게 선수를 쳐서 가능한 한 조속히 전쟁을 시작할 때가 도래했다고 주장하는 유력 정치인들이 상당수 있다는 것입니다. (하야시도 그 가운데 한 사람이라고 합니다.) 다른 한편으로는 현재 일본의 해군력에 대한 우려도 만

---

2 [감교 주석] 이토 히로부미(伊藤博文)

만치 않다고 합니다. 일본의 모든 장성들은 러시아인들이 향후 2년 동안은 육상에서 패배하지 않을 것이라는 데 의견을 같이 한다고 합니다. 그런데 상당히 많은 일본 병력이 한국이나 요동반도 같은 곳에 상륙하려면, 먼저 적군 함대를 무력화시켜 한다는 것입니다. 도쿄에서는 일본의 함대 병력이 현재 러시아의 함대 병력보다 우세할 것이라고 추정한다고 합니다. 그러나 일본과 러시아가 충돌할 경우, 프랑스가 중립을 지킬 것인지 또는 러시아 편에 설 것인지 예측할 수 없다고 합니다. 만일 프랑스가 러시아 편에 서는 경우에 일본 함대는 상당히 우세한 병력과 싸워야 한다는 것입니다. 그 때문에 일본 정부는 우선 필요한 경우 다른 강국(정확히 말하면 여러 가지 이유에서 영국이 가장 적격으로 생각된다고 합니다)과 비밀협정을 체결함으로써 이런 만일의 사태에 대비해야 한다고 생각한다는 것입니다. 그래서 지난 토요일 하야시 공사는 일본 정부의 위임을 받아 영국 외무부에 이와 관련한 외교조치를 취했다고 합니다. 이에 대해 랜즈다운[3] 뿐만 아니라 차관도 영국이 당분간은 병력 이십만 명을 남아프리카에 주둔시켜야 하는 탓에 유감스럽게도 현재로서는 일본의 요청에 부응할 수 없다고 답변했습니다. 그러자 일본 공사는 영국이 더 이상 청국에 군대를 상륙시킬 필요가 전혀 없다고 말했다는 것입니다. 육상에서는 일본이 만일의 겨우 프랑스 병력이 합세한다 해도 러시아보다 훨씬 우월하기 때문이라고 합니다. 그러므로 다만 영국 함대가 문제될 뿐이라는 것입니다. (그것도 다만 프랑스가 중립을 지키지 않을 만일의 사태에 대비하기 위한 것이라고 합니다.) 그러자 랜즈다운 경은 일본의 제안이 설득력 있다며 다음 국무회의에서 이에 대해 논의하겠다고 답변했습니다. - 하야시는 본인에게 이러한 내용들을 절대 비밀로 해줄 것을 부탁했습니다. 그리고 일본의 외교조치 및 그에 대한 잠정적인 답변을 알고 있다는 사실도 당분간은 외무부에 알리지 말라고 당부했습니다.

곧 이어서 보고 드리겠습니다.
하츠펠트[4]
원본문서 : 청국 24 No. 6

---

3 [감교 주석] 랜즈다운(H. P. Lansdowne)
4 [감교 주석] 하츠펠트(Hatzfeldt)

[하야시와의 담화 추가 보고 : 러청간 조약 준수 전망에 대한 관측]

발신(생산)일	1901. 3. 6	수신(접수)일	1901. 3. 6
발신(생산)자	하츠펠트	수신(접수)자	
발신지 정보	런던 주재 독일 대사관	수신지 정보	베를린 외무부
	No. 184		A. 3413
메모	전보문 No. 184에 이어짐.		

사본

A. 3413　1901년 3월 6일 오전 수신

전보문

런던, 1901년 3월 6일 오후 12시 26분

오후 2시 50분 도착

독일제국 대사가 외무부에 송부

전문 해독

본인과의 대화 도중 하야시[1]는 러시아가 합의된 조약의 비준을 실제로 고집할 것인지 아니면 몇몇 열강이 청국인들에게 발표한 성명을 좇아 양보할 것인지 하는 문제도 제기했습니다. 게다가 하야시는 자신이 페테르부르크 및 베이징 주재 공사직을 상당히 오랫동안 맡았으며 두 곳의 유력 인물들과 여러 요인들에 대해 잘 알고 있다고 말했습니다. 그 두 곳에서의 경험으로 보아, 만일 러시아가 자진해서 양보하는 경우 그것은 다만 잠시 양보하는 척 하는 것이 분명하다는 것이었습니다. 또한 하야시 남작의 판단에 의하면, 최근 러시아의 간섭에 직면해서 열강들에게 도와줄 것을 호소한 청국 대표들의 태도에도 진심이 담겨 있지 않다고 합니다. 최근 청국 대표들의 외교조치는 오로지 열강들을

1　[감교 주석] 하야시 다다스(林董)

서로 반목시켜서 어부지리를 얻으려는 데 그 목적이 있다는 것입니다. 하야시는 리훙장[2]을 개인적으로 매우 잘 알고 있는데, 리훙장이 러시아를 위해 일하는 것에는 의심의 여지가 없다고 합니다. 리훙장은 러시아 조약들이 비준을 받도록 도와주기로 결정했으며, 러시아로부터 가능한 한 많은 보수를 받아낼 속셈으로 다른 국가들과 러시아를 반목시키려 한다는 것입니다. 그러나 일반적으로 양쯔강 및 청국 남부지방의 총독들과 관련해서, 하야시는 그들이 러시아·청국 조약의 최종 체결을 무산시키고자 진지하게 노력한다고 굳게 믿고 있다고 합니다.

본인은 이제 미국도 청국과의 특별 협정에 대한 다른 국가들의 성명에 합류했다고 일본 공사에게 말했습니다. 그러자 일본 공사는 도쿄의 주도적인 견해에 따르면 미합중국은 진지하게 받아들이기에는 예측 불가능한 나라라고 답변했습니다. 적어도 일본 공사 자신은 미국을 러시아와 마찬가지로 신뢰하지 않는다는 것이었습니다.

만약 러시아와 일본이 분쟁을 빚게 되면 독일이 어떤 태도를 취할 것인지 하야시는 더 이상 묻지 않았습니다. 하야시 공사와의 담화를 통해, 본인은 만일 전쟁이 발발하는 경우에 독일이 중립적인 입장을 취할 것이라고 확신하게 되면 일본인들은 완전히 만족할 것이라는 인상을 받았습니다. 물론 영국이 어느 정도 일본의 요청에 따른다는 것이 전제되어야 합니다.

하츠펠트

원본문서 : 청국 24 No. 6

---

2   [감교 주석] 리훙장(李鴻章)

04

[러시아의 마산포 부영사관 설치 승인 보고]

발신(생산)일	1901. 3.	수신(접수)일	1901. 3. 9
발신(생산)자	알벤스레벤	수신(접수)자	뷜로
발신지 정보	페테르부르크 주재 독일 대사관	수신지 정보	베를린 정부
	No. 929		A. 3616

A. 3616 1901년 3월 9일 오전 수신

상트페테르부르크, 1901년 3월

No. 929

독일제국 수상 뷜로 각하 귀하

러시아 황제가 한국의 마산포에 러시아 부영사관 설치를 승인했음이 2월 20일과 이 달 5일 자 러시아 법령집에 공표되었습니다.

알벤스레벤

05

[군사점령을 위한 일본의 한국 소요 야기 가능성에 대한 영국의 관측 보고]

발신(생산)일	1901. 3. 19	수신(접수)일	1901. 3. 20
발신(생산)자	하츠펠트	수신(접수)자	
발신지 정보	런던 주재 독일 대사관	수신지 정보	베를린 외무부
	No. 232		A. 4203
메모	암호전보 3월 21일 서울 2		

A. 4203 1901년 3월 20일 오전 수신

전보문

런던, 1901년 3월 19일 오후 7시 42분

오후 9시 55분 도착

독일제국 대사가 외무부에 송부

전문 해독

No. 232

차관이 은밀히 알려준 바에 의하면, 이곳 런던 사람들은 일본이 1898년의 러일협정[1]에도 불구하고 군사 점령의 빌미를 확보할 목적으로 한국에서 소요를 야기하려 한다고 믿고 있습니다. 그렇게 추정할 만한 근거가 충분하다는 것입니다.

하츠펠트

---

1 [감교 주석] 로젠-니시 협정

베를린, 1901년 3월 21일   A. 4203

서울 주재 영사   그곳에서 소요를 야기할 목적으로 일본 밀사
No. 2   들이 활발하게 움직이는 징후가 있습니까?
암호전보

연도번호 No. 2625

[신임 일본 외무대신 가토에 대한 보고]

발신(생산)일	1901. 2. 20	수신(접수)일	1901. 3. 23
발신(생산)자	베델	수신(접수)자	뷜로
발신지 정보	도쿄 주재 독일 대사관	수신지 정보	베를린 정부
	No. 16		AS 444
메모	I. 3월 30일 런던 337, 베이징 A. 40에 전달 II. 4월 3일 런던 350 페테르부르크 297에 전달		

AS. 444   1901년 3월 23일 오전 수신

도쿄, 1901년 2월 20일

No. 16

독일제국 수상 뷜로 각하 귀하

작년 10월 외무대신에 취임한 가토[1]는 지금까지 외교계에서 별로 호감을 사지 못했습니다.

지금까지는 외무대신에 임명되면, 먼저 외교사절들에게 명함을 돌리는 것이 관례였습니다. 그런데 가토는 외교사절들에게 명함도 돌리지 않고 부인과 함께 외교단의 방문을 기다렸습니다. 그러더니 일본 의회에서도 외국 사절에 대한 우선권을 요구했습니다. – 이것도 지금까지의 관습에 어긋납니다.

그 젊은 대신이 – 가토는 이제 겨우 마흔한 살입니다 – 더 나이 많은 전임자들도 요청하지 않았던 우선권을 요구하는 것을 당연히 외교계는 곱지 않은 시선으로 바라보고 있습니다.

매주 열리는 외교관 모임에서 가토는 매우 소극적이고 과묵합니다. 대화에 거의 참여하지 않고 질문도 별로 하지 않습니다. 그리고 질문을 받으면 대체로 회피하거나 아니면 최소한의 선에서 매우 조심스럽게 답변하려 노력합니다. 그다지 사근사근하고 친절한 성품도 아니어서 가토에게 호감을 가진 외교사절은 아무도 없습니다. 영국 공사[2]도 예외

---

1   [감교 주석] 가토 다카아키(加藤高明)

가 아닙니다.[3]

러시아 공사[4]가 가토에게 유난히 격분하고 있습니다. 심지어 이즈볼스키는 가토가 예의 없는 사람임을 이토[5]에게 일깨워줘야 한다고 외교사절들에게 역설했습니다. 그래서 가토는 일본 총리대신이 유럽 국가들과의 우호관계를 다지기 위해 기울이는 노력을 뒷받침하기에 적합한 인물이 아님을 알려줘야 한다는 것이었습니다. 그러나 이 의견은 어느 누구에게도 지지를 받지 못했습니다.

본인은 이즈볼스키가 "황인종 남자"의 예의범절에 그렇듯 큰 비중을 둔다고는 믿지 않습니다. 이즈볼스키가 가토에게 반감을 품는 진짜 이유는, 그 일본 외무대신이 러시아에 대한 강경 정책을 단호하게 옹호하는 상황을 인지했기 때문일 것입니다.[6] 가토의 이런 태도는 많은 호응을 받을 뿐만 아니라 그의 영향력이 나날이 증대되는 듯합니다. 본인의 이런 추정은 크게 빗나가지 않을 것입니다. 가토가 러일협정[7]에 명백히 반대했다는 점을 제외하면, 현재 많은 사람들이 그의 노련한 중재 덕분에 이토와 오쿠마[8]가 합의에 이르렀다고 믿고 있습니다. 오쿠마가 조세 문제에서 양보해준 대가로 대외정책 분야에서는 오쿠마의 뜻을 따르도록, 다시 말해 보다 강경한 입장을 약속하도록 가토가 총리대신을 설득했다는 것입니다. 모두들 이런 방향 전환이 봄이 되면 비로소 가시적인 효과를 드러낼 것이라고 추측하고 있습니다.[9]

러시아 공사관에서는 이러한 추측을 근거 있는 것으로 여기고 있습니다. 그러나 현재로서는 이러한 추측이 어느 정도 맞아떨어질지 판단하기 어렵습니다. 어쨌든 그런 추측들은 일본 사회에서 가토의 명성과 영향력을 크게 부각시켰습니다. 가토의 정치적 수완이 지금까지는 유리한 인간관계를 노련하게 이용하는 모습으로만 대중에게 비쳤는데도, 그는 일본의 정치권에서 이미 떠오르는 별로 간주되고 있습니다. 본인은 유리한 인간관계가 일본에서는 엄청나게 중요하다고 이미 수차례 삼가 강조한 바 있습니다.

총리대신은 무절제하게 사는 탓에 건강이 서서히 쇠하는 듯 보입니다. 그는 현재 만 60세인데도 여전히 무절제 삶에서 벗어나지 못하고 있습니다. 이토는 고질병에 시달리

---

2 [감교 주석] 사토우(E. M. Satow)
3 [원문 주석] 좋습니다! 손해될 게 없습니다.
4 [감교 주석] 이즈볼스키(A. P. Izwolskii)
5 [감교 주석] 이토 히로부미(伊藤博文)
6 [원문 주석] 매우 기쁩니다! 이 점에서 그의 의견을 지지해야 합니다.
7 [감교 주석] 로젠 니시 협정
8 [감교 주석] 오쿠마 시게노부(大隈重信)
9 [원문 주석] 그러니 주의하십시오! 외무부!

고 있으며, 그래서 일본의 강력한 유황천을 자주 이용하지 않을 수 없습니다. 후작은 특히 종종 우울증 증세를 드러내기도 하고 때로는 모든 일에 매우 무관심한 모습을 보인다고 합니다. 그런 시기에는 가토가 지휘권을 넘겨받는 듯 보입니다.

　가토가 우리 외교관들에게 보이는 고고한 태도는 가토의 인기를 공고히 하는 데 기여합니다. 일본의 노년층은 항상 예의 바르고 친절하려고 노력하는데 반해, 젊은 세대는 유럽인에게 거만하게 구는 것을 용감하게 여기는 것 같습니다.[10]

베델[11]

---

10 [원문 주석] 우리가 러시아를 압박하는데 가토를 이용할 수만 있으면, 손해 보는 일은 없을 것입니다.
11 [감교 주석] 베델(Wedel)

[한국 정부의 해관 총세무사 브라운 해임 시도 보고]

발신(생산)일	1901. 3. 22	수신(접수)일	1901. 3. 23
발신(생산)자	바이페르트	수신(접수)자	
발신지 정보	서울 주재 독일 영사관	수신지 정보	베를린 외무부
	No. 1		A. 4387
메모	3월 26일 런던 321, 페테르부르크 259에 전달 A. 4492 참조		

A. 4387　1901년 3월 23일 오후 수신

전보문

서울, 1901년 3월 22일 오후 12시 15분
3월 23일 오후 1시 26분 도착

독일제국 영사가 외무부에 송부

전문 해독

No. 1

　한국 정부는 세관 수입을 완전히 자유로이 사용할 수 있기를 바랍니다. 그래서 불법행위를 저지르고 회계보고를 소홀히 했다는 이유로 총세무사 브라운[1]을 해고하는 데 협력할 것을 영국 대리공사[2]에게 요구하고 있습니다. 일본 대표[3]와 미국 대표[4]가 영국 대리공사를 위해 중재에 나섰지만 실패했습니다. 그러자 오늘 영국 대리공사는 훈령을

1　[감교 주석] 브라운(J. M. Brown)
2　[감교 주석] 거빈스(J. H. Gubbins)
3　[감교 주석] 하야시 곤스케(林權助)
4　[감교 주석] 알렌(H. N. Allen)

내려줄 것을 요청했습니다. 러시아 대리공사[5]는 한국의 조처에 대해 찬성의 뜻을 표했습니다.

바이페르트[6]

---

5   [감교 주석] 파블로프(A. Pavlow)
6   [감교 주석] 바이페르트(H. Weipert)

08

[브라운 해임 시도에 대한 영국대리공사의 사과 요구 보고]

발신(생산)일	1901. 3. 24	수신(접수)일	1901. 3. 25
발신(생산)자	바이페르트	수신(접수)자	
발신지 정보	서울 주재 독일 영사관	수신지 정보	베를린 외무부
	No. 3		A. 4492
메모	3월 26일 런던 321, 페테르부르크 259에 전달 A. 5097 참조		

A. 4492 1901년 3월 25일 오후 수신

전보문

서울, 1901년 3월 24일

3월 25일 …. 12시 50분 발송

3월 25일 오전 10시 48분 도착

독일제국 영사가 외무부에 송부

전문 해독

No. 3

전보문 No. 1에 대한 추가 내용. 영국 대리공사[1] 측에서 브라운[2]에 대한 매정한 처사를 이유로 들어 사과를 요구하고 있습니다.

오늘 영국 순양함 한 척이 도착했습니다.

바이페르트

---

1 [감교 주석] 거빈스(J. H. Gubbins)
2 [감교 주석] 브라운(J. M. Brown)

[한국정부 외국인 고용 관련 서울 주재 독일영사관 보고 반송]

발신(생산)일	1901. 3. 22	수신(접수)일	1901. 3. 25
발신(생산)자	마더	수신(접수)자	외무부 차관
발신지 정보	독일 해군청	수신지 정보	독일 외무부
			A. 4517
메모	A Ie 2483 해군청 차관 1901년 2월 ?일의 서한 A. 2024에 대한 답신 A. 2024		

A. 4517 1901년 3월 25일 오후 수신. 첨부문서 1부

베를린, 1901년 3월 22일

외무부 차관 귀하

이곳

1900년 12월 19일 자 서울 주재 독일제국 영사관의 보고서를 살펴본 후 삼가 반송하는 바입니다.

해군청 차관을 대신하여

마더[1]

---

1 [감교 주석] 마더(Mader)

A. 4528　1901년 3월 25일 오후 수신

퀼르니쉬 차이퉁[2]

1901년 3월 25일

한국. 페테르부르크, 3월 24일. (전보문) 서울 주재 러시아 공사 파블로프[3]가 외국인의 한국 관직 채용에 대해 한국 정부에 이의를 제기했다. 물론 러시아인은 예외이다. 런던에서 보도된 바에 의하면, 그 동안 한국의 관세와 재정을 관리했던 영국인 브라운[4]이 해고되었다고 한다. 러시아는 이미 몇 년 전에 브라운의 퇴진을 요구했다.

2　[감교 주석] 퀼르니쉬 차이퉁(Kölnische Zeitung)
3　[감교 주석] 파블로프(A. Pavlow)
4　[감교 주석] 브라운(J. M. Brown)

[한국정부의 브라운 해임 시도 및 영,러 공사의 대응 보고]

발신(생산)일		수신(접수)일	1901. 3. 23
발신(생산)자	바이페르트	수신(접수)자	
발신지 정보	서울 주재 독일 영사관	수신지 정보	베를린 외무부
			A. 4387
메모	3월 26일 런던 321, 페테르부르크 259에 전달.		

사본

A. 4387 1901년 3월 23일 오후 수신

서울

외무부 귀중

총세무사 브라운[1]이 회계보고를 이행하지 않고 불법행위를 범했다고 합니다. 그 때문에 한국 정부는 영국 대리공사[2]에게 브라운을 해고하는데 협력할 것을 요구하고 있습니다. 한국 정부는 세관 수입을 완전히 자유로이 사용할 수 있기를 바랍니다. 일본 대표[3]와 미국 대표[4]가 브라운을 위해 비공식적으로 중재를 시도했지만 실패했습니다. 그러자 오늘 영국 대리공사가 훈령을 요청했습니다. 러시아 대리공사 파블로프[5]는 한국의 계획에 찬성의 뜻을 표했습니다.

바이페르트

---

1 [감교 주석] 브라운(J. M. Brown)
2 [감교 주석] 거빈스(J. H. Gubbins)
3 [감교 주석] 하야시 곤스케(林權助)
4 [감교 주석] 알렌(H. N. Allen)
5 [감교 주석] 파블로프(A. Pavlow)

[외무부 전보에 대한 회답]

발신(생산)일	1901. 3. 23	수신(접수)일	1901. 3. 23
발신(생산)자	바이페르트	수신(접수)자	
발신지 정보	서울 주재 독일 영사관	수신지 정보	베를린 외무부
	No. 2		A. 4396
메모	전보문 No. 2대한 답신[1]		

A. 4396 1901년 3월 23일 오후 수신

전보문

서울, 1901년 3월 23일 … 4시 25분

오후 6시 40분 도착

독일제국 영사가 외무부에 송부

전문 해독

No. 2

없습니다.

바이페르트

---

1 [원문 주석] A. 4203 삼가 동봉.

[브라운 해임 시도에 대한 영국대리공사의 사과 요구 보고]

발신(생산)일		수신(접수)일	1901. 3. 25
발신(생산)자	바이페르트	수신(접수)자	
발신지 정보	서울 주재 독일 영사관	수신지 정보	베를린 외무부
			A. 4492
메모	3월 26일 런던 321, 페테르부르크 259에 전달.		

사본

A. 4492 1901년 3월 25일 오후 수신

서울

외무부 귀중

영국 대리공사[1] 측에서 브라운[2]에 대한 한국 정부의 매정한 처사와 관련해 사과를 요구하고 있습니다.

오늘 영국 순양함 한 척이 도착했습니다.

바이페르트

---

1 [감교 주석] 거빈스(J. H. Gubbins)
2 [감교 주석] 브라운(J. M. Brown)

베를린, 1901년 3월 26일

A. 4492, 4387

주재 외교관 귀중

1. 런던 No. 321

2. 상트페테르부르크 259

연도번호 No. 2769

본인은 총세무사 브라운을 해고하려는 한국 정부의 노력에 대한 정보를 알려드리고자, 이 달 22일과 24일 자 서울 주재 독일제국 영사의 전신 보고서 사본 두 통을 삼가 동봉하는 바입니다.

[러일 대립시 독일이 취해야 할 자세]

발신(생산)일	1901. 3. 27	수신(접수)일	1901. 3. 27
발신(생산)자		수신(접수)자	
발신지 정보	베를린	수신지 정보	
			A. S. 465
메모	A. S. 444 A. S. 444와 함께 훈령		

A. S. 465   1901년 3월 27일 수신[1]

베를린, 1901년 3월 27일

일본이 강력한 정책을 펼치도록, 다시 말해 한국에 대한 요구를 관철시키도록 유도하는 임무를 영국에게 맡기는 편이 최선일 것입니다.[2]

독일은 가능한 한 러시아와의 관계를 유지할 생각입니다. 일본은 노골적인 영리정책을 추구하는 탓에 독일에게는 당혹스러운 동료입니다. 현재 일본인들은 그 누구도 자신들 섬나라의 존립을 위협하지 않는다는 것을 잘 알고 있고, 그래서 그들의 관심을 방어동맹 쪽으로 유도하기는 쉽지 않습니다. 지금 우리가 일본인들에게 상호 이익을 위한 협정을 맺자고 말한다면, 일본인들 쪽에서는 공동방어보다는 공동공격에 주목할 것입니다. 일본인들의 이런 정신적 성향은 널리 알려져 있지만, 무엇보다도 페테르부르크에서 그에 대해 잘 알고 있습니다. 그 때문에 우리가 일본인들과 공동의 정치적 입장에 대한 논의를 개시하기만 해도, 러시아 측에서는 우리가 지금까지의 방어적인 태도에서 공격정치로 옮아가려는 징후로 간주할 것입니다. 우리가 현재 불안정한 삼국동맹[3] 말고는 다른 의지할 데가 없는 상황에서 그런 식의 의심을 사는 것은 당연히 이롭지 않습니다. 그런 의심은 자칫 2국동맹의 과격한 애국주의적 요소를 부각시킬 수 있습니다.

영국이 장차 삼국동맹에 합류하기로 어려운 결정을 내리고 그 뒤를 이어 일본이 말하

---

1 [원문 주석] 본인은 이 탁월한 [sic]에 대해 감사드리며, 이것이 실행될 수 있도록 모든 점에서 힘을 보탤 것입니다.
2 [원문 주석] 본인은 [sic] 이런 방향으로 훈령이 내렸다고 추정합니다.
3 [감교 주석] 1882년부터 1915년까지 독일·오스트리아·이탈리아 3국이 체결한 비밀방어동맹.

자면 영국의 동반국으로서 함께 삼국동맹에 수용된다면 상황은 완전히 다를 것입니다. 그럴 경우 한편으로는 아시아와 유럽에서 기본적으로 방어하는 입장인 영국이 활동적인 일본과 균형을 맞추는 역할을 할 수 있을 것입니다. 그러나 설사 그렇게 되지 않는다 할지라도, 그 새로운 동맹은 충분히 막강해서 다른 국가들이 우리에게 품는 감정이 지금과는 달리 실질적인 의미는 없을 것입니다. 지금은 일본이 독자적인 길을 가거나 혹은 경우에 따라서는 영국과 함께 가는 것이 바람직합니다. 독일이 어떤 식으로든 접근을 시도하면, 일본인들은 자신들이 한국에 진출하거나 만주에서 러시아인들을 몰아내도록 도와주겠느냐는 질문으로 응수할 것입니다. 그런 상황에서는 어떤 합의도 가능하지 않을 것입니다. 우리는 러시아와 그 어떤 정치적 협정도 맺은 적이 없음을 일본 정부에게 알렸습니다. 특히 한국과 관련한 협정을 체결하지 않았으며, 그러므로 러시아와 일본이 분쟁을 빚게 되면 우리는 단호하게 중립을 유지할 것이라고 선언했습니다. 그리고 지금 상황으로 보아서는, 우리가 중립을 지키면 프랑스도 중립을 지킬 것이라고 알렸습니다. 사실 우리로서는 일본에게 할 만큼 했습니다.

베를린, 1901년 3월 30일   A. S. 444 I / 465

주재 외교관 귀중   기밀!
1. 런던 No. 337
2. 베이징 No. A. 40   본인은 일본 외무대신에 대한 정보를 알려드
                                         리고자, 지난달 20일 자 도쿄 주재 독일제국
                                         대리공사의 보고서 사본을 삼가 동봉하는 바
연도번호 No. 2914   입니다.

14

[일본공사의 귀국 및 일본천황의 훈장 전달 보고]

발신(생산)일	1901. 2. 12	수신(접수)일	1901. 3. 30
발신(생산)자	바이페르트	수신(접수)자	뷜로
발신지 정보	서울 주재 독일 영사관	수신지 정보	베를린 정부
	No. 28		A. 4821
메모	사본 I 8160 3월 30일 수신 독일제국 영사관 A. 4250^{02} 참조 연도번호 No. 171		

A. 4821   1901년 3월 30일 수신

서울, 1901년 2월 12일

No. 28

독일제국 수상 뷜로 각하 귀하

두 달 가까이 일본으로 휴가를 떠났던 일본 공사[1]가 이달 5일 휴가를 끝내고 한국에 돌아왔습니다. 그리고 이달 10일 알현식에서 한국 왕세자에게 (줄이 없는) 국화장[2]을 전달했습니다. 그것은 작년 여름 한국에서 일본 황태자에게 수여한 금척대훈장에 대한 응답으로 일본 천황이 수여한 것입니다.

그와 동시에 한국의 왕자 이재순[3]이 일본의 욱일대수장[4]을 수여받았습니다. 이재순은 입양되었고, 이로 인해 현 한국 군주의 고조부는 이재순의 고조부이기도 합니다. 그는 이런 먼 인척관계 때문에 왕족의 반열에 들지는 않지만, 1899년 9월 21일에 왕의 4대 후손까지 해당되는 "군"[5]에 책봉되었습니다. 군[6]의 칭호는 보통 "왕자"로 번역됩니다. 그

---

1   [감교 주석] 하야시 곤스케(林權助)
2   [감교 주석] 대훈위국화대수장(大勳位菊花大綬章)
3   [감교 주석] 이재순(李載純)
4   [감교 주석] 욱일대수장(旭日大綬章)
5   [감교 주석] 청안군(淸安君)
6   [감교 주석] 군(君)

것은 앞에서 언급한 고조부가 왕세자로서 왕위에 오르지 못하고 세상을 떴는데, 얼마 전 왕으로 추존되었기 때문입니다. 이재순이 더 높은 관직에 오르지 못하도록 — 이재순은 마지막으로 궁내부대신을 역임했습니다 —이재순의 정적들이 이런 신분상승을 기획했다고 합니다. 그러나 이재순은 계속 공직 사회에서 일정한 역할을 하고 있으며, 예전부터 상당히 가까운 관계를 유지했던 일본 공사관에 이미 자주 도움을 주었습니다.

한국 군주는 이미 1897년 4월에 (마찬가지로 줄이 없는) 국화장을 받았습니다.

그밖에 일본 훈장을 받은 한국인으로는 전임 도쿄 주재 공사였던 이하영[7]과 이윤용[8]이 있습니다. 이하영은 작년 5월 일본 황태자의 결혼을 계기로 욱일대수장을 받았고, 이윤용 장군은 1899년 4월 일본 기동훈련[9] 시에 훈2등 서보장을 수여받았습니다.

본인은 이 보고서의 사본을 도쿄와 베이징 주재 독일제국 공사관에 보낼 것입니다.

바이페르트

---

7 [감교 주석] 이하영(李夏榮)

8 [감교 주석] 이윤용(李允用)

9 [감교 주석] 일본특별대의 훈련에 참여.

15

브라운

발신(생산)일	1901. 3. 29	수신(접수)일	1901. 3. 31
발신(생산)자	에카르트슈타인	수신(접수)자	뷜로
발신지 정보	런던	수신지 정보	베를린 정부
	No. 109		A. 4827
메모	Times		

A. 4827 1901년 3월 31일 오후 수신. 첨부문서 1부

런던, 1901년 3월 29일

No. 109

독일제국 수상 뷜로 각하 귀하

어제 영국의 하원의회에서 크랜본[1]은 한국의 총세무사 브라운[2]이 해임되었다는 소식과 관련해 대정부질의에 답변했습니다. 이곳의 여론은 처음부터 브라운의 해임이 러시아의 음모에서 비롯되었다고 믿었습니다. 그리고 이것을 러시아의 또 다른 비우호적인 처사로 여기고 매우 격분한 사람들도 일부 있었습니다.

차관의 답변에 의하면, 브라운은 해고되지 않았습니다. 그 모든 갈등은 브라운이 한국 정부 소유인 관사를 비워줘야 하는 것에서 시작되었다고 합니다. 이와 관련한 협상이 진행되는 도중, 브라운은 일정한 시점까지 사직서를 제출하라는 요청을 받았다는 것입니다. 그러나 이제는 그 돌발 사건이 만족할 만한 해결점을 찾게 될 것이라고 추정할 만한 근거가 충분하다고 합니다.

이와 관련한 "Times" 기사를 동봉하는 바입니다.

독일제국 대사를 대신하여
에카르트슈타인

내용: 브라운

---

1 [감교 주석] 크랜본(Cranborne)
2 [감교 주석] 브라운(J. M. Brown)

No. 109의 첨부문서

첨부문서의 내용(원문)은 독일어본 383쪽에 수록.

베를린, 1901년 4월 3일   A. S. 444 II

1. 런던 주재 대사 No. 350
2. 상트페테르부르크 주재 대사
   No. 279

연도번호 No. 3051

본인은 일본 외무대신 가토의 인품에 대해 다루는 지난달 20일 자 도쿄 주재 독일제국 대리공사의 보고서 사본을 참조하시도록 귀하께 삼가 동봉하는 바입니다. 도쿄 주재 대리공사는 가토를 러시아의 단호한 반대자로 보고 있습니다. 가토가 러시아에 더욱 반대되는 정책을 펼치도록 이토 후작에게 영향력을 행사하고 있다고 합니다.

차관 대리

[한국정부의 양보로 브라운 해임 문제가 해결되었음을 보고]

발신(생산)일	1901. 4. 3	수신(접수)일	1901. 4. 5
발신(생산)자	바이페르트	수신(접수)자	
발신지 정보	서울 주재 독일 영사관	수신지 정보	베를린 외무부
	No. 5		A. 5097
메모	4월 8일 런던 361, 페테르부르크 293에 훈령 전달. 사건 5라는 제목으로 런던과 페테르부르크에 내용 보고.		

A. 5097 1901년 4월 5일 오후 수신

전보문

서울, 1901년 4월 3일 오전 12시 15분

4월 5일 오전 10시 52분 도착

독일제국 영사가 외무부에 송부

전문 해독

No. 5

전보문 No. 3[1]에 이어

한국 정부가 양보하여 요구를 철회함으로써 X 사건이 (일단락되었음?).

바이페르트

---

1 [원문 주석] A. 4492 삼가 동봉.

러시아가 한국의 마산포항을 획득했다는
"Birshewyja Wjedomosti"지의 보도

발신(생산)일	1901. 4. 4	수신(접수)일	1901. 4. 7
발신(생산)자	알벤스레벤	수신(접수)자	뷜로
발신지 정보	페테르부르크 주재 독일 대사관	수신지 정보	베를린 정부
	No. 241		A. 5211
메모	이 보고서를 읽고, 러시아가 한국의 마산포항을 획득한 사실을 한국 무역활동에 기록하십시오. M 4월 11일		

A. 5211　1901년 4월 7일 오전 수신. 첨부문서 1부

상트페테르부르크, 1901년 4월 4일

No. 241

독일제국 수상 뷜로 각하 귀하

"Birshewyja Wjedomosti"지는 러시아가 한국의 마산포항을 획득했다고 보도했습니다. 본인은 이 기사의 핵심 부분을 "St. Petersburger Herold"지의 번역문으로 삼가 동봉하게 되어 영광입니다.

알벤스레벤

내용: 러시아가 한국의 마산포항을 획득했다는 "Birshewyja Wjedomosti"지의 보도

No. 241의 첨부문서

"St. Petersburger Herold" No. 81

1901년 4월 4일/3월 22일

"Birshewyja Wedomosti"지는 러시아가 반드시 한국 해안의 부동항을 획득해야 한다고 선언한다.

"우리가 알고 있는 한, 일본 정부는 러시아의 마산포항 확보에 대해 지금까지 이의를 제기하지 않았다. 일본 정부는 두 가지 이유에서 이의를 제기할 수 없었다. 가장 중요한 첫 번째 이유는 그런 식의 항의로는 목적을 달성할 수 없다는 것이다. 두 번째 이유는, 일본이 러시아와 원만한 우호관계를 추구하려 하면서 한국에 대한 모든 야망을 궁극적으로 포기했다는 것이다. 따라서 일본은 한국 해안의 러시아 해양 기지를 일본에 대한 위험이라고 말할 수 없다."

현재 런던 사회는 한국으로 인해 크게 동요하고 있다. 우리의 경제신문은 그런 동요를 침착하게 관망하는 중이다. 영국 국회의원들이 그에 대해 대정부질의를 계획한다는 소문과 관련해 "Birshewyja Wedomosti"지는 다음과 같이 말한다.

"그런 종류의 질의에 대해 진지하게 답변할 영국 장관은 없다고 추정해도 좋을 것이다. 그렇게 되면 러시아 및 러시아에 인접한 동아시아 국가와 관련된 문제들에 대한 판단을 영국 의회에서 공식적으로 시인하는 것을 의미하기 때문이다. 또한 한국 해안의 러시아 항구에 대한 문제는 동맹국들이 청국에서 받는 많은 영향과도 실질적으로 무관하다."

베를린, 1901년 4월 8일   A. 5097

주재 외교관 귀중
1. 런던 No. 361
2. 상트페테르부르크 No. 293

연도번호 No. 3193

한국의 총세무사 브라운과 관련해 지난달 26일 자 훈령 1. No. 321과 2. No. 259에 이어, 본인은 귀하께 다음 사항을 전달하게 영광입니다. 즉, 이달 3일 자 서울 주재 독일제국 영사의 새로운 전신 보고서에 의하면 한국 정부가 양보해서 총세무사 브라운의 해임 요구를 철회했습니다.

일본과 러시아의 한국 관계

발신(생산)일	1901. 2. 20	수신(접수)일	1901. 4. 10
발신(생산)자	바이페르트	수신(접수)자	뷜로
발신지 정보	서울 주재 독일 영사관	수신지 정보	베를린 정부
	No. 32		A. 5349
메모	4월 16일 런던 389에 전달 연도번호 No. 197		

A. 5349 1901년 4월 10일 오전 수신

서울, 1901년 2월 20일

No. 32

독일제국 수상 뷜로 각하 귀하

서울 주재 미국 대표의 정보에 의하면, 이달 10일 일본 공사는 한국 왕세자에게 국화장[1]을 전달할 목적으로 한국 왕을 알현했습니다. 그 기회를 이용해 일본 공사는 일본 군부가 러시아의 만주 계획에 직면해서 한국에 대해 더욱 강력한 정책을 펼칠 것을 촉구한다고 한국 군주에게 절박하게 묘사한 듯 보입니다. 그래서 이토[2] 내각이 일본 군부를 진정시키려고 많은 애를 쓰고 있다는 것입니다.

다른 한편으로 본인이 알렌[3] 박사에게 들은 바에 의하면, 하야시[4]가 만주철도 보호를 위한 러시아의 조처에 전혀 이의를 제기할 수 없다고 눈에 띄게 흡족해하며 말했다고 합니다. 이것은 일본 정부의 공식적인 입장을 반영하는 반면에, 하야시 개인적으로는 일본 정부의 입장에 완전히 동의하는 것 같지 않습니다. 어제 하야시는 한국에서 일본의 영향력이 적절히 증가하지 못하는 이유가 물론 일부는 자본력의 부족 때문이기도 하지만 주요 원인은 이토가 지나치게 온유하고 신중한 정책을 펼치는 데 있다고 본인에게

---

1 [감교 주석] 대훈위국화대수장(大勳位菊花大綬章)
2 [감교 주석] 이토 히로부미(伊藤博文)
3 [감교 주석] 알렌(H. N. Allen)
4 [감교 주석] 하야시 곤스케(林權助)

구두로 의견을 표명했습니다. 그런 신중한 정책은 나약하다는 오해를 받기 쉬운 데다가 일본의 극단적인 애국주의를 조장하는 바람직하지 않은 결과를 낳을 수도 있다는 것이었습니다. 일본의 극단적 애국주의는 이미 분별을 잃었다고 합니다.

하야시가 보다 적극적으로 개입하라는 훈령을 받고 일본에서 돌아왔다는 소문이 한국 사회에 떠돌고 있습니다. 하야시는 그 소문이 음모라고 본인에게 말했습니다. 일본 공사보다 몇 시간 앞서 한국 군주를 알현한 러시아 대리공사[5]도 그것이 근거 없는 소문임을 확언했다고 전해집니다. 아마 그것은 일본 공사를 위압하려고 하는 시도를 미리 예방하기 위한 처사라고 추정됩니다. 하야시의 말에 따르면, 그와 동시에 러시아 대리공사는 많은 일본인들이 채용된 것에 비해 러시아에 대한 대접은 소홀하다고 불평했다는 것입니다. 그러나 러시아 대리공사가 확실한 요구사항을 제시하지는 않았다고 합니다.

본인이 이곳 영국 대리공사[6]에게 들은 바에 의하면, 게다가 최근 파블로프는 한국 군주에게 이달 6일 도쿄에서 도착한 신문 전보를 근거 없는 것으로 선언했다고 합니다. 그 신문 전보에 따르면, 열강들이 한국의 독립을 보장하는 것에 대해 일본 정부가 상트페테르부르크에 전신으로 문의했다고 합니다. 그리고 상트페테르부르크에서는 열강들의 한국 독립 보장에 찬성했다는 것입니다.

일본 공사 역시 그런 회담에 대해 전혀 아는 바가 없다고 본인에게 말했습니다. 이 주제에 대한 일본 대표와 러시아 대표의 발언으로 미루어 보아, 두 사람은 열강들의 한국 독립 보장이 성사되기 어렵다고 보는 것 같습니다. 그보다는 한국에 대한 기존의 러일협정[7]을 필요한 경우 보강하고 더욱 명확하게 규정할 가능성이 더 많다고 여기는 듯합니다.

본인은 이 보고서의 사본을 도쿄와 베이징 주재 독일제국 공사관에 보낼 것입니다.

바이페르트

내용: 일본과 러시아의 한국 관계

---

5 [감교 주석] 파블로프(A. Pavlow)
6 [감교 주석] 거빈스(J. H. Gubbins)
7 [감교 주석] 로젠 니시 협정

[러시아의 한국중립화안 제안에 대한 가토의 의향 타진 보고]

발신(생산)일	1901. 3. 1	수신(접수)일	1901. 4. 10
발신(생산)자	베델	수신(접수)자	뷜로
발신지 정보	도쿄 주재 독일 대사관	수신지 정보	베를린 정부
	A. 22		A. 5360
메모	런던에 전달할 것을 위임합니다. 4월 14일 런던 381에 암호 발췌문 전달. 해독.		

A. 5360 1901년 4월 10일 오후 수신

도쿄, 1901년 3월 1일

외무부 A. 22

독일제국 수상 뷜로 각하 귀하

각하의 전보문 No. 5[1] 및 No. 7[2]과 관련해.

본인은 러시아가 열강의 보호 하에 한국의 중립화를 제안했다는 신문기사와 관련해 가토의 의사를 타진하려 했습니다. 이에 대해 가토는 근거 없는 기사라고 일축했습니다.

영국 공사[3]는 한국과 관련한 일본과 러시아의 회담에 대해 영국 정부에 보고하지 않았다고 본인에게 단언했습니다. 본인을 통해 비로소 그런 회담이 계류 중이라는 사실을 알게 되었다는 것입니다. 아마 가토[4]가 하야시[5]를 통해 그에 대한 소식을 런던 내각에 알리고 맥도날드에게는 침묵을 지켰을 수 있습니다. 가토의 평소 행동으로 보아 능히 그러고도 남습니다.

본인은 아오키[6]에게 Engalitsceff 왕자의 의견에 대해 설명하고 한국의 중립화에 관한

---

1 [원문 주석] A. 1137/1188
2 [원문 주석] A. 1624
3 [감교 주석] 맥도널드(C. M. MacDonald)
4 [감교 주석] 가토 다카아키(加藤高明)
5 [감교 주석] 하야시 다다스(林董)

신문기사도 언급했습니다.

(아오키가 이즈볼스키[7]와 가토[8]의 회담이 극비리에 진행되었다고 본인에게 말했습니다. 아오키는 다만 러시아가 니시-로젠 협정을 보완하기 위해 한국과 관련한 제2의 협정을 제안했다는 것만을 알뿐이라고 합니다. 그리고 그 제안은 거부되었다는 것입니다.)

베델

---

6 [감교 주석] 아오키 슈조(青木周藏)
7 [감교 주석] 이즈볼스키(A. P. Izwolskii)
8 [감교 주석] 가토 다카아키(加藤高明)

20

한국에 채용된 프랑스인들. 러시아 대리공사의 태도

발신(생산)일	1901. 2. 27	수신(접수)일	1901. 4. 13
발신(생산)자	바이페르트	수신(접수)자	뷜로
발신지 정보	서울 주재 독일 영사관	수신지 정보	베를린 정부
	No. 35		A. 5520
메모	연도번호 No. 210		

A. 5520 1901년 4월 13일 오전 수신

서울, 1901년 2월 27일

No. 35

독일제국 수상 뷜로 각하 귀하

작년 5월 19일의 보고서 No. 45[1]에서 본인은 한국 기계창에 프랑스인 두 명을 채용하는 사안에 대한 회담이 진행 중이라고 언급한 바 있습니다. 그 사이 이 회담이 종결되었고, 그에 따라 포병 대위 페이에르[2]와 "무기감독관" 루이스[3]가 이달 19일 한국에 도착했습니다. 본인이 프랑스 대리공사에게 들은 바에 의하면, 프랑스 정부가 이 두 사람을 한국 정부에 제공했습니다. 두 사람은 군대에서 근무하지는 않지만 퇴역하지 않아서 계속 진급할 수 있습니다. 두 사람은 한국에서 전쟁이 발발할 경우 이곳 근무지를 떠나는 조건으로 계약을 맺었습니다. 급료는 대위가 월 400엔, 무기감독관은 250엔이며 고용기간은 3년입니다. 이 기간 동안 러시아 직공장 Remnioff의 계약도 갱신됩니다.

당시 한국 주재 러시아 대표부[4]가 이 계획의 모든 세부사항에 동의했음에도 불구하고, 지금 파블로프가 이 일로 인해 한국 정부에 온갖 애로사항을 안겨주는 것 같습니다. 파블로프는 Remnioff가 프랑스 대위 휘하에 예속되는 것에 이의를 제기할 생각이라고 본인에게 말했습니다. 그리고 한국 측이 외국 장교를 채용하지 않겠다고 러시아에게 한

---

1 [원문 주석] A. 8906 삼가 동봉.
2 [감교 주석] 페이에르(Payeur)
3 [감교 주석] 루이스(Louis)
4 [감교 주석] 파블로프(A. Pavlow)

약속을 어겼다고 주장할 예정이라는 것입니다. 그러나 파블로프는 현재 상황을 변화시킬 의도는 전혀 없다고 덧붙였습니다. 그보다는 다만 한국 정부에 대한 불만사항을 수집해두었다가 적당한 기회에 곧 그것을 이용할 생각이라고 말했습니다. 파블로프의 말은 배상요구를 위한 전주곡처럼 들립니다. 이와 더불어 파블로프는 프랑스인들이 러시아의 비호 하에 한국에서 성과를 거두었다는 인상을 대외적으로 상쇄하려는 의도를 품고 있을 수도 있습니다. 게다가 파블로프는 다른 국가에 대한 경제적인 특허나 고용문제와 관련해 지속적으로 한국 군주에게 비난의 말을 하고 있습니다. 이런 처사는 최근 한국 조정에서 미움을 사는 결과만을 낳는 듯 보입니다. 파블로프는 그런 문제들에서 한국인들이 우선적으로 러시아에게 조언을 청하기를 바라고 있습니다. 그러나 파블로프의 이런 욕구를 고려하려는 경향은 증대하는 것 같지 않습니다.

지난달 5일 자 보고서 No. 7[5]에서 본인은 프랑스 전문가를 한국 공업학교[6]에 채용하려는 계획에 대해 언급한 바 있습니다. 그 동안 이 계획과 관련해 입수한 좀 더 상세한 정보에 따르면, 이미 1897년 12월 17일에 한국 정부와 프랑스 대리공사 플랑시[7]는 목공, 미장, 벽돌제조, 철공, 가죽제작, 도자기와 유리 제조, 전기설비를 위한 다수의 프랑스 교사 내지는 기술자들을 연 6,000엔에 채용하기로 합의했습니다. 작년 4월 12일 프랑스 임시대리공사 르페브르[8]가 프랑스 정부의 위임을 받아, 위의 금액으로는 기껏해야 교장 1명과 교사 3명, 기술자 3명만을 조달할 수 있다고 알렸습니다. 게다가 이들의 여행경비 4천 엔과 더불어 기구와 공구, 기계 구입비용으로 2천 내지 3천 엔도 한국 정부 측에서 지불해야 한다는 것이었습니다. 작년 5월 9일 자로 한국 측에서는 이에 동의했습니다. 다음 달 중순경 플랑시는 휴가를 마치고 한국에 돌아올 예정입니다. 플랑시가 이런 채용 문제를 어느 정도 실현시킬 수 있을지는 아직 알 수 없습니다.

본인은 이 보고서의 사본을 도쿄와 베이징 주재 독일제국 공사관에 보낼 것입니다.

바이페르트

내용: 한국에 채용된 프랑스인들. 러시아 대리공사의 태도

---

5 [원문 주석] A. 2819 삼가 동봉.
6 [감교 주석] 상공학교(商工學校)
7 [감교 주석] 플랑시(V. C. Plancy)
8 [감교 주석] 르페브르(G. Lefèvre)

베를린, 1901년 4월 14일   A. 5360

주재 외교관 귀중   전보문 No. 58과 관련해 귀하께 정보를 알려드
런던 No. 381   립니다. 도쿄 주재 독일제국 대리공사가 지난달
                                    1일 보고서를 보냈습니다.

연도번호 No. 3391

베를린, 1901년 4월 16일   A. 5349

주재 외교관 귀중   본인은 한국과 일본의 관계 및 한국과 러시아의
런던 No. 389   관계에 대한 정보를 삼가 귀하께 알려드리고자,
                                    서울 주재 독일제국 영사가 2월에 보낸 보고서
연도번호 No. 3468   사본을 동봉합니다.

베를린, 1901년 4월 19일   A. 5757

주재 외교관 귀중   영국의 신문보도에 의하면, 요코하마 주재 미국
도쿄 No. 24   총영사는 일본이 과도한 지출과 차관 조처로 인
                                    해 재정 위기에 이르렀음을 미국 정부에 보고했
연도번호 No. 3550   다고 합니다. 그 때문에 일본은 만주 및 한국과
                                    관련해 러시아와 외교적인 방법으로 타협을 시
                                    도하려 한다는 것입니다.
                                    이 기사는 어떻게 된 것입니까? 일본이 필요한
                                    경우에는 철도를 차관의 담보로 제공할 수 있기
                                    때문에라도 이 기사는 신빙성 없이 들립니다.
                                                              리히트호펜

21

[일본 대장대신의 차관도입 부적절 선언 및 정부계획 연기 제안]

발신(생산)일	1901. 4. 21	수신(접수)일	1901. 4. 22
발신(생산)자	베델	수신(접수)자	
발신지 정보	도쿄 주재 독일 대사관	수신지 정보	베를린 외무부
	No. 37		A. 5980
메모	I 지체 II 4월 27일의 훈령 지체 　전보문 No. 24에 대한 답신		

A. 5980　1901년 4월 22일 오후 수신

전보문

도쿄, 1901년 4월 21일 오전 12시 30분

4월 22일 오전 11시 38분 도착

독일제국 대리공사가 외무부에 송부

전문 해독

No. 37

　　일본 대장대신[1]은 국내시장과 세계시장의 자본 결핍을 이유로 들어, 이미 허가된 4천 7백만 엔의 차관 도입이 현재로서는 부적절하다고 선언했습니다. 그리고 이에 따라 정부 계획을 일부 연기할 것을 제안했습니다.

　　아마 미국 총영사의 보고는 여기에 기인하는 것 같습니다. 그러나 미국 총영사는 러시아와 일본의 협상에 대한 말은 한 적이 없다고 부인합니다.

1　[감교 주석] 와타나베 구니타케(渡邊國武)

그런 협상은 어쨌든 개최되지 않고 있습니다. 오히려 러시아 공사관 측에서는 위에서 말한 금융 대책의 목적이 시장에서 돈을 빼내어 필요한 경우 전시공채로 사용하려는 데 있지 않을까 우려하고 있습니다.

베델
원본문서 : 일본 3

22

[한국과 프랑스 간 차관 계약 체결 보고]

발신(생산)일	1901. 4. 23	수신(접수)일	1901. 4. 24
발신(생산)자	바이페르트	수신(접수)자	
발신지 정보	서울 주재 독일 영사관	수신지 정보	베를린 외무부
	No. 8		A. 6077
메모	암호 전보 4월 25일 런던 201에 전달.		

A. 6077 1901년 4월 24일 오후 수신

전보문

서울, 1901년 4월 23일 오후 10시 …분
4월 24일 오후 5시 20분 도착

독일제국 영사가 외무부에 송부

전문 해독

No. 8

한국 정부는 주화를 제조하고 평양 탄광을 개발하고자, 25년간 5부 5리의 조건으로 5백만 미국 달러의 차관 도입 계약을 19일에 프랑스 운남 신디케이트[1]와 체결했습니다. 담보는 해상관세입니다. 이 계약은 미국과 일본의 이해관계에 역행하는데도 관철될 가능성이 많습니다. 게다가 운남 신디케이트는 광산 개발도 허가받는다고 합니다. 이곳 대표 카잘리스[2]가 본인에게 자발적으로 설명한 바에 따르면, 운남 신디케이트는 독일의 참여를 흔쾌히 반길 것이라고 합니다.

바이페르트

원본문서 : 한국 4

---

1 [감교 주석] 운남(雲南) 신디케이트
2 [감교 주석] 카잘리스(A. Cazalis)

[독일, 영국 간 협정에 대한 일본 언론 보도 및
일본외무대신과의 담화 보고]

발신(생산)일	1901. 3. 29	수신(접수)일	1901. 5. 4
발신(생산)자	베델	수신(접수)자	뷜로
발신지 정보	도쿄 주재 독일 대사관	수신지 정보	베를린 정부
			A. 6578

사본

A. 6578   1901년 5월 4일 오전 수신

도쿄, 1901년 3월 29일

A. 41

독일제국 수상 뷜로 각하 귀하

각하께서 독일과 영국의 협정에 대해 설명하셨다는 내용의 이달 23일 자 "Japan Times"지의 사설을 본인은 삼가 동봉하게 되어 영광입니다. 이 사설에 의하면, 일본은 독일이 만주 문제에 적극적인 관심을 보일 것으로 예상하지 못한 탓에 실망했다고 합니다.

어제 가토[1]가 외교관들을 영접한 자리에서, 본인은 "Japan Times"지 같은 친정부적인 신문이 그런 식의 부당한 의견을 노골적으로 표명 하는 것은 독일과 일본의 우호적인 관계에 악영향을 미칠 수 있음을 가토에게 주지시켰습니다. "Japan Times"지는 과거에 이토[2]의 개인비서[3]를 지낸 사람이 발행하는 신문입니다.

독·영 협정[4]의 제1조[5]에서 알 수 있는 바와 같이, 이 협정의 목적은 특히 청국의 경제

---

1   [감교 주석] 가토 다카아키(加藤高明)

2   [감교 주석] 이토 히로부미(伊藤博文)

3   [감교 주석] 즈모토 모토사다(頭本元貞)

4   [감교 주석] 양쯔 협정(Yangtze Agreement; Agreement between Great Britain and Germany relative to China)). 1900년 10월 6일 체결.

5   [감교 주석] "1. It is a matter of joint and permanent international interest that the ports on the rivers

적 생존능력을 유지하는 데 있다고 본인은 말했습니다. 그래서 국제교역을 위해 청국의 항구들을 개항 상태로 유지시킬 필요성이 무엇보다도 강조된다고 설명했습니다. 나아가 독일 정부와 영국 정부는 이처럼 개항 상태를 유지하게 되면 이에 "영향 받을 수 있는 모든 청국 지역을 지켜보기로" 합의했다고 본인은 말했습니다. 그리고 독일 정부는 당연히 이 지역에 만주를 포함시키지 않는다고 덧붙였습니다.

더욱이 지난 가을에 독일은 공식적으로 신뢰 어린 성명서를 발표한 바 있다고 본인은 말했습니다. 그러니 일본 정부는 독일의 호의적이고 우호적인 신념에 대해 잘 알 것이라고 설명했습니다.

일본 대신은 "Japan Times"지가 친정부적인 성향을 띠고는 있지만 독자적인 신문이라고 답변했습니다. 그래서 일본 정부는 위에서 언급한 것과 같은 기사들에 대해 사전에 알지 못한다는 것이었습니다. 그리고 일본 언론은 곧잘 과도하게 흥분하는 경향이 있으니 큰 의미를 부여할 필요가 없다고 덧붙였습니다.

일본 대신은 만주 문제에 대한 독일의 관심이 러시아와 대립할 만큼 크지 않다는 것을 충분히 이해한다고 말했습니다. 그래서 그에 따른 독일 정부의 공식성명에 전혀 놀라지 않았다는 것이었습니다. 그러나 만주가 독·영 협정에 저촉되지 않는다는 우리의 해석을 일본에서는 단순히 받아들일 수 없었다고 합니다.

일본 대신은 일본 정부가 독일의 우호적인 신념을 의심하지 않는다고 말했습니다. 작년 가을 독일이 한국 문제에서 "중립"을 지키겠다고 한 약속을 믿는다며, 결국 그것이 요점이 아니겠느냐는 것이었습니다. 또한 가토는 각하께서 독일제국 의회에서 일본을 매우 인정하는 발언을 하셨다고 말했습니다. 일본 정부는 그 내용을 말 그대로 전신 보고받았으며 그에 대해 감사해한다는 것이었습니다.

베델

원본문서 : 청국 24 No. 4

---

and littoral of China should remain free and open to trade and to every other legitimate form of economic activity for the nationals of all countries without distinction; and the two Governments agree on their part to uphold the same for all Chinese territory as far as they can exercise influence."

일본과 한국

발신(생산)일	1901. 3. 5	수신(접수)일	1901. 5. 4
발신(생산)자	퀼러	수신(접수)자	해군청 차관
발신지 정보	도쿄주재 일본공사관	수신지 정보	독일제국 해군청
	B. N. 82		A. 6610
메모	독일공사관의 해군무관		

사본

A. 6610 1901년 5월 4일 오전 수신

도쿄, 1901년 3월 5일

B. N. 82

베를린 독일제국 해군청 차관 귀하

아마 머지않은 장래에 일본은 실제적인 이해관계와 잠정적인 이해관계를 보호할 목적으로 러시아에 무력 대립할 필요가 있다고 여길 수 있습니다. 전반적인 정치 상황으로 미루어 보아 이 점에 주목해야 할 것입니다.

일본의 국내 분위기가 몹시 호전적입니다. 일본 정부가 전쟁을 벌이든 군사적인 시위를 하든 대다수 국민의 지지를 얻을 것에는 의심의 여지가 없습니다. 그런데도 지난 수주일 동안 일본의 신문들은 공격적인 말을 삼갔으며, 러시아인들이 한국 해안의 마산포에서 여러 가지 일을 벌인다는 최근 소식도 다만 객관적으로 보도하는 것에 그쳤을 뿐입니다. 지난봄처럼 이에 대비해야 한다는 강경한 논조의 기사를 찾아볼 수 없었습니다. 필시 일본 정부가 이러한 침묵을 유도했을 것입니다. 일본 국내의 불필요한 불안을 사전에 예방하려는 의도에서든 혹은 다른 진영의 주목을 끌지 않으려는 의도에서든 일본 언론의 태도는 어쨌든 주목할 만했습니다. 그러나 러시아와 청국이 만주와 관련한 조약을 체결했다는 소식이 알려지자, 공격적인 정책을 촉구하는 목소리들이 더욱 거세졌습니다. 그래서 대외정책, 특히 러시아에 대한 정책에서 강경한 태도를 기피했던 이토 내각조차 이웃 청국의 상황 전개에 대한 일본의 관심 및 일본의 입장을 더욱 강조하지 않을 수 없게 되었습니다.

일본이 고려하는 모든 것의 핵심은, 러시아가 만일 어떤 형태로든 만주를 합병할 경우에 일본은 한국으로 그 손실을 보충해야 한다는 것입니다. 그렇지 않으면 일본은 한국을 영영 잃게 될 것이고 일본의 가장 중요한 이해관계가 위기에 직면할 것이기 때문이라고 합니다.

일부 일본인들의 머릿속에는 일본이 청국의 푸젠[1] 지방으로 그 손실을 보충할 수 있고 또 보충해야 한다는 생각이 들어 있습니다. 대만의 무역을 육성하고 이 섬의 가치를 이용하는 데 푸젠 지방이 필요하다는 것입니다. 게다가 일본인들은 자신들이 청국과의 무역 관문을 지배하는 사명을 부여받았다고 믿고 있습니다. 푸젠 지방은 섬나라의 이런 웅대한 미래정책의 범주에 속합니다. 그러나 푸젠에 대한 이러한 열망은 뒷전으로 밀려나 있는데다가 한국을 향한 욕구와 비교하면 먼 미래의 일입니다.

이 이웃국가를 언젠가 독점하거나 또는 마음대로 지배할 수 있다는 생각이 오늘날 일본인들의 뼛속 깊이 뿌리박혀 있습니다. 이것은 사실입니다. 일본인들은 그러한 생각을 끊임없이 되풀이해 말하고, 기회 있을 때마다 한국을 일본과 결부시키는 전통에 대해 언급하고, 무역의 이해관계를 위한 긴밀한 유대감의 필요성을 강조합니다. ― 그러므로 한국에 대한 일본의 역사적인 요구가 도대체 무엇에 기인하고 있으며 무역의 이해관계가 실제로 그렇듯 중요한가 하는 문제가 당연히 제기됩니다.

본인은 사실들을 토대로 이러한 문제들에 답변해보고자 합니다. 그러기 위해서는 일본의 오랜, 아주 오랜 역사를 돌아보고 현재 한국과의 무역관계를 살펴볼 필요가 있습니다.

1. 역사적인 면

일본인이 기원전 32년 한국에 정착한 것이 최초의 입증된 사실로 간주되고 있습니다. ― 당시 한국 반도는 여러 제후국으로 나뉘어 있었고, 제후 한 명이 이웃국가의 공격을 받게 되자 일본에게 지원과 중재를 요청했습니다. 그 분쟁은 일본의 개입에 의해 해결되었습니다. 이것은 섬나라가 당시 이미 높은 명성을 누렸다는 증거입니다. 그 결과 한국의 제후국은 일본에 공물을 바쳤습니다.

서기 202년 일본의 진구 여황제[2]는 한국을 정벌할 필요가 있다고 보았습니다. 진구 여황제가 한국의 동부 지방들을 정복하자 다른 지방들은 자진해서 항복했습니다. 한국

---

1   [감교 주석] 푸젠(福建)
2   [감교 주석] 신공황후(神功皇后)

인들은 다시 일본에게 공물을 바치기로 굳게 약속했습니다. — 그 후로 오랜 기간 한국은 일본과 교역관계를 유지했으며, 청국 문화 도입을 위한 교량 역할을 했습니다. — 6세기에 이르러 일본은 승려와 학자, 예술가를 파견할 것을 속국 한국에 요구했습니다. 그 대신 일본 측에서는 군수품과 병사들을 보냈습니다. 그 결과, 오늘날의 부산을 중심으로 하는 지역이 자의반 타의반에 의해 일본의 소유가 되었습니다. 그러다 7세기 후반에 접어들어 한국 제후들 간에 전쟁이 발발했을 때, 일본인들은 다시 한반도에서 축출되었고 오랫동안 한반도에 영향력을 행사할 수 없었습니다. 그러나 옛날에 한국을 소유했다는 생각은 일본인들의 기억에 생생하게 남아 있었습니다. 한국 제후들 사이의 빈번한 싸움은 종종 일본에게 한반도에 개입할 기회를 제공했습니다. 그러면 도움을 받은 제후들은 선물을 했고, 일본 측에서는 그 선물을 새로운 공물로 받아들였습니다.

16세기 말에 이르러 그때까지 활발했던 양국 관계가 서서히 쇠퇴했습니다. 한국인은 일본 영토를 거듭 습격했습니다. 특히 9세기와 11세기에 반복된 한국인의 습격과 13세기 쿠빌라이 칸 무리의 침략은 섬나라를 대륙과 더욱 더 격리시키는 결과를 낳았습니다.

일본에 강력한 정권이 들어서면서 마침내 다시 예전의 권력관계를 상기하게 되었습니다. 그래서 1592년 쇼군 히데요시[3]는 강력한 군대를 한반도에 파견함으로써 조선에 대한 일본의 옛 권리를 회복하려 시도했습니다. 일본 군대는 한반도 전역을 정복했지만,[4] 1598년 결국 다시 일본으로 후퇴했습니다. 한국인이 중국의 지원을 받아 일본 함대를 무찔렀기 때문입니다.

한동안 양국 관계가 단절된 후, 1605년 다시 평화적인 교류가 재개되었습니다[5].1618년 한국인들이 일본에 사절단을 파견했습니다. 그러다 1623년 일본 측에서 조선이 일본에게 공물을 바칠 의무가 있음을 강력히 주장하자, 그때부터 한국인들은 매년 정기적으로 선물을 들고 일본에 나타났습니다. — 조선이 청국에 대해 종속관계에 있었음에도 불구하고 조선의 특별사절단[6]이 일본에 선물을 가져왔습니다. 조선은 예로부터 청국에 대해 종속관계를 유지했는데, 많은 일들을 통해 이 종속관계가 표현되었습니다. 특히 조선의 왕이 바뀔 때마다 청국이 조선의 군주를 승인하는 것으로 표현되었습니다.

그러나 세월이 흐르면서 차츰 일본에서는 한국 사절단을 짐스럽게 여겼습니다. 한국 사절단이 궁중을 위한 선물 이외에는 가시적이고 구체적인 이익을 전혀 가져오지 않았

---

3 [감교 주석] 도요토미 히데요시(豊臣秀吉)

4 [감교 주석] 임진왜란(壬辰倭亂), 정유재란(丁酉再亂)

5 [감교 주석] 기유약조(己酉約條)는 1609년임.

6 [감교 주석] 조선 통신사(朝鮮通信使)

으며 오히려 많은 지출을 야기했습니다. 동양의 관례에 따라 일본은 사절단으로 인해 발생하는 모든 경비를 부담해야 했기 때문입니다. 이런 이유에서 1790년 일본은 여행경비를 절감하기 위해 연례적인 공물사절단을 쓰시마 섬까지만 보낼 것을 한국에 요청했습니다. 일본 궁중의 사신들도 마찬가지로 쓰시마 섬으로 그들을 맞이하러 갔습니다. ― 그러다 보니 사절단 파견은 단순히 방문을 주고받는 의례적인 절차로 변모했습니다. 1832년에는 그나마 이것마저 완전히 중단되었습니다. ―

청국이 서구세계에 문호를 개방하면서 많은 사건들이 발생했고, 일본 자체도 미국이나 유럽과의 갈등에 휘말려들었습니다. 그 결과 일본인들의 관심은 다른 방향으로 쏠렸고, 한국과의 관계 회복에 역점을 둘 수 없었습니다. 그러다 1865년 프랑스 토벌군이 조선을 압박하자,[7] 조선은 일본에게 옛 관계를 상기시키며 도움을 요청하기에 이르렀습니다. 그러나 일본인들은 도움은커녕 답변조차 하지 않았습니다. 얼마 지나지 않아 조선 측에서 일본의 이러한 태도에 응수할 기회가 찾아왔습니다. 일본 정부는 메이지 유신이 단행되었음을 조선 조정에 알렸고 옛 속국관계를 상기시키며 실질적인 지원을 요청했습니다. 그러나 조선은 일체의 도움을 거절했습니다. ― 일본은 국내 질서를 되찾은 후, 조선에 대한 옛 관계를 회복하기 위한 일환으로 1873년과 1874년 두 차례에 걸쳐 사절단을 파견했지만 성공을 거두지 못했습니다. 그러다 일본 선박이 한국인들의 포격을 받았을 때 (1875년)[8], 일본은 제물포 앞바다에서 무력시위를 하며 손해배상을 요구했습니다. 조선은 또 다른 종주국인 청국에 도움을 요청했습니다. 그러나 청국 스스로 안남[9]을 둘러싸고 프랑스의 분쟁에 휘말려 있었던 탓에 답변을 하지 못했습니다. 또한 일본은 청국에 이의를 제기했으며, 청국의 속국이 취한 처사에 대해 청국에게 책임을 물었습니다. 그러자 청국은 거부했으며 어떤 칭호로도 조선에 대해 책임이 없음을 선언했습니다. ― 이제 일본은 유리한 고지를 점했음을 깨닫고 조약을 맺을 것을 조선에 강요했습니다(톈진 1876년)[10]. 이 조약의 제1조는 조선이 독립국가로서 일본과 동일한 주권을 소유한다는 내용을 담고 있었습니다. ― 이 조약에 따라 조선의 모든 중요한 장소에서 일본 상사들이 문을 열었고 일본 국민이 활발하게 이주하기 시작했습니다. 왕성한 무역관계와 더불어 조선에서 일본의 정치적 영향력이 증가했습니다. 조선 국내 정치에 불만을 품은 모든 인물들이 일본의 후원과 지원을 받았고, 일본의 사주를 받아 일련의 모반과 암살 행위가

---

7 [감교 주석] 독일어 원문에 1865년으로 기술. 1866년(병인양요)의 오기로 보임.
8 [감교 주석] 운요호(雲揚號) 사건
9 [감교 주석] 베트남
10 [감교 주석] 조일수호조규(朝日修好條規), 일명 강화도조약. 톈진은 강화도의 오기로 보임.

발생했습니다. 그러니 조선 왕실을 겨냥한 암살 시도가 있은 후에 — 이 시도는 물론 실패로 끝났습니다 — 조선의 섭정이 서울을 방어하기 위해 청국 수비대를 불러들인 것은 전혀 놀랄 일이 아니었습니다(1882년)[11]. 일본은 이에 대해 적극적으로 항의하거나 청국의 우선권 표명에 강력하게 반대하지 못했습니다. 일본 스스로 아직은 전투준비를 갖추지 못했다고 느꼈기 때문입니다. 당시 일본 군대는 1877년의 사쓰마 폭동[12]을 진압 하느라 군대가 지쳐 있었고 육군과 해군도 아직 완전히 체계를 갖추지 못했습니다.

그러나 청국 함대가 쿠르베[13] 제독에게 섬멸[14]되면서 청국에 대한 권력관계가 근본적 으로 달라졌습니다. — 또 다시 기회가 찾아오자 일본은 주저하지 않았습니다. 즉각 함대 를 제물포 앞바다에 집결시키고 군대를 상륙시켰습니다. 서울에서 폭동[15]이 일어났을 때 강제로 추방당한 일본 공사의 귀환[16]이 그에 대한 빌미를 제공했습니다. 청국이 항의 하자, 일본은 청국이 군대를 소환해야만 일본도 군대를 철수시킬 것이라고 답변했습니 다. — 그에 이어 1885년 청국과 일본은 동시에 조선에서 군대를 철수하는 내용의 조약[17] 을 체결했습니다. 또한 양국은 상대국에게 사전 통고 없이 한반도에 무장 군대를 파견하 지 않기로 약속했습니다.

이제 일본은 청국에 의해 조선에서 완전히 동등한 권리를 인정받았습니다. 위에서 말한 두 조약은 1894년에서 1895년에 발생한 청일전쟁의 실질적인 출발점이 되었습니다.

조선의 수도에서 발생한 일련의 모반과 암살 사건, 지방에서의 잦은 반란과 조선 정 부의 명백한 실정은 일본과 청국에게 조선에 개입할 수 있는 근거를 제공했습니다. 1894 년 청국은 상당히 심각한 폭동[18]을 진압하기 위해 조선에 군대를 파견했습니다. 일본은 청국군의 철수를 요구하는 동시에 제물포와 부산을 점령하는 것으로 대응했습니다. 일 본과 청국과 조선이 꽤 오랜 동안 협상을 벌인 끝에, 7월 말경 조선이 재차 청국 군대에 게 조선 영토를 떠날 것을 요구했습니다. 청국 군대는 조선 왕궁[19]을 점령하고 임시 정부 를 수립했습니다. — 일본 전함이 청국의 순양함과 수송선을 공격함으로써 양국은 전쟁 을 피할 수 없게 되었고 8월 1일 서로 선전포고를 했습니다. 조선의 독립을 강조하고

---

11 [감교 주석] 임오군란
12 [감교 주석] 사쓰마(薩摩), 세이난 전쟁(西南戰爭)
13 [감교 주석] 쿠르베(A.Courbet)
14 [감교 주석] 청불전쟁(淸佛戰爭)
15 [감교 주석] 갑신정변(甲申政變)
16 [감교 주석] 다케조에 신이치로(竹添進一郎)
17 [감교 주석] 톈진조약
18 [감교 주석] 동학농민전쟁
19 [감교 주석] 일본의 경복궁 점령 사건

조선의 독립 유지를 목표로 내세운 일본과 조선의 동맹조약[20]이 청국 군대를 조선에서 축출하는 전쟁의 근거를 제공했습니다.

이 전쟁이 어떻게 진행되었는지는 널리 알려진 사실입니다. 전쟁을 통해 어떤 고매한 정치적 의도를 추구했고 최근까지 그 의도를 어떻게 실행했는지 살펴보는 것은 이 짧은 역사적 고찰의 범위를 넘어서는 일입니다.

2. 무역 관계

일본과 한국을 연결하는 무역관계는 최근 몇 년 동안 처음으로 자연스럽게 발전했습니다. 이런 무역관계를 토대로 일본은 한반도에서의 주도권을 요구할 수 있을 것입니다. 그러나 일본인들은 기후와 토양 조건이 일본 본토와 유사하고 쉽게 도달할 수 있는 근접한 나라로 과잉 인구를 이주시키려는 생각을 옛날부터 품고 있었습니다. 일본은 증가하는 인구를 정착시킬 장소를 물색하기 위해 전문적으로 숙고하고 계산할 필요가 있었습니다.

일본의 면적은 대만을 제외하고 382,416㎢이며, 최근의 통계자료 (1898년 말)에 의하면 인구는 43,800,000명입니다. 그러나 382,400㎢의 면적 중 경작지는 137,200㎢에 불과합니다. 그러므로 지금 이미 1㎢에 약 315명이 거주하고 있습니다. 나머지 245,200㎢의 면적은 산악지방, 강과 호수로서 대부분 경작이 불가능합니다. 북쪽 지방에만 경작과 거주 가능한 평지가 조금 남아 있을 뿐입니다. 그것은 일본 전체 면적에 비하면 아주 적은 면적입니다.

지난 몇 년 동안 일본에서는 매해 약 50만 명에 이르는 인구가 증가했습니다. 농업은 이러한 인구 증가를 따라갈 수 없습니다. 그러므로 경작 가능한 대지 상황을 고려하면, 일본이 한편으로는 상업과 공업에 의존하고 다른 한편으로는 과잉 인구를 적절한 지역으로 이주시키려는 게 명백합니다.

한국의 면적은 218,650㎢이고 인구는 8,000,000명 아니면 최대한 높이 어림잡아도 11,000,000명에 불과합니다. 한국 지리에 밝은 사람들의 판단에 따르면, 경작 가능한 지역은 현재 인구의 최소한 두 배를 감당할 수 있다고 합니다. 그러므로 일본과 한국의 생존조건이 비슷한 점을 고려하면, 일본이 한반도를 미래의 활동 무대로 보는 것이 전혀 놀랍지 않습니다. 더욱이 일본인들이 보기에는, 한국 민족과 한국 정부가 자국을 발전시키고 이용할 수 있는 능력을 최대한 발휘하지 않았기 때문에 더욱 그렇습니다.

---

20 [감교 주석] 조일맹약(朝日盟約)

한국에 살고 있는 일본인들의 수효에 대해서는 여러 가지 의견이 있습니다. 어떤 사람들은 아주 많다고 하고, 어떤 사람들은 아주 적다고 합니다. 공식적인 발표에 의하면, 1898년에 1만6천명의 일본인이 한국에 정착했다고 전해집니다. 이것을 다음과 같은 수치와 비교해볼 수 있을 것입니다.

영국 및 영국 식민지의 일본인	6,500
러시아 및 러시아령의 일본인	3,500
청국의 일본인	1,800
미국의 일본인	44,000

1899년의 무역통계 보고서를 보면, 한국의 무역이 일본에서 차지하는 비중을 알 수 있습니다. 그것은 대략 다음과 같습니다. 일본의 총 수출액 21,500만엔 중에서 한국으로의 수출액이 700만엔에 이릅니다. 총 수입액 220.5백만엔 중에서 500만엔이 한국으로부터의 수입액입니다. 독일과의 무역 수치를 보면, 수출액은 3.8백만엔이고 수입액은 17.6백만엔입니다. 즉, 한국 무역과 독일 무역의 총액을 비교해보면, 1200만엔과 21.4백만엔입니다. 그러나 한국과의 무역은 아주 근소한 부분을 제외하고는 완전히 일본인의 수중에 달려 있는 반면에, 독일과의 무역은 정반대의 상황입니다. 전체적으로 비교하면 다음과 같습니다.

한국과의 무역	11,972,098엔
그 중 일본인이 발주한 무역	11,880,940엔
독일로의 수출액	3,800,000엔
그 중 일본인이 주도한 무역	1,030,000엔
독일에서 수입액	17,600,000엔
그 중 일본인이 주도한 무역	3,800,000엔

한국으로의 주요 수출 품목은 면직물이고, 한국으로부터의 주요 수입품은 콩(2,100,000엔)과 쌀(1,700,000엔)입니다.

위의 수치를 비교해 보면 알 수 있듯이, 일본 국민들에게 한국과의 무역은 매우 중요합니다. 한국과의 무역을 통해 수많은 소매상인들이 생계를 유지하는 사실을 보면 이 무역의 의미를 제대로 파악할 수 있습니다. 또한 이 무역은 연해 항해의 주요 토대를 제공합니다. 이것은 소수의 대형 상사와 대서양 교역에 한정되어 있는 유럽 무역과 근본적으로 대조됩니다.

아래의 우편왕래 목록을 살펴보면, 한국과 일본의 다양한 관계를 특별히 흥미롭게 엿볼 수 있습니다.

(1898년의 자료입니다.)

	한국에 발송	한국으로부터 수령
일반 편지	387,712	410,670
우편엽서	172,354	58,136
인쇄물	267,046	114,050
등기우편, 상품 견본 등	15,109	19,035
총계 일본-한국	842,321	601,819
총계 일본-청국	277,574	232,775
총계 일본-독일	152,183	188,962
총계 일본-영국	285,210	415,819
총계 일본-아메리카	647,658	686,410

(미국뿐만 아니라 북미와 남미 지역까지 포함)

그러므로 한국과의 우편왕래가 절대적으로 1위를 차지하고 있습니다.

본인은 한국 자체의 무역 통계자료는 구할 수 없었습니다. 그러나 1892년의 주요 상황을 기록한 메모를 통해, 일본의 무역이 한국에서 얼마나 주도권을 쥐고 있는지 알 수 있습니다. 한국을 들고나는 총 391,000톤의 선박 중에서 8,000톤만이 한국의 국기를 달고 있습니다. 15,000톤은 청국의 국기를, 25,000톤은 러시아의 국기를 달고 있는 반면에 328,000톤이 일본의 국기를 게양하고 운항합니다.

그러므로 일본인이 이웃나라 한국에 보이는 관심의 중요성은 오인의 여지가 없습니다.

쾰러

내용: 일본과 한국

25

[브라운 문제 관련 영국 해군소장 도착 및
영국의 거문도 점령설 부인]

발신(생산)일	1901. 5. 4	수신(접수)일	1901. 5. 6
발신(생산)자	바이페르트	수신(접수)자	
발신지 정보	서울 주재 독일 영사관	수신지 정보	베를린 외무부
	No. 9		A. 6736

A. 6736   1901년 5월 6일 오후 수신

전보문

서울, 1901년 5월 4일 오후 4시 28분

5월 6일 오후 7시 30분 도착

독일제국 영사가 외무부에 송부

전문 해독

No. 9

한국의 총세무사 브라운[1]과 관련해 또 다시 곤란한 일이 발생한 탓에, 현재 영국 해군소장이 선박 세 척을 거느리고 이곳에 도착했습니다. 해군소장은 영국이 포트 해밀턴[2]을 점유하려는 의도라는 소문은 근거 없는 이야기라고 본인에게 말했습니다.

바이페르트

---

1 [감교 주석] 브라운(J. M. Brown)
2 [감교 주석] 거문도(Port Hamilton)

26

[러시아의 만주포기에 대한 일본의 반응]

발신(생산)일	1901. 4. 11	수신(접수)일	1901. 5. 8
발신(생산)자	베델	수신(접수)자	뷜로
발신지 정보	도쿄 주재 독일 대사관	수신지 정보	베를린 정부
	A. 49		A. 6814
메모	5월 19일 런던 445, 파리 345, 페테르부르크 370에 전달		

사본

A. 6814 1901년 5월 8일 오후 수신

도쿄, 1901년 4월 11일

외무부

A. 49

독일제국 수상 뷜로 각하 귀하

이곳 도쿄에서는 러시아가 만주조약[1]을 포기했다는 소식을 듣고 잠시 망설이는 분위기였지만, 지금은 매우 만족하는 듯 보입니다. 한편으로 이것은 일본인들이 외교적으로 성공을 거두었다고 믿기 때문일 것입니다. 일본이 그런 방식으로 유럽의 강국에게 이의를 제기한 것은 이번이 처음입니다. 비록 직접 항의한 것은 아니지만, 어쨌든 의미상 유럽 강국의 정치에 항의한 것입니다. 그러므로 일본의 항의 덕분이든 혹은 다른 상황 때문이든, 일본인들 스스로 유리한 결과를 성취했다고 크게 만족해하는 것을 충분히 이해할 수 있습니다. 다른 한편으로 일본 육군은 해군과는 달리 특히 뇌관 사건과 관련해 완전히 지쳤다고 느끼기보다는 기존의 단점을 제거하기 위한 시간을 벌었다고 기뻐하는 것 같습니다. 본인은 해군이 육군보다 훨씬 더 호전적인 분위기였다는 말을 여러 정통한 소식통으로부터 들었습니다.

러시아의 성명이 발표된 다음 날에도 일본 신문들은 공격적이고 호전적인 어조를 유지했습니다. 그러나 이미 그 이튿날에는 어조가 한결 부드러워졌음을 느낄 수 있었습

1　[감교 주석] 베이징 의정서(1900)

니다. 그리고 오늘은 더 이상 호전적인 어조를 찾아볼 수 없었습니다. 물론 모든 일본 언론은 가토와 이구동성으로 러시아의 만주 포기에는 별다른 의미가 없다고 선언했습니다. 다만 지금까지는 곧 해결될 것이라고 여겼던 만주 문제가 이제 훗날로 미루어졌을 뿐이라는 것입니다. 방금 본인은 가토가 외교관들을 영접한 자리를 나왔는데, 가토는 평소의 그답지 않게 매우 쾌활했습니다. "Nichi Nichi Shimbun"[2] 및 몇몇 친정부적인 신문들은 베이징 회담을 가능한 한 서두르는 것이 일본의 다음 목표라고 덧붙였습니다. 베이징 회담에 곧 이어 만주 문제가 결정될 것이기 때문이라고 합니다.

그러므로 현재로서는 그때까지 일단 위기를 모면한 듯 보입니다. 그러나 러시아가 청국 지방에서 철수해서 청국 지방을 청국에게 돌려주기로 한 약속을 실제로 지키지 않는다면 새로이 위기가 닥칠 것이라고 가토[3]는 암시했습니다. 일본인들은 러시아가 그때까지 동아시아 군사력을 대폭 보강할 여력이 없다고 여기는 것 같습니다. 만일 러시아가 실제로 동아시아 군사력을 대폭 보강하지 않는 경우, 일본인들은 더욱 단호한 태도를 보일 것으로 예상됩니다. 러시아 군대가 완전히 군비를 갖추는 경우가 아니라면, 현재 러시아의 철수는 일본의 자부심을 현저히 강화시키는 결과를 낳을 것이기 때문입니다.

일본이 대국으로 성장할 수 있는 기회를 놓치려 하지 않으려면 지금이야말로 그 생각을 실행에 옮길 때가 왔다는 인식이 일본의 여러 계층에서 점차 확산되고 있습니다.

러시아가 만주에서 차지하고 있는 위치는 한국의 독립에 대한 위험으로 간주됩니다. 그런데 일본의 군항 쓰시마에서 10시간 이내에 도달할 수 있는 한국의 가까운 항구들은 (부산과 마산포) 일본이 추구하는 대국정책의 관문입니다.

러시아가 한반도의 주인이 되려는 뜻을 언젠가 성취하게 된다면, 떠오르는 태양의 나라는 영원히 섬나라로 만족해야 할 것입니다.

베델
원본문서 : 중국 25

---

2 [감교 주석] 도쿄니치니치신문(東京日日新聞)
3 [감교 주석] 가토 다카아키(加藤高明)

27

러시아의 마산포 획득 문제에 대한 "Birshewyja Wjedomosti"지

발신(생산)일	1901. 5. 8	수신(접수)일	1901. 5. 10
발신(생산)자	알벤스레벤	수신(접수)자	뷜로
발신지 정보	페테르부르크 주재 독일 대사관	수신지 정보	베를린 정부
	No. 346		A. 6903

A. 6903 1901년 5월 10일 오전 수신

상트페테르부르크, 1901년 5월 8일

No. 346

독일제국 수상 뷜로 각하 귀하

"Birshewyja Wjedomosti"지는 러시아가 반드시 마산포 항구를 획득할 필요가 있다고 역설하는 사설의 말미에서 다음과 같이 말합니다.

"러시아 외교는 적절한 순간을 기다렸다가 유리한 선택을 하는 능력이 있다. 러시아에 극히 적대적인 나라들도 러시아의 이런 외교 능력을 부인하지 않는다. 그런데 러시아 외교정책이 벌써 오래 전부터 마산포 문제를 진지하게 다루고 있다. 어제 크랜본[1]은 독·영 협정[2]이 한국과는 무관하다고 암시했다. 아마 그것은 불가피하게 피할 수 없는 사건이 발생하는 경우를 대비해 영국 여론에게 미리 알려주는 것일 수 있다. 정세에 밝은 런던 사회도 우리처럼 한국 해안에 해군기지를 구축하려는 러시아의 요구가 곧 충족되어야 함을 인식한 것이 분명하다."

알벤스레벤

내용: 러시아의 마산포 획득 문제에 대한 "Birshewja Wjedomosti"지

---

1 [감교 주석] 크랜본(Cranborne)
2 [감교 주석] 양쯔 협정(Yangtze Agreement; Agreement between Great Britain and Germany relative to China)). 1900년 10월 6일 체결.

A. 7016 1901년 5월 12일 수신

메모

　한국 왕이 브레멘 암살사건을 계기로 폐하께 보낸 전보문에 대한 3월 17일 자 서울발
보고서 No. 44는 독일 문서 141 No. 6에 있음.

28

한국 외교사절단 파견 계획의 동기

발신(생산)일	1901. 3. 20	수신(접수)일	1901. 5. 12
발신(생산)자	바이페르트	수신(접수)자	뷜로
발신지 정보	서울 주재 독일 영사관	수신지 정보	베를린 정부
	No. 47		A. 7018
메모	5월 20일 런던 450에 전달. 연도번호 No. 290		

A. 7018 1901년 5월 12일 오전 수신

서울, 1901년 3월 20일

No. 47

독일제국 수상 뷜로 각하 귀하

현재 한국 정부는 (본인이 오늘 삼가 보고 드리는 바와 같이) 갑작스럽게 유럽 열강에 공사를 파견하려고 애쓰고 있습니다. 이처럼 애쓰는 이유와 관련해, 본인은 어제 (새로 채용된 독일 음악교사[1]를 소개할 목적으로) 한국 군주를 알현한 자리에서 이미 결정된 공사 파견 조처와 관련해 들은 말을 먼저 언급하지 않을 수 없습니다. 한국 군주는 이제 유럽 열강들도 한국에 정식 공사를 파견하길 바라마지 않는다고 말했습니다.

미국 대표[2]도 한국 군주의 이러한 바람이 그런 조처를 취하는데 영향을 미쳤다는 말을 들었다고 본인에게 말했습니다.

그밖에도 한국 정부는 현재의 동아시아 상황으로 인해 더욱 절박해진 한국 문제가 자신들이 바라지 않는 방향으로 해결되는 것을 가능한 한 예방하고자 합니다. 그러므로 한국 정부로서는 열강의 보장 하에 한국의 중립화를 추진하려는 생각에 여느 때보다도 몰두해 있다고 충분히 가정할 수 있습니다. 한국 정부의 미국인 고문 샌즈[3]는 예전부터 그 계획을 지지했습니다. 한국 정부가 만일의 경우 이런 방향으로 직접 열강에게 호소할

---

1 [감교 주석] 에케르트(F. Eckert)
2 [감교 주석] 실(J. M. Sill)
3 [감교 주석] 샌즈(W. F. Sands)

외무부 정치 문서고 조선 관계 문서(1901.3.1~1901.7.15) 89

수 있는 방도를 마련하고자 일차적으로 사절단을 파견하기로 결정했다고 샌즈가 본인에게 은밀히 설명했습니다. 그것은 조병식⁴ 공사가 작년 8월 시도한 일이 커다란 실책이었음을 파악했기 때문이라고 합니다. 당시 조병식 공사는 일본을 통해 다른 정부들에게 이 문제에 대한 관심을 일깨우려고 시도했습니다. 샌즈는 조병식이 당시 일본 공사관의 서기관 야마자⁵의 개인적인 충고를 좇아 그런 외교조처를 취했다고 설명했습니다. 이미 알려진 바와 같이, 공사관 서기관 야마자는 조병식과 동시에 일본으로 갔습니다. 평소에도 야마자는 공명심에 넘쳐 독단적으로 정책을 펼치곤 했고, 그것이 일본 공사에게는 항상 즐거운 것만은 아니었습니다. 지난달 야마자는 도쿄로 소환되었는데, 하야시⁶가 직접 그런 요청을 했기 때문이라고 합니다.

(본인이 믿을만한 소식통으로부터 입수한 정보에 의하면, 현재 이곳 사람들은 이 문제에서 일본보다는 오히려 러시아의 호응을 받을 것으로 예상한다고 합니다. 아울러 본인은 파블로프⁷가 최근 이 문제에 대한 대화에서 예전에 표명했던 의견과는 거의 일치하지 않는 발언을 했음을 삼가 언급하는 바입니다. 파블로프는 러시아가 한국의 중립화를 항상 바람직하게 여겼다고 말했습니다.)

중립화를 어떻게 실현할지 그 방법에 대해서는 지금까지 별로 명확하게 생각하지 않은 것 같습니다. 샌즈는 중요한 부처들에 외국인 고문을 두고 모든 어려운 일을 처리하는 최고 기관으로서 한국 주재 국제위원회를 설치하는 것으로 충분하다고 말합니다.

본인은 이 보고서의 사본을 베이징과 도쿄 주재 독일제국 공사관에 보낼 것입니다.

바이페르트

내용: 한국 외교사절단 파견 계획의 동기

---

4 [감교 주석] 조병식(趙秉式)
5 [감교 주석] 야마자 엔지로(山座圓次郎)
6 [감교 주석] 하야시 곤스케(林權助)
7 [감교 주석] 파블로프(A. Pavlow)

29

한국의 법부대신 김영준에 대한 대역죄 재판

발신(생산)일	1901. 3. 22	수신(접수)일	1901. 5. 12
발신(생산)자	바이페르트	수신(접수)자	뷜로
발신지 정보	서울 주재 독일 영사관	수신지 정보	베를린 정부
	No. 48		A. 7019

A. 7019 1901년 5월 12일 오전 수신

서울, 1901년 3월 22일

No. 48

독일제국 수상 뷜로 각하 귀하

　최근 몇 주 동안 한국 정부의 각계각층은 지금까지 법부대신이자 평리원 재판장이었던 김영준[1]의 대역죄 재판으로 인해 소란스러웠습니다. 지난 여름부터 김영준은 큰 세력을 획득했습니다. 이는 대체로 일부는 한국 군주를 위해, 그러나 더 많은 부분은 자기 자신을 위해 단기간 동안 파렴치하게 착취해서 축적한 재물 때문이었습니다. 김영준은 사리사욕에 눈이 멀었다는 점에서 주요 경쟁자인 이용익[2]과 달랐습니다. 탁지부협판이자 내장원경이었고 광무감독이었던 이용익은 자신이 관리해서 얻은 모든 수익을 군주에게 바치고 자신은 아주 소박한 삶을 살았습니다. 그럼으로써 군주의 총애를 더욱 공고히 했습니다.

　현 한국 정부에서 최근 다시 강력하게 대두된 민씨 일족, 즉 사망한 왕비의 일가친지 대부분은 김영준이나 이용익과 대립관계입니다. 김영준이 이 민씨 일족의 한 사람에게 과도하게 간섭한 일이 몰락을 자초했습니다. 김영준은 제물포 항의 섬[3]을 요시가와라는 이름의 일본인에게 불법 매각했다는 죄목으로 민영주[4]라는 인물을 체포했습니다. 피의자의 아들인 내부협판 민경식[5]은 주석면[6]이라는 이름의 군부 관리[7]와 힘을 합해 김영준

1　[감교 주석] 김영준(金永準)
2　[감교 주석] 이용익(李容翊)
3　[감교 주석] 월미도
4　[감교 주석] 민영주(閔泳柱)

이 대역죄를 꾀했다고 고발하는 것으로 맞섰습니다. 그래서 이달 4일 세 사람 모두 체포되었습니다. 김영준에 대한 공식적인 고발 내용은, 김영준이 한국 주재 외국 대표들에게 익명의 편지를 보내고 러시아 공사관에 폭탄을 투척함으로서 러시아의 개입을 유발하려 했다는 것입니다. 그런 다음 위기 상황이 도래하면 스스로 구원자로서 등장하여 자신의 정적들을 제거하고 더 큰 권력을 획득하려 했다는 것입니다. 김영준은 자신이 아니라 고발인들 스스로 이런 대역죄를 획책했다고 주장했습니다. 판결문에 명시되지는 않았지만 상당히 신빙성 높은 소문에 의하면, 핵심 고발 내용은 김영준이 왕비로 승격되기를 열망한다고 알려진 "엄비"[8]의 목숨을 노린 것이라고 합니다. 김영준이 Tä라는 이름의 다른 후궁을 위해 "엄비"를 제거하려 계획했다는 것입니다.

무엇보다도 서둘러 피고인의 재산이 몰수되었습니다. 피고인은 고문을 받고 마침내 모든 죄를 시인하는 듯 보였지만, 그와 동시에 다수의 고위관리들이 자신의 계획에 가담했다고 고발했습니다. 어쨌든 이달 16일 특히 이재순[9] 왕자와 이지용[10] 궁내부 대신이 체포되었습니다. 그러나 이튿날 이들은 다시 석방되었고, 재판정은 김영준에게 사형선고를 내렸습니다. 그에 이어 이달 18일 사형이 집행됨으로써 이 사건은 신속히 끝을 맺었습니다. 이와 동시에 김영준의 음모를 더 일찍 알리지 않았다는 이유로 고발인 민경식은 15년 유배형을, 주석면은 종신 유배형을 선고받았습니다. 그러나 이 두 사람은 친러파의 중심인물들이기 때문에 아마 머지않아 다시 사면될 것입니다. 민씨 일가 이외에, 앞에서 언급한 이용익도 김영준의 유죄 판결에 앞장섰다고 합니다. 얼마 전부터 이미 이용익은 파블로프[11]와 활발하게 교류하고 있습니다. 그 반면에 지난여름 김영준은 러시아 진영에서 나와 친일파로 넘어간 부류에 속했습니다. 그러나 다른 한편으로 김영준의 적들 중에는 다수의 친일파도 있었습니다. 그러므로 이 사건은 정치적인 이해관계보다는 오히려 순전히 개인적인 이해관계의 대립이 문제였던 것 같습니다.

김영준이 자신을 위해 일본 공사[12]를 끌어들이려고 여러 차례 시도했지만, 일본 공사는 여기에 개입하지 않았습니다. 그 반면에 이재순 왕자는 일본 공사가 나서서 애쓴

---

5 [감교 주석] 민경식(閔景植)
6 [감교 주석] 주석면(朱錫冕)
7 [감교 주석] 원수부 검사국 총장(元帥府檢査局總長)
8 [감교 주석] 순빈(淳嬪) 엄씨
9 [감교 주석] 이재순(李載純)
10 [감교 주석] 이지용(李址鎔)
11 [감교 주석] 파블로프(A. Pavlow)
12 [감교 주석] 하야시 곤스케(林權助)

덕분에 빠르게 석방된 듯 보입니다. 얼마 전 이재순은 일본 훈장을 받았으며, 믿을 만한 정보에 의하면 심지어 일본 공사관에서 상당한 금액의 월급까지 받는다고 합니다. 이재순이 체포된 후, 적어도 하야시는 한국 왕에게 이 사건을 너무 크게 벌이지 말라는 조언을 했다고 본인에게 말했습니다.

　본인은 이 보고서의 사본을 베이징과 도쿄 주재 독일제국 공사관에 보낼 것입니다.

바이페르트

내용: 한국의 법부대신 김영준에 대한 대역죄 재판

총세무사 브라운 해임에 따른 영국과 한국의 갈등

발신(생산)일	1901. 3. 24	수신(접수)일	1901. 5. 12
발신(생산)자	바이페르트	수신(접수)자	뷜로
발신지 정보	서울 주재 독일 영사관	수신지 정보	베를린 정부
	No. 49		A. 7020
메모	Hrn. Mt[sic.]asmet 귀하께서는 무슨 이유로 이 보고서 내용의 발표를 반대하십니까? H-12 연도번호 No. 309		

A. 7020 1901년 5월 12일 오전 수신

서울, 1901년 3월 24일

No. 49

독일제국 수상 뷜로 각하 귀하

작년 12월 9일 자 보고서 No. 149[1]에서 본인은 한국 정부가 총세무사 브라운[2]의 직무 수행에 불만을 품고 있다고 이미 말씀드린 바 있습니다. 그로 인해 최근 한국 정부는 브라운을 해고하려 시도하기에 이르렀습니다. 브라운의 관사가 궁궐에 인접해 있는데, 한국 궁중은 직접 그 관사를 사용하기를 바랍니다. 한국 정부는 관사와 관련한 의견 차이를 브라운 해임의 구실로 이용했습니다. 이달 17일 궁내부대신은 브라운이 이미 3개월 전에 직접 구두로 한국 왕에게 약속했다고 주장하며, 이달 19일까지 관사를 비워줄 것을 브라운에게 요구했습니다. 브라운은 결코 그런 약속을 한 적이 없다며 - 아마 통역관의 - 오해일 것이라고 설명했습니다. 그러자 한국인들은 필요한 경우 병사들을 투입해서라도 브라운을 강제 추방하겠다고 협박했습니다. 브라운은 강제 추방에 항의했고, 영국 대리공사가 외부대신에게 브라운의 항의를 구두로 전달했습니다. 그런데도 19일에 궁중 관리들이 관사를 점유하러 나타나자, 브라운은 그들 중 몇 명을 붙잡아 관사 마당

---

1 [원문 주석] A. 1564/01 삼가 동봉.
2 [감교 주석] 브라운(J. M. Brown)

밖으로 밀어냈습니다. 그에 이어 20일에 외부대신이 총세무사의 이런 무례한 태도 때문에 그를 즉시 해고하는 바이니 협조할 것을 요청하는 내용의 공식 각서를 영국 대리공사에게 보냈습니다. 그리고 "총세무사를 처벌할 것"을 요구했습니다.

거빈스[3]는 병사를 투입하겠다고 위협하는 외부대신[4]에게 그 전에 이미 여러 차례 경고했습니다. 그에 이어 21일 거빈스는 각서가 다음날까지 철회되지 않는다면 이 문제를 영국 정부에 전보로 알리겠다고 외부대신에게 선언했습니다. 그러나 외부대신은 각서 철회를 거부했을 뿐만 아니라 관사 문제는 부수적인 일이라고 설명했습니다. 한국 정부는 브라운이 관사를 비워주고 공식적으로 사과해야 할 뿐만 아니라 지난 몇 년 동안의 세관행정에 대한 회계보고를 하고 앞으로 정기적으로 회계보고를 하겠다고 약속할 것을 요구한다는 것이었습니다.

그 사이 거빈스는 일본 공사[5]와 미국 변리공사[6]에게 도움을 요청했습니다. 일본 공사와 미국 변리공사는 비공식적으로 중재에 나서서, 영국 대리공사의 요청을 수락하도록 한국 정부를 설득하려 시도했습니다. 오늘 본인이 들은 바에 의하면, 이를 위한 회담에서 거빈스는 브라운의 주거지를 침입하고 군대를 투입하겠다고 협박한 난폭한 처사에 대해 한국 정부의 사과를 요구했습니다. 그리고 한국 정부가 사과하는 경우 3개월 이내에 관사를 비워주겠다고 약속할 수 있다는 것이었습니다. 그러나 한국 측에서 확답을 주저하자, 거빈스는 더 이상 기다릴 수 없다고 선언했습니다. 그리고 22일 저녁 전신으로 영국의 정부의 훈령을 요청했습니다.

거빈스는 본인에게도 중재회담에서 자신을 지지하길 바란다고 암시했습니다. 그러나 이런 방향에서 각하의 지시를 요청해야 할 정도로 명확한 간청의 의사를 표명하려 하지는 않았습니다.

일본 공사는 계약기간이 앞으로 4년 이상 남아 있는 총세무사 브라운을 이대로 두는 것을 강력하게 지지합니다. 브라운이 여러모로 일본인들과 협력했고 일본인들의 이익을 결정적으로 후원했기 때문에, 그것은 전혀 놀라운 일이 아닙니다. 미국 측과 독일 측에서는 브라운이 머물 기를 바랄만한 이유가 별로 없습니다. 세관 관계자들은 브라운이 친절하지 않고 일처리가 신속하지 못하다고 불평합니다. 그 뿐만 아니라 브라운이 자신의 직책을 이용해 한국 정부를 위한 중요한 사업을 직접 결정한다고 비난하고 있습니다.

---

3 [감교 주석] 거빈스(J. H. Gubbins)
4 [감교 주석] 박제순(朴齊純)
5 [감교 주석] 하야시 곤스케(林權助)
6 [감교 주석] 알렌(H. N. Allen)

이것은 당연한 비난입니다. 그런 결정은 브라운의 소관이 아닙니다. 그런데도 지금 알렌 박사가 브라운을 강력하게 옹호한다면, 세관 행정의 혼란과 세관 수입의 남용을 저지하려 하기 때문입니다. 알렌 박사가 이렇게 직접 본인에게 말했습니다. 어쨌든 세관업무의 총 지휘권이 한국인 수중으로 넘어가게 되면, 세관 행정이 혼란스러워지고 세관 수입이 남용될 위험이 있다는 것입니다. 그런데 러시아 대리공사의 말로 미루어 보아, 세관업무의 총 지휘권이 한국인 수중으로 넘어가기를 바라는 무리도 있습니다. 이달 21일 러시아 대리공사[7]는 외국인 세무 책임자를 개방된 항구들에 고용하면 충분할 것으로 생각한다고 본인에게 선언했습니다. 한국인도 총세무사 직무를 잘 수행할 수 있다는 것입니다. 그밖에도 파블로프는 브라운을 해임하려는 한국 정부의 계획을 찬성하는 어조로 수차례 본인에게 말했습니다. 그러므로 현재 한국 정부가 러시아 대리공사의 태도에 힘입어 세력이 막강한 탁지부협판 이용익[8]이 주도하는 외교조치를 추진한다고 쉽게 결론지을 수 있을 것입니다.

본인은 이 보고서의 사본을 베이징과 도쿄 주재 독일제국 공사관에 보낼 것입니다.

바이페르트

추신

오늘 영국 순양함 "Bonaventure"호가 제물포에 도착했습니다. 영국 공사관 직원의 말에 따르면, 그 뒤를 이어 다른 영국 군함들도 제물포에 올 계획인 것 같습니다.

내용: 총세무사 브라운 해임에 따른 영국과 한국의 갈등

---

7 [감교 주석] 파블로프(A. Pavlow)
8 [감교 주석] 이용익(李容翊)

31

[러시아 선박 도착이 영국순양함 정박효과를 상쇄한다는 영국대리공사의 우려]

발신(생산)일	1901. 3. 29	수신(접수)일	1901. 5. 17
발신(생산)자	바이페르트	수신(접수)자	뷜로
발신지 정보	서울 주재 독일 영사관	수신지 정보	베를린 정부
	No. 51		A. 7324
메모	원본문서 : 한국 3		

사본

A. 7324 1901년 5월 17일 오전 수신

서울, 1901년 3월 29일

No. 51

독일제국 수상 뷜로 각하 귀하

러시아의 Skrydloff 제독이 기함 "Rossia"호와 "Admiral Hachimoff"호를 몰고 오늘 제물포에 도착했습니다. Skrydloff 제독이 지휘하는 함대 소속의 또 다른 배 두 척은 포트 아서[1]로 갔다고 합니다. 그 배들도 열흘 전쯤 Skrydloff 제독과 함께 마산포 지역을 떠났다고 전해집니다. 이미 이달 23일 파블로프[2]는 Skrydloff 제독이 계획대로 이달 30일에 배 두 척만을 데리고 이곳을 방문할 것을 약속했다고 말했습니다.

오늘 영국 대리공사[3]는 매우 불쾌한 표정으로 러시아 선박의 도착에 대해 본인에게 말했습니다. 이달 중순 파블로프가 한 말에 의하면, 러시아 선박이 이렇게 빨리 오리라고 예상할 수 없었다는 것입니다. 영국 대리공사의 설명에 따르면, 영국 순양함이 한국에 정박함으로써 의도했던 효과가 러시아 선박의 도착으로 인해 약화될 것이 우려된다고 합니다. 또한 총세무사 브라운[4]의 해임과 관련한 한국 정부와의 협상도 난항을 겪게 되지

---

1 [감교 주석] 뤼순(旅順; Port Arthur)항
2 [감교 주석] 파블로프(A. Pavlow)
3 [감교 주석] 거빈스(J. H. Gubbins)
4 [감교 주석] 브라운(J. M. Brown)

않을까 염려된다는 것입니다. 이 협상의 현황과 관련해서 거빈스는 이 사안이 만족스럽게 해결될 조짐이 보인다고 살짝 운을 떼는 데 그쳤습니다. 어쨌든 거빈스가 지금까지 이 문제에서 취한 태도에 영국 정부가 전적으로 동의했다고 합니다.

본인은 이 보고서의 사본을 베이징과 도쿄 주재 독일제국 공사관에 보낼 것입니다.

바이페르트

32
한국 국내의 소요 사태

원문 p.421

발신(생산)일	1901. 3. 30	수신(접수)일	1901. 5. 17
발신(생산)자	바이페르트	수신(접수)자	뷜로
발신지 정보	서울 주재 독일 영사관	수신지 정보	베를린 정부
	No. 52		A. 7325
메모	연도번호 No. 330		

A. 7325 1901년 5월 17일 오전 수신

서울, 1901년 3월 30일

No. 52

독일제국 수상 뷜로 각하 귀하

한국 행정부는 매관매직과 자의적인 세금 착취로 인한 만성적인 재정난을 극복해야 할 뿐만 아니라 경찰력과 통신(수단) 부족에 시달리고 있습니다. 이런 행정 치하에서는 해마다 국내 각지에서 어떤 식으로든 어려움과 소요가 끊이지 않는다는 게 전혀 놀랍지 않을 것입니다. 때로는 착취당한 납세자들이 때로는 도적떼들이 소요를 일으키고 있습니다. 도적떼들은 흔히 자신들의 행위를 미화시키기 위해 "정당" 명칭을 내걸고 있습니다. 그래서 이달 초순과 중순에 평안도와 황해도의 서북부 지방 여러 곳이 – 그 사이 진압된 – 도적단의 습격을 받았습니다. 그 도적단은 자신들이 "동학당" 추종자들이라고 주장했습니다. 동학당은 예전에 중요한 역할을 했으며, 이미 알려진 바와 같이 청일전쟁의 계기를 제공했습니다. 그러나 이제 동학당의 존재는 미미합니다.

최근 남쪽지방 경상도와 충청도, 전라도에서 문제가 발생했다는 소식이 보고되었습니다. 그것은 어사[1] 즉 한국 군주에게 직접 바치는 특별조세를 징수하기 위해 파견된 세리들의 행동에서 비롯되었습니다. 세리들에게 착취당한 국민들이 격분할 우려가 있었던 탓에, 며칠 전 한국 정부는 세리들에 의해 체포된 사람들을 전원 석방하라는 명령을 내렸습니다.

---

1 [감교 주석] 어사(御史), 혹은 시찰관(視察官)

현재 충청지방에서 특이한 소요사태가 발생했습니다. 그리스정교회의 선교사라고 자처하는 대담한 한국 여인이 등장해서는, 한국 주재 러시아 공사관에 거주하는 그리스정교회 사제 세 명으로부터 작년에 한동안 교리를 배웠다고 주장한다는 것입니다. 그런데 물론 이 사제들은 그런 일이 없다고 부인하고 있습니다. 그 여인 주변에 상당수의 추종자들이 모여들었고, 여인은 입회비를 내면 세금과 부채를 면제해주겠다고 추종자들에게 약속합니다. 그리고 추종자들과 함께 방화와 약탈을 일삼고 있습니다. 최근에 발생한 소요사태들을 일본이 선동했거나 또는 일본 밀정들이 거기에 적극적으로 개입했다는 징후는 없습니다. 한국 외부대신[2]이 이 사건들에 대해 설명한 것을 제외하면, 본인의 이러한 추정은 주로 이곳의 프랑스 주교[3]와 미국 대표[4]의 발언에 토대를 두고 있습니다. 이 두 사람은 한국 국내의 선교사들을 통해 한국 정부보다 그런 상황들에 대한 소식에 더 밝기 때문입니다. 게다가 일본 공사관이나 이곳 주재 일본 언론사는 앞에서 언급한 소요에 어떤 식으로든 의미를 부여하려는 뚜렷한 노력을 기울이지 않고 있습니다.

본인은 이 보고서의 사본을 베이징과 도쿄 주재 독일제국 공사관에 보낼 것입니다.

바이페르트

내용: 한국 국내의 소요사태

---

2 [감교 주석] 박제순(朴齊純)
3 [감교 주석] 뮈텔(G. C. Mutel)
4 [감교 주석] 알렌(H. N. Allen)

베를린, 1901년 5월 20일   A. 7018

주재 외교관 귀중
1. 런던 No. 450

연도번호 No. 4420

본인은 한국이 외교관을 파견하려는 계획의
동기에 대한 정보를 삼가 귀하께 알려드리고
자, 3월 20일 자 서울 주재 독일제국 영사의
보고서 사본을 동봉하는 바입니다.

총세무사 브라운으로 인한 영국과 한국 사이의 돌발사건 해결

발신(생산)일	1901. 4. 3	수신(접수)일	1901. 5. 22
발신(생산)자	바이페르트	수신(접수)자	뷜로
발신지 정보	서울 주재 독일 영사관	수신지 정보	베를린 정부
	No. 56		A. 7595
메모	5월 25일 런던 467, 페테르부르크 386에 전달 A. 8487 참조 연도번호 No. 350		

A. 7595 1901년 5월 22일 오전 수신

서울, 1901년 4월 3일

No. 56

독일제국 수상 뷜로 각하 귀하

한국이 총세무사 브라운[1]을 해임하려고 함으로써 야기된 갈등은 한국 정부가 이달 1일 완전히 물러서면서 일단락되었습니다. 본인이 어제 영국 대리공사[2]에게 들은 바에 의하면, 영국 대리공사는 한국 정부가 충분히 납득할 만한 이유를 제시하지 않는 한 브라운의 해임을 인정할 수 없다고 답변하라는 지시를 영국 정부로부터 받았습니다. 지난달 25일 거빈스는 이 지시대로 한국 외부대신[3]의 각서에 답변했습니다. 그와 동시에 거빈스는 총세무사의 주택 불가침권 침해에 대해 사과하거나 아니면 한 발 양보해서 유감의 뜻이라도 표할 것을 거듭 요구했습니다. 거빈스는 영국의 입장을 가능한 한 단호하게 관철시키기 위해, 한국 정부가 이미 양보할 태세를 보였는데도 한국 왕을 알현할 준비를 했습니다. 그는 지난달 25일 외부대신에게 각서를 보내면서 이미 알현을 신청해 두었습니다. 그러나 한국 측에서는 이 사안이 해결될 때까지 알현을 뒤로 미루기를 원했습니다. 그런데 파블로프[4]가 지난달 29일 도착한 러시아 제독을 위해 그 사이 알현을

---

1 [감교 주석] 브라운(J. M. Brown)
2 [감교 주석] 거빈스(J. H. Gubbins)
3 [감교 주석] 박제순(朴齊純)
4 [감교 주석] 파블로프(A. Pavlow)

요청했기 때문에, 영국 대리공사는 러시아인에 앞서서 알현할 것을 고집했습니다. 그래서 거빈스는 자신의 용무가 지연되는 것을 막을 수 있었습니다. 거빈스는 러시아 선박의 도착이 자신에게 불리하지 않을까 우려했었습니다. 그러나 그 우려는 근거 없는 것으로 입증되었을 뿐만 아니라 러시아 선박의 도착은 협상과정에서 오히려 거빈스에게 간접적으로 적잖은 도움이 되었습니다. 이달 1일 거빈스는 러시아인들에 한 발 앞서 한국 왕을 알현했습니다. 그리고 그 몇 시간 전에 외부대신의 각서를 받았습니다. 그 각서에서 외부대신은 거빈스의 25일 자 각서에 답변하며, 20일 자 각서에서 브라운의 해임과 관련해 표명한 요구사항을 철회했습니다. 그 전에 이미 회담 과정에서 한국 왕은 브라운의 사과와 회계보고의 의무에 대한 그 밖의 요구를 철회한다고 직접 선언했었습니다. 이렇게 이 부분이 해결되자, 한국 왕을 알현한 자리에서 거빈스는 궁내부대신[5]이 관사를 비우는 문제에서 브라운에게 행한 처사에 대해 사과의 뜻을 표명할 것을 계속 요구했습니다. 그에 이어 곧바로 궁내부대신이 궁중에서 사과의 뜻을 표명했습니다. 한국 통역관이 한국 정부의 조치에 대한 희생양이 될 것입니다. 이달 1일 통역관에 대한 형사소송절차가 시작되었습니다. 브라운이 관사를 비우는 문제와 관련해 통역관이 왕에게 잘못 통역했기 때문이라는 것입니다.

이 사건에서 한국 정부가 서둘러 굴복한 것은 영국 측으로부터 예상보다 강경한 반대에 직면했다고 여겼기 때문일 수 있습니다. 아니면 한국 정부가 – 정당하든 부당하든 – 러시아의 도움을 기대했는데 기대에 어긋났기 때문일 수도 있습니다. 현재로서는 어느 쪽이 맞는지 확정짓기 어렵습니다. 영국 대리공사는 후자가 맞는다며, 그에 대한 확실한 근거가 있다고 주장합니다. 이 사건이 해결되기 며칠 전, 파블로프는 한국의 외교조치 배후에 진지한 의도가 없는 듯 보인다고 본인에게 유감스러운 어조로 말했습니다. 관사 문제를 온당하게 다루지 못함으로써 일을 망쳤으며 아마 이 일은 결국 실패할 것이라고 덧붙였습니다.

일본 대표와 미국 대표는 자신들이 처음에 중재하려 시도했다고 본인에게 말했습니다. 하지만 중간에 포기했다는 것이었습니다.

(본인은 이 보고서의 사본을 베이징과 도쿄 주재 독일제국 공사관에 보낼 것입니다.)

바이페르트

내용: 총세무사 브라운으로 인한 영국과 한국 사이의 돌발사건 해결

---

5 [감교 주석] 윤정구(尹定求)

베를린, 1901년 5월 25일   A. 7595

주재 외교관 귀중   본인은 총세무사 브라운으로 인해 영국과 한
1. 런던 No. 467   국 사이에서 발생한 돌발사건의 해결에 대한
2. 상트페테르부르크 No. 386   정보를 삼가 귀하께 알려드리고자, 이달 3일
                                    자 서울 주재 독일제국 영사의 보고서 사본을
연도번호 No. 4595   동봉하는 바입니다.

34
마산포의 러시아 거류지

발신(생산)일	1901. 4. 9	수신(접수)일	1901. 5. 30
발신(생산)자	바이페르트	수신(접수)자	뷜로
발신지 정보	서울 주재 독일 영사관	수신지 정보	베를린 정부
	No. 60		A. 8035
메모	연도번호 No. 375		

A. 8035 1901년 5월 30일 오전 수신

서울, 1901년 4월 9일

No. 60

독일제국 수상 뷜로 각하 귀하

　마산포의 한국인 무역감독관[1]이 현재 단기간 예정으로 서울에 머물고 있습니다. 그 무역감독관의 보고로 미루어 보아, 러시아 측에서 마산포에 계획한 시설들이 아직까지 전혀 착수되지 않은 것이나 다름없습니다. 겨우 영사관 건물만이 시공되었을 뿐입니다. 러시아 영사관 건물은 일반적인 외국인 거류지에 위치한 일본 영사관 가까이에 있다고 합니다. 나가사키 소재 러시아 회사 Ginsburg가 자비로 건설할 석탄창고와 병원의 부지를 인근 율구미[2]의 러시아 거류지에 분양받았다고 합니다. 그런데 지금까지 그곳에는 러시아 병사들을 위한 가건물 몇 채만이 있습니다. 병사들은 이미 지난 가을부터 장교 한 명의 지휘 하에 그곳에 주둔하고 있습니다. 한국인 무역감독관은 러시아 병사의 수를 50명으로 추정했습니다. 그러나 파블로프[3]나 하야시[4]의 전언에 따르면 러시아 병사는 15명에 불과하다고 합니다.

　이에 대해 일본 공사는 일본이 이러한 조치를 반긴다고 말했습니다. 일본 공사는 전에도 이런 비슷한 말을 했는데. 그로 인해 일본도 원하는 경우에는 개방된 장소, 즉 1896

1　[감교 주석] 창원감리 겸 창원부윤(昌原監理兼昌原府尹), 한창수(韓昌洙)
2　[감교 주석] 율구미(栗九美)
3　[감교 주석] 파블로프(A. Pavlow)
4　[감교 주석] 하야시 곤스케(林權助)

년의 베베르[5]-고무라[6] 협정에서 명시된 서울과 부산과 원산에 무제한으로 수비대를 주둔시킬 권리를 획득하기 때문이라는 것입니다. 본인이 파블로프에게 들은 바에 의하면, 러시아 측에서는 이곳 공사관의 카자흐 기병 8명처럼 앞으로 마산포의 병사들을 군사 지휘관 없는 경찰병력으로 마산포 영사관에 배속시킴으로써 그런 사태를 예방하려는 듯 보입니다.

본인은 이 보고서의 사본을 베이징과 도쿄 주재 독일제국 공사관에 보낼 것입니다.

바이페르트

내용: 마산포의 러시아 거류지

---

5 [감교 주석] 베베르(K. I. Weber)
6 [감교 주석] 고무라 주타로(小村壽太郎)

35

현재 상황에 대한 러시아 대표와 일본 대표의 발언

발신(생산)일	1901. 4. 10	수신(접수)일	1901. 5. 30
발신(생산)자	바이페르트	수신(접수)자	뷜로
발신지 정보	서울 주재 독일 영사관	수신지 정보	베를린 정부
	No. 61		A. 8036
메모	6월 1일 런던 492, 페테르부르크 402에 전달 연도번호 No. 380		

A. 8036 1901년 5월 30일 오전 수신

서울, 1901년 4월 10일

No. 61

독일제국 수상 뷜로 각하 귀하

어제 대화를 나누던 도중, 파블로프[1]는 만주와 관련한 러청협정 체결 문제에 대한 일본의 태도를 언급했습니다. 파블로프는 일본의 반대가 오로지 러시아를 도와줄 뿐이라고 말했습니다. 러시아는 조약에 의거한 "공조체제"를 만주에 도입하려는 시도가 저지되면 오히려 자유롭게 행동할 수 있게 되어 반길 것이라고 합니다. 그에 이어 파블로프는 일본이 그런 상황의 책임을 져야 할 것이라고 말했습니다. 러시아가 이 문제에 대해 우호적으로 합의할 기회를 일본에게 제공했는데도 — 언제 또는 어떤 방식을 제공했는지는 본인에게 말할 수 없다고 합니다 — 일본이 그 기회를 이용하지 않았기 때문이라는 것입니다. 게다가 파블로프는 러시아와 일본의 공공연한 갈등이 임박한 것으로 여기지 않는다는 의견을 표명했습니다. 일본이 초반에는 해전에서 승리한다 할지라도 장기적으로는 러시아보다 먼저 지칠 것을 숙고해야 한다는 것이었습니다. 그리고 물론 일본이 청국에게는 전쟁배상금을 받았지만 러시아에게서는 결코 받지 못할 것이라고 합니다.

하야시[2]는 금년 2월 초순 일본에서 돌아온 후로 예전에 비해 말을 많이 삼가고 있습

1　[감교 주석] 파블로프(A. Pavlow)
2　[감교 주석] 하야시 곤스케(林權助)

니다. 이달 7일 그는 무력에 호소하는 것은 일본에게도 러시아에게도 극히 현명하지 못한 처사라는 개인적인 의견을 본인에게 표명했습니다. 아울러 하야시는 러시아에게는 주로 작전기지가 부족한 반면에 일본에게는 재정적인 어려움이 있다고 지적했습니다. 그리고 지난달 25일 자 일본의 항의에 대한 람스도르프[3]의 답신과 관련해, 하야시는 일본 정부가 이 답신 때문에 몹시 흥분한 여론을 가라앉히고 진정시키기 위해 백방으로 노력하고 있다고 오늘 본인에게 말했습니다. 어쨌든 일본이 현재 한국에서 신중한 태도를 취하는 것으로 보아, 일본과 러시아 양국 모두 한국으로 인해 상황을 악화시키는 것을 피하려 노력한다는 인상이 듭니다.

본인은 이 보고서의 사본을 베이징과 도쿄 주재 독일제국 공사관에 보낼 것입니다.

바이페르트

내용: 현재 상황에 대한 러시아 대표와 일본 대표의 발언

---

3 [감교 주석] 람스도르프(V. Lamsdorf)

36

[일본정부가 전시공채 발행에 대비해 차관을 실행하지 않는다는 주일러시아공사관의 우려]

발신(생산)일	1901. 4. 28	수신(접수)일	1901. 5. 31
발신(생산)자	베델	수신(접수)자	뷜로
발신지 정보	도쿄 주재 독일 대사관	수신지 정보	베를린 정부
	No. A. 52		A. 8080
메모	6월 3일 런던 497에 전달		

사본. 처리됨.

A. 8080 1901년 5월 31일 오전 수신

도쿄, 1901년 4월 28일

No. A. 52

독일제국 수상 뷜로 각하 귀하

일본인들은 전쟁을 하기 위해서는 일차적으로 돈이 필요하다는 사실을 모르지 않습니다. 그런데도 이미 여러 차례 그랬듯이, 일본 국내의 어려움에 직면하면 한국으로 진출함으로써 돌파구를 마련하려 시도할 것입니다. 일본인들은 자부심이 강해서, 신속한 승리를 거두는 동시에 외국에서의 일본 신용도를 신속하게 개선하려 들 것입니다. 그러므로 이곳 주재 러시아 공사관은 이미 승인된 일본 차관을 실행에 옮기지 않는 이유가, 만에 하나 전시공채가 필요할 경우를 대비해 일본 국내의 금융시장을 너무 약화시키려 하지 않기 때문이 아닌지 우려하고 있습니다. 이러한 우려에 어느 정도 타당성이 있음을 부인할 수 없을 것입니다.

베델

원본문서 : 일본 3

37

[러일전쟁 가능성 및 정보수집을 위한한국·청국 북부 여행 허가 요청]

발신(생산)일	1901. 4. 25	수신(접수)일	해군청 차관
발신(생산)자	귈러	수신(접수)자	독일제국 해군청
발신지 정보	도쿄 주재 독일공사관	수신지 정보	베를린
	B. No. 145		A. 8082
메모	독일공사관의 해군무관		

사본 A. 8082

도쿄, 1901년 4월 25일

B. No. 145

베를린 독일제국 해군청 차관 귀하

일본과 러시아 사이의 불화가 금년 초봄처럼 우선적으로 고려해야할 정도는 아닙니다. 그러므로 현재 정치적 상황이 안정된 듯 보이지만, 그렇다고 그런 우려가 완전히 불식된 것은 아닙니다.

상호 적대적인 러시아와 일본 양국 중 어느 한 쪽이 앞으로의 주요 계획을 포기하거나 혹은 적어도 일시적으로 보류하지 않으면 양국의 이해관계가 여러 분야에서 대립할 수 있습니다. 그런 경우 어느 한 쪽이 스스로 충분히 강하다고 믿고서 결단을 내려 당면한 문제들에 단호하게 착수하기만 하면 분쟁이 발발할 것으로 보입니다.

그러한 문제들로 무엇보다도 만주에서의 군대 철수 및 이와 관련한 한국의 미래, 또한 그것과는 별개로 한국 해안에 전쟁 목적을 위한 러시아 항구의 설치를 들 수 있습니다. 러시아가 한국에 항구를 설치하려고 노력하는 것은 분명합니다. 그리고 어쨌든 동시베리아 해안에서의 어업도 그런 문제들 가운데 하나입니다. 러시아는 유리한 기회가 왔다고 판단되는 즉시 동시베리아 해안에서 어업을 시작할 것입니다.

일본은 육군이 새로운 무기를 갖추게 되면, 다시 말해 야전포병대가 최신식 야포와 함께 충분히 성능 좋은 포탄을 확보하고 보병이 신식 총포와 이를 위한 설비를 갖추게 되면, 그 즉시 스스로 충분히 강하다고 여길 것입니다.(금년 4월 27일 자 보고서 B. No.

110 독일외교문서 한국편(1874~1910) 제10권

147 참조). 해군의 세력관계는 일본이 연합전선을 펼치지 않으면 일본 측에 유리하게 전개되지 않을 것입니다. 러시아 함대의 현재 동아시아에 주둔 병력 및 앞으로 예상되는 병력 증강으로 인해 해군의 세력관계가 일본 측에 어떤 식으로 불리하게 변하고 있는지 명백하게 드러나고 있습니다.

러시아 측에서는 일본과 대등한 해군력을 갖췄다고 믿으면 드디어 일본의 항의를 강경하게 거부할 시점이 왔다고 여길 것입니다.

물론 일본의 재정은 극히 어려운 상태에 있습니다. 자금이 부족한데다가 외국의 차관 도입이 불가능한 상황에 직면한 탓에 전쟁 계획을 포기해야 한다는 견해가 지배적입니다. 그러나 그런 견해가 지지를 받지 못할 가능성도 없지 않은 듯 보입니다. 오히려 악화된 재정 상태가 즉각 전쟁이 발발하도록 일조할 수도 있습니다. 일본인들이 전쟁을 통해 재정 위기를 모면하길 바랄 수 있습니다. 그리고 전쟁이 신속하게 유리한 방향으로 진행되면 직접 현금을 확보하지는 못할지라도 신용 등급이 높아지기를 기대할 수 있을 것입니다. 그러므로 일본 육군이 목표한 군비 확장을 올해 안으로 완료하는 경우, 현재 논란 중인 문제들이 해결될 가능성이 상당히 많습니다.

여기에서 한국의 무력 점령이 일본의 차기 목표라고 추정할 수 있습니다. 그러므로 본인은 한국의 상황, 특히 한국 항구들에 대해 알아두면 매우 요긴할 것이라고 생각합니다.

이런 연유에서 본인은 정보 수집을 위해 한국으로 여행을 떠날 수 있도록 허락해 주시기를 간청드립니다. 그러면 한국으로 가는 길에 포스 아서도 방문할 것입니다. 아울러 러시아의 또 다른 주요기지인 블라디보스토크 군항에 대해 알아두는 것도 뜻 깊을 것입니다. - 차관께서 이 정보수집 여행을 허락하신다면, 이 여행을 다구[1] 포대와 웨이하이웨이[2]를 경유해 칭다오[3]까지 연장해 주시기를 간청드립니다. 본인은 아직까지 이러한 중요한 장소들에 대해 잘 모르기 때문입니다.

순양함 함대장에게 이 글의 사본을 보내드렸습니다.

걸러

원본문서 : 일본 2

내용: 전쟁 가능성 및 정보 수집을 위한 한국과 청국 북부지방 여행 허가 요청

---

1   [감교 주석] 다구(大沽)
2   [감교 주석] 웨이하이웨이(威海衛)
3   [감교 주석] 칭다오(靑島)

베를린, 1901년 6월 1일   A. 8036

1. 런던 No. 492   본인은 현재 상황에 대한 한국 주재 러시아
2. 상트페테르부르크 No. 402   대표와 일본 대표의 발언과 관련해 귀하께 정
주재 외교관 귀중   보를 알려드리고자, 4월 10일 자 서울 주재
                                         독일제국 영사의 보고서 사본을 삼가 동봉하
( ) 없는 원본의 사본   는 바입니다.
1. 6월 8일 연락장교를 통해
2. 6월 13일 Pantel
각기 첨부문서 1부 A. 8036

연도번호 No. 4793

38

[해관총세무사 브라운 관사 퇴거 문제와 외부대신 박제순의 사직]

발신(생산)일	1901. 4. 19	수신(접수)일	1901. 6. 7
발신(생산)자	바이페르트	수신(접수)자	뷜로
발신지 정보	서울 주재 독일 영사관	수신지 정보	베를린 정부
	No. 66		A. 8487
메모	연도번호 No. 421		

A. 8487 1901년 6월 7일 오전 수신

서울, 1901년 4월 19일

No. 66

독일제국 수상 뷜로 각하 귀하

이달 3일에 본인은 총세무사 브라운[1] 사건이 해결되었다고 삼가 보고 드린 바 있습니다(보고서 No. 56[2]). 그 과정에서 관사를 비우는 문제는 나중에 원만하게 합의하기로 했는데, 그 문제와 관련해 새로운 난점이 생겼습니다. 브라운은 금년 6월 1일까지 관사를 비워주겠다고 자청했지만, 문서를 보관할 수 있는 적절한 장소를 마련할 때까지 궁궐에 인접한 세관사무실과 관사를 당분간 사용할 것을 고집했습니다. 이러한 방향에서 거빈스[3]는 특히 이 일을 관장하는 외부대신[4]과 회담했으며, 외부대신은 동의한다고 말했습니다. 그러나 한국 왕은 이 합의를 못마땅하게 여겼습니다. 이달 10일 한국 왕을 알현한 자리에서 거빈스는 외부대신이 동의했으니 그 합의가 유효하다는 자신의 입장을 관철시키려 시도했습니다. 그러나 다음날 거빈스는 그 합의가 거부되었다는 내용의 각서를 받았고, 그와 동시에 외부대신은 사직원을 제출했습니다. 외부대신의 사직원은 여러 차례 반려되었습니다. 그러나 어제 본인은 외부협판 최영하[5]로부터 자신이 임시로 외부대신

---

1 [감교 주석] 브라운(J. M. Brown)
2 [원문 주석] A. 7595 삼가 동봉.
3 [감교 주석] 거빈스(J. H. Gubbins)
4 [감교 주석] 박제순(朴齊純)
5 [감교 주석] 최영하(崔榮夏)

에 임명되었다는 공식 서한을 받았습니다. 박제순이 건강상의 이유로 휴가를 받았기 때문이라고 합니다. 박제순은 시골로 떠났으며 다시 외부대신 직책을 맡을 의사가 별로 없다고 합니다. 본인이 들은 바에 의하면, 설상가상으로 박제순은 영국의 인도제국훈장을 받았다는 이유로 비난을 받고 있습니다.

그 후로 어느 쪽도 관사 문제에 대해 새로운 조치를 취하지 않았습니다. 그러나 영국 대리공사는 이 문제에서 더 이상 곤란한 일이 발생하지 않도록 영국의 입장을 좀 더 분명하게 밝히는 것이 상책이라고 생각했습니다. 영국 대리공사의 요청에 따라 브루스[6] 해군 소장이 군함 "Barfleur"호와 함께 나가사키를 떠나 어제 제물포에 도착했습니다. 본인이 거빈스에게 들은 바에 의하면, 브루스 해군 소장은 아마 몇 주 한국에 머무를 것입니다.

본인은 이 보고서의 사본을 베이징과 도쿄 주재 독일제국 공사관에 보낼 것입니다.

바이페르트

---

6 [감교 주석] 브루스(J. Bruce)

39

총세무사 브라운 사건. 영국이 포트 해밀턴을 점령하려 한다는 소문. 운남 신디케이트의 차관

발신(생산)일	1901. 5. 5	수신(접수)일	1901. 6. 19
발신(생산)자	바이페르트	수신(접수)자	뷜로
발신지 정보	서울 주재 독일 영사관	수신지 정보	베를린 정부
	No. 76		A. 9116
메모	6월 27일 런던 556, 페테르부르크 485에 전달 연도번호 No. 483		

A. 9116 1901년 6월 19일 오후 수신

서울, 1901년 5월 5일

No. 76

독일제국 수상 뷜로 각하 귀하

영국 대리공사[1]가 본인에게 전한 바에 의하면, 최근 그는 한국 정부로부터 브라운[2]으로 하여금 거주 공간과 업무 공간을 비우게 해달라는 요청을 받았습니다. 지난달 말 영국 대리공사는 영국 정부의 지시에 따라, 외부대신[3]과 이미 합의한 내용은 거부되었지만 만일 한국 정부가 사무실을 비우라는 요구를 거두는 경우에는 브라운이 금년 6월 1일까지 관사를 비울 것이라고 답변했습니다. 그렇지 않으면 현재 문제되는 모든 공간을 영국 정부가 결정하는 적절한 시점에 양도할 것이라고 말했습니다. 이 문제는 원래 한국 정부 측에서 거빈스에게 요구함으로써 시작되었습니다. 지난달 30일 한국 정부는 공간을 비우는 문제는 오로지 한국 정부가 직접 결정할 사항이라고 답변했습니다. 영국 측에서는 이 점은 인정하지만, 총세무사가 문서와 함께 길거리에 나앉을 수는 없다고 고집했습니다. 그 전에 먼저 다른 적절한 거처를 마련해야 한다는 것이었습니다. 한국 정부는 사실 별로 어려운 일이 아닌데도 영국의 의견에 동의하는 것을 고집스럽게 회피하고

---

1 [감교 주석] 거빈스(J. H. Gubbins)
2 [감교 주석] 브라운(J. M. Brown)
3 [감교 주석] 박제순(朴齊純)

이 문제를 보류하려 하는 듯 보입니다. 그렇다면 한국 정부가 임박한 운남 신디케이트[4] 차관 도입을 염두에 두고서 브라운을 압박할 수단으로 이 사건을 이용하려는 것이 아닐까 추측됩니다. 그런 외교조치를 취하면서 처음부터 이러한 목적을 감안했을 가능성이 없지 않습니다.

얼마 전 귀국한 "Bonaventure"호 대신 "Isis"호와 어뢰정 "Otter"호가 기함 "Barfleur"호와 함께 현재 제물포에 있습니다. 이러한 무력시위가 지금까지 한국 정부와의 협상을 촉진시키는 데는 별로 기여하지 못했지만, 영국이 포트 해밀턴[5]을 점령하려 한다는 소문을 낳은 듯 보입니다. 이 소문은 지난달 하순에 일본 언론을 통해 유포되었습니다. 어제 브라운 사건에 대해 대화를 나누던 중, 브루스[6] 해군소장이 그것은 완전히 근거 없는 소문이라고 본인에게 말했습니다. 본인이 그에 대해 직접 브루스 해군소장에게 물어본 것도 아니었고 해군소장도 마찬가지로 더 이상 언급할 내용이 없었던 것으로 보아 그 말이 사실이라는 느낌이 들었습니다. 그 밖의 해군소장의 발언으로 미루어, 영국 측에서는 한국 정부가 병사들을 동원해 총세무사를 관사에서 몰아내는 조치를 취하지 않을까 염려하는 것을 알 수 있었습니다.

영국 대리공사도 포트 해밀턴에 대한 계획은 말도 안 되는 소리라고 오늘 본인에게 확인해 주었습니다. 그리고 이곳의 운남 신디케이트 대표로부터 그 소문이 사실이 아님을 한국 정부에 전해달라는 부탁을 받았다고 덧붙였습니다. 한국 정부가 그 소문 때문에 차관과 관련해 불안해하고 있다는 것이었습니다. 그러나 영국 대리공사는 그런 부탁을 들어줄 수 없을 것이라고 말했습니다. 거빈스가 아직은 신디케이트를 후원하라는 지시를 받은 것 같지 않습니다. 그러나 그런 지시를 받을 수 있다고 여기고 있으며 그래서 가능한 한 무관심한 태도를 취하려고 노력하는 듯 보입니다.

한국 궁궐에서 들려온 소식에 의하면, 오늘 일본 공사[7]는 순양함 "Takasago"호의 함장을 소개할 목적으로 한국 왕을 알현했습니다. 그리고 그 기회를 이용해, 차관이 한국 및 한국과 일본의 관계에 미칠 악영향에 대해 또 다시 비공식적으로 한국 왕에게 경고했습니다. 일본 공사는 특히 10%의 높은 수수료 및 외환 시세와 차관 실행 시기에 대한 규정의 미비를 지적했다고 합니다. 이로 인해 한국 조정에서는 이미 차관 도입을 후회하는 듯한 불안감이 조성된 것 같습니다. 그러나 이미 약속한 것에서 벗어날 길은 없는

---

4 [감교 주석] 운남(雲南) 신디케이트
5 [감교 주석] 거문도(Port Hamilton)
6 [감교 주석] 브루스(J. Bruce)
7 [감교 주석] 하야시 곤스케(林權助)

듯싶습니다.

본인은 이 보고서의 사본을 베이징과 도쿄 주재 독일제국 공사관에 보낼 것입니다.

바이페르트

내용: 총세무사 브라운 사건. 영국이 포트 해밀턴을 점령하려 한다는 소문. 운남 신디
케이트의 차관

40

마산포의 일본 거류지

발신(생산)일	1901. 5. 23	수신(접수)일	1901. 6. 20
발신(생산)자	아르코	수신(접수)자	뷜로
발신지 정보	도쿄 주재 일본 공사관	수신지 정보	베를린 정부
	A. 65		A. 9159
메모	6월 27일 런던 560, 베이징 A. 62, 페테르부르크 462에 전달		

A. 9159 1901년 6월 20일 오전 수신

도쿄, 1901년 5월 23일

A. 65

독일제국 수상 뷜로 각하 귀하

이곳의 신문들이 보도한 바에 따르면, 한국 정부는 일본 정부에게 마산포에 일본 거류지를 설치할 권리를 허가했다고 합니다. 그리고 마산포의 일본 영사는 서울 주재 공사하야시의 지시를 받은 후, 6백만㎡로 지정된 거주지의 경계를 확정했다는 것입니다. 그곳은 일반적인 외국인 거류지와 작년 3월 러시아가 요구한 남포 지역 (마산포만 서쪽에 위치한 반도의 남쪽 끝) 사이에 위치한 것으로 보입니다.

독일제국 공사관 직원이 외무성의 미국인 고문 데니슨[1]을 통해 이 기사 내용이 사실임을 구두로 확인했습니다.

아르코[2]

내용: 마산포의 일본 거류지

---

1   [감교 주석] 데니슨(H. W. Denison)
2   [감교 주석] 아르코(E. Arco-Valley)

41

[한국국경 소요사태 발생 보고]

발신(생산)일	1901. 6. 23	수신(접수)일	1901. 6. 24
발신(생산)자	뭄	수신(접수)자	
발신지 정보	베이징 주재 독일공사관	수신지 정보	베를린 외무부
	No. 407		A. 9366

A. 9366   1901년 6월 24일 오전 수신

전보문

베이징, 1901년 6월 23일 오후 12시 10분

6월 24일 오전 12시 10분 도착

독일제국 공사가 외무부에 송부

전문 해독

No. 407

즈푸 영사의 전보.

"한국 국경에서 소요사태 발생. 많은 피난민이 이곳에 도착, 러시아 군함 3척과 영국 군함 2척이 압록강 어구에 나타났다고 함."

뭄

원본문서 : 청국 24

42

[한국 폭동 발생 및 선교사 피살 보고]

발신(생산)일	1901. 6. 26	수신(접수)일	1901. 6. 26
발신(생산)자	알벤스레벤	수신(접수)자	
발신지 정보	페테르부르크 주재 독일 대사관	수신지 정보	베를린 외무부
	No. 202		A. 9465
메모	6월 26일 오후 5시 15분 볼프에게 전달.		

A. 9465 1901년 6월 26일 오후 수신

전보문

페테르부르크, 1901년 6월 26일 오후 1시 10분

오후 1시 15분 도착

독일제국 대사가 외무부에 송부

전문 해독

No. 202

이달 11월 24일 "Novoye Vremya"[1]가 블라디보스토크에서 다음과 같이 보도했습니다. 일본 신문 "아사이"[2]는 한국에 폭동이 발생해 선교사 여러 명이 살해되었다는 소식을 전했습니다. 치안회복을 위해 한국군이 파견되었습니다."

알벤스레벤

---

1 [감교 주석] 노보예 브례먀(Novoye Vremya)
2 [감교 주석] 아사이신문(朝日新聞)

베를린, 1901년 6월 27일   A. 9116

주재 외교관 귀중   본인은 총세무사 브라운 및 운남 신디케이트
1. 런던 No. 556   차관과 관련한 정보를 삼가 귀하께 알려드리
2. 페테르부르크 No. 458   고자, 지난달 5일 자 서울 주재 독일제국 영
                                        사의 보고서 사본을 동봉하는 바입니다.

연도번호 No. 5527

베를린, 1901년 6월 27일   A. 9159

주재 외교관 귀중   본인은 마산포의 일본 거류지와 관련한 정보
1. 런던 No. 560   를 삼가 귀하께 알려드리고자, 지난달 23일
2. 베이징 A No. 62   자 도쿄 주재 독일제국 공사의 보고서 사본을
3. 상트페테르부르크 No. 462   동봉하는 바입니다.

연도번호 No. 5531

[한국국경 소요사태 발생 후속 보고]

발신(생산)일	1901. 6. 28	수신(접수)일	1901. 6. 28
발신(생산)자	뭄	수신(접수)자	
발신지 정보	베이징 주재 독일공사관	수신지 정보	베를린 외무부
	No. 414		A. 9584
메모	전보문 No. 407과 관련해서[1]		

A. 9584 1901년 6월 28일 오후 수신

전보문

베이징, 1901년 6월 28일 오전 6시 15분

오후 5시 32분 도착

독일제국 공사가 외무부에 송부

전문 해독

No. 414

서울 주재 영사가 전신으로 다음과 같이 알립니다. 러시아 소식에 따르면, 상당히 큰 규모의 청비[2]가 평황성[3] 북쪽에 있습니다. 도적단이 국경을 넘어오지 못하도록 러시아 수비대가 그곳으로 파견되었습니다.

뭄

원본문서 : 청국 24

---

1 [원문 주석] 6월 24일의 A. 9366
2 [감교 주석] 청비(淸匪)
3 [감교 주석] 평황성(鳳凰城)

[한국국경 소요사태 발생 보고]

발신(생산)일	1901. 6. 29	수신(접수)일	1901. 6. 30
발신(생산)자	바이페르트	수신(접수)자	
발신지 정보	서울 주재 독일 영사관	수신지 정보	베를린 외무부
	No. 19		A. 9649

A. 9649 1901년 6월 30일 오전 수신

전보문

서울, 1901년 6월 29일 ... 11시 45분

오후 10시 53분 도착

독일제국 영사가 외무부에 송부

전문 해독

No. 10

러시아인들이 남쪽으로 몰아낸 수천 명의 청비[1]가 평황성[2]과 국경 사이의 지역을 장악하고 있습니다.

바이페르트

원본문서 : 청국 24

---

1   [감교 주석] 청비(淸匪)
2   [감교 주석] 평황성(鳳凰城)

[오스트리아 함대장 해군소장 몬테쿠콜리 백작의
제물포 도착 및 고종 알현 보고]

발신(생산)일	1901. 5. 7	수신(접수)일	1901. 6. 30
발신(생산)자	바이페르트	수신(접수)자	뷜로
발신지 정보	서울 주재 독일 영사관	수신지 정보	베를린 정부
	No. 77		A. 9671
메모	7월 7일 빈 398, 해군참모부에 전달.		

사본

A. 9671   1901년 6월 30일 오전 수신

서울, 1901년 5월 7일

No. 77

독일제국 수상 뷜로 각하 귀하

지난달 30일 오스트리아의 동아시아 함대장인 해군소장 몬테쿠콜리[1]가 "마리아 테레지아"[2]호와 "카이저린 엘리자베트"[3]호, "첸타"[4]호와 함께 제물포에 도착했습니다. 오스트리아 함대는 다구[5]에서 출발해 즈푸[6]와 웨이하이웨이[7]를 경유했으며, 최근 마산포를 방문한 "레오파르트"[8]호도 다음날 함대에 합류했습니다. 오스트리아 해군소장은 서울에 체류하는 동안 본인 집을 숙소로 사용하라는 본인의 제안을 받아들였습니다. 또한 본인은 해군소장의 요청에 따라 한국 왕에게 알현을 신청했습니다. 그리고 이달 5일, 앞에서 언급한 선박의 함장 4명과 함대 사령부의 장교 3명, 참모본부의 대위 1명과 함께 몬테쿠

---

1 [감교 주석] 몬테쿠콜리(Montecuccoli)
2 [감교 주석] 마리아 테레지아(Maria Theresia)
3 [감교 주석] 카이저린 엘리자베트(Kaiserin Elisabeth)
4 [감교 주석] 첸타(Zenta)
5 [감교 주석] 다구(大沽)
6 [감교 주석] 즈푸(芝罘)
7 [감교 주석] 웨이하이웨이(威海衛)
8 [감교 주석] 레오파르트(Leopard)

콜리를 한국 군주에게 소개하는 영예를 누렸습니다. 한국 왕은 해군소장과 담화를 나누는 도중, 오스트리아–헝가리제국 정부가 서울에 대표를 파견하길 바란다는 소망을 여러 차례 표명했습니다. 알현을 마친 후 궁내부대신이 주최한 오찬에 참석했습니다. 오찬이 진행되는 동안, 16명으로 구성된 기함 악대가 음악을 연주했습니다. 한국 왕의 명령으로 오스트리아 해군소장을 비롯해 그의 수행원과 악단원에게 다수의 선물이 전달되었습니다.

이달 6일 오스트리아 해군소장은 "마리아 테레지아"호 선상에서 궁내부대신 서리[9]와 외부대신 서리[10], 궁중관리 2명과 장교 3명에게 아침식사를 대접했습니다. 본인도 그 자리에 참석하는 영예를 누렸습니다. 같은 날, 해군소장은 휘하의 함대를 거느리고 제물포를 떠났으며, 포트 해밀턴[11]을 경유해 나가사키로 향했습니다. 그는 포트 해밀턴에서 두세 시간만 머물 예정입니다. "레오파르트"호는 이미 오전에 다롄[12]만으로 출항했습니다.

바이페르트

원본문서 : 오스트리아 73 a

---

9 [감교 주석] 윤정구(尹定求)
10 [감교 주석] 최영하(崔榮夏)
11 [감교 주석] 거문도(Port Hamilton)
12 [감교 주석] 다롄(大連)

마산포와 관련한 러시아의 의도

발신(생산)일	1901. 5. 8 베를린 1901. 7. 5	수신(접수)일	1901. 6. 30
발신(생산)자	바이페르트	수신(접수)자	뷜로
발신지 정보	서울 주재 독일 영사관	수신지 정보	베를린 정부
	No. 78		A. 9672
메모	7월 7일 페테르부르크 485, 해군참모부에 전달		

A. 9672 1901년 6월 30일 오전 수신

서울, 1901년 5월 8일. 베를린 7월 5일

No. 78

독일제국 수상 뷜로 각하 귀하

이달 초 오스트리아의 순양함 "레오파르트"[1]호가 오스트리아 함대와 함께 이곳에 머물렀습니다. "레오파르트"호의 함장은 지난달 말 마산포를 방문했을 때 아직 해군용 건물이 전혀 착수되지 않았음을 확인했다고 본인에게 전했습니다. 거제도가 마산포만 맞은편에 작은 진해만을 만들어냈는데, 러시아 포함 "Mandjour"호의 함장이 이 진해만을 소유하길 기대하는 탓에 공사가 지연되고 있다는 것입니다. 진해만이 마산포 거류지보다 진지를 구축하기에 더 용이하고 모든 면에서 러시아의 계획에 더 적합하다고 합니다. 작년 봄에 러시아가 거제도와 관련해 한국과 맺은 협정으로 미루어 이미 그런 의도를 추측할 수 있었습니다. 그때는 러시아가 일본의 반대에 부딪쳐 마산포 지역을 확보하려는 시도를 이미 포기한 뒤였습니다. 영국 대리공사[2]의 주장에 의하면, 당시 일본은 상트페테르부르크에서 아주 단호하게 반대함으로써 뜻을 관철시켰다고 합니다. 일본 언론은 러시아 함대가 지난 3월 거제도에 체류했을 때 이미 러시아의 거제도 계획을 예견해야 했다고 말합니다. 그러나 거제도 계획을 실행하려는 조치를 취한 흔적은 아직까지 전혀

---

1 [감교 주석] 레오파르트(Leopard)
2 [감교 주석] 거빈스(J. H. Gubbins)

보이지 않습니다. 마산포에서 오스트리아 함장은 러시아 병사를 겨우 8명 만났을 뿐입니다. 본인이 이 문제와 관련해 최근 일본 공사[3]에게 들은 바에 의하면, 지난달 중순 파블로프[4]는 러시아 병사들을 전원 철수하고 경찰병력으로 대체할 것을 공식적으로 일본 공사에게 알렸다고 합니다. 하야시의 추정에 의하면, 이것은 일본 외무대신[5]이 이 문제에 대해 도쿄 주재 러시아 공사[6]와 이야기를 나눈 결과라고 합니다. 하야시는 작년 12월 이 사태에 대해 일본 외무대신에게 보고했다고 합니다.

본인은 이 보고서의 사본을 베이징과 도쿄 주재 독일제국 공사관에 보낼 것입니다.

바이페르트

내용: 마산포와 관련한 러시아의 의도

---

3 [감교 주석] 하야시 곤스케(林權助)
4 [감교 주석] 파블로프(A. Pavlow)
5 [감교 주석] 가토 다카아키(加藤高明)
6 [감교 주석] 이즈볼스키(A. P. Izwolskii)

[뮈텔주교의 한국 내 선동집단 보고서 및 제주민란 발생 보고]

발신(생산)일	1901. 5. 14	수신(접수)일	1901. 6. 30
발신(생산)자	바이페르트	수신(접수)자	뷜로
발신지 정보	서울 주재 독일 영사관	수신지 정보	베를린 정부
	No. 82		A. 9674
메모	원본문서 : 한국 10		

사본

A. 9674 1901년 6월 30일 오전 수신

서울, 1901년 5월 14일

No. 82

독일제국 수상 뷜로 각하 귀하

이곳의 프랑스 주교 뮈텔[1]은 이달 초순의 선교사 회의를 계기로 한국의 여러 지방 상황에 대한 정보를 수집했습니다. 그리고 이달 2일 뮈텔 주교는 한국 국내의 선동적인 집단들에 대한 보고서를 프랑스 대리공사에게 제출했습니다. 프랑스 대리공사는 본인에게 그 보고서의 열람을 허락했습니다. 본인은 그 보고서 내용을 발췌해서 삼가 각하께 동봉하는 바입니다.

그 보고서에서는 표명된 퀠파트[2] 상황에 대한 우려는 곧 현실로 입증되었습니다. 뮈텔 주교가 어제 받은 보고에 의하면, 1주일 전쯤 퀠파트의 남쪽에서 한국 기독교인 주민들을 겨냥해 상당히 심각한 폭동이 발생했습니다.[3] 그 섬에 배속된 프랑스 사제 2명이 타고 간 배편으로 그에 대한 보고서를 부산에 보냈습니다. 프랑스 사제들은 유혈사태가 발생하지 않을까 우려하지만 자신들의 안위에 대해서는 급박하게 염려하지 않는 듯 보입니다. 사제들이 그 배편으로 곧장 돌아오기보다는 섬에 그대로 머무르는 편을 택했기

---

1 [감교 주석] 뮈텔(G. C. Mutel)
2 [감교 주석] 제주도(Quelpark)
3 [감교 주석] 신축민란(辛丑民亂); 신축교난(辛丑敎難)

때문입니다. 프랑스 대리공사는 한국 정부에 중재를 요청했습니다.

천주교 선교단은 2년 전부터 퀠파트에서 활동하고 있습니다. 섬 주민들은 관리들뿐만 아니라 섬에 유배된 많은 정치인들에게도 시달림을 받습니다. 이에 대한 반발이 기독교도들에게 향하고 있습니다. 기독교도들이 선교사들에 힘입어 종종 관리들의 비호를 받기 때문입니다. 통신수단이 부재한 탓에 이 소요사태가 육지로 번질 위험은 별로 없습니다.

뮈텔 주교의 견해에 따르면, 일본인이 이 소요사태를 책동했다고 추정하기는 어렵습니다. 일본인에게 1894년에 유리하게 작용했던 동학운동을 일본인이 사주하고 조장했다는 주장이 그 동안 여러 차례 제기되었습니다. 그런데 뮈텔 주교가 결코 그렇지 않다는 확신을 표명한 것은 주목할 만합니다.

본인은 이 보고서의 사본을 베이징과 도쿄 주재 독일제국 공사관에 보낼 것입니다.

바이페르트

[일본이 한국 내 소요사태를 바란다는 의혹을 부추기는 일본신문의 선동]

발신(생산)일	1901. 7. 2	수신(접수)일	1901. 7. 4
발신(생산)자	바이페르트	수신(접수)자	
발신지 정보	서울 주재 독일 영사관	수신지 정보	베를린 외무부
	No. 11		A. 9892
메모	7월 5일의 암호전보 도쿄 36, 서울 3에 전달. 원본문서 : 한국 10		

A. 9892 1901년 7월 4일 오전 수신

전보문

서울, 1901년 7월 2일 오후 2시 10분

7월 4일 오전 2시 … 분 도착

독일제국 영사가 외무부에 송부

전문 해독

No. 11

로마 가톨릭 선교단을 겨냥한 이곳 일본 신문의 선동은 일본이 한국에서 소요사태를 바라고 있다는 의혹을 일깨웁니다.

바이페르트

[한국국경 소요사태 발생 후속 보고]

발신(생산)일	1901. 7. 5	수신(접수)일	1901. 7. 6
발신(생산)자	뭄	수신(접수)자	
발신지 정보	베이징 주재 독일공사관	수신지 정보	베를린 외무부
	No. 432		A. 9993
메모	원본문서 : 청국 24		

A. 9993 1901년 7월 6일 오전 수신

전보문

베이징, 1901년 7월 5일 오후 10시 5분
7월 6일 오전 2시 50분 도착

독일제국 공사가 외무부에 송부

전문 해독

No. 432

전보 No. 414와 관련해

서울 주재 영사의 소식에 의하면, 러시아는 다구산[1]에 군대를 상륙시켰으며 일본 공사와의 합의하에 포함을 압록강에 파견할 생각입니다.

뭄

---

1 [감교 주석] 다구산(大狐山)

베를린, 1901년 7월 7일   A. 9672

주재 외교관 귀중   본인은 러시아의 마산포 계획에 대한 정보를
상트페테르부르크 No. 485   삼가 귀하께 알려드리고자, 5월 8일 자 서울
                                          주재 독일제국 영사의 보고서 사본을 동봉하
연도번호 No. 5831   는 바입니다.

[서울 선교단 습격과 제주민란을 연관짓는 일본 언론의 보도 및
일본 측이 한국내 소요사태를 바라지 않는다는 관측 보고]

발신(생산)일	1901. 7. 7	수신(접수)일	1901. 7. 7
발신(생산)자	아르코	수신(접수)자	
발신지 정보	도쿄 주재 일본 공사관	수신지 정보	베를린 외무부
	No. 56		A. 10060

A. 10060 1901년 7월 7일 오후 수신

전보문

도쿄, 1901년 7월 7일 오후 12시 5분
오전 10시 25분 도착

독일제국 공사가 외무부에 송부

전문 해독

No. 56

전보문 No. 36에 대한 답신.

이곳 신문들도 서울의 선교단에 대한 습격을 뗄파트[1] 소요사태[2]와 관련짓고 있습니
다. 이런 불만이 빈번히 되풀이되고 있기에 이곳에서는 별로 큰 의미를 부여하지 않습니
다. 본인은 일본이 지금은 소요를 일으키길 원하지 않는다는 인상을 받았습니다. 본인의
동료들과 총영사도 같은 생각입니다.

아르코

원본문서 : 한국 10

---

1 [감교 주석] 제주도(Quelpark)
2 [감교 주석] 신축민란(辛丑民亂); 신축교난(辛丑敎難)

51

[주한일본공사의 경고에 따라 서울 내 일본 언론이
천주교 문제 선동을 정지했다는 보고]

발신(생산)일	1901. 7. 8	수신(접수)일	1901. 7. 9
발신(생산)자	바이페르트	수신(접수)자	
발신지 정보	서울 주재 독일 영사관	수신지 정보	베를린 외무부
	No. 13		A. 10133

A. 10133 1901년 7월 9일 오후 수신

전보문

서울, 1901년 7월 8일 오전 6시 28분
7월 9일 오후 4시 10분 도착

독일제국 영사가 외무부에 송부

전문 해독

No. 13

전보문 No. 3에 대한 답신

일본 공사[1]가 처음에는 천주교도 문제에 개입하는 신문들을 옹호했습니다. 그러나
영국 대표[2]와 미국 대표[3]가 한국 국민이 동요할 가능성이 있다며 우호적인 방식으로 일
본 공사에게 이의를 제기하자, 일본 공사는 신문들에게 경고했습니다. 이제 신문들은

---

1 [감교 주석] 하야시 곤스케(林權助)
2 [감교 주석] 거빈스(J. H. Gubbins)
3 [감교 주석] 알렌(H. N. Allen)

선동을 멈췄습니다.

바이페르트
원본문서 : 한국 10

메모. A. 10148   1901년 7월 10일 수신

1901년 7월 8일 자 상트페테르부르크의 보고서 - 547 - 에는 일본인이 한국 영토 (Kauchua 섬[4])을 노린다는 블라디보스토크 "Novoye Vremya"[5]의 기사 내용이 포함되어 있다. 이 보고서는 한국 문서 10에 있다.

---

4 [감교 주석] 거제도로 추정
5 [감교 주석] 노보예 브레먀(Novoye Vremya)

[한국의 군대 현황에 관한 일본무관의 일람표 번역문 및 1901년도 군부예산안 송부]

발신(생산)일	1901. 5. 21	수신(접수)일	1901. 7. 10
발신(생산)자	바이페르트	수신(접수)자	뷜로
발신지 정보	서울 주재 독일 영사관 No. 85	수신지 정보	베를린 정부 A. 10162
메모	연도번호 No. 536		

A. 10162   1901년 7월 10일 오후 수신. 첨부문서 2부

서울, 1901년 5월 21일

No. 85

독일제국 수상 뷜로 각하 귀하

본인은 이곳의 일본 무관이 한국의 현재 군대 상황에 대해 작성한 일람표의 번역문을 삼가 각하께 동봉하게 되어 영광입니다. 이 일람표에 따르면, 한국의 군사력은 예전의 약 8,500명(작년 7월 14일 자 보고서 No. 71 참조)[1]에서 지난해 17,164명으로 증강되었습니다. 그 중 7,469명은 지방에 주둔하는 반면, 서울에 소속된 7,738명 외에 평양연대의 최초 두 대대 1,962명이 현재 수도 서울에 상주하고 있습니다. 계획한 근위기병 소대와 근위포병대 두 부대, 공병대를 구축하고 지방 주둔 연대의 16개 대대를 완전히 갖추게 되면 지방 연대는 약 16,000명, 그리고 수도의 군대는 (평양 대대 2개를 제외하고) 약 8,985명에 이르게 될 것입니다.

본인은 군대를 위해 책정된 군부의 금년 예산안을 삼가 동봉하게 되어 영광입니다.

최근 한국 수도의 군대는 최신형 일본 총기를 지급받았습니다. 금년 초에 총기 1정당 35엔의 가격에 10,000정이 각기 탄환 100개와 함께 (모든 장비를 포함해) 일본에서 구입되었습니다.

법률상의 병역의무는 존재하지 않습니다. 그러나 식사와 의복 이외에 매달 5엔의 급

---

1   [원문 주석] A. 11712 삼가 동봉.

료가 지급되기 때문에 항상 지원자가 넘칩니다. 식량을 절감하기 위해 지속적으로 병사의 10% 내지 15%가 하루씩 휴가를 받습니다.

3년 과정을 마친 사관후보생은 곧바로 소위에 임관됩니다. 얼마 전부터 사관후보생들의 교과목에 독일어와 프랑스 과목이 추가되었습니다. 독일어는 독일 공립학교 교장 J. 볼얀이 담당합니다.

새로 창설된 헌병대는 하사관으로 구성되었으며 좋은 인상을 주고 있습니다. 전문가들의 의견에 따르면, 헌병대의 대폭 증원이 일반 군대를 확대하는 편보다 유리할 것이라고 합니다. 헌병대의 증원은 국내 소요에 대비하기 위한 것이기 때문입니다. 그에 비해 일반 군대는 대체로 훈련이 부족하고 비상시에 거의 쓸모없는 것으로 여겨집니다.

외국인 교관은 군대에 채용되지 않았습니다. 그러나 훈련을 목적으로 이따금 장교들을 일본에 파견하는데, 현재 약 10명 정도가 일본에 머물고 있습니다. 새로 창설된 악단은 금년 3월부터 3년 기간으로 고용된 프로이센 왕국 음악감독 에케르트[2]에게 교육을 받습니다.

바이페르트

No. 85의 첨부문서 1

1901년 3월 1일 한국군의 현황

부대	장교	하사관과 병사	총인원	비고
A. 서울				
Ⅰ. 군부참모각의	30	100	130	
Ⅱ. 근위보병연대				
1. 연대참모부	4	3	7	
2. 제1대대	30	1000	1030	
3. 제2대대	30	1000	1030	
4. 제3대대	30	1000	1030	

---

2 [감교 주석] 에케르트(F. Eckert)

Ⅲ. 근위기병소대 　　군마 426필을 보유할 것으로 예상됨	(22)	(400)	(422)	아직 현존하지 않음
Ⅳ. 근위포병연대				
1. 포병중대 　　산악포 6대 보유. (병사들이 끄는 　　7cm 크루프 산악포)	6	200	206	
2. 제1포병부대	(16)	(309)	(325)	아직 현존하지 않음
3. 제2포병부대	(16)	(309)	(325)	아직 현존하지 않음
Ⅴ. 근위악대	2	100	102	장차 절반은 근위보병 에, 절반은 근위기병에 배속될 예정임.
Ⅵ. 상비보병연대				
1. 연대참모부	4	3	7	
2. 제1대대	30	1000	1030	
3. 제2대대	30	1000	1030	
4. 제3대대	30	1000	1030	
Ⅶ. 공병대	(4)	(171)	(175)	아직 현존하지 않음
Ⅷ. 병참중대	4	198	202	계획한 군마 115필을 아 직 확보하지 못했음.
Ⅸ. 무관학교				
1. 참모부	11	100	111	
2. 무관생도	-		550	
3. 교관단	21	-	21	
Ⅹ. 헌병기병중대	12	200	212	아직 군마를 갖추지 못 했음.
Ⅺ. 군법회의	8	2	10	
총계			7738	(괄호 안의 숫자는 제외)
B. 지방 (전원 보병)				
Ⅰ. 제1지방연대				
a. 경기도 강화의 연대참모부				아직 편성되지 않았음.
b. 강화의 제1대대	10	300	310	
c. 제물포의 제2대대				아직 편성되지 않았음.
d. 송도의 제3대대 (황해도 황주와 　　Haichen의 부대 포함)	11	400	401	
Ⅱ. 제2지방연대				
a. 경기도 수원의 참모부				

b. 수원의제1대대 (안성과 Pukhan, 충청도 공주의 부대 포함)	12	400	412	
c. 청주의 제2대대 (경상도 안동의 부대 포함)	12	400	412	
d. 전라도 전주의 제3대대 (광주와 남원의 부대 포함)	18	600	618	
Ⅲ. 제3지방연대				
a. 경상도 대구의 참모부				아직 편성되지 않았음.
b. 대구의제1대대	12	400	412	
c. 경상도 진남의 제2대대	12	400	412	
d. 경상도 울산의 제3대대	6	200	206	
Ⅳ. 제4지방연대				
a. 평양의 참모부				아직 편성되지 않았음
b. 제1대대, 현재 서울에 있음	29	952	981	
c. 제2대대, 현재 서울에 있음	29	952	981	
d. 평양의 제3대대	29	952	981	
Ⅴ. 제5지방연대				
a. 함경도 북청의 참모부				아직 편성되지 않았음
b. 강원도 원주의 제1대대	24	800	824	
c. 함경도 북청의 제2대대 (성진, 무산, 온성, 경원, 해령의 부대 포함)	23	800	823	
Ⅵ. 제6지방연대				
a. 의주의 참모부				아직 편성되지 않았음
b. 평안도 의주의 제1대대 (Piökdong의 부대 포함)	24	800	824	
c. 평안도 강계의 제2대대 (안주의 부대 포함)	24	800	824	
총계			9431	
전체총계			17169	

1901년 한국 군대의 지출 예산

부대	달러
1. 근위보병연대 참모부	5,384
2. 상비보병연대 참모부	5,554
3. 근위보병연대	538,319
4. 상비보병연대	553,448
5. 근위기병중대	178,534
6. 근위포병연대	264,310
7. 포병대	33,780
8. 병참중대	58,847
9. 근위악대	24,170
10. 지방연대	1,607,254
11. 헌병대	49,326
12. 군법회의	12,438
13. 무관학교	104,830
14. 궁중수비대(구식)	12,783
15. 군대 사원	2,904
16. 가마꾼	1,608
17. 병기창	100,000
합계	3,553,389

53

[한국국경 소요사태 위협 제거 보고]

발신(생산)일	1901. 7.	수신(접수)일	1901. 7. 11
발신(생산)자	뭄	수신(접수)자	
발신지 정보	베이징 주재 독일공사관	수신지 정보	베를린 외무부
	No. 437		A. 10189
메모	전보문 No. 432와 관련해서		

A. 10189 1901년 7월 11일 오전 수신

전보문

베이징, 1901년 7월 ...일 오후 11시 55분

7월 11일 오전 12시 45분 도착

독일제국 공사가 외무부에 송부

전문 해독

No. 437

서울 주재 영사[1]의 보고에 의하면, 청국인이 철수함으로써 현재 국경지대의 위협이 제거되었습니다. 러시아는 포함 파견을 포기한 것 같습니다.

뭄

원본문서 : 중국 24

---

1 [감교 주석] 바이페르트(H. Weipert)

54

[제주민란 관련 프랑스 군함 파견 및 한국정부 파병 포고]

발신(생산)일	1901. 5. 30	수신(접수)일	1901. 7. 14
발신(생산)자	바이페르트	수신(접수)자	뷜로
발신지 정보	서울 주재 독일 영사관	수신지 정보	베를린 정부
			A. 10346

사본

A. 10346 1901년 7월 14일 오전 수신

서울, 1901년 5월 30일

독일제국 수상 뷜로 각하 귀하

본인은 이달 16일에 (보고서 No. 82) 퀠파트[1] 소요사태[2]에 대해 삼가 보고 드린 바 있습니다. 퀠파트의 중심지인 제주에서 프랑스 사제 두 명이 폭도들에게 감금되어 핍박받고 있다는 우려스러운 소식이 도착했습니다. 그러자 프랑스 변리공사는 포함 "Surprise"호와 "L`Atonette"호를 파견하도록 조치를 취했습니다. "Surprise"호는 다구[3]에서 이달 28일에, "L`Atonette"호는 제물포에서 어제 제주에 도착했다고 합니다. 본인이 들은 바에 의하면. 한국 정부는 오늘 기선 "Chow-Chow-Foo"호로 한국군 100명을 파견했습니다.

플랑시[4]의 보고에 따르면, 폭동은 작년에 세금을 올리기로 결정한 것에서 비롯되었다고 합니다. 조세 징수원들이 세금 인상을 실행하는데 한국 기독교인들을 여러 차례 동원했다는 것입니다. 다른 한편으로는 자신들의 수입을 염려한 지방 관리들이 비밀리에 주민을 선동했다고 합니다.

본인은 이 보고서의 사본을 도쿄와 베이징 주재 독일제국 공사관에 보낼 것입니다.

바이페르트

원본문서 : 한국 10

---

1 [감교 주석] 제주도(Quelpark)
2 [감교 주석] 신축민란(辛丑民亂); 신축교난(辛丑敎難)
3 [감교 주석] 다구(大沽)
4 [감교 주석] 플랑시(V. C. Plancy)

142 독일외교문서 한국편(1874~1910) 제10권

외무부
A편

외무부 정치 문서고
조선 관계 문서

1901년 7월 16일부터
1902년 3월 31일까지

제32권
제33권 참조

한국 No. 1
외무부 정치 문서고

1901년	목록	수신정보
5월 28일 서울 보고서 No. 89 – 마산포 일본거류지 설치 계획. – 위치와 크기. – 외국 대표들은 이에 대해 이의를 제기하지 않을 듯함.		10707 7월 22일
6월 12일 서울 보고서 No. 96 – 해관 총세무사 맥리어리 브라운 사건은 조만간 해결될 듯함.		11315 8월 3일
6월 28일 서울 보고서 No. 105 – 해관 총세무사는 관사 부지로 다른 곳을 받았음.		11579 8월 9일
6월 28일 서울 보고서 No. 106 – 러시아 대표 파블로프의 베이징 전근 임박. – 왕은 러시아 대표를 역임한 베베르를 궁내부 고문으로 초빙하고 싶어함.		11580 8월 9일
7월 9일 서울 보고서 No. 116 – 천주교 선교단을 반대하는 일본 언론의 선동.		12376 8월 28일
7월 18일 서울 보고서 No. 121 – 총세무사가 퇴임을 생각하고 있다는 소문. – 그의 후임에 대한 논의들.		12625 9월 1일
9월 4일 서울 발 암호전보 No. 19 – 왕의 50번째 탄신일 축하.		12835 9월 6일
6월 21일 서울 보고서 No. 103 – 서울에서 청국 병사와 한국 병사 간에 유혈충돌 발생. – 만주지역에서 약탈 행군을 하고 있는 한국군의 커지는 자신감.		11577 8월 9일
6월 7일 서울 보고서 No. 94 – 프랑스 전함 "Surprise"호의 중재 및 그 후에 파견된 한국군에 의해 제주도 소요사태 종결. – 프랑스 선교사들의 구출. – 대구에서 한국인들이 일본인들을 공격하는 사건 발생.		10709 7월 22일
8월 1일 서울 보고서 No. 126 – 마산포에 요양원을 설치하기 위해 러시아 보건위원회를 그곳에 파견.		13861 9월 28일

8월 2일 서울 보고서 No. 128 – 베이징에서 공사관 부지를 구하려는 한국 정부의 의도. – 베이징 주재 프랑스 공사가 점유지 일부를 한국 공사관 부지로 제공할 수 있다고 함.	13863 9월 28일
8월 15일 베이징 보고서 A. 301 – 베이징 주재 프랑스 공사관이 한국 공사관 건립을 위해 한국 정부에 부지 를 양도할 가능성은 희박함.	14156 10월 5일
7월 8일 서울 보고서 No. 115 – 독일제국 전함 "Tiger"호의 제물포 방문.	12374 8월 28일
7월 7일 서울 보고서 No. 114 – 프랑스 대통령이 자신에게 수여된 금척대훈장에 대한 감사장을 보냄.	12375 8월 28일
9월 7일 해군사령부 서신 – 순양함 선장이 9월에 제물포 및 서울을 방문할 예정.	12991 9월 9일
9월 6일 서울 보고서 No. 149 – 탄신 50주년을 맞이한 한국 국왕에게 외국 국가원수들이 보내는 축하인 사의 문제.	14995 10월 24일
날짜 미상 베이징 발 전보 No. 617 – 베이징에 설립될 예정인 한국 공사관용 부지 확보.	16676 11월 25일
9월 10일 서울 보고서 No. 153 – 한국 국왕 탄신 50주년 기념 축하연. – 독일제국 영사가 독일제국을 대표해 축하인사를 전달.	15089 10월 26일
9월 27일 서울 보고서 No. 158 – 순양함대 사령관 벤데만 제독의 서울 방문. – 왕의 영접.	15802 11월 9일
10월 4일 서울 보고서 No. 167 – 총세무사 브라운과 한국 정부 간의 의견차이 해소. – 그로 인해 수도시설 건설 계획이 드디어 실행에 옮겨짐. – 운남 신디케이트의 차관 가능성.	16552 11월 23일
12월 21일 페테르부르크 보고서 No. 940 – "Novoye Vremya" 보도: 서울의 독일학교 교사와 학생들이 반정부 단체 를 만들었다는 혐의로 체포됨.	18181 12월 23일

12월 5일 해군사령부 서신 - 순양함 사령관의 한국 방문, 왕의 영접, 한국의 정세, 다른 열강들의 이해 관계, 한국 주재 독일 대표의 직위 승격 제안.	17481 12월 9일
9월 29일 서울 보고서 No. 160 - 엄비가 한국 국왕의 합법적인 배우자로 승격될 것으로 예상.	16177 11월 16일

8월 3일 서울 보고서 No. 129
- 제주도 소요사태 때 피해를 입은 프랑스 선교단에 대한 프랑스 측의 손해
  배상 청구 및 한국 병사들에 의한 청국인 가옥의 파손에 대한 청국 측
  요구.
	13864
	9월 28일

8월 6일 서울 보고서 No. 131 - 카쵸노미야 왕자가 해군 대위 자격으로 탑승하고 있는 일본 함대의 제물 포 방문.	13905 9월 29일
8월 22일 서울 보고서 No. 95 - 일본에 있는 이강 왕자와 이은 왕자 및 왕의 총애를 받고 있는 엄비의 직위 승격.	31권에서
9월 3일 서울 보고서 No. 148 - 서울에 오스트리아 외교대표부를 설치하는 문제 및 광산채굴권을 얻기 위한 오스트리아의 노력.	14984 10월 24일

9월 3일 서울 보고서 No. 147
- 오스트리아 전함 "Maria Theresia"호의 제물포 방문 및 전함 소속 장교들
  의 한국 국왕 알현.
- 그 자리에서 왕은 오스트리아 대표부 설치를 희망하면서 (상하이에 있는)
  피스코 영사를 명예영사로 받아들일 용의가 있다고 언급.
	14983
	10월 24일

9월 16일 서울 보고서 No. 156 - 베이징에 한국 공사관을 설치하는 문제.	15490 11월 3일
10월 18일 서울 보고서 No. 172 - 서울과 평양에서 한국군과 일본군 간에 충돌 발생.	17180 12월 4일
9월 29일 도쿄 발 군사보고서 No. 5 - 한국과 청에서 군사적 영향력을 확보하려는 일본의 노력. - 1898년 한국 청년들이 일본 군사학교를 졸업한 이후 일본은 1899년 한국 에 1만 정의 총기를 판매함.	15757에 첨부 11월 5일

10월 10일 서울 보고서 No. 170 – 프랑스의 활동으로 인해 한국 내 일본 측 이해관계가 위축되는 것에 대한 　일본의 불만. – 서울–부산 간 철도부설을 목적으로 한국이민을 권장하려는 일본. – 1899년 한국 거주 일본인 숫자가 15,871 명에 달함.	17066 12월 2일
10월 19일 서울 보고서 No. 173 – 시암 왕국의 왕에게 Leopold 훈장 수여. – 벨기에 대표부를 위한 토지 확보.	17648 12월 12일
12월 2일 서울 보고서 No. 180 – 한국 외부대신의 일본 여행 및 그의 해임 문제.	18133 1월 4일
1902년　　　　　　　　　　　　　목록	**수신정보**
1901년 11월 9일 서울 보고서 No. 182 – 민종묵은 임시외부대신으로, 박제순은 (청?) 공사로 임명됨.	113 1월 4일
1901년 11월 30일 서울 보고서 No. 191 – 한국에서의 독일 이익을 증진시킬 목적으로 독일 전함 "Seeadler"호가 제 　물포를 방문함. – "Seeadler"호 사령관의 국왕 알현.	937 1월 19일
2월 24일 서울 발 전보 No. 6 – 서울–의주 간 철도부설권을 얻으려 애쓰는 일본 공사.	3050 2월 24일
2월 14일 서울 발 전보 No. 6 – 한국 공사를 역임한 가토를 한국 궁내부 고문으로 임용. – 러시아 측은 일본이 한국에 대해 보호정책을 추진한다고 주장함. – 반면 일본 언론은 러시아가 한국 남부에 함대 기지를 확보하기 위해 한국 　에 친러시아 내각을 세우려 한다고 주장함.	2497 2월 14일
11월 29일 서울 보고서 No. 190 – 러시아 재무차관 로마노프가 뤼순항으로 가는 도중 서울을 방문.	935 1월 19일
2월 19일 서울 발 전보 No. 5 – 왕은 영국과 미국을 두려워하는 나머지 정부 및 인물의 교체를 피하고 　자 함.	2786 2월 20일
11월 16일 서울 보고서 No. 184 – 한국 정부는 베이징에 한국 공사관용 토지 확보에 성공함.	933 1월 19일

11월 30일 서울 보고서 No. 193 - 러시아에 우호적인 한국의 경향. - 이용익이 탁지부대신으로 임명되고, 과거 독일의 비호를 받았으나 현재는 러시아의 비호를 받는 뮐렌슈테트가 외부 임시고문으로 임명됨. - 외부대신 민종묵의 친독일적 성명들.	1133 1월 22일
11월 5일 서울 보고서 No. 195 - 독일 군사교관 채용을 원하는 한국.	1465 1월 28일
메모 : - 청과 한국의 독립과 주권을 유지하기 위한 목적으로 체결된 영-일 조약 관련 서류들은 '중국 28'에 있음.	236 2월 4일

2월 14일 페테르부르크 보고서 No. 131
- 페테르부르크 주재 일본 공사의 발언: 러시아와 일본은 한국과 관련해
  상호 협상해야 한다. 일본은 한국에 커다란 이해관계(무역의 80퍼센트)를
  갖고 있다.
- 영국은 러시아와 일본이 한국과 관련해 합의할까 두려워함.
	2625
	2월 17일

2월 12일 서울 보고서 No. 28	앞 편에 있음
메모: - 정보수집 차 봄에 한국 등지로 출장 가는 도쿄 주재 해군무관의 목적에 관한 심의 내용은 '독일 135 No. 19'에 있음.	1466 1월 28일
2월 8일 서울 보고서 No. 31 - 한국으로 하여금 일본의 보호통치를 인정하는 조약을 맺도록 하려는 일본 의 노력.	4779 3월 25일
11월 2일 서울 보고서 No. 192 - 프랑스 대표가 Faure와 함께 국왕 알현. - 하노이 박람회(1902년 11월)와 세인트루이스의 세계박람회(1903년)에 한 국 참가. - 한국군을 위한 병사용 말 구입.	938 1월 19일
12월 30일 서울 보고서 No. 201 - 이탈리아 영사가 이탈리아 왕의 즉위 소식을 전하는 서신을 왕에게 전달.	3156 2월 25일

1월 30일 서울 보고서 No. 22 - 외부대신으로 있던 박제순의 직위해제. - 박제순의 베이징 파견 임박.	4775 3월 25일
1월 2일 서울 보고서 No. 2 - 박제순, 민종묵, 이용익 대신의 직위. - 전신 문제에 관해 러시아 및 일본과 협상을 벌이는 한국. - 러시아의 지휘 하에 한국에 유리공장 건설.	3130 2월 25일
2월 8일 서울 보고서 No. 30 - 현재 러시아 대표가 다시 마산포 인근에 함대기지를 확보하기 위해 노력 하고 있다는 일본 언론에 떠도는 풍문들.	4778 3월 25일
3월 25일 상트페테르부르크 보고서 No. 259 - 마산포항을 러시아 함대기지로 전환할 필요가 있다고 주장하는 "Birshewija Wjedomosti" 사설. <div align="right">원문 : 한국 10</div>	4859 3월 27일
1월 14일 서울 발 전보 No. 1 - 탄신축하연을 고려할 필요가 있음. - 다른 나라들의 계획에 대해서는 알려진 바가 전혀 없음.	773 1월 16일
3월 11일 서울 발 전보 No. 7 - 탄신기념일을 맞은 한국 정부에 축하 인사를 전하게 해달라는 제안, 필요 할 경우 폐하의 친서로.	3985 3월 11일

마산포에 일본거류지 설치

발신(생산)일	1901. 5. 28	수신(접수)일	1901. 7. 22
발신(생산)자	바이페르트	수신(접수)자	뷜로
발신지 정보	서울 주재 독일 영사관	수신지 정보	베를린 정부
	No. 89		A. 10707
메모	연도번호 No. 556		

A. 10707 1901년 7월 22일 오전 수신

서울, 1901년 5월 28일

No. 89

독일제국 수상 뷜로 각하 귀하

일본 공사가 어제 본인에게 전해준 바에 의하면, 마산포 일본전관거류지 설치와 관련해 일본 공사와 이곳 정부 간에 합의가 이루어졌다고 합니다. 하지만 아직 공식적인 서류로 작성되지는 않았습니다. 이달 22일 마산포 주재 일본 영사 사카다[1]와 마산포 주재 한국 감리[2]가 처리하기로 되어 있던 거류지의 크기 및 위치가 정확히 확정되지 않았기 때문입니다.

하야시의 말에 의하면, 일본거류지는 일반외국인거류지와 러시아거류지 사이에 위치하고 있습니다. 따라서 조약 상 외국인들이 토지를 구입할 수 있는 10리 이내에 위치하고 있을 뿐만 아니라 이미 1899년 다수의 일본 민간인들이 구입한 토지를 지난겨울 일본정부가 그들로부터 다시 사들였다고 합니다. 또한 하야시는 소유권이 바뀐 직후 이미 러시아 대리공사에게 사정을 알렸다고 덧붙였습니다. 크기는 대략 러시아거류지와 비슷하고, 토지세 역시 러시아와 똑같이(100㎡당 0.20 달러) 확정되었다고 합니다. 마산포 관할 감리[3]의 보고에 의하면 그동안 오로지 러시아, 일본, 영국만 영사관 부지를 갖고 있던 일반외국인거류지의 토지 가운데 25,760㎡는 일본, 9,780㎡은 러시아, 8,670㎡은

---

1 [감교 주석] 사카다 주지로(坂田重次郎)
2 [감교 주석] 한창수(韓昌洙)
3 [감교 주석] 창원(昌原)

오스트리아, 5,290㎡는 프랑스의 수중에 있다고 합니다. 최근에는 또 몇 필지가 영국인 소유로 넘어갔다고 합니다. 연간 100㎡ 당 6 내지 2 달러의 조세를 내는 그 토지들은 일본인들이 새로운 거류지로 이주해 감으로써 불리한 영향을 받아 가치가 하락할 것이 분명합니다. 하지만 한국 정부와 특별협정을 체결하지 않더라도 일본 정부는 조약에 합치되는 방식으로 그들이 사적으로 취득한 토지는 오로지 자국 국민들에게만 권리를 양도할 것입니다. 작년에 러시아거류지가 아무런 이의제기 없이 설치된 것이 선례가 된 것입니다. 본인이 지금까지 확인한 바에 의하면, 이런 이유들로 인해 이곳의 프랑스 대표를 비롯해 영국과 미국 대표들도 일본거류지에 대해 이의를 제기하지 않을 것으로 보입니다.

이 보고서의 사본을 베이징과 도쿄 주재 독일제국 공사관에 발송하겠습니다.

바이페르트[4]

내용: 마산포에 일본거류지 설치

---

4 [감교 주석] 바이페르트(H. Weipert)

02

[한국 관군과 프랑스·일본 군함의 제주 파견 및
대구지역 일본인 강도피습 보고]

발신(생산)일	1901. 6. 7	수신(접수)일	1901. 7. 22
발신(생산)자	바이페르트	수신(접수)자	뷜로
발신지 정보	서울 주재 독일 영사관	수신지 정보	베를린 정부
	No. 94		A. 10709

사본

A. 10709 1901년 7월 22일 오전 수신

서울, 1901년 6월 7일

No. 94

독일제국 수상 뷜로 각하 귀하

　제주도를 떠나 이달 3일 제물포에 도착한 프랑스 포함 "Surprise"호 사령관이 아래와 같이 보고하였습니다. "Surprise"호는 제주에서 얼마 전 폭도들에 의해 포위된 관청에 머무르고 있던 2명의 프랑스 신부를 구조하기 위해 지난달 30일 늦지 않게 그 섬을 관할하고 있는 제주항에 입항하였다고 합니다. 포함이 출현하자 폭도들은 즉시 섬 안쪽으로 물러났다고 합니다. 31일 "Alouette"호까지 통역관을 대동하고 그곳에 도착한 뒤 이달 1일 두 척의 포함에서 70명의 병력이 하선하였습니다. 신부들은 무사하고 제주와 그 인근지역은 평온한 상태였습니다. 하지만 주위에 널린 수백 구의 시신을 보고 "Surprise"호 사령관은 그들이 도착하기 전에 잔혹한 학살행위가 있었음을 알게 되었습니다. 폭동[1]으로 인한 한국인 사망자의 숫자는 현재까지 300명에서 600명 사이로 추정되고 있습니다.

　증기선 "Chow Chow Fao"호로 파견된 100명의 한국군이 이달 2일 제주에 도착하여 시를 점령하였습니다. 그 배에는 미국인 고문 샌즈[2]도 타고 있었습니다. 그 직후 프랑스

1　[감교 주석] 신축민란(辛丑民亂); 신축교난(辛丑敎難)
2　[감교 주석] 샌즈(W. F. Sands)

인들은 철수하였습니다. 한국 정부는 내일 서울에서 군인 150명과 순검 50명을 추가로 투입할 예정입니다. 따라서 폭동은 어려움 없이 완전히 진압될 것으로 예상됩니다. 제주도가 정박하기에 좋지 않은 지형이라 "Alouette"호는 당분간 인근에 있는 목포항으로 이동하였으며 며칠 후 다시 제주의 상황을 확인할 예정입니다.

이달 1일 제물포에 정박하고 있던 일본 순양함 "Saiyen"호도 제주도로 파견되었습니다. 고기잡이철 동안 제주 남동해안에 체류하고 있는 수백 명의 일본 어부들이 폭동으로 인해 수수료를 받는데 어려움을 겪고 있다는 소식이 들어왔기 때문입니다. 하지만 그사이에 계속 그곳에 머무는 것이 불필요하다는 판단을 한 순양함은 되돌아왔습니다. 프랑스 측 주장에 의하면 일본 어부들은 기독교인들을 반대하는 폭도들을 지지했다고 합니다.

하지만 순전히 지역적인 사건이었던 제주도 폭동과는 전혀 상관없이 본토 남동부에서 또 다른 사건이 발생했다는 보고가 있었습니다. 이달 2일 대구 인근에서 벌어진 일로서, 전신선 감시를 맡은 일본 헌병 1명과 동행했던 일본 민간인 1명이 한국 강도단의 습격을 받고 부상을 당한 것입니다. 즉시 5명의 일본 헌병으로 구성된 별동대가 파견되어 강도들 가운데 6명을 붙잡는 데 성공하였습니다. 하야시[3]는 이들 강도단을 체포하기 위한 강력한 군사적 대응을 요구하였습니다. 그 지역에서는 작년 여름 2명의 미국인 선교사가 약탈을 당한 적이 있습니다.

이 보고서의 사본을 베이징과 도쿄 주재 독일제국 공사관에 발송하겠습니다.

바이페르트
원문 : 한국 10

---

3   [감교 주석] 하야시 곤스케(林權助)

[서울주재 독일제국영사의 한국군 관련 보고서 반송]

발신(생산)일	1901. 7. 22	수신(접수)일	1901. 7. 22
발신(생산)자	육군참모본부대장	수신(접수)자	
발신지 정보	베를린	수신지 정보	베를린 외무부
	No. 5915 Ⅱ		A. 10749

A. 10749 1901년 7월 22일 오후 수신

베를린 N. W. 40, 1901년 7월 22일

No. 5915 Ⅱ

외무부 귀중

이달 14일 A. 10162에 첨부된 1901년 5월 21일 서울 주재 독일제국 영사[1]가 보낸 한국군 관련 보고서를 삼가 외무부에 반송하게 되어 영광입니다.

---

1 [감교 주석] 바이페르트(H. Weipert)

[해관총세무사 브라운 관사 퇴거 문제 최종해결에 관한 전망]

발신(생산)일	1901. 6. 12	수신(접수)일	1901. 8. 3
발신(생산)자	바이페르트	수신(접수)자	뷜로
발신지 정보	서울 주재 독일 영사관	수신지 정보	베를린 정부
	No. 96		A. 11315
메모	연도번호 No. 620		

A. 11315 1901년 8월 3일 오전 수신

서울, 1901년 6월 12일

No. 96

독일제국 수상 뷜로 각하 귀하

최근 영국 대리공사[1]가 본인에게 전해준 바에 의하면, 한국 정부가 그의 최종제안을 수용할 뜻을 보여 조만간 해관 총세무사 브라운 문제가 최종적으로 조율될 것 같다고 합니다. 만약 브라운이 이미 협상이 시작된 자신의 거처와 사무실 위치를 다른 곳으로 옮기는 것에 동의한다면 이사 기한으로 1년은 주어야 한다는 것이 영국 대리공사의 최종 제안입니다. 상황이 이렇게 돌아가자 브루스[2] 해군소장은 이달 10일 "Astraea"호와 함께 제물포에 정박하고 있던 "Barfleur"호, "Isis"호, "Pique"호를 이끌고 웨이하이웨이[3]로 떠나고 현재는 "Astraea"호만 여기 남았습니다.

이 보고서의 사본을 베이징과 도쿄 주재 독일제국 공사관에 발송하겠습니다.

바이페르트

---

1 [감교 주석] 거빈스(J. H. Gubbins)
2 [감교 주석] 브루스(Bruce)
3 [감교 주석] 웨이하이웨이(威海衛)

05
한국군대의 청인 폭행

발신(생산)일	1901. 6. 21	수신(접수)일	1901. 8. 9
발신(생산)자	바이페르트	수신(접수)자	뷜로
발신지 정보	서울 주재 독일 영사관	수신지 정보	베를린 정부
	No. 103		A. 11577
메모	연도번호 No. 651		

A. 11577 1901년 8월 9일 오전 수신

서울, 1901년 6월 21일

No. 103

독일제국 수상 뷜로 각하 귀하

이달 18일 서울에서 청인들이 다수 거주하고 있는 어느 거리의 상점에서 상점 주인과 한국군 사이에 싸움이 벌어졌습니다. 그러자 청국 경찰이 출동해 그 한국군과 그를 도우러 온 다른 한국군에게 폭력을 사용하였습니다. 그 직후 근처 병영에서 나온 다수의 무장한 한국군 및 날품팔이 일꾼들이 합세해 청인들과 맞서 싸웠습니다. 그 과정에서 청국 경찰 2명을 포함해 10명이 부상당하자 청인들은 달아났습니다. 그러자 군중들이 100명의 한국병사들을 앞세운 채 싸움을 시작한 병사들을 붙잡겠다는 명목으로 청인들의 집에 침입하였으나 찾지 못했습니다. 나중에 밝혀진 바에 의하면 그 병사는 병영으로 도주했다고 합니다. 여하튼 그 과정에서 가옥 9채가 파손되고 약탈이 자행되었습니다. 또 다른 가옥 8채는 문짝과 창문이 뜯겨나갔습니다.

청국 대리공사[1]가 본인에게 전해준 바에 의하면, 그는 오늘 그 사건 때문에 외부대신[2]에게 군인들이 청인들 가옥에 침입한 것은 조약위반임을 항의하고 관련자 처벌 및 협상을 조건으로 한 손해배상을 요청하는 내용의 조회를 보냈습니다. 그가 이렇게 민첩하게 조처할 수 있었던 것은 이 사건이 아무런 처벌 없이 유야무야 넘어갈 경우 위험한 선례

---

1 [감교 주석] 쉬타이션(許台身)
2 [감교 주석] 박제순(朴齊純)

가 될 것을 염려한 일본 공사[3]의 충고 덕분으로 보입니다. 러시아[4]와 영국[5], 미국 대표[6]와 마찬가지로 일본 공사 역시 한국 정부에 적어도 구두로라도 그에 상응하는 입장을 밝힐 것으로 보입니다.

그 사건으로 인해 다들 충분히 훈련받지 못한 병사 9천명을 서울에 주둔시키는 것이 얼마나 위험한지 주목하게 되었습니다. 러시아 대리공사는, 자신은 지난 가을부터 이미 수차에 걸쳐 왕에게 병력 증원을 강력하게 반대해 왔다고 주장하면서 최근의 병력 증원은 프랑스 무관 비달[7] 소령의 조언 탓이라고 했습니다. 본인이 보기에 파블로프는 갈수록 프랑스의 영향력이 확대되는 것을 지나치다고 느끼고 있는 듯합니다.

파블로프는 한국군의 자신감이 커진 것을 입증하는 사례로, 500명의 한국군이 약 두 달 전 두만강 강변에 있는 무산에서 만주 지역으로 약탈 원정을 나선 것을 들었습니다. 러시아 측에서 그 문제로 항의하자 한국 정부가 사과했다고 합니다. 청인 도적떼 출몰로 인해 정세가 불안정한 만주 지역에 1개 중대 규모의 병력을 파견할 계획을 세웠던 러시아는 한국의 침입을 받고 불화가 생길까 우려해 그 계획을 철회했다고 합니다.

작년 봄 총세무사 브라운이 Vickers Sons & Maxim 사에 주문한 총포 18정(산악포 12정과 소구경포 6정)이 도착해 앞에서 언급한 우려가 더 커지고 있습니다. 또한 몇 달 내에 4개의 야포가 추가로 들어올 것이라고 합니다. 한국인들이 그 총포들의 사용법을 익히게 되면 경우에 따라 이곳에 있는 400명의 일본 수비대까지 위험해질 수 있습니다.

이 보고서의 사본을 베이징과 도쿄 주재 독일제국 공사관에 발송하겠습니다.

바이페르트

내용: 한국군대의 청인 폭행

---

3   [감교 주석] 하야시 곤스케(林權助)
4   [감교 주석] 파블로프(A. Pavlow)
5   [감교 주석] 거빈스(J. H. Gubbins)
6   [감교 주석] 알렌(H. N. Allen)
7   [감교 주석] 비달(Vidal)

06

총세무사 브라운 건

발신(생산)일	1901. 6. 28	수신(접수)일	1901. 8. 9
발신(생산)자	바이페르트	수신(접수)자	뷜로
발신지 정보	서울 주재 독일 영사관 No. 105	수신지 정보	베를린 정부 A. 11579
메모	연도번호 No. 676		

A. 11579 1901년 8월 9일 오전 수신

서울, 1901년 6월 28일

No. 105

독일제국 수상 뷜로 각하 귀하

이곳 영국 대리공사[1]로부터 들은 바에 의하면, 총세무사 브라운[2] 건은 이달 24일 한국 외부대신[3]과의 각서교환으로 합의에 이르렀다고 합니다. 그 각서에 의하면, 총세무사 관사와 사무실을 지을 부지가 다른 곳으로 확정되면 그로부터 1년 안에 현재의 장소에서 철수하여 그곳으로 옮길 것이라고 합니다.

이 보고서의 사본을 베이징과 도쿄 주재 독일제국 공사관에 발송하겠습니다.

바이페르트

내용: 총세무사 브라운 건

---

1 [감교 주석] 거빈스(J. H. Gubbins)
2 [감교 주석] 브라운(J. M. Brown)
3 [감교 주석] 박제순(朴齊純)

[파블로프 전근 및 베베르 궁내부고문 고빙 풍문]

발신(생산)일	1901. 6. 28	수신(접수)일	1901. 8. 9
발신(생산)자	바이페르트	수신(접수)자	뷜로
발신지 정보	서울 주재 독일 영사관	수신지 정보	베를린 정부
	No. 106		A. 11580

사본

A. 11580　1901년 8월 9일 오전 수신

서울, 1901년 6월 28일

No. 106

독일제국 수상 뷜로 각하 귀하

　　다른 믿을 만한 소식통으로부터 본인이 은밀히 들은 바에 의하면, 파블로프[1]가 조만간 이곳에서 베이징으로 자리를 옮길 것이라는 널리 퍼진 소문이 상트페테르부르크에서 온 개인 전보에 의해 사실로 확인되었다고 합니다. 만약 그것이 사실로 입증되면 파블로프를 별로 좋아하지 않는 한국 국왕은 환영할 것으로 예상됩니다.

　　같은 소식통으로부터 본인이 은밀히 들은 바에 의하면, 왕은 이미 몇 달 전부터 그가 몹시 신임했던 과거 서울 주재 러시아 공사 베베르[2]를 궁내부고문으로 채용할 뜻을 갖고 있다고 합니다. 면직된 베베르는 그 제안을 받아들일 의향이 있는 것으로 보입니다. 하지만 왕이 아직 그 계획을 실천에 옮기지 못한 이유는 그 조처가 일본과 불화를 야기할지도 모른다고 우려하는 측근들의 방해 때문입니다.

　　이 보고서의 사본을 베이징과 도쿄 주재 독일제국 공사관에 발송하겠습니다.

바이페르트

원본: 한국 7

1　[감교 주석] 파블로프(A. Pavlow)
2　[감교 주석] 베베르(K. I. Weber)

베를린, 1901년 8월 14일 A. 11577

주재 외교관 귀중
런던 No. 705
파리 No. 556
상트페테르부르크 No. 596

연도번호 No. 7131

한국군과 관련된 금년 6월 21일 서울 주재 독일제국 영사의 보고서 사본을 첨부하여 삼가 정보로 전달해 드립니다.

[독일 포함 타이거(Tiger)호의 제물포 방문 보고]

발신(생산)일	1901. 6. 8	수신(접수)일	1901. 8. 28
발신(생산)자	바이페르트	수신(접수)자	뷜로
발신지 정보	서울 주재 독일 영사관	수신지 정보	베를린 정부
	No. 115		A. 12374

사본

A. 12374 1901년 8월 28일 오전 수신

서울, 1901년 6월 8일

No. 115

독일제국 수상 뷜로 각하 귀하

칭다오를 떠난 독일제국 포함 "Tiger"호가 이달 4일 제물포 항에 입항하였음을 각하께 삼가 보고 드리게 되어 영광입니다. 해군소장 키르히호프를 통해 미리 "Tiger"호가 짧게 체류할 예정이므로 그 배와 즉각 연락이 되기를 희망한다는 의사를 전했기 때문에 본인은 입항하는 날 바로 그 배를 찾아갔습니다. 사령관 미텔슈테트 해군소령으로부터 본인이 들은 바에 의하면 그 배의 방문 목적은 아래와 같습니다. 첫째, 청에서 돌고 있는 매우 비관적인 소문들과 관련하여 한국 국경지대의 소요사태에 대해 조사하는 것이고, 둘째, 이달 말로 예정되어 있는 벤데만[1] 해군중장의 제물포 방문 계획을 미리 알려주기 위해서입니다. 두 번째 목적과 관련해 미텔슈테트에게 특히 서울에서 그 어떤 공식적인 활동도 자제하라는 명령이 내려졌기 때문에 한국 국왕에게 알현 신청은 하지 않았습니다.

미텔슈테트 사령관은 이달 6일부터 7일까지 익명으로 서울에 있는 본인의 집에서 머무르다가 오늘 아침 Tiger호를 타고 칭다오로 돌아갔습니다.

바이페르트

원문 : 독일 138

---

1 [감교 주석] 벤데만(Bendemann)

09
한국에서 수여한 금척대훈장에 대한 프랑스 대통령의 감사 표시

발신(생산)일	1901. 7. 7	수신(접수)일	1901. 8. 28
발신(생산)자	바이페르트	수신(접수)자	뷜로
발신지 정보	서울 주재 독일 영사관	수신지 정보	베를린 정부
	No. 114		A. 12375

A. 12375 1901년 8월 28일 오전 수신

서울, 1901년 7월 7일

No. 114

독일제국 수상 뷜로 각하 귀하

이곳 프랑스 공사[1]가 이달 5일 한국 국왕을 알현하는 자리에서 "금척대훈장" 수여와 관련해 프랑스 대통령의 서한을 왕에게 전달하였다는 소식을 각하께 삼가 보고 드리게 되어 영광입니다. 파블로프에게 들은 바에 의하면, 서한의 내용은 기본적으로 감사의 뜻을 표현하는 것에 국한되었다고 합니다.

바이페르트

내용: 한국에서 수여한 "금척대훈장"에 대한 프랑스 대통령의 감사 표시

---

1 [감교 주석] 플랑시(V. C. Plancy)

가톨릭 선교사들에 대한 일본 언론의 선동

발신(생산)일	1901. 7. 9	수신(접수)일	1901. 8. 28
발신(생산)자	바이페르트	수신(접수)자	뷜로
발신지 정보	서울 주재 독일 영사관	수신지 정보	베를린 정부
	No. 116		A. 12376
메모	연도번호 No. 729		

A. 12376 1901년 8월 28일 오전 수신

서울, 1901년 7월 9일

No. 116

독일제국 수상 뷜로 각하 귀하

로마-가톨릭 선교사들에 대한 적대적인 분위기 속에서, 이달 2일 이곳에서 발행되는 일본신문 한성신보[1]에 가톨릭 개종자들이 가장 악독한 침해 죄를 저질렀다는 내용의 사설이 다시 한 번 실렸습니다. 하지만 그 이후로는 그런 식의 선동이 사라졌는데, 그것은 이곳 일본 공사의 개입 때문으로 추정됩니다. 본인은 이달 3일 일본 공사와 그 신문기사에 대해 대화를 나눌 기회를 가졌는데, 그때 그는 여전히 신문의 논조를 옹호했습니다. 또한 여러 곳에서 불법적인 폭력행위가 벌어지는 것은 가톨릭 개종자들 탓이라면서, 따라서 그들에게 "경고하는 것"은 아주 적절한 일이라고 강조했습니다. 하지만 예전에 영국 공사[2]가 그랬던 것처럼 이달 4일 미국 공사[3]가 그런 식의 사설로 인해 주민들이 흥분하는 것은 당연하다는 입장을 밝히자 일본 공사는 알렌 박사에게 그 문제에 개입하겠다고 약속했다고 합니다. 이 이야기는 본인이 알렌 박사한테 직접 들은 내용입니다. 그리고 이달 6일 하야시[4]는 자신이 신문사에 엄중한 경고를 보냈다고 본인에게 이야기하였습니다. 오늘 본인은 프랑스 공사로부터, 그도 며칠 전 하야시에게 이의를 제기했으며 그에게

---

1 [감교 주석] 한성신보(漢城新報)
2 [감교 주석] 거빈스(J. H. Gubbins)
3 [감교 주석] 알렌(H. N. Allen)
4 [감교 주석] 하야시 곤스케(林權助)

서 긍정적인 답변을 받았다는 이야기를 들었습니다. 또한 그가 그 소식을 도쿄 주재 프랑스 공사[5]에게 전했으나 그사이 그가 도쿄에서 어떤 조치를 취했는지에 대해서는 아직 아무 소식도 전해 듣지 못했다고 합니다.

새로운 소요사태, 특히 이곳 일본 언론에서 언급한 목포 인근의 섬 지도[6]에서 벌어진 폭동에 대해서는 아직까지 아무런 소식도 들어오지 않았습니다.

이 보고서의 사본을 베이징과 도쿄 주재 독일제국 공사관에 발송하겠습니다.

바이페르트

내용: 가톨릭 선교사들에 대한 일본 언론의 선동

---

5 [감교 주석] 아르망(F. J. Harmand)
6 [감교 주석] 지도(智島)

11

[해관총세무사 브라운 사임 풍문 보고]

발신(생산)일	1901. 7. 18	수신(접수)일	1901. 9. 1
발신(생산)자	바이페르트	수신(접수)자	뷜로
발신지 정보	서울 주재 독일 영사관	수신지 정보	베를린 정부
	No. 121		A. 12625
메모	연도번호 No. 772		

A. 12625 1901년 9월 1일 오전 수신

서울, 1901년 7월 18일

No. 121

독일제국 수상 뷜로 각하 귀하

지난주에 총세무사 브라운[1]이 이곳의 해관 업무 가운데 몇 가지를 변경하는 조처를 취했습니다. 그런데 그것이 브라운이 사직을 생각하고 있다는 떠도는 소문에 신빙성을 더해주었습니다. 일단 1898년부터 제물포에서 인천세관 감독관으로 근무해온 영국인 차머스[2]가 브라운의 비서 겸 보좌관 직책으로 서울로 전근되고, 지금까지 부산세관 대리감독관으로 일했던 프랑스인 라포르테[3]가 제물포로 자리를 옮겼습니다. 또한 라포르테의 자리에는 현재 청국 세관에서 일하고 있는 영국인 오스본[4]이 오게 되었습니다. 그는 1898년 이전에 이미 제물포에서 임시감독관으로 일한 적이 있는 인물입니다. 그런데 서울의 비서 직책은 비교적 젊은 사람들이 맡는 것이 통례였기 때문에 사람들은 차머스가 향후 브라운의 역할을 대신할 것으로 예상하고 있습니다.

브라운 측에서는 이 소문을 부인하고 있습니다. 하지만 영국 대리공사[5]의 말로 미루어 볼 때 본인은 브라운이 적어도 금년 중에 상당히 긴 휴가를 받을 것으로 예상합니다.

1　[감교 주석] 브라운(J. M. Brown)
2　[감교 주석] 차머스(Chalmers)
3　[감교 주석] 라포르테(Laporte)
4　[감교 주석] 오스본(Osborne)
5　[감교 주석] 거빈스(J. H. Gubbins)

계약에 따르면 브라운은 휴가 기간 동안 대리인을 임명할 권한을 갖고 있습니다. 만약 그가 업무에 복귀할 의사가 없을 경우 영국 측에서는 임시조처를 확정적인 것으로 바꾸거나 청국 세관에서 다른 영국인을 그 자리로 데려올 수 있습니다.

그 문제와 관련해 한국 정부와 벌써 어떤 협상이 진행되고 있는 것 같지는 않습니다. 본인이 듣기로는 오히려 정반대로, 지난달 24일 맺은 합의에도 불구하고 한국 정부는 최근 또 다시 브라운으로 하여금 약속된 1년의 기한이 되기 전에 그의 관사를 포기하게 만들려는 시도를 했다고 합니다. 이달 13일 "Astraea"호를 "Glory"호로 교체한 것에서 알 수 있듯이, 그것 때문에 제물포에 영국 전함 한 척을 정박시킬 필요가 있다고 생각하는 것으로 보입니다.

브라운이 모든 효율적인 활동을 제약하는 불쾌하고 적대적인 상황에 지친 나머지 시간이 지남에 따라 자발적으로 자리에서 물러나기로 한 것은 그리 놀라운 일이 아닙니다.

이 보고서의 사본을 베이징과 도쿄 주재 독일제국 공사관에 발송하겠습니다.

바이페르트

내용: 총세무사 브라운 건

12

[프랑스 공사가 자국정부에 고종 탄신 50주년 축전을 제안]

발신(생산)일	1901. 9. 4	수신(접수)일	1901. 9. 6
발신(생산)자	바이페르트	수신(접수)자	
발신지 정보	서울 주재 독일 영사관	수신지 정보	베를린 외무부
	No. 19		A. 12835
메모	한국 1		

A. 12835   1901년 9월 6일 오전 수신

전보

서울, 1901년 9월 4일   -시 -분

도착 9월 6일 오전 4시 44분

독일제국 영사가 외무부에 발송

암호 해독

No. 19

프랑스 공사[1]는 오늘 자국 정부에 전보로, 이달 7일 성대히 개최되는 한국 국왕 50주년 탄신일 행사에 대통령의 축전을 보낼 것을 제안했습니다. 러시아 대리공사[2]도 자국 정부에 이 내용을 알렸습니다.

바이페르트

---

1   [감교 주석] 플랑시(V. C. Plancy)
2   [감교 주석] 파블로프(A. Pavlow)

베를린, 1901년 9월 7일   A. 14835

주재 외교관 귀중   암호전보
서울 No. 6
                                        귀하에게 독일 정부의 축하인사를 전달할 권
전보 No. 19에 대한 답신   한을 부여합니다.

연도번호 No. 7841

[순양함대 벤데만 해군중장의 제물포, 서울 방문 예정 보고]

발신(생산)일	1901. 9. 7	수신(접수)일	1901. 9. 9
발신(생산)자	해군참모본부	수신(접수)자	
발신지 정보		수신지 정보	베를린 외무부
			A. 12991

사본

A. 12991 1901년 9월 9일 오후 수신

베를린, 1901년 9월 7일

외무부 장관 귀하

이달 1일 즈푸 발 전보에 의하면 순양함대 사령관 벤데만[1] 해군중장이 9월 후반에 제물포와 서울을 방문할 예정이라고 합니다.

슈뢰더의 위임으로

원문 : 독일 138

---

1 [감교 주석] 벤데만(Bendemann)

14

마산포에 도착한 러시아 보건위원회

발신(생산)일	1901. 8. 1	수신(접수)일	1901. 9. 28
발신(생산)자	바이페르트	수신(접수)자	뷜로
발신지 정보	서울 주재 독일 영사관	수신지 정보	베를린 정부
	No. 126		A. 13861
메모	연도번호 No. 828		

A. 13861 1901년 9월 28일 오전 수신

서울, 1901년 8월 1일

No. 126

독일제국 수상 뷜로 각하 귀하

본인이 이곳 러시아 대리공사[1]로부터 들은 바에 의하면, 특별전권대사 1명, 의사 1명, 엔지니어 1명으로 구성된 러시아 적십자위원회가 포함 "Gremiaschy"호 편으로 포트 아서[2]를 떠나 지난달 26일 이곳에 도착하였으며, 다음날 마산포를 향해 다시 떠났습니다. 그들의 임무는 마산포에 개설 예정인 요양소와 관련한 문제를 조사하고 보고하는 것입니다. 원래 예정됐던 병원은 당분간 세울 계획이 없다고 합니다.

이 보고서의 사본을 베이징과 도쿄 주재 독일제국 공사관에 발송하겠습니다.

바이페르트

내용: 마산포에 도착한 러시아 보건위원회

---

1 [감교 주석] 파블로프(A. Pavlow)
2 [감교 주석] 뤼순(旅順; Port Arthur)항

15

[법어학교 교사 마르텔의 한국공사관 부지협상을 위한 베이징 향발 보고]

발신(생산)일	1901. 8. 2	수신(접수)일	1901. 8. 28
발신(생산)자	바이페르트	수신(접수)자	뷜로
발신지 정보	서울 주재 독일 영사관	수신지 정보	베를린 정부
	No. 128		A. 13863
메모	10월 1일, 파리 648, 페테르부르크 712에 전달		

사본

A. 13863   1901년 8월 28일 수신

서울, 1901년 8월 2일

No. 128

독일제국 수상 뷜로 각하 귀하

한국 정부가 법어학교[1] 교장으로 채용한 프랑스인 마르텔[2]이 내일 베이징으로 갑니다. 마르텔한테서 들은 바에 의하면, 그는 한국 정부의 위임으로 한국공사관 부지 문제로 그곳 정부와 협상을 벌일 것이라고 합니다. 마르텔의 말에 의하면, 프랑스 정부가 베이징에 소유하고 있는 토지 일부를 한국 정부에 한국공사관용 부지로 무상 제공하겠다는 제안을 했다고 합니다. 하지만 그 부지만으로는 부족하기 때문에 인접한 다른 필지들까지 구입할 의도인 것 같습니다.

한국 정부는 꽤 오래 전에 베이징 공사를 임명하였으나 그는 아직 베이징에 부임하지 않았습니다.

지난여름 이미 한국 국왕이 톈진에 있는 동맹군에게 보내는 밀가루와 담배 선물을 전달하는 임무를 수행한 바 있는 마르텔은 리훙장[3]과 확실한 연결고리가 있습니다. 마르텔의 형이 광둥에서 리훙장의 아들들을 가르치고 있기 때문입니다.

---

1 [감교 주석] 한성법어학교(漢城法語學校)
2 [감교 주석] 마르텔(E. Martel)
3 [감교 주석] 리훙장(李鴻章)

이 보고서의 사본을 베이징과 도쿄 주재 독일제국 공사관에 발송하겠습니다.

바이페르트

원문 : 중국 11

[주한프랑스공사의 제주민란 손해배상 및 관련자 처벌 요구 보고]

발신(생산)일	1901. 8. 3	수신(접수)일	1901. 9. 28
발신(생산)자	바이페르트	수신(접수)자	뷜로
발신지 정보	서울 주재 독일 영사관	수신지 정보	베를린 정부
	No. 129		A. 13864
메모	연도번호 No. 846		

사본

A. 13864   1901년 9월 28일 오전 수신

서울, 1901년 8월 3일

No. 129

독일제국 수상 뷜로 각하 귀하

본인이 이곳 프랑스 공사[1]한테서 직접 들은 바에 의하면, 그는 지난달 30일 한국 정부에 금년 5월 제주도 폭동[2]으로 인해 발생한 손해를 배상해줄 것을 요구하는 조회를 보냈다고 합니다. 조회는 가톨릭 선교단의 재산피해 배상금 4,160엔(약 8652마르크)과 피살된 선교단 소속 한국인 하인의 가족에 대한 배상금 1,000엔(약 2,080마르크)을 포함하고 있습니다. 또한 플랑시는 83명의 주동자 명단을 제출하며 처벌을 요구하였습니다. 그 가운데 50명은 학살에 직접 가담하였음을 적시하였고, 나머지는 이미 조사를 받고 있는 3명의 주모자를 포함해 선동과 협조의 혐의를 받고 있습니다. 한국 정부의 답변은 아직 나오지 않았습니다.

덧붙여 말씀드릴 것은, 청국 대리공사가 금년 6월 18일 한국 군인들에 의한 청인들의 주택 파손에 대한 배상금으로 6,783엔(약 14,108마르크)을, 부상자들의 치료비로 100엔(약 208마르크)을 요구했다는 사실입니다. 이 문제에 대한 협상은 상당히 오랫동안 지연될 것으로 보입니다.

바이페르트

원문 : 한국 10

---

1 [감교 주석] 플랑시(V. C. Plancy)
2 [감교 주석] 신축민란(辛丑民亂); 신축교난(辛丑敎難)

제물포에 도착한 일본 함대

발신(생산)일	1901. 8. 6	수신(접수)일	1901. 9. 29
발신(생산)자	바이페르트	수신(접수)자	뷜로
발신지 정보	서울 주재 독일 영사관	수신지 정보	베를린 정부
	No. 131		A. 13905
메모	10월 4일, 페테르부르크 709에 전달 연도번호 No. 871		

A. 13905 1901년 9월 29일 오전 수신

서울, 1901년 8월 6일

No. 131

독일제국 수상 뷜로 각하 귀하

　지난달 31일 전투함 "Schikishima"호와 "Asaki"호, 순양함 "Izumo"호와 "Asama"호와 "Kasagi"호, 구축함 "Yugiri"호와 "Sasanami"호로 구성된 일본 함대가 도고[1] 해군중장의 인솔 하에 제물포를 잠시 방문하였습니다. 이미 몇 주 전부터 일본 언론에는 소문의 형태로 방문이 예견돼 있었습니다. 일본이 이렇게 엄청난 규모의 함대를 파견한 목적은 짐작컨대 자국의 깃발을 이곳에서 최대한 위풍당당하게 과시하고 싶었기 때문으로 추정됩니다. 지난 몇 달 동안 한국에 다른 나라의 전함들이 빈번하게 왕래하였을 뿐만 아니라 러시아와 영국, 오스트리아, 프랑스의 제독들이 방문했기 때문입니다.

　또한 "Izumo"호에는 카쵸노미야[2] 왕자가 해군대위로 승선하고 있었습니다. 비록 그가 공식적으로는 왕자의 자격으로 등장하지 않을 것이라고 통지했음에도 불구하고 한국 조정에서는 그를 환영하기 위해 궁내부협판[3]을 제물포로 파견하였습니다. 또한 이달 3일 왕자는 해군중장 및 27명의 수행 장교들에 앞서 왕을 특별 알현하였는데, 그때 그는 한국왕 및 왕세자와 함께 한동안 한 테이블에 앉아 있었으며 한국의 훈장을 수여받았습

1　[감교 주석] 도고 헤이하치로(東鄕平八郞)
2　[감교 주석] 카쵸노미야(華頂宮)
3　[감교 주석] 성기운(成岐運)

니다. 일본 공사의 말에 의하면, 자응장[4]이라고 합니다. 이어서 열린 만찬은 조금 격이 떨어지는 왕자 이재완[5]이 주관하였습니다. 외교사절단은 일본 공사관에서 열린 가든파티에서 왕자에게 소개되었습니다. 8월 4일 다수의 한국 고관들이 기함에서 영접을 받은 후 함대는 8월 5일 제물포항을 떠나 즈푸로 향했습니다.

이 보고서의 사본을 베이징과 도쿄 주재 독일제국 공사관에 발송하겠습니다.

바이페르트

내용: 제물포에 도착한 일본 함대

---

4 [감교 주석] 자응장(紫鷹章)
5 [감교 주석] 이재완(李載完)

베를린, 1901년 10월 4일   A. 13905

주재 외교관 귀중
상트페테르부르크 No. 709

연도번호 No. 8576

제물포에 정박하고 있는 일본 함대에 관한 8
월 6일 서울 주재 독일제국 영사의 보고서 사
본을, 1-6에게 삼가 정보로 전달합니다.

또한 각하께 상기 보고서 사본을 전달하게 되
어 영광입니다.

18

[베이징주재 프랑스공사관측의 한국공사관용 부지제공 의향 불확실]

발신(생산)일	1901. 8. 15	수신(접수)일	1901. 10. 5
발신(생산)자	뭄	수신(접수)자	뷜로
발신지 정보	베이징 주재 독일공사관 A. 301	수신지 정보	베를린 정부 A. 14156

사본

A. 14156 1901년 10월 5일 오전 접수

베이징, 1901년 8월 15일

A. 301

독일제국 수상 뷜로 각하 귀하

사본으로 이곳에 전달된 이달 2일 No. 58에서 한국 주재 독일제국 영사[1]는 아래와 같이 보고하였습니다. 즉 프랑스 정부가 한국 정부에 베이징 공사관 부지 용도로 그곳 프랑스 공사관 부지 일부를 무상으로 양도하겠다고 제안하였다고 합니다.

본인과 은밀한 대화를 나누던 중에 부[2]는 한국 정부가 부지 문제에 관해 그에게 조언을 구했으나 자신은 아직 답변하지 않았다고 말했습니다.

프랑스 공사가 실제로 프랑스 공사관이 점유하고 있는 토지 일부를 한국에 양도할 의향이 있다는 이야기는 상당히 미심쩍게 생각됩니다. 왜냐하면 그 부지가 상당히 크기는 하지만 프랑스 공사관 수비대와 프랑스 선교사들이 이미 전부 사용하고 있기 때문입니다.

앞에서 언급한 대화를 나눌 때 부는 한국의 경제적 미래에 대해 상당히 신빙성 있는 발언을 했습니다. 그는 한국에는 아직 채굴되지 않은 광물자원이 몹시 풍부하다고 말하면서 최근에 발견된 금광을 언급하였습니다. 그것이 지금까지 청국 남부로 주로 유입되

---

1 [감교 주석] 바이페르트(H. Weipert)
2 [감교 주석] 부(P. Beau)

었던 프랑스 자본을 상당부분 한국으로 끌어들일 수 있을 것이라고 하였습니다.

이 보고서의 사본을 도쿄 주재 독일제국 공사관과 서울 주재 독일 영사관에 발송하겠습니다.

뭄[3]

원문 : 중국 11

---

3 [감교 주석] 뭄(Mumm)

오스트리아 전함의 방문

발신(생산)일	1901. 9. 3	수신(접수)일	1901. 10. 24
발신(생산)자	바이페르트	수신(접수)자	뷜로
발신지 정보	서울 주재 독일 영사관	수신지 정보	베를린 정부
	No. 147		A. 14983
메모	11월 4일, 빈 623에 전달 연도번호 No. 1003		

A. 14983　1901년 10월 24일 오전 수신

서울, 1901년 9월 3일

No.147

독일제국 수상 뷜로 각하 귀하

즈푸에서 출발한 오스트리아-헝가리 전함 "마리아 테레지아"[1]호가 지난달 30일 제물포항에 입항했다가 오늘 다시 떠났습니다. "마리아 테레지아"호는 원산과 블라디보스토크를 경유해 일본으로 갈 예정이라고 합니다.

그 배에 상하이 주재 독일제국 총영사 겸 오스트리아-헝가리 영사인 피스코[2]가 타고 있었습니다. 그는 사전에 독일제국 총영사 크나페[3]를 통해 본인에게 전보로 자신과 전함 사령관이 왕을 알현하고 싶다는 뜻을 전해왔습니다. 그래서 은밀히 문의한 결과 조정에서는 지난달 7일 이곳 외교대표들에게 보낸 궁내부대신[4]의 공문을 거론하며 난색을 표했습니다. 공문은 왕이 여름 더위 때문에 의사들의 충고에 따라 7월 10일부터 9월 10일까지 특별한 의식을 제외하고는 알현을 베풀지 않겠다는 내용이었습니다. 조정에서는 본인에게 혹시 피스코가 독일 황제의 친서를 지참하고 오는지 물었습니다. 아주 간절하게 문의하는 것으로 보아, 황제 폐하께 수여한 금척대훈장에 대한 답례로 폐하의 친서를

1　[감교 주석] 마리아 테레지아(Maria Theresia)
2　[감교 주석] 피스코(Pisko)
3　[감교 주석] 크나페(Knappe)
4　[감교 주석] 윤정구(尹定求)

기다리고 있다는 것을 암시하려는 것이 분명했습니다. 그런데 의식을 치러야 할 특별한 계기가 없었음에도 불구하고 왕이 지난달 19일 일본 귀족원 의장 고노에[5]를 알현하였다는 사실이 드러났습니다. 그래서 본인은 은밀히 궁내부 대신에게 이러한 선례가 있는데 오스트리아인들을 알현하지 않을 경우 좋지 않은 인상을 주게 될 거라고 암시하였습니다. 그러는 사이에 상황이 더 복잡해졌습니다. 지난달 28일부터 제물포항에 정박하고 있는 프랑스 포함 "Bengali"호 사령관의 알현 요청을 처음에는 거절했다가 오스트리아의 청원을 고려해 승낙하였는데 "Bengali"호의 출발이 지난달 31일로 정해지는 바람에 알현 승낙이 너무 늦어진 것입니다. 플랑시[6]가 본인에게 전해준 바에 의하면, 결국 한국 조정은 그의 조언에 따라 이달 1일 외국대표들에게 날이 좀 선선해지기 시작했으므로 이제부터 관례대로 다시 알현이 있을 예정이라고 전했습니다.

당시 하야시[7]는 고노에의 알현을 공식적으로 요청했던 것과 달리 본인은 오스트리아인들의 국왕 알현을 공식적으로 제안하지는 않았으나 이달 2일 알현이 성사되었습니다. 그때 본인은 영광스럽게도 전함사령관 하우스[8], 피스코 영사, 기함 중위 비커하우저[9]를 왕에게 소개하였습니다. 왕은 그 자리에서 재차 오스트리아-헝가리 대표부가 서울에 설치되는 것을 보는 것이 소원이라고 강조하였습니다. 그러자 피스코는 본국 정부에 그 점을 상세히 보고하겠다고 약속하였습니다. 왕은 그 답변에 매우 큰 기쁨을 표하였습니다. 그리고 나중에 외부대신을 총영사에게 보내 피스코가 왕에게 아주 좋은 인상을 주었으며, 그를 서울 대표로 다시 보게 되기를 고대한다는 말을 피스코에게 전해달라고 하였습니다.

국왕 알현 후 궁내부대신을 통해 만찬에 참석해 달라는 요청이 있었습니다.

바이페르트

내용: 오스트리아 전함의 방문

---

5 [감교 주석] 고노에 아쓰마로(近衛篤麿)
6 [감교 주석] 플랑시(V. C. Plancy)
7 [감교 주석] 하야시 곤스케(林權助)
8 [감교 주석] 하우스(Haus)
9 [감교 주석] 비커하우저(Wickerhauser)

20

[오스트리아-헝가리 제국 영사의 방한 목적]

발신(생산)일	1901. 9. 3	수신(접수)일	1901. 10. 24
발신(생산)자	바이페르트	수신(접수)자	뷜로
발신지 정보	서울 주재 독일 영사관	수신지 정보	베를린 정부
	No. 148		A. 14984

사본

A. 14984 1901년 10월 24일 오전 수신

서울, 1901년 9월 3일

No. 148

독일제국 수상 뷜로 각하 귀하

　오스트리아-헝가리 제국의 영사 피스코[1]가 본인에게 은밀히 전해준 바에 의하면, 서울 방문의 주된 목적은 이미 작년에 그에게 부여된 임무인 오스트리아-헝가리 대표부 설치의 가부를 최종적으로 판단하는 것이었다고 합니다. 그는 본인에게 한국 대표부 설치를 적극적으로 옹호할 것이며, 대리공사와 총영사, 부영사나 통역관의 파견을 제안할 것이라고 했습니다. 그의 견해에 따르면 외교대표부 책임자에게는 무료 관사 제공 및 급여 3만 마르크, 사무실 경비로 5천 내지 6천 마르크 정도가 책정될 것이라고 합니다.

　피스코는 대표부 설치의 기본 전제로 광산채굴권 획득을 생각하고 있으며, 그 점에 대해 본인은 동조할 수 있습니다. 그는 조만간 휴가를 받아 빈으로 돌아갈 예정인데, 그때 그곳 자본가들의 관심을 끌어 모을 수 있기를 기대하고 있습니다. 사업이 성사될 경우를 대비하여 피스코는 이미 제물포에 있는 마이어 회사[2]와 협의를 진행하였습니다. 회사가 그 분야에 대한 유용한 정보를 제공함으로써 사업을 지원하고, 그 대가로 이곳에 대리점을 개설한다는 내용입니다.

바이페르트

원문 : 한국 7

1　[감교 주석] 피스코(Pisko)
2　[감교 주석] 마이어 회사(E. Meyer & Co.; 세창양행(世昌洋行))

182 독일외교문서 한국편(1874~1910) 제10권

한국 국왕의 50회 탄신일 축하 문제

발신(생산)일	1901. 9. 6	수신(접수)일	1901. 10. 24
발신(생산)자	바이페르트	수신(접수)자	뷜로
발신지 정보	서울 주재 독일 영사관	수신지 정보	베를린 정부
	No. 149		A. 14995
메모	연도번호 No. 1030		

A. 14995 1901년 10월 24일 오전 수신

서울, 1901년 9월 6일

No. 149

독일제국 수상 뷜로 각하 귀하

이곳에서는 이미 몇 달 전부터 이달 7일로 예정된 한국 국왕 탄신 50주년 기념식이 약 16,000엔의 비용을 들여 특별히 더 화려하게 열릴 것이라는 소문이 파다했습니다. 하지만 아직 축제의 이례적인 성격에 관한 공식적인 통지는 이루어지지 않았습니다. 앞에서 언급된 날짜에 진행될 왕의 알현 행사 초대장 역시 기존의 탄신축하연 초대장과 차이가 없었습니다. 그러는 사이에 며칠 전 축하연 참석자들에게 나누어줄 기념은메달[1]이 제작되었으며, 이곳에 진출한 외국인 및 외국 회사들이 국왕에게 줄 선물을 제작하고 있다는 소문이 돌았습니다. 이런 와중에 "Alacrity"호를 이용해 오늘 한국에 도착할 예정인 영국 함대 사령관 브릿지[2] 해군중장이 국왕 알현식에 참석할 것이라는 통지가 있었습니다. 그러자 프랑스 공사[3]는 그저께 전보로 자국 정부에 7일 행사 때 프랑스 대통령의 축전을 한국 국왕에게 전달하는 것이 좋겠다는 보고를 올렸습니다. 그제저녁 본인에게 이 소식을 전해준 파블로프는, 자신도 본국 정부에 프랑스 공사의 행보에 대해 전보로 보고할 것이라고 덧붙였습니다. 영국 대리공사[4]와 일본 공사[5]도 오늘 본인에게, 각기 자

---

1 [감교 주석] 고종 성수 50주년 기념장
2 [감교 주석] 브릿지(C. Bridge)
3 [감교 주석] 플랑시(V. C. Plancy)
4 [감교 주석] 거빈스(J. H. Gubbins)

국 정부에 플랑시의 주도적인 조처에 대해 전보로 보고했다고 말했습니다. 미국 공사[6] 역시 본인에게 말하기를, 자신은 이미 얼마 전 탄신기념 축하연에 대해 워싱턴에 보고한 바 있으나 앞에서 언급된 방식의 제안들에 대해서는 전혀 언급하지 않았다고 합니다.

바이페르트

내용: 한국 국왕의 50회 탄신일 축하 문제

---

5 [감교 주석] 하야시 곤스케(林權助)
6 [감교 주석] 알렌(H. N. Allen)

22

[고종 탄신 50주년 기념 알현식에서 독일정부의 축하를
전달했음을 보고]

발신(생산)일	1901. 9. 10	수신(접수)일	1901. 10. 26
발신(생산)자	바이페르트	수신(접수)자	뷜로
발신지 정보	서울 주재 독일 영사관	수신지 정보	베를린 정부
	No. 153		A. 15089
메모	연도번호 No. 1049		

A. 15089 1901년 10월 26일 오전 수신

서울, 1901년 9월 10일

No. 153

독일제국 수상 뷜로 각하 귀하

한국 국왕의 50회 탄신일을 기념하기 위해 이달 7일 개최된 알현식에서 외국 대표들
은 각기 축하의 말을 전했습니다. 기념식을 약간 더 성대하게 기념하는 것에 합의했기
때문입니다. 그게 아닐 경우 이곳에서는 외교사절단 대표가 모두를 대표하여 인사하는
것이 관례입니다.

외교사절단 알현 후 영국 대리공사[1]는 왕에게 브리지[2] 해군중장을 포함 "Alacrity"호
사령관과 몇 명의 장교들을 소개하였습니다. 그리고 본인은 쾰른 신문 기자인 겐테[3] 박사
를 소개하였습니다. 겐테 박사는 금년 6월 22일 이곳에 도착해 7월 1일부터 한국 국내를
여행하였으며 이달 6일부터 다시 서울에 머물고 있습니다.

한국의 축하연이 시작되기 전 프로이센 출신 음악지휘자 에케르트[4]가 약 5개월 동안
지도한 악단을 처음으로 궁에서 선보였습니다. 악단은 짧은 교육기간에도 불구하고 에
케르트가 작곡한 한국행진곡과 토르가우 행진곡을 놀랄 만큼 훌륭하게 연주하여 칭찬을

---

1 [감교 주석] 거빈스(J. H. Gubbins)
2 [감교 주석] 브릿지(C. Bridge)
3 [감교 주석] 겐테(Genthe)
4 [감교 주석] 에케르트(F. Eckert)

받았습니다.

　이달 8일 요청하여 오늘로 정해진 특별 알현에서 본인은 영광스럽게도 상부의 지시에 따라 독일 정부에서 보내는 최고의 축전 내용을 전달하였습니다. 왕은 자신에게 관심을 가져준 것에 대해 몹시 기뻐하면서, 본인에게 각하께 진심으로 감사하다는 인사를 전해달라고 요청하였습니다. 또한 독일과 한국 사이의 친밀하고 우호적인 관계가 앞으로는 보다 더 밀접해지기를 바란다고 강조하였습니다.

　궁내부 측에서 본인에게 전해준 바에 의하면, 이달 7일 이후 다시 제물포 근처에 있는 자신의 별장으로 거처를 옮긴 미국 공사[5] 역시 자국 정부로부터 축전을 전하라는 지시를 받고 서면으로 축하인사를 전하였다고 합니다. 프랑스 대통령한테서는 이달 7일 직접 왕에게 축전이 도착하였습니다. 본인이 들은 바에 의하면, 이곳에 대표를 파견한 다른 나라들에서는 아직까지 비슷한 조처를 취하지 않았습니다.

바이페르트

5　[감교 주석] 알렌(H. N. Allen)

23
[베이징주재 일본공사의 고종 알현 보고]

발신(생산)일	1901. 9. 16	수신(접수)일	1901. 11. 3
발신(생산)자	바이페르트	수신(접수)자	뷜로
발신지 정보	서울 주재 독일 영사관	수신지 정보	베를린 정부
	No. 156		A. 15490

사본

A. 15490 1901년 11월 3일 오전 수신

서울, 1901년 9월 16일

No. 156

독일제국 수상 뷜로 각하 귀하

최근까지 베이징 주재 일본 공사였던 고무라[1]가 본국으로 돌아가는 길에 이달 13일부터 14일까지 이곳에 체류하였으며, 13일 왕을 알현하였다고 합니다. 알현은 한국 국왕의 요청으로 이루어진 것으로 보입니다. 미국 공사[2]로부터 들은 바에 의하면, 왕은 고무라한테서 주로 베이징 한국 공사관 설치 문제에 대한 조언을 구하려 했다고 합니다. 그런데 알렌 박사의 말에 의하면, 고무라는 왕의 계획을 격려하기는커녕 오히려 부지와 건물 마련 비용 및 최소 300명은 필요한 한국 수비대 주둔에 필요한 자금 문제를 거론하면서 경고하였다고 합니다.

바이페르트

원문 : 일본 6

---

1 [감교 주석] 고무라 주타로(小村壽太郎)
2 [감교 주석] 알렌(H. N. Allen)

베를린, 1901년 11월 4일   A. 14983

주재 외교관 귀중   오스트리아 전함의 방문에 관한 금년 9월 3일
빈 No. 623   서울 주재 독일제국 영사의 보고서 사본을 삼
                                             가 정보로 제공합니다.

연도번호 No. 9348

24

[청국과 한국에서의 일본의 군사적 영향력에 관한 보고]

발신(생산)일	1901. 9. 29	수신(접수)일	1901. 11. 5
발신(생산)자	그륀슈타인	수신(접수)자	
발신지 정보	도쿄	수신지 정보	베를린 외무부
메모	연도번호 No. 5		

발췌본

A. 15347, 1901년 11월 5일 수신

도쿄, 1901년 9월 29일

군사보고서

청국과 한국에서의 일본의 군사적 영향력

　지난 몇 년 동안 일본인들은 정치와 무역의 모든 분야에서 청국과 한국의 정세변화 때마다 유럽 열강들과 미국에 무시하지 못할 경쟁자로 등장하였을 뿐만 아니라 중요한 협정이 있을 때에는 황인종 대표로서 제외되지 않으려 애썼습니다. 또한 그들은 군사적인 면에 있어서도 마찬가지로 청과 한국에서 자신들의 정치적 영향력을 미래에도 확실하게 보장받으려 노력하고 있습니다.

　청일전쟁에서 쉽게 승리한 일본군은 어느 정도 자부심을 갖게 되었습니다. 하지만 그로 인해 비록 그들이 부지런하고 영리하기는 하나 근대적 군대조직과 교전분야에서 아직은 어린 학생이라는 사실을 종종 망각하고 있습니다.

　그 결과 일본인들은 이미 자신들이 군사분야에서 이웃에 있는 청국인들과 한국인들에게 스승이 될 자격이 있다고 생각하고 있습니다. 그것의 성공 여부는 시간이 지나야 알게 될 것입니다.

　1898년에 이미 21명의 선발된 한국 청년들이 도쿄의 군사학교에 입학하여 1899년 11월 졸업한 뒤 장교로 임관되어 한국에 있는 연대로 돌아갔습니다.

　청에서 국방군이 새로 조직될 경우 일본은 교관 공급에 나설 가능성이 높습니다. 또한 스스로의 무장은 아직 완수하지 못했음에도 불구하고 청국 시장을 확보하기 위해 무기 공급과 전쟁물자 공급에 제일 먼저 나설 것으로 보입니다.

일본이 1899년 한국 정부에 최신형 보병 총기 1만 정을 공급했던 사실이 그런 일이 발생할 수 있다는 것을 입증합니다.

이 문제에 관한 금년 7월 17일과 7월 21일 "Japan Times" 기사를 첨부합니다.

실제로 낮은 품질의 무기가 어느 정도까지 공급되었는지는 정확히 확인할 수 없었습니다. 하지만 그랬을 거라고 추정할 만한 근거가 있습니다. 일본이 자체적으로 일본군에도 아직 전부 배포하지 못한 새로운 무기를 한국인들에게 만 정씩이나 넘겨주기 위해 수입할 아무 이유가 없기 때문입니다.

그륀슈타인
근위연대 중위
원문 : 일본 2

25

독일 함대사령관의 제물포와 서울 방문

발신(생산)일	1901. 9. 27	수신(접수)일	1901. 11. 9
발신(생산)자	바이페르트	수신(접수)자	뷜로
발신지 정보	서울 주재 독일 영사관	수신지 정보	베를린 정부
	No. 158		A. 15802
메모	연도번호 No. 1105		

A. 15802 1901년 11월 9일 오전 수신

서울, 1901년 9월 27일

No. 158

독일제국 수상 뷜로 각하 귀하

각하께 삼가 아래와 같이 보고 드리게 되어 영광입니다. 이달 7일에 이곳에 들어온 통지문대로 독일제국 순양함대 사령관 벤데만[1] 해군중장이 "휘어스트 비스마르크"[2]호와 어뢰정 한 척을 이끌고 이달 21일 제물포항에 도착했습니다. 본인은 도착 당일 함대로 사령관을 방문하여 이달 26일 아침까지로 예정된 그의 체류일정을 확정하였습니다. 본인이 신청한 알현이 이달 24일로 정해졌기에 해군중장을 23일 아침 서울에 있는 독일제국 영사관으로 초청하였습니다. 그는 그날 본인과 수행중위를 대동하고 다른 나라 대표들을 방문하였으며, 영사관에서 열린 조찬식에서 이곳에 체류 중인 독일인들과 인사를 나눴습니다. 그런 다음 서울의 명소를 둘러보았습니다. 24일 오전에는 독일인[3]이 이끄는 군악대와 공립 한성덕어학교[4]를 방문하였습니다. 본인은 조찬에 외부대신[5]과 궁내부대신[6] 및 외교사절단 대표들을 초대하였습니다.

왕세자도 참석한 국왕 알현 자리에는 "휘어스트 비스마르크"호 사령관, 어뢰정 사령

---

1 [감교 주석] 벤데만(Bendemann)
2 [감교 주석] 휘어스트 비스마르크(Fürst Bismark)
3 [감교 주석] 에케르트(F. Eckert)
4 [감교 주석] 한성덕어학교(漢城德語學校)
5 [감교 주석] 박제순(朴齊純)
6 [감교 주석] 윤정구(尹定求)

관, 5명의 장교 이외에 여행길에 이곳에 머물고 있는 베이징 주재 독일제국 공사관 서기관 볼렌[7]과 할바흐[8]도 참석하였습니다. 소개가 끝난 뒤 긴장을 풀고 활발한 대화가 오갔습니다. 그때 해군중장이 적절한 기회를 잡아 한국 국왕에게 작년 여름 동맹군에게 보내준 담배와 생필품에 대해 감사인사를 전한 다음 오전에 방문했던 독일 교육기관의 활발한 운영상황에 대해 언급하였습니다. 한국 국왕은 두 독일 교장의 업적을 잘 알고 있다면서 모든 분야에서 독일의 꾸준한 활동에 몹시 놀라고 있다고 말했습니다. 마지막으로 한국 국왕은 함대 사령관이 조만간 다시 한국에 오게 되기를 진심으로 바란다고 했습니다. 대화는 -이곳 궁중에서는 처음으로 - 독일어를 할 수 있는 통역관의 중개를 통해 진행되었습니다. 통역관은 원래 독일어학교에서 보조교사를 하던 인물로, 전날 본인의 강렬한 요청에 의해 궁중통역관으로 임명되었습니다. 알현이 끝난 뒤 기함 군악대가 국왕 앞에서 몇 곡을 연주하였습니다. 궁내부대신이 왕의 지시에 따라 알현에 참석한 모든 이들에게 참석을 요청한 만찬이 진행되는 동안에도 군악대가 연주를 하였습니다. 만찬 이후 한국무용이 공연되었습니다.

다음날 아침 함대사령관은 궁중 관리가 그와 장교들 및 군악대원들에게 전해준 다수의 선물을 받은 후 제물포로 돌아갔습니다.

25일 해군중장은 외부대신과 궁내부대신, 왕에게 선정을 맡긴 6명의 한국 고관을 선상으로 초대해 조찬을 베풀었습니다. 왕은 특별히 육군소장 1명, 3명의 장교와 함께 이재순[9] 왕자를 보냈습니다. 그들은 기함을 둘러보고 포사격 연습을 참관했는데, 몹시 큰 인상을 받은 듯했습니다. 전날의 궁중 만찬에서와 마찬가지로 이날 조찬에서도 한국 측에서 먼저 독일 황제폐하를 위한 건배사를 하고, 이에 화답해 함대사령관이 한국 국왕의 건강을 기원하는 건배사를 했습니다.

저녁에는 해군중장을 위해 뤼르[10]의 집에서 파티가 열렸는데, 이곳에 거주하는 독일인들 외에도 다수의 외국인이 초대되었습니다.

벤데만 해군중장은 이달 26일 아침 두 척의 배를 이끌고 제물포를 출발해 칭다오로 떠났습니다.

한국 조정의 접대는 비록 이곳의 관례에서 크게 벗어나지는 않았지만 세부적인 내용을 살펴보면 여러 면에서 최대한 호의를 베풀기 위해 노력한 흔적이 뚜렷합니다. 그

---

7 [감교 주석] 볼렌(Bohlen)
8 [감교 주석] 할바흐(Halbach)
9 [감교 주석] 이재순(李載純)
10 [감교 주석] 뤼르(Lühr)

방문이 이곳에 있는 독일인들에게 커다란 기쁨과 만족을 준 것은 두 말할 나위도 없습니다.

바이페르트

내용: 독일 함대사령관의 제물포와 서울 방문

"엄비"의 승격

발신(생산)일	1901. 9. 29	수신(접수)일	1901. 11. 16
발신(생산)자	바이페르트	수신(접수)자	뷜로
발신지 정보	서울 주재 독일 영사관	수신지 정보	베를린 정부
	No. 160		A. 16177
메모	연도번호 No. 1114		

A. 16177　1901년 11월 16일 오후 수신

서울, 1901년 9월 29일

No. 160

독일제국 수상 뷜로 각하 귀하

본인이 올린 작년 8월 22일 보고서 No. 95에서 이미 언급한 바 있는, 한국 국왕의 애첩 "엄씨"를 정실부인으로 승격시키려던 노력이 의미 있는 진전을 이루어 최종적으로 실현을 목전에 두고 있는 것으로 보입니다. 이달 22일 칙령을 통해, 작년 8월 일등 후궁인 "빈"의 칭호를 받았던 엄씨에게 이제 "비"의 칭호가 수여될 것이라고 발표하였습니다. 책봉식은 금년 10월 15일에 성대하게 치러질 것입니다.

"비"(?)는 한국 군주가 "군신[1]"라고 불리면서 청에 조공의 의무를 지니고 있던 동안 한국 국왕의 합법적 배우자를 가리키던 명칭이었습니다. 현재 이곳 왕세자의 합법적 배우자가 "비"라는 칭호를 가지고 있습니다. 따라서 "엄비"는 이제 왕세자의 배우자와 동일한 반열에 오르는 것입니다. 하지만 외부대신[2]으로부터 구두로 들은 바에 의하면, 그 여자는 이 새로운 칭호를 받고도 아직 한국 국왕의 정부인 자격에는 이르지 못한 것이 분명합니다.

엄비의 아들인 4살짜리 왕자 영친왕[3] 이은으로 인해 언제든지 아버지의 뜻에 따라 세자 직위에서 쫓겨날 수 있는 왕세자 말고도 점차 커질 것으로 예상되는 엄씨 세력에

1　[감교 주석] 군신(君臣)
2　[감교 주석] 박제순(朴齊純)
3　[감교 주석] 영친왕(英親王)

가장 위협을 느낄 사람들은 죽은 왕비의 집안인 민씨 가문입니다. 민씨 가문의 사람들 여럿이 이미 관직을 내놓았으며, 소수의 인물들만 적의 세력으로 넘어갔습니다.

일본 언론에서는 러시아와 프랑스 측에서 엄씨의 소원을 실현시키고자 노력했다고 주장하지만 이는 근거가 없습니다. 엄씨 추종자와 후원자들은 친일본, 친러시아, 친프랑스 색채를 가진 한국의 고위관리들입니다.

이 보고서의 사본을 베이징과 도쿄 주재 독일제국 공사관에 발송하겠습니다.

바이페르트

내용: "엄비"의 승격

27

총세무사 브라운 건 및 운남 신디케이트 차관 문제

발신(생산)일	1901. 10. 4	수신(접수)일	1901. 11. 23
발신(생산)자	바이페르트	수신(접수)자	뷜로
발신지 정보	서울 주재 독일 영사관	수신지 정보	베를린 정부
	No. 167		A. 16552
메모	연도번호 No. 1138		

A. 16552 1901년 11월 23일 오전 수신

서울, 1901년 10월 4일

No. 167

독일제국 수상 뷜로 각하 귀하

금년 봄에 문제가 발생한 이후 처음으로 지난달 말쯤 해관 총세무사 브라운[1]이 다시 왕을 알현하였습니다. 정통한 소식통에 의하면 그 자리에서 브라운과 한국 정부 사이에 합의가 이루어졌는데, 합의는 특히 브라운이 청구서류 제출 요구를 수용함으로써 가능했다고 합니다. 본인이 미국 공사[2]한테서 들은 바에 의하면, 이러한 양보는 총세무사의 냉담한 태도에 동의하지 않는 영국 정부의 충고에 따른 것이라고 합니다.

(또한 브라운은 미국의 수도시설 건설 프로젝트에서 예상되는 해관 수입에 의한 담보 설정을 적어도 상당한 정도까지 동의하였다고 합니다. 그 결과 현재 4백만 엔 이상으로 평가되는 이 사업의 실현이 더 가까워졌습니다.)

이 새로운 변화가 운남 신디케이트[3] 차관에도 좋은 기회가 될지는 아직 정확히 알 수 없습니다. 이 문제에 관한 영국의 태도는, 서울 주재 영국 대표를 역임하다 그사이 변리공사로 임명된 조던[4]이 11월 초 이곳으로 돌아와야 더욱 분명하게 드러날 것입니다. 그런데 그것과 상관없이 차관 문제는 뜻밖의 난관에 부딪쳤습니다. 이 프로젝트의 원래

---

1 [감교 주석] 브라운(J. M. Brown)
2 [감교 주석] 알렌(H. N. Allen)
3 [감교 주석] 운남(雲南) 신디케이트
4 [감교 주석] 조던(J. N. Jordan)

창안자인 기술자 Cagalis가 프랑스로 돌아간 직후 사망하는 바람에 새로 파견될 신디케이트 대표는 일단 그 프로젝트의 전모부터 파악해야 하기 때문입니다. 그사이에 이곳 정부는 차관액 가운데 계약상 금궤로 제공되어야 할 금액만큼 주화로 바꿔서 제공해 달라고 요구하였습니다. 지폐발행을 위한 교환용 금화의 주조를 용이하기 하려는 목적입니다. 본인에게 이 사실을 전해준 플랑시[5]는, 그것으로 미루어 한국 정부는 아직 차관이 실행될 것으로 예상하고 있다고 결론 내렸습니다. 하지만 주목할 만한 사실은 이곳의 다른 나라 대표들, 특히 파블로프는 그 프로젝트의 실현을 매우 회의적으로 보고 있다는 점입니다. 또한 미국 공사의 정보에 의하면, 최근 한국 측에서 비록 성공할 확률은 매우 적지만 언급된 목적의 차관을 일본의 재정전문가 시부자와[6]의 중재를 통해 들어오려고 시도했다고 합니다.

이 보고서의 사본을 베이징과 도쿄 주재 독일제국 공사관에 발송하겠습니다.

바이페르트

내용: 총세무사 브라운 건 및 운남 신디케이트 차관 문제

---

5 [감교 주석] 플랑시(V. C. Plancy)
6 [감교 주석] 시부자와 에이치(澁澤榮一)

28

[한국정부의 베이징 한국공사관 부지 확보 보고]

발신(생산)일	1901. 11.	수신(접수)일	1901. 11. 25
발신(생산)자	골츠	수신(접수)자	
발신지 정보	베이징 주재 독일 공사관	수신지 정보	베를린 외무부
	No. 617		A. 16676
메모	원문 : 중국 11		

16676   1901년 11월 25일 오후 수신

전보

베이징, 1901년 11월 -일   -시 -분

도착   11월 25일 오후 3시 30분

독일제국 대리공사가 외무부에 송부

암호해독

No. 617

한국 정부는 베이징에 공사관을 설치할 목적으로 내년 7월 1일까지 미국 공사관에 임대된 토지를 취득하였습니다.

골츠

원문 : 중국 11

[일본의 한국 내 자국 이해관계 발전에 대한 불만과 적극책 강화]

발신(생산)일	1901. 10. 10	수신(접수)일	1901. 12. 2
발신(생산)자	바이페르트	수신(접수)자	뷜로
발신지 정보	서울 주재 독일 영사관	수신지 정보	베를린 정부
	No. 170		A. 17066
메모	12월 8일, 런던 1029, 페테르부르크 857, 워싱턴 252에 전달 연도번호 No. 1162		

A. 17066   1901년 12월 2일 오전 수신, 첨부문서 1부

서울, 1901년 10월 10일

No. 170

독일제국 수상 뷜로 백작 각하 귀하

최근 들어 일본 언론에서 한국에서의 일본의 이해관계 발전에 대한 불만이 노골적으로 표출되고 있는데, 이는 주로 한국에서의 프랑스인들의 활동에 의해 촉발되었습니다. 얼마 전 이곳에서도 그대로 보도된 바 있는 "지지신보"[1] 사설에서는 하야시[2]가 탁지부협판 이용익[3] 같은 유력인사들을 자기편으로 끌어들이지 못했다면서 급기야 그의 소환까지 요구하고 있습니다. 하지만 그런 비난은 옳지 않습니다. 왜냐하면 이용익은 정치적으로 단지 자금조달 문제에만 집중하고 있기 때문에 일본 공사가 자국이 곤궁한 상황일 때 한국에서 좋은 기회를 제공하지 못한 것이 그의 잘못은 아니기 때문입니다. 만약 한국 철도원에 근무하는 일본 고문 오미와[4]가 독자적으로 한국 국왕에게 제시한 안이 실현된다면 물론 양측에 모두 도움이 될 것입니다. 오미와의 계획안은 이용익이 이끌고 있는 세관행정을 일본인의 손에 넘겨야 한다는 것입니다. 하지만 설사 영국이 묵인한다 해도 그의 계획안대로 실현되기는 어려울 것입니다.

일본 언론은 최근 한국에서의 더 활발한 활동을 기대하면서 일본 상인들과 실업가들

---

1   [감교 주석] 지지신보(時事新報)
2   [감교 주석] 하야시 곤스케(林權助)
3   [감교 주석] 이용익(李容翊)
4   [감교 주석] 오미와 쵸베(大三輪長兵衛)

은 물론이고 특히 농부들의 이주를 장려하라고 적극적으로 선동하고 있습니다. 이는 물론 경부선 철도 인근에 정착하는 것을 염두에 둔 것으로 보입니다. 외국인에게 토지 구입은 단지 외국인거류지에서 10리(=4.5킬로미터) 이내에서만 허가되지만 한국인의 이름으로는 쉽게 구입할 수 있습니다. 1896년 4월 제정된 일본 이민법에 따르면 다른 나라로 이주하려는 사람은 특별허가를 취득해야 하는데, 이는 보통 수주일의 시간이 걸린다고 합니다. 그런데 일본 공사의 말에 의하면 도쿄 정부는 다가오는 국회 회기에, 한국과 청으로 이주할 경우에는 이 특별허가를 면제하는 법안을 제출할 예정이라고 합니다. 이는 언론의 노력에 부응하는 것으로 보입니다. 한편 정부가 농업이주민들한테도 보조금을 지급할지 여부는 아직 알 수 없습니다.

(한국에 거주하고 있는 일본인의 숫자는 작년 12월 31일 발표된 최신 통계에서 15,871명으로 나왔습니다. 그 통계를 첨부문서로 삼가 동봉하여 제출하게 되어 영광입니다.)

이 보고서의 사본을 베이징과 도쿄 주재 독일제국 공사관에 발송하겠습니다.

바이페르트

내용: 한국에서의 활동을 더 강화하려는 일본의 노력, 첨부문서 1

No. 170의 첨부문서

한국에 거주하고 있는 일본인 통계
(1900년 12월 31일 조사)

장소	가옥	인구		합계
		남	여	
부산	1,141	3,026	2,731	5,757
제물포	990	2,333	1,886	4,291
서울	549	1,159	956	2,115
원산	355	899	679	1,578
목포	218	544	350	894
진남포	99	209	130	339
평양	51	91	68	159
군산	131	255	169	522
마산포	70	189	61	250
송진	18	24	14	38
				총 15,181

30

[서울·평양 내 한국군과 일본인 간 마찰 보고]

발신(생산)일	1901. 10. 18	수신(접수)일	1901. 12. 4
발신(생산)자	바이페르트	수신(접수)자	뷜로
발신지 정보	서울 주재 독일 영사관	수신지 정보	베를린 정부
	No. 172		A. 17180
메모	연도번호 No. 1196		

A. 17180 1901년 12월 4일 오전 수신

서울, 1901년 10월 18일

No. 172

독일제국 수상 뷜로 각하 귀하

최근, 평양에서 모집한 대대 소속 한국군과 일본인 사이에 다양한 마찰이 발생하였습니다. 아직 심각한 결과에 이르지는 않았으나 계속 주의를 기울일 필요가 있습니다.

이달 4일 저녁 서울에 주둔하고 있는 평양연대 산하 2개 대대 소속 군인 다수가 술이 취해 이곳 일본거류지에 있는 음악당에 난입하여 소동을 벌였습니다. 난동자들 가운데 두 명을 체포함으로써 그 사건은 종결되었습니다. 또한 이달 7일에는 평양에서 그곳 거주 일본인과 주민들 사이에 다툼이 벌어지는 바람에 일본 공사관이 한 무리의 한국인들에 의해 피해를 입었습니다. 한국군이 투입되었으나 군인들 중 일부가 주민들 편에 가담했습니다. 하지만 한국 관리의 진지한 설득으로 곧 질서가 회복되었습니다.

같은 날 서울 남대문 앞에서 일본 수송대가 인삼을 밀반입했다는 혐의로 ―이 사실은 생산지 송도에서 그곳에 머물고 있던 탁지부협판 이용익[1]에게 통지되었습니다.― 약 20명의 평양 군인들에 의해 통행을 저지당했습니다. 그러자 양측 사이에 격투가 벌어졌고 이때 두 명의 일본경찰관 중 하나가 머리에 부상을 입었습니다. 하지만 인삼은 압수하지 않고 이 사건이 해결될 때까지 일본 영사관에 보관하도록 조처하였습니다.

평양 사건은 그곳 일본 영사가 공식적인 조처 없이 평화적으로 해결하기로 그곳 지방

---

1 [감교 주석] 이용익(李容翊)

관청과 합의하였습니다.

반면 본인이 들은 바에 의하면, 서울에서 벌어진 사건들의 경우에는 일본 공사[2]가 한국 외부대신[3]에게 각서를 보내 사건에 책임이 있는 한국 군인의 처벌, 그들의 상관의 사과, 부상당한 경찰관에 대한 사과를 요구했다고 합니다. 또한 그는 장차 비슷한 사건이 발생하는 것을 피하기 위해 자신이 내건 요구들이 수용되지 않을 경우 일본인들에게 필요할 경우 무력 사용을 허가하겠다고 선언하였습니다. 하야시를 알현하는 자리에서 왕은 특히 강력한 힘을 가진 것으로 평가되는 평양 군대를 좋아하고 있음에도 불구하고 하야시의 뜻을 완전히 수용하겠다고 약속했습니다.

이 보고서의 사본을 베이징과 도쿄 주재 독일제국 공사관에 발송하겠습니다.

바이페르트

2　[감교 주석] 하야시 곤스케(林權助)
3　[감교 주석] 박제순(朴齊純)

베를린, 1901년 12월 8일   A. 17066

주재 외교관 귀중   한국에서의 활동을 더 강화하려는 일본의 노
1. 런던 No. 1029   력에 관한 금년 10월 10일 서울 주재 독일제
2. 상트페테르부르크 No. 857   국 영사의 보고서 사본을 삼가 정보로 제공합
3. 워싱턴 No. A252   니다.

연도번호 No. 10476

31

[순양함대 사령관 벤더만의 한국방문보고서 사본 송부]

발신(생산)일	1901. 12. 5	수신(접수)일	1901. 12. 9
발신(생산)자	해군사령부	수신(접수)자	외무부 장관
발신지 정보	베를린	수신지 정보	베를린 외무부
	B. 3855 III		A. 17481
메모	이 문제는 이미 A. 13906에 상세히 거론되었습니다. 베이징과 도쿄로 보내는 칙령에 관한 답변을 기다리는 중입니다. 해군참모본부장		

A. 17481   1901년 12월 9일 오후 수신, 첨부문서 3부

베를린, 1901년 12월 5일

B. 3855 III

발신: 해군사령부

외무부 장관 귀하

각하께 금년 10월 7일 순양함대 사령관의 한국 방문보고서 사본을 첨부문서로 동봉하여 전달하게 되어 영광입니다.

이 보고서를 올리자 폐하께서는 서울 주재 독일제국 영사[1]의 칭호승격에 대한 함대사령관의 제안을 각하께서 고려해 보라고 전해달라고 명령하셨습니다.

슈뢰더의 위임으로.

---

1   [감교 주석] 바이페르트(H. Weipert)

204 독일외교문서 한국편(1874~1910) 제10권

B. 3855Ⅲ의 첨부문서 1
B. 3855Ⅲ의 사본
순양함대 사령부

나가사키, 1901년 10월 7일

G. B. No. 1073 C

한국에 대한 군사정치 보고

Ⅰ. 일반사항

금년 8월 27일 본인은 "휘어스트 비스마르크"[2]호와 "가이어"[3]호 및 어뢰정 S 91호와 S 92호를 이끌고 일본을 떠나 한국 남해안에 도착했습니다. "가이어"호는 따로 부산항으로 파견한 뒤 본인은 기함을 타고 마산포 만으로 들어가 거기서 이틀 동안 머물렀습니다.

금년 9월 21일 본인은 "휘어스트 비스마르크"호와 어뢰정 S 91호를 이끌고 다롄[4]을 떠나 제물포 앞바다에 도착하여 거기서 금년 9월 26일까지 머물렀습니다.

부산에 관해서는 "가이어"호 사령부가 첨부문서 1에 사본으로 동봉한 보고서를 올렸습니다.

본인이 마산포에 체류하는 동안 받은 항구의 인상 및 그곳에서 수집한 정보들은 첨부문서 2에 들어 있습니다. 그런데 대부분의 내용이 하나의 정보원으로부터 얻은 정보이기 때문에 마산포 체류가 예정돼 있는 "카이저린 오거스타"[5]호 사령부에 그 내용을 검토하고 필요할 경우 내용을 보완하라는 지시를 내려놓았습니다. 또한 마산포 만에 인접해 있는 진해항 또는 진해관항이라고 불리는 "Sylvia Basin"을 정찰하라는 임무도 함께 하달하였습니다. 왜냐하면 최근 여러 곳에서 러시아인들이 그곳에 눈길을 돌렸다는 이야기가 본인에게 들어왔기 때문입니다. "Kaiserin Augusta"호로부터 이에 관한 보고가 들어오면 추후에 별도로 보고서가 올라갈 것입니다.

Ⅱ. 제물포 체류

본인이 제물포에 체류하는 동안 항구에 정박 중인 외국 전함은 단 2척의 일본순양함

---

2 [감교 주석] 휘어스트 비스마르크(Fürst Bismark)
3 [감교 주석] 가이어(Geier)
4 [감교 주석] 다롄(大連)
5 [감교 주석] 카이저린 오거스타(Kaiserin Augusta)

뿐이었습니다. 그 외에 측량선 "Kaimon"호와 중국 해군에서 파견한 "Sai Yen"호가 있었습니다.

상선의 왕래는 무척 활발했습니다. 본인이 그곳에 머무는 5일 동안 2척의 일본 우편기선 외에도 최소한 기선 7척이 입출항하였습니다.

마이어 회사[6] 대표 뤼르[7]의 집에서 열린 두 번의 사교모임에서 본인은 제물포에 거주하는 독일인들을 만났습니다. 독일 주민의 숫자는 많지 않은데다가 모두 앞에서 언급한 상사의 직원들이었습니다. 그럼에도 불구하고 그리 중요하지 않은 유럽인거류지에서 독일인들이 좋은 자리를 차지하고 있었는데, 이는 마이어 회사가 한국에서 누리는 커다란 명성 덕분인 듯합니다. 사교모임 중의 하나는 뤼르의 집에서 열린 세례식으로, 그의 11개월 된 쌍둥이가 함대 목사한테 세례를 받았습니다. 다른 하나는 기함이 출발하기 전날 저녁에 열린 제물포에 거주하는 모든 외국인들의 영접이었습니다.

Ⅲ. 수도 방문

본인은 금년 9월 23일부터 24일까지 서울을 방문하여 독일 영사 바이페르트 박사의 집에서 묵었습니다. 제물포와 서울을 잇는 철도는 작년 가을 전 구간이 개통되었습니다. 아침 7시부터 저녁 7시까지 양쪽에서 2시간 25분 간격으로 기차가 운행되며, 소요 시간은 1시간 45분입니다. 서울의 외국인용 숙박업소의 상태는 매우 열악합니다. 임대인들이 거의 상주하다시피 묵고 있는 프랑스 호텔(Hotel du Palais) 말고는 아주 원시적인 영국 호텔(Station Hotel)이 하나 더 있을 뿐입니다.

서울 주재 외교관들이 대부분 매우 훌륭한 건물에서 거주하는데 비해 독일 영사는 지금까지 한국의 오래된 가옥에서 진짜 불편하게 살고 있습니다. 그가 현재의 초라하고 제약이 많은 집에서 곧 더 좋은 새집으로 옮기게 되는 것은 매우 기쁜 일입니다. 한국 주재 독일 대표의 칭호도 승격되어 다른 나라 외교관들처럼 특별공사나 변리공사, 혹은 대리공사의 칭호를 쓰게 된다면 분명 독일제국의 위상을 높이는데 도움이 될 것입니다. 격에 맞지 않는 칭호 때문에 독일 영사는 최근 영국의 함대사령관 브릿지[8]로부터 홀대를 받았습니다. 영국의 규정에 따른 것이지만 현지 상황으로 볼 때는 그다지 친절하지 않은 대접이었습니다. 브릿지가 9월 초 서울을 방문했을 때 다른 나라 외교관들은 전부 방문하면서 유독 독일 영사[9]만 빼놓은 것입니다. 브릿지는 영국의 규정 상 영사 직위의 인물

---

6 [감교 주석] 마이어 회사(E. Meyer & Co.; 세창양행(世昌洋行))
7 [감교 주석] 뤼르(Lühr)
8 [감교 주석] 브릿지(C. Bridge)

은 방문할 수 없게 되어 있다는 해명을 내놓았습니다. 그럼에도 불구하고 제독은 마음을 바꿔 사전 협의도 없이 바이페르트를 자신이 머물고 있는 곳으로 초대하였습니다. 물론 바이페르트는 이 초대를 거절하였습니다.

본인은 서울에 체류하는 동안 영사의 권유에 따라 한국 외부대신 박제순[10], 임시 궁내부대신 윤정구[11], 일본 공사 하야시[12], 미국 변리공사 알렌 박사[13], 중국 대리공사 쉬서우펑[14], 벨기에 대리공사 뱅카르[15], 러시아 대리공사 파블로프[16], 개인적으로 공사의 직위를 가진 프랑스 변리공사 플랑시[17], 영국 대리공사대행 거빈스[18]와 방문을 교환하였습니다. 독일 영사에게 보여준 영국 함대사령관의 태도에도 불구하고 본인은 영사의 간곡한 소망에 따라 거빈스 방문을 포기하지 못했습니다. 서울의 협소한 외교사절단 상황으로 인해 동료들과의 교류에 혹시 매우 민감한 피해가 발생할까 우려했기 때문입니다.

서울에 있는 동안 본인은 독일인이 이끌고 있는 2개의 한국인 학교를 시찰할 기회를 가졌습니다. 하나는 볼얀[19]이 이끌고 있는 독일학교[20]로, 개교 초창기인 1899년 영광스럽게도 프로이센의 하인리히 왕자가 방문한 적이 있는 곳입니다. 그 사이에 학교는 근본적으로 완성된 틀을 갖추었습니다. 3개 학급으로 이루어진 학교에서는 다양한 연령대의 한국인들에게 독일 말과 글, 라틴어, 독일어와 라틴어 읽기, 산수, 지리를 가르칩니다. 볼얀은 학생들의 지적 능력과 열정에 큰 만족감을 표했으며, 그들의 학업성과는 충분히 인정할 만하다고 합니다. 본인이 시찰한 다른 학교는 에케르트[21]가 운영하는 음악학교입니다. 에케르트는 일본에서 근무한 적이 있는 음악지휘자로, 일본의 국가를 작곡한 인물입니다. 금년 초 왕이 유럽식 군악대를 양성할 목적으로 그를 초빙하였고, 에케르트는 군악대원에게 필요한 지식을 가르칠 목적으로 약 30명의 한국인을 위해 음악학교를 세운 것입니다. 하지만 유럽 취주악기를 배우는 학생들의 성과는 아직 미미합니다.

---

9 [감교 주석] 바이페르트(H. Weipert)
10 [감교 주석] 박제순(朴齊純)
11 [감교 주석] 윤정구(尹定求)
12 [감교 주석] 하야시 곤스케(林權助)
13 [감교 주석] 알렌(H. N. Allen)
14 [감교 주석] 쉬서우펑(徐壽朋)
15 [감교 주석] 뱅카르(L. Vincart)
16 [감교 주석] 파블로프(A. Pavlow)
17 [감교 주석] 플랑시(V. C. Plancy)
18 [감교 주석] 거빈스(J. H. Gubbins)
19 [감교 주석] 볼얀(J. Bolljahn)
20 [감교 주석] 한성덕어학교(漢城德語學校)
21 [감교 주석] 에케르트(F. Eckert)

본인의 서울 체류 첫날, 영사는 서울과 제물포에 거주하는 독일인들을 집으로 초대해 조찬을 베풀었습니다. 둘째 날에는 외국 외교사절들을 조찬에 초대하였는데, 국상[22]으로 인해 불참한 미국 변리공사를 제외하고는 모두 참석하였습니다.

IV. 한국 국왕 접견

본인은 금년 9월 24일 오후 수행 장교 몇 명과 함께 영광스럽게도 한국 국왕을 알현하였습니다. 알현은 왕비 살해 이후 왕이 거처하는 남쪽 궁[23]의 알현실에서 이루어졌습니다. 알현실은 붉은 색을 칠한 절 모양의 건물인데, 내부와 외부 모두 조각과 그림으로 장식이 되어 있고, 높다란 나무계단을 통해 올라가게 되어 있습니다. 돗자리가 깔린 탁 트인 홀 안쪽에 책상이 놓여 있고, 책상 뒤쪽에 왕이 앉아 있었습니다. 왕 왼쪽에는 왕세자와 환관 1명이 서 있었습니다. 금년 9월 1일 50세 생일을 맞은 왕은 키가 작고 살이 쪘으며 친절하고 표정이 생기 있었습니다. 왕은 수를 놓은 황금색 비단옷을 입고 있었습니다. 아버지보다 키가 조금 큰 왕세자는 붉은색 비단옷을 입고 있었습니다. 외국 방문객들이 왕세자를 묘사할 때 흔히 덧붙였던 말처럼 우둔한 인상은 아니었습니다. 오히려 대화에 적극적인 관심을 보였고, 직접 대화에 몇 번 끼어들기도 하였습니다. 다만 흔들리는 눈빛 때문에 때때로 정신상태가 정상이 아니라는 느낌이 들었습니다.

영사가 본인을 왕에게 소개했으며, 그 다음에는 본인이 직접 왕에게 수행 장교들을 소개하였습니다. 통역은 볼얀의 학생인 고희성[24]이란 자가 맡았는데, 독일 말을 아주 잘했습니다. 왕은 우리에게 어디에서 왔는지, 어떤 여행을 했는지, 몇 척의 배를 이끌고 왔는지, 얼마동안 머물 것인지 등을 물었습니다. 의례적인 인사말들이 오간 다음 본인은 왕에게 알현을 허락해준 것에 대해 감사인사를 드렸습니다. 또한 시국이 불안하여 지금까지 한국을 방문하지 못해 폐하를 좀 더 일찍 찾아뵙지 못한 것에 대해 유감의 뜻을 말씀드렸습니다. 더 나아가 왕이 작년 여름 청에 머물던 전투원들을 위해 다구[25]로 보내준 식량, 담배, 청량제에 대해 감사드렸습니다. 왕과 왕세자는 본인의 서울 체류와 관련해 몇 가지를 더 물었고, 본인은 답변을 하면서 본인이 시찰한 볼얀과 에케르트의 학교에 관해 칭찬의 말을 하였습니다. 영사 역시 발언 기회를 포착해 왕에게 처음으로 독일어 통역관을 쓸 수 있게 허락해준 것에 대해 감사 드렸습니다. 왕이 본인을 비롯해 수행

---

22 [감교 주석] 국상(國喪)
23 [감교 주석] 경운궁(慶運宮)
24 [감교 주석] 고희성(高羲誠)
25 [감교 주석] 다구(大沽)

장교들과 영사를 만찬에 초대한다고 말한 다음 접견이 끝났습니다. 만찬 이후에 본인이 데려온 함대 군악대가 알현실 입구에서 왕에게 몇 곡을 연주해도 좋다는 허락을 받았습니다. 나중에 본인에게 전해온 바에 의하면, 왕은 이 군악대 연주에 매우 감탄하였으며, 에케르트가 하루빨리 그처럼 훌륭한 연주 실력을 갖춘 군악대를 양성해주기 바란다는 소망을 피력하였다고 합니다.

만찬은 저녁 7시 남쪽 궁 안에 있는 정자에서 열렸는데, 그곳은 외국인을 위해 특별히 유럽 양식을 본 따서 짓고 유럽식 설비를 갖추고 있는 곳입니다. 만찬은 궁내부대신[26]이 주관한 고관들의 연회였습니다. 한국인으로는 궁내부대신 외에 외부대신[27]과 시종 한 명, 독어 통역관과 프랑스어 통역관 각 1명만 만찬에 참석하였습니다. 훌륭한 음식이 숙련된 솜씨로 신속하게 제공되었습니다. 궁내부대신이 독일 폐하를 위해 건배했고, 본인은 답례로 한국 국왕을 위해 건배하였습니다.

식사 후 본인은 왕실의 살림을 책임지고 있는 미스 손탁[28]과 인사를 나눌 기회를 가졌습니다. 미스 손탁은 엘사스 출신의 귀품 있는 중년 여성으로 왕의 신임과 존경을 톡톡히 누리고 있었습니다. 그녀는 궁에서 영향력이 큰 높은 지위에 있었습니다. 특히 왕실 살림 중 대외부분을 책임지고 있는데 외국 손님들 접대가 거기에 속합니다. 외국 손님 접대는 모범적이고 질서 있게 하되, 손님을 후대하는 왕에게 예전에 비해 적지 않은 절약을 요구하고 있습니다. 왕이 예전에는 외국 손님 1인당 100달러를 지출할 수 있었던 반면 미스 손탁이 살림을 맡은 이후 지금은 단지 10달러만 지출하고 있습니다.

식사가 끝난 뒤 정자 접견실에서 한국의 궁중 무희들이 왕의 50회 탄신일을 맞아 준비했던 춤을 공연하였습니다. 무희들이 물러난 다음 한국의 산골주민들이 등장해 일부는 합창을 하고 일부는 춤과 곡예를 선보였습니다. 공연은 10시 경에 끝났습니다.

왕은 다음날 접견에 참석했던 사람들과 악대에게 주는 선물을 배로 보냈습니다.

V. 이재순 왕자의 기함 방문

금년 9월 25일 본인은 한국의 고관들과 가장 명망 있는 독일인들을 기함으로 초대해 조찬을 베풀었습니다. 조찬에는 왕의 명령에 따라 왕의 사촌인 이재순 왕자도 참석하여 자리를 빛냈습니다. 궁내부대신과 외부대신, 한국 육군참장이자 서울 무관학교장인 이학균[29], 시종장 이재국, 대령 한 명과 다른 한국장교 여러 명, 그리고 독일어 통역관 고희성

---

26 [감교 주석] 윤정구(尹定求)
27 [감교 주석] 박제순(朴齊純)
28 [감교 주석] 손탁(A. Sontag)

이 그를 수행하였습니다.

왕자와 수행원들은 먼저 관심 깊게 배를 둘러보았습니다. 몇 차례의 화포훈련 시범이 그들에게 커다란 인상을 남긴 것 같았습니다. 그들은 기기조작의 정확성과 무거운 포를 아주 쉽게 조정하는 것에 거듭해서 감탄을 표하였습니다.

조찬을 할 때 왕자는 독일 폐하를 위해 축배사를 하였고, 본인은 한국 국왕과 왕가를 위해 건배를 하면서 한국에서 받은 환대에 대해 감사의 말을 전했습니다.

폐하의 배 "휘어스트 비스마르크"호 선상에서 왕자는 확실히 기분이 좋아 보였습니다. 뤼르의 집에서 저녁에 그를 다시 만났는데, 기함이 출발하기 전 꼭 다시 한 번 배에 오르겠다고 말했기 때문입니다. 하지만 다음날 꼭두새벽에는 이미 배가 바다에서 항해 중일 거라고 설명하며 그의 제안을 거절하느라 약간 곤란하였습니다.

VI. 한국의 정세

한국의 궁에서 일어나는 모든 정치적 음모의 중심축은 —그리고 모든 정부 활동은 궁중 음모에 국한되는 것처럼 보입니다.— 왕의 애첩 엄씨입니다. 그녀는 왕의 정부인이 되기 위해 애쓰고 있습니다. 그녀 스스로 얼마나 주도권을 갖고 그 문제에 열정적으로 임하고 있는지, 그녀가 유약한 왕에 대한 통제력을 획득하고자 하는 어느 정파의 도구로 이용되고 있는지는 단정하기 어렵습니다. 어쨌든 그녀의 추종자들은 이미 수년 전부터 권력을 쥐고 정부의 모든 조처에 결정적인 영향력을 행사하고 있습니다. 또한 자신들 마음에 드는 인물들로 모든 관직을 채우고 있습니다. 그들은 원래 러시아 교관들에 의해 양성된 수도 부대는 물론이고 회원도 많고 광범위하게 분포돼 있는 "황국협회"도 자신들 편으로 끌어들였습니다. "황국협회"는 수년 전 일종의 헌법을 제정하려던 혁신파의 노력을 무산시킨 바 있는 조직입니다. 엄씨 추종자들의 적은 당연히 왕세자와 민씨 가문입니다. 민씨 가문은 1894년까지 한국에서 가장 큰 영향력을 가졌던 세력으로, 1895년 피살된 왕비도 이 가문 출신이었습니다. 왕과 왕세자가 피해를 입었으나 원래는 단지 왕세자만 겨냥했다고 하는 3년 전 독살시도는 —사실 여부는 미결로 남아 있지만— 엄씨와 그의 추종세력에게 책임이 전가되고 있습니다. 왕은 이미 엄씨와의 사이에 자식을 몇 명 두었으며, 그중에는 아들들도 있습니다. 따라서 만약 엄씨가 정부인으로 승격될 경우 어쩌면 왕위계승에 중요한 변수가 될 수도 있습니다. 왕세자에게는 자식이 없습니다. 그 사이에 왕은 —우리를 알현하기 바로 전날— 엄씨에게 한국이 청의 속국으로 있던 시기에 왕비가

---

29 [감교 주석] 이학균(李學均)

받았던 것과 똑같은 칭호를 수여하였습니다. 그로 인해 엄씨는 이제 왕세자비와 똑같은 직위에 올랐습니다. 이는 엄씨가 정부인으로 승격하기 위한 마지막 단계로 간주할 수 있습니다.

외국인들 가운데 정치적으로 한국에서 가장 활발하게 움직이는 그룹은 러시아인과 일본인입니다. 두 번째 그룹에는 미국인과 프랑스인이 속합니다. 하지만 후자의 경우는 정치적인 관심보다 경제적인 관심이 더 우선시됩니다.

러시아인과 일본인이 한국에서 우위를 점하기 위해 치열한 경쟁을 벌이고 있다는 것은 익히 알려진 사실이지만 최근 들어 경쟁이 예전보다는 약간 완화되었습니다. 심지어 동아시아의 평화를 유지하기 위한 러-일 연합까지 거론되는 상황입니다. 일본인들이 경제적인 이해관계에 집중적인 관심을 보이는 것을 고려해 러시아인들이 일본인들에게 한국에서의 우선권을 인정하는 대신 일본에 만주협정을 인정해줄 것을 요구하고 있기 때문이라고 합니다. 만주협정은 당연히 지금까지의 러시아 정책과 완벽하게 일치합니다. 러시아가 만주를 완전히 장악하거나, 자신들이 동아시아에서 모든 적을 무찌를 수 있을 만큼 충분히 강하다고 느낄 때까지 일본인들을 계속 붙잡아둘 수 있기 때문입니다. 일본 인들은 한국을 식민지로 만들기 위해 계속해서 열심히 노력하고 있습니다. 실제로 한국 에 들어와 있는 외국인들 가운데 절대 다수는 일본인입니다. 철도 건설 및 운영과 관련해 서도 일본인들이 그사이에 다른 모든 나라를 앞섰습니다. 일본인들은 미국인들이 시작한 제물포-서울 간 철도건설을 끝내고 운행을 시작하였으며 현재 서울-부산 간 철도를 건설하고 있습니다. 금년 8월 20일에는 서울 후방에 있는 새로운 철도의 첫 번째 역인 영등포에서 일본왕자 고노예의 참석 하에 성대한 시공식이 열렸습니다. 또한 한국의 항 구들로 가는 모든 선박운항 역시 일본인들이 장악하고 있습니다.

최근 들어 프랑스인들 역시 한국에서 매우 활발히 움직이고 있습니다. 그들이 어찌나 활발히 움직이는지 -이 문제에 관한 신문 기사가 사실이라면- 도쿄에서 그것 때문에 확실히 불안해 할 정도라고 합니다. 하지만 그것은 아주 노회한 서울 주재 러시아 대표 파블로프가 프랑스 동료를 앞세워, 외견상 프랑스의 이해관계에 따른 것처럼 보이지만 실제로는 직간접적으로 은밀히 러시아의 영향력을 촉진하고 있는 것이라는 해석이 매우 신빙성 있게 들립니다. 프랑스가 현재 한국 궁중에서 아주 큰 영향력을 갖고 있는 것은 분명합니다. 프랑스 대표가 엄씨 일파와 가깝기 때문인데, 그것은 그가 엄씨의 정부인 승격을 중재하고 있는 사실로 알 수 있습니다. 프랑스의 선동으로 인해 가장 최근에 벌어진 일은 서울-의주(압록강 입구) 간 한국 국유철도 건설이 예정되어 있는 것입니다. 더 나아가 프랑스는 한국 항구 하나를 석탄기지로 양도해줄 것과 우편 분야에서 일본과 동등한 권리를 부여해줄 것을 요구하고 있다고 합니다. 미국인들은 외견상 순수한 정치적 야심은 별로 없어 보입니다. 그럼에도 불구하고 그들은 서울 주재 미국 변리공사 알렌 박사가 수년 동안 한국 국왕과 맺은 관계 덕분에 궁에서 아주 커다란 영향력을 갖고 있는 게 분명합니다. 왕의 유일한 서양인 고문이 젊은 미국인 샌즈[30]라는 사실이 그것을 입증하고 있습니다. 미국인들은 그들의 영향력을 주로 광산 채굴권 및 여러 상업적인 이익을 획득하는 데 이용하고 있습니다. 실제로 현재 가장 크고 이윤이 많이 남는 좋은 광산들은 미국인들이 소유하고 있습니다.

영국인들은 한국에서 다소간에 일본인들의 후원자 내지 동조자 역할을 하고 있습니다. 그들은 서너 개의 사정이 좋지 않은 광산업을 제외하면 독자적인 사업을 거의 갖고 있지 않습니다. 한국 해관의 영국인 총세무사 브라운 사건에 그들이 개입한 것도 일본인들의 이해관계 때문임이 거의 확실합니다. 만약 그 자리를 러시아인 알렉세예프[31]가 차지하게 되면 일본인들에게 몹시 괴로운 일이 되었을 것입니다. 현재 요코하마에서 러시아 무역대리인으로 일하고 있는 알렉세예프가 여전히 총세무사 직책의 후보자로 물망에 오르고 있다는 것은 최근 신문에 보도되었을 뿐만 아니라 한국에서도 본인이 직접 확인하였습니다. 최근 벨기에 대리공사가 서울에 부임한 것은 벨기에 자본을 대규모로 한국에 투입하기 위한 신호로 해석될 수 있습니다. 아마도 1차적으로 철도사업이 문제가 될 것입니다.

독일은 한국에 아무런 정치적 이해관계를 갖고 있지 않습니다. 독일의 경제적인 이해관계는 아주 중요한 마이어 회사를 중심으로 결정되고 있습니다. 마이어 회사는 영국 회사 홈 링거상사 사[32]와 더불어 한국에서 아마 가장 큰 유럽 무역상일 것입니다. (대부분 한국 정부와 함께 진행하는) 순수한 상업적 사업들 이외에 마이어 회사는 서울에서 동북쪽으로 약 100마일 정도 떨어진 당고개[33]에서 금세광소를 운영하고 있습니다. 하지만 크게 수익이 나는 것은 아닌 듯합니다. 게다가 최근에 그곳에서 한국인들에 의해 사기행각이 벌어지는 바람에 금년 초에만 하더라도 생산량이 풍부할 거라고 예상했던 희망이 와르르 무너져 버렸습니다. 한국인들이 마이어 회사의 기술자들로 하여금 금이 많이 매장된 땅을 발견했다고 믿게 해 그 땅을 사도록 유도하기 위해 온갖 방법을 동원해 땅속에 금을 묻어놓았다는 사실이 드러났기 때문입니다. 나중에 밝혀진 바에 의하면,

---

30 [감교 주석] 샌즈(W. F. Sands)
31 [감교 주석] 알렉세예프(K. Alexeev)
32 [감교 주석] 홈링거상사(Holme & Ringer)
33 [감교 주석] 당현금광(堂峴金鑛)

그들은 다이너마이트 화약으로 암석을 폭파시킬 때 금을 그 속으로 던져 넣었을 뿐만 아니라 금가루를 석영절구 속에 뿌려 놓았으며 직접 금 조각을 교묘한 방법으로 암석 속에 집어넣기도 하였습니다. −한국에서 독일의 자본을 대규모로 투자해 높은 수익을 거둘 수 있느냐의 여부는 기업 측의 의욕과 기량이 어느 정도 있고, 유력한 외교대표부를 두고 있을 경우 가능하다는 것이 본인의 판단입니다. 한국은 확실히 풍부한 자원을 갖고 있는 나라인데, 다만 사람들이 그 사실을 제대로 모르고 있습니다. 이곳 바깥에서 한국에 대해 알고 있고 듣고 있는 바가 너무 적다는 사실이 놀라울 따름입니다.

벤데만[34]

베를린의 황제이자 국왕 폐하 귀하.

B. 3855Ⅲ의 첨부문서 2
B. 3855Ⅲ의 사본

독일제국 선박 "가이어"호 사령부

칭다오, 1901년 9월 5일

G. 317

기밀!

부산에 대한 보고
금년 8월 22일 함대−특별명령, 사본 2

8월 27일 화요일에 "가이어"호와 어뢰정 S 92호는 부산에 들어가기 위해 기함에서 분리되어 나왔습니다. "가이어"호는 항로 북쪽인 Rock 해협 남쪽을 지났는데, 이 수로는 수심이 최소 12미터 이상이었습니다. 위치를 측정해 항로표지등 NNW 3/8, Rock 해협

---

34 [감교 주석] 벤데만(Bendemann)

항로표시 O 3/4N 지점에 닻을 내렸습니다. 세관에서 열람한, 항만 소장이 제작한 항구
설계도는 해도와 완벽하게 일치하였습니다. 또한 이 설계도에는 이곳보다 더 얕은 곳은
표시되어 있지 않았습니다. 부산항은 흘수[35] 5½미터까지의 선박을 위한 정박지로서 닻을
내리기에 넓고 안전한 장소였습니다.

남쪽으로 출항할 때 보니 남서쪽 해안에는 아래와 같은 거류지들이 있었습니다.

일본거류지 "Sorio"[36]에 이어 곧바로 두 개의 언덕이 보이는데, 하나는 새 세관을 지을
건축부지고 다른 하나는 얼마 전 영국 정부가 영국 영사관 건물을 짓기 위해 구입한
부지입니다.

이어서 동북쪽으로 중국인거류지 "Sinsorio"[37]가 있습니다. 하지만 이곳 주민들 중에
는 한국인들이 많이 섞여 있습니다. "Sinsorio" 바로 옆에 한국 어촌이 있고, 마지막으로
항구의 맨 북쪽에 순수한 한국인 마을인 부산이 있습니다. 부산의 오래된 지역은 담장으
로 둘러싸여 있습니다. 그 맨 꼭대기에는 성벽과 참호로 둘러싸인 돌보루가 있는데, 오래
되어 거의 허물어져가는 상황입니다.

"Sinsorio" 위쪽으로는 남쪽을 향해 누워 있는 작은 언덕들 위에 영국과 미국의 전도
관 건물이 하나씩 서 있습니다. 부산에도 오스트레일리아 전도관 건물이 하나 서 있습
니다.

이 모든 거류지들 가운데 일본거류지가 가장 중요합니다. 그곳은 길들이 잘 닦여 있
고 거류지 내에서 상업거래들도 활발하게 이루어지고 있습니다. 거류지 총책임자는 일
본 영사입니다. 또한 거류지 안에는 병영이 하나 있는데, 그곳에 일본 보병 1개 중대(약
300명)가 주둔하고 있습니다. 그밖에 부산 근교에는 아직 여러 개의 일본부대가 산재되
어 있다고 하는데, 모두 합하면 약 1개 연대 규모의 병력이라고 합니다. 거리의 질서
유지는 일본 경찰이 맡고 있습니다.

일본인들은 한국에 대한 영향력을 극대화하기 위해 모든 노력을 경주하고 있습니다.
일본 회사 하나가 현재 서울―부산 간 철도 건설 문제로 한국 정부와 협상을 진행 중입니
다. 그런데 부산에서는 이미 매립 예정인 해안지역에 말뚝을 박아 경계를 표시함으로써
기차역과 부두에 필요한 부지를 확보하기 위한 사전작업에 착수했습니다. 현재 건설허
가와 관련된 모든 문제가 해결되지 않았음에도 불구하고 부산 지역의 유럽인들은 그
철도가 머지않아 건설될 것이라고 확실히 믿고 있습니다. 철도가 건설될 경우 부산의

---

35 [감교 주석] 흘수(吃水)
36 [감교 주석] 초량(草梁)
37 [감교 주석] 신초량(新草梁)

중요성은 더 커질 것입니다. 철도 건설계획 초안은 이미 만들어져 있으며, 본인은 세관에서 그것을 열람하였습니다. 철도 건설이 거의 확실시되고 있다는 것은 Standard oil company처럼 비교적 규모가 큰 여러 회사들이 최근 부산으로 대표들을 파견했다는 사실에서도 확인할 수 있습니다. 그들은 토지를 구입해 지사를 세울 준비를 하고 있다는 소문입니다. 또한 영국 영사관을 지을 부지 구입 및 부산에 영사관을 세우려는 의도 역시 부산항의 중요성이 커지고 있음을 여실히 보여줍니다.

절영도에서는 일본인들이 꽤 큰 규모의 부지를 구입한 뒤 담장을 둘렀습니다. 그 부지 안에는 커다란 석탄저장소와 개울이 하나 있는데, 그 개울은 항구에 정박하고 있는 선박들에게 생수를 공급해주는 주요 원천입니다. 그 부지는 절영도 북서쪽에서 특히 안전한 지역에 위치하고 있습니다.

한국 정부는 "Sinsorio" 안에 그들의 관청[38]을 두고 있습니다. 청사 책임자가 현재 내륙에 가 있는 관계로 본인은 대행과 서로 방문을 주고받았습니다. 그곳을 방문하였을 때 일본인들 때문에 한국 정부가 아무런 영향력을 행사하지 못하고 전적으로 일본인들의 손에 좌지우지되고 있는 듯한 인상을 받았습니다.

각 거류지의 건강상태는 열악하였습니다. 선의[39]가 즉시 일본 병원에 들어가 조사해 본 결과 티푸스와 이질이 휩쓸고 있었습니다. 일본 영사는 유감스럽게도 본인의 체류 이틀째에야 비로소 서신으로 일본 거류지에 콜레라가 휩쓸고 있다는 소식을 전해주었습니다. 하지만 다른 유럽인들은 콜레라에 대해 전혀 모르고 있었습니다. 콜레라 발병 원인은 깨끗하지 않은 식수와 덜 익은 과일 섭취 때문입니다. 부산에 거주하는 독일인은 딱 2명인데, 둘 다 세관에서 일하고 있습니다. 그 외에 오스트리아 사람 하나가 부산에 거주하고 있는데, 그는 개인 사업자로서 러시아와 청국 증기선 항로의 대리인입니다. 그자의 진술에 의하면 그는 공식적으로 독일의 보호를 받고 있다고 합니다. 또한 한국 주재 독일 영사와 관계를 맺고 그에게 부산의 상황을 보고한다고 합니다.

바우어[40]

즈푸 주재 독일제국 순양함대 사령부 귀중

---

38 [감교 주석] 부산감리서(釜山監理署)
39 [감교 주석] 선의(船醫)
40 [감교 주석] 바우어(Bauer)

순양함대 사령부 쯔푸, 1901년 9월 7일
G. B. No. 964 C

"가이어"호는 부산에 대한 보고에 들어 있는 정보의 제공자가 누구인지, 그들의 사회적 지위는 어떻게 되는지 보고해 주기 바란다. 그에 따라 그 정보들에 어느 정도의 가치를 둘 것인지 판단할 것이다.

또한 일본과 청의 거류지 그리고 한국 마을의 이름을 다시 한 번 검토하고, 필요한 경우 보고해주기 바란다.

끝으로 정말로 부산에 오스트레일리아 전도관이 있는지, 아니면 잘못 기록된 것인지 보고해주기 바란다.

즉각적인 회신 요망.

순양함대 사령부
참모본부 대장
바흐만[41]

사령부
"가이어"호 사령부 우쏭[42] 정박소, 1901년 9월 17일
G. B. No. 337

순양함대

부산에 관한 이달 5일 본인의 보고서에 실린 정보의 제공자는 독일인 볼얀[43]과 오스트리아인 호우벤[44]입니다. 볼얀은 한국 해관에서 해관장 비서로 일하고 있습니다. 본인은 이미 고베의 독일 영사 크리엔의 집에서 볼얀을 만나 안면을 익혔습니다. 당시 그는 두 명의 형제와 함께 그 집에 손님으로 묵고 있었습니다. 볼얀의 맏형은 우리 배에 해군

---

41 [감교 주석] 바흐만(Bachmann)
42 [감교 주석] 우쏭(吳淞)
43 [감교 주석] 볼얀(Bolljahn)
44 [감교 주석] 호우벤(Houben)

사관후보생으로 승선하고 있는 크니핑[45]의 옛날 스승이었고, 둘째 형은 야전우편 서기입니다.

본인의 두 번째 제보자인 오스트리아인 호우벤의 지위에 대해서는 첫 번째 보고서 끝부분에서 상세히 보고하였습니다.

본인은 이 두 제보자의 신뢰성에 일말의 의구심도 갖고 있지 않습니다.

두 사람 이외에 부산에 살고 있는 하인체[46]라는 독일인은 본인을 방문하지 않았으며, 본인 역시 그 사람과 만날 수가 없었습니다.

일본거류지의 이름은 "Sorio"[47]이고 중국거류지의 이름은 "Sinsorio"[48]입니다. 한국인 마을의 이름은 부산입니다.

부산에 오스트레일리아 전도관이 있다는 말은 호우벤이 했습니다. 꽤 오랫동안 산책을 하던 중 호우벤이 본인에게 오스트레일리아 전도관에 들러 잠시 쉬어 가지 않겠느냐고 물었습니다. 한국에 오스트레일리아 전도관이 있다는 것이 이상하게 생각되어 본인은 확인 차 다시 한 번 호우벤에게 물었고, 그는 확실하다고 대답했습니다. 따라서 그 정보는 착오가 아니라고 생각합니다.

바우어

B. 3855Ⅲ의 첨부문서 3
B. 3855Ⅲ에 관한 사본

한국에 대한 군사정치 보고서
———————
마산포

1. 항구의 천연적 조건
마산포항은 천연적으로 군항으로서 최상의 조건을 갖추었습니다. 일단 구릉이 많은

---

45 [감교 주석] 크니핑(Knipping)
46 [감교 주석] 하인체(Heintze)
47 [감교 주석] 초량(草梁)
48 [감교 주석] 신초량(新草梁)

섬들 사이를 통과해야 합니다. 또한 거제도 서쪽의 쉽게 봉쇄할 수 있는 2길[49] 깊이의 좁은 측면수로를 제외하면, 길이 약 15해리에 폭 약 1해리인 유일한 입항로는 항해상 몇 개의 사소한 난관은 있지만 항로표지를 설치하면 난관들을 쉽게 해소할 수 있는데다가 주위가 온통 산으로 둘러싸여 안전하게 보호되고 있습니다. 마산포 마을에 인접해 있는 항구의 내항은 물론 큰 배가 정박하기에는 수심이 아주 얕지만 흘수 6미터 이내의 선박에는 아주 넓은 정박지를 제공해 줍니다. 반면 소위 관문에서 Satow 섬 사이의 외항은 12 내지 15미터 정도의 균일한 수심에, 길이는 약 2½해리이고 폭은 족히 1,000m에 달하는 저수지와 같습니다. 해변은 거주지, 창고, 부두시설 등을 설치할 수 있는 공간을 제공해줄 수 있으며, 물도 있고 쌀과 가축을 생산하는 후방으로부터 식량도 확실히 확보할 수 있을 듯합니다.

마산포 협만의 바깥쪽인 파크스 해협[50]와 더글라스 만[51] 및 서쪽으로 더글라스 만과 연결돼 있는 실비아 분지[52]은 큰 선박들의 운행뿐만 아니라 훈련계획에도 넉넉한 정박 공간을 제공합니다. 왜냐하면 마산포 협만은 동아시아에서 가장 아름다운 항구들 가운데 하나일 뿐만 아니라 가장 훌륭한 훈련장으로 간주될 수 있기 때문입니다. 닻을 내리는 해저는 어디나 훌륭합니다.

이 항구는 우수한 천연적 조건과 아주 유리한 전략적 위치(블라디보스토크와 포트 아서[53] 사이의 중간지점으로, 쓰시마에서 40 해리, 양쯔강에서 350 해리 떨어져 있고 펫쉴리[54] 만에서도 비슷한 정도로 떨어져 있습니다.)의 결합으로 군사기지로서 특히 훌륭한 입지를 보여주고 있습니다. 하지만 마산포가 실제로 최상급 기지가 되기에는 부족한 점들이 몇 가지 있습니다. 즉 마산포에는 내륙으로의 철도 연결, 함대에 필요한 작업장 및 저장소, 몇 개의 방어용 요새설비가 결여되어 있습니다. 항구의 천연적 조건은 효과적인 방어시설 구축에 아주 유리합니다. 그것은 해안 공사뿐만 아니라 혹시 있을 수 있는 기뢰 봉쇄에도 해당됩니다.

기후 조건은 아주 양호합니다. 겨울에도 기온이 영하로 내려가는 경우가 드물고 여름에는 8월에도 그다지 무덥지 않습니다. 간혹 태풍이 지나가지만 항구를 둘러싸고 있는 산들이 태풍을 막아줍니다. 하지만 산이 산들바람이 들어오는 것까지 막지는 않습니다.

---

49 [감교 주석] 길(Faden)
50 [감교 주석] 파크스 해협(Sir Harry Parkes Sound)
51 [감교 주석] 더글라스 만(Douglas Inlet)
52 [감교 주석] 실비아 분지(Sylvia Basin)
53 [감교 주석] 뤼순(旅順; Port Arthur)항
54 [감교 주석] 펫쉴리(Petschili)

이 지역은 주민들의 벌목으로 인해 나무는 거의 없다시피 합니다. 하지만 무성한 수풀과 **빽빽**한 솔숲이 땅바닥을 응집시켜 장마철(7월-8월)에 토사가 쓸려 내려가는 것을 막아줍니다. 토사가 쓸려 내려갈 경우 조건이 안 좋은 해안가 지역에서는 경작이 상당히 힘들어집니다. 마을 근처에서 쌀농사와 콩 농사가 집중적으로 이루어지는 것은 땅이 비옥함을 입증합니다.

건강상태도 양호한 것으로 알려져 있습니다. 천연두 이외에는 전염병들이 전혀 발생하지 않는다고 합니다. 말라리아와 티푸스는 전혀 없습니다.

2. 발전 상황

1899년 항구가 개항되었을 때 한국 세관은 내항 서쪽 입구를 "외국인 거주지"로 허용했습니다. 그곳의 거리들은 이미 닦여져 있고(1901년 6월 10일 G673 계획 참조) 토지는 대부분 일본 투기꾼들의 수중에 들어가 있습니다. 거주지 안에는 일본식 목조 가옥 몇 채와 아주 큰 러시아 여관 하나를 제외하고는 러시아 영사관과 일본 영사관뿐입니다. 그럼에도 불구하고 이 항구가 단시일 내에 경쟁관계에 있는 두 나라, 즉 러시아와 일본 가운데 한 나라의 수중에 들어가게 되면 비약적인 발전을 하게 될 거라는 기대 때문에 아주 비정상적인 토지투기가 일어났습니다. 그로 인해 내항 북쪽에 있는 모든 해안은 거의 소수의 일본인이 소유하고 있다고 하는데, 그들은 터무니없이 높은 가격으로만 토지를 팔고 있습니다.

러시아인들은 작년에 마산포 유역에서 독자적인 거류지를 확보하였으나 아직 그곳에는 위병소 하나만 설치해 놓았습니다. 그러자 일본인들도 시커먼 모방충동에 휩싸여 (러시아 거류지와 일반인 거주지 사이 구릉 많은 곳[55]에) 분리구역을 마련하였습니다. 하지만 그곳은 다른 지역에 비해 가치가 떨어지는 곳입니다.

유일한 유럽 출신 세관원으로서 거류지 밖에 있는 자신의 집에서 살고 있는 독일인 아르노우스[56]의 진술에 의하면, 외국인들에게 이익을 보장해주는 상업은 전혀 없다고 합니다. 따라서 이곳에는 유럽 상인들이 전혀 없으며, (약 150명에서 200명에 이르는) 다수의 일본 상인들은 전부 미래에 대한 희망을 품고서 그곳에 머무르고 있다고 합니다.

따라서 세관은 작년 부산 쪽으로 설치된 전신선이나 두 개의 우체국-일본 우체국과 한국 우체국-과 마찬가지로 할 일이 거의 없습니다.

---

55 [감교 주석] 곶(串)
56 [감교 주석] 아르노우스(Arnous)

3. 러시아인과 일본인의 등장

본인은 그곳에 머무는 동안 마산포가 현재 두 나라가 정치적으로 경쟁할 만큼 중요한 곳이라는 인상을 전혀 받지 못했습니다. 일본의 상비함대는 8월 중순 며칠 동안 그곳에 머물렀으나 실비아만 외곽에 정박한 상태에서 단지 도고[57] 제독만 어뢰정을 타고 항구를 방문하였습니다. 한두 척의 배와 함께 겨울 일부를 그곳에서 보낸 러시아인들은 몇 달 전 완전히 떠났습니다. 여러 곳에서 들은 이야기에 의하면 당분간 일본과의 충돌을 꺼리기 때문이라고 합니다. 러시아거류지에서 보초를 서는 5명의 수병과 한 명의 하사관 및 자신들의 직권을 단지 일본인과 한국인들에게만 행사하려 드는 십여 명의 일본경찰들이 현재 두 나라의 영사들과 함께 양국의 유일한 전초들입니다.

4. "휘어스트 비스마르크"[58]호의 정박지

상기 기함은 원래 절영도 동북쪽, 정확한 좌표로는 절영도 $W\frac{1}{3}N$, 산정 443 피트 $N2O\frac{7}{8}O$, 수심 14m 개펄에 정박했습니다. 하지만 보다 편한 왕래를 위해 현재는 절영도 서남쪽, 작은 러시아 초소가 있는 만의 안쪽에 정박하고 있습니다.

벤데만[59]

---

57 [감교 주석] 도고 헤이하치로(東鄕平八郎)
58 [감교 주석] 휘어스트 비스마르크(Fürst Bismark)
59 [감교 주석] 벤데만(Bendemann)

32

[벨기에 외교대표의 고종 알현 보고]

발신(생산)일	1901. 10. 19	수신(접수)일	1901. 12. 12
발신(생산)자	바이페르트	수신(접수)자	뷜로
발신지 정보	서울 주재 독일 영사관	수신지 정보	베를린 정부
	No. 173		A. 17648

사본

A. 17648 1901년 12월 12일 오전 수신

서울, 1901년 10월 19일

No. 173

독일제국 수상 뷜로 각하 귀하

본인이 뱅카르[1]한테 들은 바에 의하면, 이달 17일 왕을 알현하는 자리에서 그는 왕에게 레오폴드 대십자훈장을 전달하는 동시에 대십자훈장 수여를 조약 체결과 연계시키는 자국 왕의 친서도 함께 전달하였다고 합니다. 외부대신 박제순한테는 레오폴드 사령관 십자훈장을 수여했습니다.

조약과 훈장은 이곳 총영사관에 부영사로 파견된 퀴블리에[2]가 전달했습니다. 뱅카르가 계획대로 내년 초 공관건물을 지을 부지구입 문제에 대해 보고할 목적으로 휴가를 받아 떠나면 퀴블리에가 그의 역할을 대행할 것이라고 합니다. 그 이후에 뱅카르는 한국에서의 직책이 대리공사로 승격될 것으로 예상됩니다.

바이페르트

---

1 [감교 주석] 뱅카르(L. Vincart)
2 [감교 주석] 퀴블리에(M. Cuvelier)

33

한국 외부대신의 일본 여행 및 그의 사임 문제

발신(생산)일	1901. 11. 2	수신(접수)일	1901. 12. 22
발신(생산)자	바이페르트	수신(접수)자	뷜로
발신지 정보	서울 주재 독일 영사관	수신지 정보	베를린 정부
	No. 180		A. 18133
메모	연도번호 No. 1237		

A. 18133 1901년 12월 22일 오전 수신

서울, 1901년 11월 2일

No. 180

독일제국 수상 뷜로 각하 귀하

이곳에서 지난달 28일 왕이 외부대신[1]을 일본에 특사로 파견하기로 했다는 뜻밖의 소식이 전해졌습니다. 외부대신의 또 다른 신분인 육군소장 자격으로 일본의 가을 기동 훈련을 참관하기 위한 목적이라고 합니다. 기동훈련이 이달 6일 시작할 예정이라 박제순은 출발을 서둘러야 했는데 다른 선박을 이용할 수 없는 상황이라 이곳에 주둔하고 있는 일본 순양함 "Sai-Yen"호 편으로 일본에 가라는 지시를 받았습니다. 그는 지난달 31일 3명의 한국 장교와 함께 그 배에 승선하였습니다.

그 다음날 본인은 외부협판 최영하[2]로부터 지난달 31일로 작성된 통지문을 받았습니다. 그 통지문에 따르면 박제순의 의원면직으로 인해 최영하가 외부대신의 직책을 맡게 되었고, 박제순은 의정부찬정으로 임명되었다고 합니다. 이 조처가 무엇을 의미하는지는 아직 정확히 알 수 없습니다. 한국 관리들 사이에 떠도는 주장들에 의하면, 특사 파견을 권유했던 일본 공사는 마지막 순간 박제순이 사직원을 제출해 몹시 실망했다고 합니다. 왜냐하면 일본 공사로서는 박제순이 외부대신 신분으로 도쿄 정부와 직접 교섭하기를 바랐기 때문입니다. 하지만 하야시[3]는 박제순이 특사로 파견된 것에 다른 사람들과 마찬

---

1 [감교 주석] 박제순(朴齊純)
2 [감교 주석] 최영하(崔榮夏)
3 [감교 주석] 하야시 곤스케(林權助)

가지로 자신도 적지 않게 놀랐다고 주장하고 있습니다. 또한 대신 직위에서 물러나는 것은 박제순이 자리를 비운 동안에만 해당되는 일시적인 상태이므로 추후에 다시 그 직위로 돌아올 것이라고 주장합니다. 이곳에서는 휴가를 떠나는 경우 늘 이런 방법을 사용한다고 합니다.

하지만 파블로프[4]가 궁에서 얻은 확실한 정보에 의하면, 외국으로의 쌀 수출금지 해제와 관련해 확실히 친일적으로 보이는 이 조처는 실제로 박제순을 대신 직위에서 확실히 물러나게 하는 것이 목적이라고 합니다. 그는 일본에서 돌아오는 즉시 베이징 공사로 임명될 것이라고 합니다. 이 정보는 이미 몇 주 전부터 떠돌던 소문, 즉 박제순이 베이징 공사 직을 얻으려는 소망을 갖고 있다고 했던 것과 일치합니다. 그 소문은 일본 공사 측에서도 본인에게 확인해준 바 있습니다.

박제순이 비록 한국 정치인들 가운데 지도적인 위치에 있거나 영향력이 아주 많은 자리에 있지는 않지만, 1898년 이후로 일시적으로 중단된 적은 있지만 계속 높은 직위를 유지할 수 있었던 것은 그의 신중한 처신 덕분입니다. 하지만 최근에는 신중한 처신에도 불구하고 모든 면을 고려해 볼 때 특히 일본의 이익을 대변해온 것이 사실입니다. 브라운[5] 사건 때와 운남 신디케이트[6] 차관 문제가 발생했을 때 그는 러시아-프랑스 파와 정반대 입장에 섰습니다. 그때부터 러시아-프랑스 파는 그를 제거하려 애쓰는 반면 일본 공사는 온힘을 다해 그를 지키려 하였습니다. 현재 박제순은 쌀 수출 문제에 상당히 깊이 관여하고 있습니다. 하지만 그에게 도움이 될 만한 실제적인 여건들[7](그것에 대해서는 오늘 날짜 다른 보고에서 언급하도록 하겠습니다.)에도 불구하고 그가 8월 말경 하야시에게 한 약속을 이행하는 것은 그리 쉽지 않을 듯합니다. 보수적인 의정부가 그 제안에 반대했기 때문입니다. 그러자 외부대신은 지난달 중순 두 번씩이나 사직원을 제출했습니다. 당시 그의 사임은 수용되지 않았고, 일본의 요구는 마침내 승인되었습니다. 하지만 만약 러시아의 주장이 확실하다면, 박제순은 그때 쟁취한 승리의 대가를 직위를 내주는 것으로 뒤늦게 치른 것으로 보입니다.

이 보고서의 사본을 도쿄와 베이징 주재 독일제국 공사관에 발송하겠습니다.

바이페르트

내용: 한국 외부대신의 일본 여행 및 그의 사임 문제

---

4 [감교 주석] 파블로프(A. Pavlow)
5 [감교 주석] 브라운(J. M. Brown)
6 [감교 주석] 운남(雲南) 신디케이트
7 [원문 주석] 오늘 자 우편물 II 36201 참조.

어느 독일 단체의 회원들 체포에 관한 블라디보스트크 발 "Novoye Vremya"지의 전보

발신(생산)일	1901. 12. 21	수신(접수)일	1901. 12. 23
발신(생산)자	알벤스레벤	수신(접수)자	뷜로
발신지 정보	상트페테르부르크 주재 독일 대사관	수신지 정보	베를린 정부
	No. 940		A. 18181

A. 18181   1901년 12월 23일 오전 수신

상트페테르부르크, 1901년 12월 21일

No. 940

독일제국 수상 뷜로 각하 귀하

"Novoye Vremya"[1]에 블라디보스토크에서 이달 6일과 19일 아래와 같은 전보가 들어왔습니다.

"어떤 단체를 결성했다는 혐의로 독일학교[2] 학생 10명과 보조교사 3명이 체포되었다. 회원들은 한국 교육의 개선책을 논의하기 위한 목적으로 독일학교에서 회합을 가졌다. 그리고 실제로 그 문제를 논의하던 중에 정부의 정책들을 비판했고, 과거 반정부 활동을 했던 '독립협회'를 재건하였다. 예비조사를 위해 체포된 자들은 고등법원으로 넘겨졌다."

이 소식으로 파악할 수 있는 것은 블라디보스토크는 단지 전보의 발신지일 뿐, 체포 사건은 서울에서 발생한 것입니다.

알벤스레벤

내용: 어느 독일 단체의 회원들 체포에 관한 블라디보스토크 발 "Novoye Vremya"의 전보

---

1   [감교 주석] 노보예 브레먀(Novoye Vremya)
2   [감교 주석] 한성덕어학교(漢城德語學校)

베를린, 1901년 12월 27일   A. 18133

주재 외교관 귀중   한국 외부대신의 일본 여행에 관한 지난달 2
1. 런던 No. 1067   일 서울 주재 독일제국 영사의 보고서 사본을
                                   삼가 정보로 제공합니다.
2. 상트페테르부르크 No. 905
3. 워싱턴 No. A263

연도번호 No. 11011

35

민종묵의 외부대신 임명

발신(생산)일	1901. 11. 9	수신(접수)일	1902. 1. 4
발신(생산)자	바이페르트	수신(접수)자	뷜로
발신지 정보	서울 주재 독일 영사관	수신지 정보	베를린 정부
	No. 182		A. 113
메모	연도번호 No. 1265		

A. 113 1902년 1월 4일 오전 수신

서울, 1901년 11월 9일

No. 182

독일제국 수상 뷜로 각하 귀하

공식보도에 의하면 농상공부 대신의 직책을 맡고 있는 민종묵[1]이 어제 최영하[2] 협판 대신에 임시외부대신으로 임명되었습니다.

민종묵은 베를린 주재 한국 공사[3]의 부친입니다. 보수적인 성향의 인물로, 어쨌든 결코 일본에 우호적이지는 않습니다. 따라서 비록 박제순[4]이 다시 등용될지 아니면 다른 방식으로 그 직책이 채워질지 아직 미지수지만 그의 임명은 러시아와 프랑스 측으로서 는 반길 만한 일입니다.

이 보고서의 사본을 베이징과 도쿄 주재 독일제국 공사관에 발송하겠습니다.

바이페르트

1901년 11월 11일 추서

오늘 자 관보에 의하면, 박제순이 파견지에 대한 정보는 없이 특명전권공사로 임명되

---

1 [감교 주석] 민종묵(閔種默)
2 [감교 주석] 최영하(崔榮夏)
3 [감교 주석] 민철훈(閔哲勳)
4 [감교 주석] 박제순(朴齊純)

었습니다. 이곳에서 들리는 말로는, 일본 특사보다는 더 적합한 자리가 그에게 주어질 것이며, 다음 파견지는 청국 공사가 될 것이라고 합니다.

　　내용: 민종묵의 외부대신 임명

[축하연에 대한 한국주재 각국외교대표의 찬성 입장 보고]

발신(생산)일	1902. 1. 14	수신(접수)일	1902. 1. 16
발신(생산)자	바이페르트	수신(접수)자	
발신지 정보	서울 주재 독일 영사관	수신지 정보	베를린 외무부
	No. 1		A. 773
메모	전보 No. 1에 대한 답신		

A. 773   1902년 1월 16일 오전 수신

전보

서울, 1902년 1월 14일 11시 10분

도착 1월 15일 오후 8시 38분

독일제국 영사가 외무부에 송부

암호해독

No.1

　다른 국가들의 의도에 관해서는 아직까지 알려진 바가 전혀 없습니다. 이곳 주재 다른 나라 대표들은 축하연을 찬성하는 입장이라는 점을 고려해주시기 바랍니다. 축하연에 대한 보다 상세한 내용은 공식통보 때 알려주게 되는데, 늦어도 6개월 전에는 통보가 이루어진다고 합니다.

바이페르트

37

[마르텔의 한국정부의 베이징 한국공사관 부지 확보 보고]

발신(생산)일	1901. 11. 16	수신(접수)일	1902. 1. 19
발신(생산)자	바이페르트	수신(접수)자	뷜로
발신지 정보	서울 주재 독일 영사관	수신지 정보	베를린 정부
	No. 184		A. 933

사본

A. 933   1902년 1월 19일 오전 수신

서울, 1901년 11월 16일

No. 184

독일제국 수상 뷜로 각하 귀하

프랑스인 마르텔[1]이 드디어 베이징에서 한국 공사관 용 부지 획득에 성공한 듯합니다. 이달 초 그는 그 일 때문에 두 번째로 북경을 찾았습니다. 이곳의 정통한 소식통에 의하면, 그는 얼마 전 한국 정부를 대신해 과거 베이징 주재 미국 변리공사를 역임한 인물의 소유로 남아 있는 옛 미국공사관 부지를 십만 엔의 가격으로 구입하기로 하고, 일단 몇 만 엔을 토지대금으로 지불하였다고 합니다. 나머지 대금과 그곳에 지으려는 건물의 건축비는 왕실의 개인자산에서 충당될 것이라고 합니다.

이 보고서의 사본을 도쿄와 베이징 주재 독일제국 공사관에 발송하겠습니다.

바이페르트

원문 : 중국 11

---

1   [감교 주석] 마르텔(Martel)

러시아 재무차관 로마노프의 한국 체류

발신(생산)일	1901. 11. 29	수신(접수)일	1902. 1. 19
발신(생산)자	바이페르트	수신(접수)자	뷜로
발신지 정보	서울 주재 독일 영사관	수신지 정보	베를린 정부
	No. 190		A. 935
메모	연도번호 No. 1340		

A. 935   1902년 1월 19일 오전 수신

서울, 1901년 11월 29일

No. 190

독일제국 수상 뷜로 각하 귀하

　러시아 재무차관 로마노프[1]가 일본을 떠나 포트 아서[2]로 가던 중에 도쿄 러시아 공사관 재무담당 서기관인 알렉세예프[3]및 시베리아 철도회사 직원 몇 명을 대동하고 이달 22일 제물포에 도착하였습니다. 그는 그날 오후 한국 국왕을 알현하였고, 다음날 아침 기선 "Noni"호 편으로 만주로 떠났습니다. 만주의 철도건설이 그의 최우선 관심사인 것으로 보입니다. 파블로프[4]는 포트 아서까지 로마노프를 수행하였다가 어제 다시 이곳으로 돌아왔습니다. 파블로프가 본인에게 전해준 바에 의하면, 로마노프와 좀 더 오래 대화를 나누기 위한 목적이었다고 합니다. 만주 철도는 내년 봄 하얼빈에서 성대하게 개통될 것이라고 합니다.

　이 보고서의 사본을 베이징과 도쿄 주재 독일제국 공사관에 발송하겠습니다.

바이페르트

　내용: 러시아 재무차관 로마노프의 한국 체류

1　[감교 주석] 로마노프(Romanoff)
2　[감교 주석] 뤼순(旅順; Port Arthur)항
3　[감교 주석] 알렉세예프(Alexeev)
4　[감교 주석] 파블로프(A. Pavlow)

39
독일제국의 선박 "제아들러"호의 제물포 체류

발신(생산)일	1901. 11. 30	수신(접수)일	1902. 1. 19
발신(생산)자	바이페르트	수신(접수)자	뷜로
발신지 정보	서울 주재 독일 영사관	수신지 정보	베를린 정부
	No. 191		A. 937
메모	연도번호 No. 1342		

A. 937 1902년 1월 19일 오전 수신

서울, 1901년 11월 30일

No. 191

독일제국 수상 뷜로 각하 귀하

즈푸를 떠난 독일 선박 "제아들러"[1]호가 이달 22일 수 일 간의 체류 일정으로 제물포 항에 정박하였습니다. 순양함대 사령부의 명령에 따라 특히 한국에서 독일의 이해관계를 증진시키는 것이 체류 목적이었습니다. 사령관인 호프만[2] 해군소령은 이달 23일부터 24일까지, 그리고 25일부터 27일까지 서울에 머물렀습니다. 우연히도 본인이 그 시기에 두 번의 큰 만찬을 개최하였는데, 그는 그 자리에서 현재 한국에서 커다란 영향력을 갖고 있는 고관들 대부분을 만날 수 있었습니다. 그리고 이달 26일 그는 5명의 장교 및 본인과 함께 왕을 알현하였습니다. 이어서 궁내부대신[3]이 주최하는 만찬이 궁중에서 열렸는데, 제독보다 직위가 낮은 해군장교한테는 예외적으로 베풀어진 호의입니다.

사령관이 이달 28일 선상 조찬에 초대하자, 왕은 임시외부대신 민종묵[4]과 군사학교 대령, 통역관으로 일하는 궁중관리 한 명을 파견하였습니다. 반면 궁내부대신은 병환으로 참석하지 못했습니다. 사령관이 손님들에게 공포탄을 이용한 일련의 포사격 시범을 보이자 그들은 감탄하며 큰 관심을 보였습니다.

---

1 [감교 주석] 제아들러(Seeadler)
2 [감교 주석] 호프만(Hoffmann)
3 [감교 주석] 윤정구(尹定求)
4 [감교 주석] 민종묵(閔種默)

독일제국의 선박 제아들러[5]호는 오늘 새벽 제물포를 떠나 나가사키로 향했습니다.

바이페르트

내용: 독일제국의 선박 "제아들러"호의 제물포 체류

---

5 [감교 주석] 제아들러(Seeadler)

하노이 박람회에 한국 대표 파견.
프랑스 측에서 한국 국왕에게 말을 선물함

발신(생산)일	1901. 11. 40	수신(접수)일	1902. 1. 19
발신(생산)자	바이페르트	수신(접수)자	뷜로
발신지 정보	서울 주재 독일 영사관	수신지 정보	베를린 정부
	No. 192		A. 938
메모	1월 23일 자 보고서, 국방부장관 연도번호 No. 1345		

A. 938   1902년 1월 19일 오전 수신   823

서울, 1901년 11월 40일[1]

No. 192

독일제국 수상 뷜로 각하 귀하

프랑스 공사[2]가 어제 인도차이나에 있는 어느 행정구역의 국장이라는 포레[3]라는 인물과 함께 한국 국왕을 알현하였습니다. 포레가 이곳에 온 목적은 내년 11월로 예정돼 있는 하노이 박람회에 한국 정부의 참여를 요청하기 위해서입니다. 들리는 소문으로는 참여 요청에 응할 것이라고 합니다. 본인이 들은 바에 의하면, 한국 주재 미국 공사는 1903년 세인트루이스에서 열릴 세계박람회에 참여를 요청했다고 합니다.

플랑시가 국왕을 알현한 이유 중에는 그것 말고도 톈진 주재 프랑스 여단장이 왕에게 4필의 아라비아산 말을 선물했다는 사실을 알리는 것도 있습니다. 그 말들은 -독일 측에서 판매한 호주 산 말 60필도 포함해서- 다른 말 107필과 함께 수송되었습니다. 107필의 말은 이곳 병기창에서 근무하는 프랑스 포병중대장 뻬이외르[4]가 한국 육군을 위해 총 14,000달러의 비용을 들어 톈진에서 구입한 것입니다.

---

1 [감교 주석] 독일어 원문에 40으로 표기됨.
2 [감교 주석] 플랑시(V. C. Plancy)
3 [감교 주석] 포레(Faure)
4 [감교 주석] 뻬이외르(Payeur)

이 보고서의 사본을 베이징과 도쿄 주재 독일제국 공사관에 발송하겠습니다.

바이페르트

내용: 하노이 박람회에 한국 대표 파견. 프랑스 측에서 한국 국왕에게 말을 선물함

41

친러시아적인 조처들 – 덴마크인 뮐렌슈테트를 외부 고문으로 임명

발신(생산)일	1901. 11. 30	수신(접수)일	1902. 1. 22
발신(생산)자	바이페르트	수신(접수)자	뷜로
발신지 정보	서울 주재 독일 영사관	수신지 정보	베를린 정부
	No. 193		A. 1133
메모	연도번호 No. 1346		

A. 1133 1902년 1월 22일 오후 수신

서울, 1901년 11월 30일

No. 193

독일제국 수상 뷜로 각하 귀하

　박제순¹의 일본 파견 이후 이곳에서는 친러시아 경향이 압도적으로 대두되었으며, 그런 흐름은 이달 22일 탁지부협판 이용익²을 임시탁지부대신으로 임명함으로써 더욱 명확해졌습니다.

　게다가 이용익과 임시외부대신 민종묵³의 노력으로 한국전신국의 덴마크인 고문 뮐렌슈테트⁴가 이달 17일 법규교정소 의정관으로 겸직 발령이 난데다가 이달 23일에는 외부 임시고문으로까지 임명된 것은 주목할 만합니다. 그 조처는 프랑스 측으로서는 그리 달갑지 않은 소식이었습니다. 왜냐하면 프랑스인 마르텔⁵을 그 자리에 앉히기를 기대했기 때문입니다. 미국인들도 그 조처에 기분이 좋지 않았습니다. 그 직책은 몇 년 전 궁내부고문 샌즈⁶에게 추가로 주어졌던 것으로 그때 샌즈는 단지 임시로만 일했기 때문입니다.

　뮐렌슈테트는 1897년 이후 계속 한국의 관직에 있습니다. 하지만 그는 이미 1885년부

1　[감교 주석] 박제순(朴齊純)
2　[감교 주석] 이용익(李容翊)
3　[감교 주석] 민종묵(閔種默)
4　[감교 주석] 뮐렌슈테트(Muehlensteth)
5　[감교 주석] 마르텔(Martel)
6　[감교 주석] 샌즈(W. F. Sands)

외무부 정치 문서고 조선 관계 문서(1901.7.16~1902.3.31)　235

터 한국 내 청국 행정관청에 근무하면서 당시 서울-의주 간 중국전신선 설치와 관리의 책임을 맡은 적이 있습니다. 그는 과거에는 독일의 보호를 받았으나 1899년 2월 러시아 밑으로 자리를 옮겼습니다.(1899년 3월 2일 보고서 No. 20 참조.) 하지만 그는 이곳에 있는 독일인들과 여러 모로 좋은 관계를 유지하고 있습니다. 그 독일인들의 이해관계가 러시아의 이해관계와 충돌하지 않는 한 그는 독일인들의 입장을 지원하고 있습니다.

민종묵은 얼마 전 본인에게 묄렌슈테트의 능력을 인정한다고 말했습니다. 또한 베를린 주재 한국 공사인 그의 아들의 지위를 고려할 때 한국과 독일, 양국의 관계를 최대한 친밀하게 만드는 것이 자신에게 얼마나 중요한 일인지 설명하였습니다. 본인은 그의 말에 대해 우리가 한국에 대해 관심을 갖고 있는 분야로 상업과 공업이 매우 중요하다고 언급하였습니다.

민종묵이 영향력을 행사할 수 있는 기회를 얼마나 더 오래 갖게 될지는 박제순이 귀국한 직후에 결정될 것입니다. 박제순은 욱일동화대수장[7]을 받은 후 이미 일본을 떠났다고 합니다.

이 보고서의 사본을 베이징과 도쿄 주재 독일제국 공사관에 발송하겠습니다.

바이페르트

내용: 친러시아적인 조처들 - 덴마크인 묄렌슈테트를 외부 고문으로 임명

---

7 [감교 주석] 욱일동화대수장(旭日桐花大綬章)을

베를린, 1902년 1월 24일   A. 935

주재 외교관 귀중   러시아 재무차관 로마노프의 한국 체류에 관
1. 런던 No. 72   한 작년 11월 29일 서울 주재 독일제국 영사
2. 상트페테르부르크 No. 61   의 보고서 사본을 삼가 정보로 제공합니다.

연도번호 No. 702

42

군사교관 채용에 관한 한국의 소망

발신(생산)일	1901. 11. 5	수신(접수)일	1902. 1. 28
발신(생산)자	바이페르트	수신(접수)자	뷜로
발신지 정보	서울 주재 독일 영사관	수신지 정보	베를린 정부
	No. 195		A. 1465
메모	연도번호 No. 1361		

A. 1465 1902년 1월 28일 오후 수신

서울, 1901년 11월 5일

No. 195

독일제국 수상 뷜로 각하 귀하

최근 이곳 정부가 은밀히 독일인 군사교관을 채용하려는 뜻을 갖고 있다는 것이 여러 번 노출되었습니다. 한국의 궁중관리가 본인에게 직접 그런 이야기를 한 적도 있고, 얼마 전에는 미국 고문 샌즈[1]가 독일어 교사 볼얀[2]에게 그런 암시를 한 적도 있습니다. 본인은 두 경우 모두 의도적으로 그 문제와 연관되는 것을 피했습니다. 그런데 어제 새로 임명된 덴마크인 고문 뮐렌슈테트[3]가 은밀히 본인에게 에메케[4]라는 이름의 독일인이 나가사키 에서 그에게 혹시 한국에 일자리가 있는지 문의하였다고 전해주었습니다. 에메케는 포병대장 출신으로 청일전쟁 때까지 수 년 동안 텐진의 군사학교에서 교관으로 근무했다 고 합니다. 뮐렌슈테트는 그를 한국으로 불러 이곳 군사학교의 포병과 공병 부분의 교관 자리를 제공할 생각이라고 했습니다. 하지만 본인이 뮐렌슈테트에게 그 채용에 본인한 테서 그 어떤 협조나 지원도 받을 생각을 하지 말라고 하자 그는 자신의 계획을 포기하 겠다고 말했습니다.

뮐렌슈테트가 러시아 공사관과 친밀한 관계임을 고려할 때 그는 이 문제를 미리 파블

---

1 [감교 주석] 샌즈(W. F. Sands)
2 [감교 주석] 볼얀(J. Bolljahn)
3 [감교 주석] 뮐렌슈테트(Muehlensteth)
4 [감교 주석] 에메케(Emecke)

로프[5]와 논의했을 것으로 추정됩니다. 따라서 그의 발언은 단지 이쪽에서 어떤 태도로 나오는지를 알아보기 위해 운을 띄워본 것으로 생각됩니다. 파블로프가 1898년 3월 슈뻬이예르[6]에게 한국은 외국인 군사교관을 더 이상 채용하지 않을 것이라고 했던 약속을 포기하는 것은 거의 가능성이 없는 이야기입니다.

바이페르트

내용: 군사교관 채용에 관한 한국의 소망

---

5 [감교 주석] 파블로프(A. Pavlow)
6 [감교 주석] 슈뻬이예르(A. Speyer)

43

[도쿄 주재 해군 무관의 한국 출장 건]

발신(생산)일		수신(접수)일	1902. 1. 28
발신(생산)자		수신(접수)자	
발신지 정보		수신지 정보	베를린 외무부
			A. 1466

A. 1466   1902년 1월 28일 수신

메모

봄에 정보 수집 목적으로 한국 등지로 출장여행을 계획하고 있는 도쿄 주재 해군무관
의 의도와 관련된 협의 내용들은 〈독일편 135 No.19〉에 있음.

44

[영일동맹에 관한 건]

발신(생산)일		수신(접수)일	1902. 2. 4
발신(생산)자		수신(접수)자	
발신지 정보		수신지 정보	베를린 외무부
			A. S. 236

A. S. 236   1902년 2월 4일 오전 수신

메모

청과 한국의 독립 및 주권을 유지하기 위한 영－일 협정[1]의 체결에 관한 서류는 '중국 28'에 있음.

---

1   [감교 주석] 영일동맹(英日同盟)

45

[전 주한일본공사 가토의 궁내부고문 임명 보고]

발신(생산)일	1902. 2. 14	수신(접수)일	1902. 2. 14
발신(생산)자	바이페르트	수신(접수)자	
발신지 정보	서울 주재 독일 영사관	수신지 정보	베를린 외무부
	No. 3		A. 2497
메모	런던 151, 페테르부르크 141, 워싱턴 456		

A. 2497 1902년 2월 14일 오후 수신

전보

서울, 1902년 2월 14일 2시 5분

도착 오후 8시 7분

독일제국 영사가 외무부에 송부

암호해독

No.3

한국 1

과거 서울 주재 일본 공사를 역임한 가토[1]가 한국궁내부 고문으로 임용되었습니다. 이곳 러시아 공사[2]는, 일본 정부가 한국에 대한 보호정치 및 청과의 공동보조를 위해 노력하고 있다고 주장하면서 작년 가을 도쿄에 간 한국 외부대신[3]에게 이미 그것을 제안했다고 말했습니다. 이곳의 일본 신문은 러시아가 뇌물을 써서 한국 남부에 함대 기지를 임대하고, 친러시아 내각을 만들려고 노력하고 있다고 비난했습니다.

바이페르트

원문 : 한국 10

---

1 [감교 주석] 가토 마스오(加藤增雄)
2 [감교 주석] 파블로프(A. Pavlow)
3 [감교 주석] 박제순(朴齊純)

[신임 주러일본공사 쿠리노와의 담화 보고]

발신(생산)일	1902. 2. 14	수신(접수)일	1902. 2. 17
발신(생산)자	알벤스레벤	수신(접수)자	뷜로
발신지 정보	상트페테르부르크 주재 독일 대사관	수신지 정보	베를린 정부
	No. 131		A. 2625

사본

A. 2625   1902년 2월 17일 오전 수신

상트페테르부르크, 1902년 2월 14일

No. 131

독일제국 수상 뷜로 각하 귀하

새로 임명된 일본 공사 쿠리노[1]가 최근 이곳에 도착하여, 벌써 본인에게 교차방문의 기회를 주었습니다. 그는 지적인 인상을 갖고 있으며, 람스도르프[2]가 전에 이야기했던 대로 유능한 외교관이라는 평판이 벌써 돌고 있습니다.

본인을 처음 방문했을 때 쿠리노는 러시아와 일본은 현재 아주 우호적인 관계라고 말했습니다. 청일전쟁이 끝난 이후 러시아와 일본의 관계가 우호적으로 바뀌었다는 것입니다. 일반 국민들 사이에서는 아직 러시아에 대한 불만이 완전히 사라지지 않았고 몇몇 일본 신문이 그 점을 부추기려 애쓰지만 계몽된 일본 식자층은 생각이 바뀌었다는 것입니다. 이토 후작은 이곳에서 아주 좋은 인상을 받았고, 이곳이 마음에 든 것 같다고 했습니다. 현재 일본 정부를 이끌고 있는 이토 후작의 여행은 단지 개인적인 정보 취득이 목적이었을 가능성이 높다고 했습니다.

쿠리노는 한국은 러시아와 일본 사이에서 논쟁의 대상이며, 따라서 협상을 통해 이 문제를 조율해야 한다는 입장입니다. 일본과 러시아는 서로 상대방이 한국을 집어삼키려 한다고 의심하고 있다는 것입니다. 한국에서 일본의 이해관계가 중요한 것은 이미

---

1   [감교 주석] 쿠리노 신이치로(栗野慎一郎)
2   [감교 주석] 람스도르프(V. Lamsdorf)

한국 무역의 80퍼센트를 일본에 의존하고 있기 때문이라면서, 일본이 이러한 이해관계를 지키려 노력하는 것은 당연하다고 했습니다.

일본은 만주에서도 경제 및 무역 분야에서 중요한 이해관계를 갖고 있다고 했습니다. 그런 이유로 일본은 베이징에서 청이 러청은행과 맺은 특별협정에 항의했다는 것입니다. 특별협정은 러청은행에 모든 특허에 우선권을 보장해준다는 내용입니다. 만주에 관한 러시아와 청국 사이의 모든 국가조약에 관해 일본은 전혀 고려하지 않는다고 합니다. 왜냐하면 그 조약은 단지 청에게만 유리한 조약이기 때문이라고 합니다.

그날 대화에서는 영일동맹조약[3] 건은 전혀 거론되지 않았던 반면, 본인의 답방에서는 화제가 즉시 그쪽으로 넘어갔습니다. 쿠리노는 자신의 발언이 람스도르프에게 아무런 사전 준비 없이 전해지는 바람에 람스도르프의 "기분을 불쾌하게" 만든 것 같다고 덧붙였습니다. 쿠리노는 그 조약이 결코 침략적인 것이 아니고 오직 평화를 보장하기 위한 목적이라는 것을 구두로 알리라는 지시에 따랐을 뿐이라고 했습니다. 쿠리노는 그것을 알리기 전날 영국 대사에게 자신이 받은 지시를 토대로 세운 조처의 내용을 알리면서 함께 행동하자고 요청했지만 영국 대사는 자신은 그런 지시를 받지 않았다면서 거절했다고 합니다. 본인이 들은 바에 의하면, 영국 정부는 영-일 조약을 이곳에서 공식적으로 알릴 의도가 없었는데 일본 측에서 그것을 알리자고 주장했다고 합니다.

쿠리노는 사견임을 전제로, 자신은 동맹조약을 유감스럽게 생각한다고 말했습니다. 이곳에 부임한 초기에 그 문제로 인해 생겨날 일반적인 어려움들은 차치하더라도, 러시아가 한국에 대해 일본과 협의하는 것에 관심이 줄어들 것으로 예상되기 때문입니다. 하지만 지리적인 여건 상 섬나라인 일본의 관심은 그런 식으로 행동에 구속받지 않는 것이라고 합니다.

러청은행은 청과 맺은 특별협정과 관련해 일어날 일들을 아주 침착하게 기다리고 있습니다. 본인이 아주 은밀히 들은 바에 의하면, 러청은행은 이곳 주재 청국 공사가 서명하고 리훙장[4]이 통치자 자격으로 허가하고 황제의 직인이 찍힌 협정문에 의해 탄광과 금광, 철도와 각종 사업계획은 물론이고 그들이 원하는 모든 특허권이 자신들에게 보장되어 있다고 주장하고 있습니다. 러시아를 비롯해 다른 어떤 나라도 그런 조약은 향후 인정되지 않는다는 것에 동의할 것입니다.

본인이 조사해본 바에 의하면, 중국에 합병된 투르키스탄 지역과 몽골에서는 영국인

---

3 [감교 주석] 영일동맹조약(英日同盟條約)
4 [감교 주석] 리훙장(李鴻章)

은 물론이고 다른 외국인들도 그 어떤 특허권도 소유하고 있지 않습니다. 영국이 우선권을 갖고 있는 것이 딱 하나 있는데, 바로 남만주 철도부설권입니다. 하지만 그 철도는 그리 중요하지 않다고 합니다.

러시아 측에서 나온 말로 미루어보건대, 영-일 조약은 이곳에서는 러시아의 패배로 받아들여지고 있습니다. 러시아는 원래 아직 서명하지 않은 청과의 조약을 통해 만주에 대한 청의 태도와 철수를 자신들의 뜻대로 처리하려 했으나 이제 영국과 일본 양측으로부터 압박을 느껴야 할 것입니다. 관리들 사이에서는 영-일 조약이 영국 주도로 이루어진 것으로 간주하고 있습니다. 이토[5]는 러시아와 일본 간의 협의를 추구했으나 상트페테르부르크에서 한국에 관해 러시아와 일본 간에 과연 합의가 이루어질 수 있을지 우려했다는 것입니다. 이토 파에 속하는 쿠리노가 본인에게 전해준 바에 의하면, 이토 후작은 영국과 일본 간에 동맹조약이 체결되었다는 소식을 듣고 몹시 놀랐다고 합니다.

은행들 사이에 일본이 리오네[6] 크레디트와의 협상이 무산된 이후 런던에서 지난달 28일 140만 파운드의 차관도입에 성공했다는 소식이 널리 퍼져 있는데, 이곳 외무부에서는 근거 없는 소문이라고 부인하였습니다.

알벤스레벤
원문 : 중국 28

---

5 [감교 주석] 이토 히로부미(伊藤博文)
6 [감교 주석] 리오네(Lyonnais)

[영·일의 간섭을 우려해 고종이 내각교체를 불허하려 한다는 보고]

발신(생산)일	1902. 2. 19	수신(접수)일	1902. 2. 20
발신(생산)자	바이페르트	수신(접수)자	
발신지 정보	서울 주재 독일 영사관	수신지 정보	베를린 외무부
	No. 5		A. 2786

A. 2786　1902년 2월 20일 오전 수신

전보

서울, 1902년 2월 19일 오전 11시 15분

도착 12월 20일(2?) 오전 12시 49분

독일제국 영사가 외무부에 송부

암호해독

No. 5

일본과 영국의 간섭을 두려워한 나머지 한국 국왕이 정부교체 및 인물교체를 막는 칙령을 내리려고 합니다.

바이페르트

[주한일본공사의 경의선부설권 획득 노력 보고]

발신(생산)일	1902. 2. 24	수신(접수)일	1902. 2. 24
발신(생산)자	바이페르트	수신(접수)자	
발신지 정보	서울 주재 독일 영사관	수신지 정보	베를린 외무부
	No. 6		A. 3050

A. 3050 1902년 2월 24일 오전 수신

전보

서울, 1902년 2월 24일 오전 12시 10분

도착   오전 1시 – 분

독일제국 영사가 외무부에 송부

암호해독

No. 6

정통한 소식통에 의하면 일본 공사[1]가 서울–의주 간 철도부설권을 얻기 위해 노력하고 있다고 합니다. 또한 이미 그 문제와 관련해 한국으로 하여금 프랑스에 반대하겠다는 약속을 하도록 만들 준비를 있는 것으로 보입니다.

바이페르트

---

1 [감교 주석] 하야시 곤스케(林權助)

49

[하노이 박람회 파견에 관한 서울주재 독일제국영사의
보고서 송부]

발신(생산)일	1902. 2. 22	수신(접수)일	1902. 2. 24
발신(생산)자	국방부장관실	수신(접수)자	뷜로
발신지 정보	베를린 국방부	수신지 정보	베를린 정부
	No. 977		A. 3103

국방부장관실

A. 3103 1902년 2월 24일 오후 수신, 첨부문서 1

베를린 W. 66, 1902년 2월 22일

라이프치히가 5번지

No. 977 / 2월 1일

독일제국 수상 각하께

(외무부)

한국의 하노이 박람회 파견에 관한 서울 주재 독일제국 영사[1]의 보고서 No. 192을 1902년 1월 23일 서신 A. 938에 동봉하여 보냅니다.

하노이 박람회 관계자인 군무원이 성공적으로 소식을 전달한 후 프랑스는 한국 국왕에게 말을 선물하였습니다.

국방부장관의 위임으로.

[sic.]

---

1 [감교 주석] 바이페르트(H. Weipert)

50

한국 정부의 친러시아적 경향

발신(생산)일	1902. 1. 2	수신(접수)일	1902. 2. 25
발신(생산)자	바이페르트	수신(접수)자	뷜로
발신지 정보	서울 주재 독일 영사관	수신지 정보	베를린 정부
	No. 2		A. 3130
메모	연도번호 No. 4		

A. 3130 1902년 2월 25일 오전 수신

서울, 1902년 1월 2일

No. 2

독일제국 수상 뷜로 각하 귀하

지난달 18일 일본에서 돌아온 박제순[1]이 지난달 30일 다시 원래의 직책인 외부대신으로 임명되었으나 바로 병가를 내는 바람에 민종묵[2]이 계속 그의 업무를 대행하고 있습니다. 궁중에서는 설사 박제순이 자신의 직책을 다시 넘겨받는다 해도 불과 몇 달 동안만 그 직위에 머무른 뒤 봄이 되면 공사 자격으로 베이징에 파견될 것이라고 주장합니다. 왕으로서는 민종묵을 비롯해 민종묵과 함께 일하는 탁지부대신 이용익으로 대표되는 친러시아적 흐름에 완전히 동의하기 어려운 상황입니다. 친러시아 세력은 친일파 및 친미파와도 적대적인 관계입니다. 최근 들리는 이야기로는 탁지부대신 이용익[3]이 콜브란 & 보스트윅 회사[4]가 공급한 니켈 원판에 문제가 있다면서 수취를 거부함으로써 상기 회사와 갈등을 빚고 있습니다. 이용익이 상기 회사의 회계를 검토해 전차가 만성적으로 적자를 보는 이유를 근본적으로 밝혀보려다가 막혔기 때문입니다.

앞에 언급된 두 대신이 그들의 자리를 유지하는 것을 걱정하는 것으로 보아 아직까지 그들의 활동이 러시아의 이익을 증진시키는 결과를 가져온 것은 아닌 듯합니다. 러시아

---

1 [감교 주석] 박제순(朴齊純)
2 [감교 주석] 민종묵(閔種默)
3 [감교 주석] 이용익(李容翊)
4 [감교 주석] 콜브란 & 보스트윅 회사(Collbran & Bostwick Co.)

의 이익이 증진된 사례로는 기껏해야 파블로프[5]가 전신 문제에서 지난달 2일 외부대신의 서한을 통해 왕의 일반허가를 취득한 일을 언급할 수 있습니다. 1902년 전신선을 국경까지 연결하는 반면 러시아 쪽과의 연결은 추후 협의하기로 한다는 조건입니다. 또한 최근 한국 정부는 작년 11월 하야시가 최종적으로 제시했던 수정된 요구, 즉 부산과 제물포 간 일본 해저케이블을 허가해줄 것과 일본의 전신기지와 서울에 있는 한국 전신기지의 연결을 허락해 달라는 요구를 완벽하게 거절하기로 결정하였습니다.

월급 400엔에 한국 정부가 채용한 러시아 전문가 마이로[6]가 며칠 전 두 명의 조수와 함께 이곳에 도착하였습니다. 그의 지휘 아래 한국에 유리공장을 설치할 계획이라고 합니다. 비록 그 소식은 최근에 알려졌지만 본인이 들은 바에 의하면 이미 반 년 전 파블로프와 그와 관련된 협정을 체결했다고 합니다.

이 보고서의 사본을 베이징과 도쿄 주재 독일제국 공사관에 발송하겠습니다.

바이페르트

내용: 한국 정부의 친러시아적 경향

---

5 [감교 주석] 파블로프(A. Pavlow)
6 [감교 주석] 마이로(Mairo)

51

한국 국왕에게 보내는 이탈리아 왕의 서신

발신(생산)일	1901. 12. 30	수신(접수)일	1902. 2. 25
발신(생산)자	바이페르트	수신(접수)자	뷜로
발신지 정보	서울 주재 독일 영사관	수신지 정보	베를린 정부
	No. 201		A. 3156
메모	연도번호 No.1436		

A. 3156 1902년 2월 25일 오전 수신

서울, 1901년 12월 30일

No. 201

독일제국 수상 뷜로 각하 귀하

영국 변리공사로부터 나중에 들은 바에 의하면, 이곳 주재 이탈리아 영사 말그라[1]가 이달 14일 왕을 알현한 자리에서 이탈리아 국왕의 서신을 전달하였다고 합니다. 한국 국왕에게 자신의 국왕 즉위 사실을 알리는 내용이라고 합니다.

이 보고서의 사본을 베이징과 도쿄 주재 독일제국 공사관에 발송하겠습니다.

바이페르트

내용: 한국 국왕에게 보내는 이탈리아 왕의 서신

---

1 [감교 주석] 말그라(F. Malgroi)

베를린, 1902년 2월 27일   A. 2786

주재 외교관 귀중   한국에서의 일본 및 청의 영향력에 관한 서울
상트페테르부르크 No. 162   주재 독일제국 영사의 전보 사본을 삼가 정보
                                 로 제공합니다.

연도번호 No. 1749

베를린, 1902년 3월 5일   A. 18181

서울 영사관
A. No.1

연도번호 No. 1963

"Novoye Vremya"에 블라디보스토크에서 한국에 있는 독일학교 학생들과 교사들이 체포되었다는 뉴스가 전해졌습니다. 한국 교육의 개선책에 관해 논의하고, 과거 반정부적 단체였던 "독립협회"를 부활시킨 혐의라고 합니다. 당해 사건에 관해 보고해주기 바랍니다.

[특사파견에 대한 불관여 및
한국주재 각국외교대표의 축사 전달 의견에 대한 찬성 보고]

발신(생산)일	1902. 3. 11	수신(접수)일	1902. 3. 12
발신(생산)자	바이페르트	수신(접수)자	
발신지 정보	서울 주재 독일 영사관	수신지 정보	베를린 외무부
	No. 7		A. 3985

A. 3985 1902년 3월 12일 오전 수신

전보

서울, 1902년 3월 11일 오후 8시 45분
도착 3월 12일 오전 - 시 - 분

독일제국 영사가 외무부에 송부

암호해독

No.7

전보 No. 1에 이어서.

아직 공식적인 통보를 받지는 못했으나 한국이 혹시 원할 수도 있는 특사파견 건에 대해 본인은 관여하지 않고 있습니다. 다만 이곳 대표들을 통해 축사의 말을 전달하자는 모든 대표들의 의견에는 이미 찬성의 뜻을 밝혔습니다. 축사의 형식의 폐하의 서신이 적합할 것으로 생각합니다. 러시아 공사가 러시아는 선물을 할 가능성이 높다고 하였습니다.

바이페르트

53
원문 p.570

한국 외부대신의 직책-베이징의 한국 공사관

발신(생산)일	1902. 1. 30	수신(접수)일	1902. 3. 25
발신(생산)자	바이페르트	수신(접수)자	뷜로
발신지 정보	서울 주재 독일 영사관	수신지 정보	베를린 정부
	No. 22		A. 4775
메모	연도번호 No. 115		

A. 4775 1902년 3월 25일 오전 수신

서울, 1902년 1월 30일

No. 22

독일제국 수상 뷜로 각하 귀하

외부대신의 자리에 있던 박제순[1]이 이달 28일 그 자리에서 물러나 의정부찬정으로 임명되었습니다. 하지만 동시에 당분간은 외부대신의 업무를 계속 보라는 지시를 받았다고 합니다. 이는 그가 외부의 일을 완전히 떠나기 위한 준비과정으로 보이며, 일본을 고려하여 최대한 점진적이고 신중하게 진행될 듯합니다. 그를 당장 베이징에 파견하는 것은 어려울 것 같습니다. 한국이 구입한 미국공사관 옛 부지를 금년 6월 말에 비로소 양도받을 수 있기 때문입니다. 더욱이 워싱턴으로부터 작년 11월 말에 이미 임대계약을 금년 말까지 지속하겠다는 요청이 이곳에 들어왔다고 합니다. 이곳 정부는 6월 30일 이전에 그 부지에 있는 건물 하나를 한국 공사관이 쓸 수 있도록 해준다는 조건 하에 미국 측의 요청을 승낙하였습니다. 그에 대한 워싱턴 측의 답변은 아직 도착하지 않았습니다.

이 보고서의 사본을 도쿄와 베이징 주재 독일제국 공사관에 발송하겠습니다.

바이페르트

내용: 한국 외부대신의 직책 - 베이징의 한국 공사관

---

1 [감교 주석] 박제순(朴齊純)

54

[러시아가 마산포 인근 기지를 조차하고자 한다는
재한일본언론의 보도]

발신(생산)일	1902. 2. 8	수신(접수)일	1902. 3. 25
발신(생산)자	바이페르트	수신(접수)자	뷜로
발신지 정보	서울 주재 독일 영사관	수신지 정보	베를린 정부
	No. 30		A. 4778
메모	3월 30일, 페테르부르크 230에 전달		

사본

A. 4778   1902년 3월 25일 오전 수신

서울, 1902년 2월 8일

No. 30

독일제국 수상 뷜로 각하 귀하

   며칠 전부터 이곳 일본 신문들은, 러시아 공사[1]가 이용익[2]의 도움으로 다시 마산포 인근에 함대기지를 구하려한다고 거의 단정적으로 주장하고 있습니다. 물론 임대 방식을 통해서입니다. 하지만 아직은 일본 공사관조차 믿지 않는 그 소문을 확인할 방법이 없습니다.

(서명) 바이페르트
원문 : 한국 3

---

1   [감교 주석] 파블로프(A. Pavlow)
2   [감교 주석] 이용익(李容翊)

55

[일본의 망명자 인도를 대가로 한 보호국화 시도와 한국정부의 중립보장 희망]

발신(생산)일	1902. 2. 8	수신(접수)일	1902. 3. 25
발신(생산)자	바이페르트	수신(접수)자	뷜로
발신지 정보	서울 주재 독일 영사관	수신지 정보	베를린 정부
	No. 31		A. 4779
메모	4월 8일, 런던 272, 페테르부르크 229에 전달		

사본

A. 4779 1902년 3월 25일 오전 수신

서울, 1902년 2월 8일

No. 31

독일제국 수상 뷜로 각하 귀하

파블로프[1]가 최근 얻었다고 주장하는 정보에 의하면, 작년 가을 박제순[2]이 도쿄에 체류하고 있을 때 일본 정부가 한국 정치범들을 인도하겠다는 뜻을 내비치면서 한국을 일본의 보호통치 하에 두는 비밀조약을 맺는 기회로 새로이 활용하려 했다고 합니다. 얼마 전 일본 언론에서도 정치범 인도와 관련된 모종의 회담이 열렸다고 암시한 바 있습니다. 하지만 한국 정부는 그 정도의 대가를 받고 그런 계획에 뛰어들 의향이 거의 없었습니다. 한국의 소망은 예나 지금이나 열강들로부터 한국의 중립을 보장받는 것입니다. 샌즈[3] 고문이 최근 본인에게 전해준 바에 의하면, 런던과 파리 주재 한국 공사들은 작년 여름 임지에 부임한 직후부터 그 문제를 은밀히 제기했으며, 양국 정부로부터 거의 동일한 답변을 받았다고 합니다. 만약 제3국이 주도적으로 나서준다면 자신들도 그 문제를 검토할 용의가 있다는 내용입니다.

바이페르트

원문 : 한국 10

---

1 [감교 주석] 파블로프(A. Pavlow)
2 [감교 주석] 박제순(朴齊純)
3 [감교 주석] 샌즈(W. F. Sands)

56

[런던주재 일본공사의 러시아 선박 통행 관련 발언 보고]

발신(생산)일	1902. 3. 25	수신(접수)일	1902. 3. 27
발신(생산)자	알벤스레벤	수신(접수)자	뷜로
발신지 정보	상트페테르부르크 주재 독일 대사관	수신지 정보	베를린 정부
	No. 259		A. 4859
메모	4월 5일, 런던 286에 전달		

사본

A. 4859 1902년 3월 27일 오전 수신

상트페테르부르크, 1902년 3월 25일

No. 259

독일제국 수상 뷜로 각하 귀하

런던 주재 일본공사가 파리의 "Matin" 기자와의 인터뷰에서, 일본은 한국 해협을 봉쇄하여 블라디보스토크에서 포트 아서[1]까지 러시아 선박의 통행을 막을 수 있다고 말했다고 합니다. 이 발언과 관련해 "Birshewyja Wjedomosti"지는, 포트 아서는 태평양에서 블라디보스토크까지 항로가 막히지 않고 원활하게 연결된다는 전제하에서만 러시아에 의미가 있다고 설명했습니다. 따라서 그러기 위해서는 마산포항이 러시아 함대기지로 바뀌어야 한다고 주장했습니다. 그런데 지금까지 러시아의 마산포항 획득에 전혀 이의를 제기하지 않았던 일본이 런던 주재 일본 공사[2]를 통해 그런 발언을 한 것은 영-일 협정[3]으로 인해 이제 상황이 바뀌었다는 신호로 해석될 수 있다는 것입니다. 물론 그런 발언이 왜 바로 이 시점에서 나왔는지는 판단하기 어렵다고 했습니다. 하지만 다만 한 가지 확실한 것은 마산포 문제를 결정할 때 그 어떤 것도 러시아 외교에 영향을 미치지 못한다는 것이라고 했습니다. 러시아의 외교능력은 가장 사악한 적이 나타나도 기다렸다가 가장 적절한 순간을 포착할 수 있는 능력이 있다는 것입니다. 또한 러시아는 한국해

---

1 [감교 주석] 뤼순(旅順; Port Arthur)항
2 [감교 주석] 하야시 다다스(林董)
3 [감교 주석] 영일동맹조약(英日同盟條約)

협이 아시아의 다르다넬스 해협[4]으로 바뀔 수도 있다는 생각을 결코 받아들이지 않을 것이라고 했습니다.

알벤스레벤
원문 : 한국 10

---

4   [감교 주석] 다르다넬스 해협(Dardanelles Straits)

외무부
A편

외무부 정치 문서고 조선 관계 문서

1902년 4월 1일부터
1902년 10월 31일까지

제33권
제34권 참조

외무부 정치 문서고
R 18933
한국 No. 1

1902년	목록	수신정보
2월 14일 서울 No. 35 -한국 궁내부 고문으로 임명된 전직 일본공사 가토의 신상명세와 그에 대한 러시아의 입장. -가토의 임명은 이미 궁내부 고문으로 채용된 미국인 샌즈의 지위를 침해함.		5248 4월 4일
2월 18일 서울 No. 39 -관리들의 행정업무 개선에 관한 왕의 칙령. -한국에서의 일본인 해상 어업.		5533 4월 9일
3월 25일 서울 No. 31 -한국을 일본의 보호 하에 두기 위한 목적의 비밀조약을 체결하려는 일본의 노력.		3월 25일 32권 참조
4월 12일 페테르부르크 No. 321 -만주조약의 성공적인 체결 및 한국에 관해 1898년 체결한 니시-로젠 협약의 추가협정에 대한 러-일 간 협상에 관한 람스도르프의 견해. -양국 관할권의 경계 설정. <div align="right">런던 A. 321로 보낸 훈령 No. 1514</div> <div align="right">원문: 한국 10</div>		5832 4월 14일
4월 18일 도쿄 암호전보 No. 33 -러시아와 일본의 협정은 한국에서의 양국 관할권의 경계 설정 문제로 체결되지 않을 것으로 예상됨.		6106 4월 18일
3월 3일 서울 No. 46 -특별경무청의 설립을 취소하고 내부 산하에 특별경찰국을 두기로 함. -궁내 경찰은 유지하기로 결정함.		6341 4월 23일
3월 19일 서울 보고서 No. 57 -외부대신서리로 임명된 유기환의 신상명세.		7253 5월 10일
3월 8일 서울 No. 51 -1900년 3월 30일 한국과 러시아가 체결한 비양도(거제도 부속도서) 관련 협정문의 공개. <div align="right">원문: 한국 3</div>		6345 4월 23일

4월 19일 서울 No. 74 －새로 설립된 협회에서 한국의 교육개선책에 관해 조언한 독일학교 학생들 　과 교사들의 처벌.	8972 6월 9일
3월 7일 서울 No. 49 －러시아 부제독 스크리드로프가 전함 두 척을 이끌고 제물포 도착. －러시아 공사 파블로프가 러시아 전신주의 불법철거에 대해 외부대신에게 　이의 제기. －영-일 동맹 체결에 대한 축하연. 　　　　　　　　　　　　　　　　　　　　　　　　　원문: 한국 3	6343 4월 23일
6월 23일 페테르부르크 암호전보 No. 145 －제물포에서 일본에 거류용 토지를 허가해준 사안의 의미에 대한 람스도르 　프 백작의 견해. 　　　　　　　　　　　　　　　　　　　　　　　　　원문: 한국 10	9736 6월 23일
6월 24일 페테르부르크 No. 511: "Swjet"의 기사 －러시아는 현재 러시아에 우호적인 한국 조정의 분위기를 마산포 획득에 　활용해야 함.	9886 6월 26일
5월 28일 서울 No. 93 －왕실 전복 기도에 대한 정부의 대응.	10936 7월 17일
6월 12일 서울 No. 100 －오스트리아 전함 "Maria Theresia"호의 제물포 정박.	11582 7월 31일
4월 10일 서울 No. 69 －일본이 한국에서 추구하는 목표에 대한 오쿠마의 연설. －경원선 철도와 관련된 독일의 노력.	8072 5월 25일
5월 12일 서울 No. 84 －한국에 이주하는 일본인 숫자를 늘리려는 일본의 노력.	10234 7월 3일
5월 19일 서울 No. 89 －일본인 고문 가토의 도착. －미국인 고문 한 명 채용.	10407 7월 6일

7월 20일 브란트 공사가 바이마르에 보낸 개인서신 -정부수립 25주년을 맞이한 한국 황제를 축하하기 위해 파견된 전임 한국 주재 러시아대표 베베르의 사절단. -비밀 목적이 있는 것일까?	11223 7월 23일
7월 3일 도쿄 No. A. 66 -1902년 5월 17일 체결된 마산포 일본거류지에 대한 조일합의문 공개.	11622 8월 1일
5월 12일 서울 No. 85 -한국은 러시아 및 일본과 전신협정을 체결할 가능성이 있음.	10121 7월 1일
6월 21일 서울 No. 105 -운남 신디케이트 차관 문제로 한국과 협정을 맺으려는 프랑스 대표의 노력. 원문: 한국 5	11986 8월 9일
6월 26일 서울 No. 108 -마산포 일본거류지에 대한 조일 합의문의 내용.	12177 8월 13일
7월 3일 서울 No. 111 -마산포 일본거류지 지도.	12639 8월 23일
5월 2일 런던 No. 224 -한국에 관한 러일 협상에 관해 런던에는 알려진 바가 전혀 없음. -한국 문제와 관련한 러일 협상의 타결 가능성.	6926 5월 4일
9월 9일 서울 암호전보 No. 15 -정부수립 기념일을 맞아 한국 황제에게 훈장을 수여하려는 프랑스와 러시 아의 의도. -제주도 문제는 아무런 어려움도 야기하지 않을 듯함.	13515 9월 9일
7월 7일 서울 No. 113 -일본 언론에서 러시아-프랑스-독일 3국이 경의선 철도, 경원선 철도, 블라 디보스토크와 한국해안 간 전신케이블 설치에 관해 협정을 체결할 것이라 는 보도가 확산되고 있으나 이는 사실무근임. -러시아인 고문과 한국인 고문의 채용 문제.	12849 8월 28일
8월 18일 페테르부르크 No. 639 -일본인 가토가 3년 임기로 한국에 부임했다는 "Novoye Vremya"지 기사.	12537 8월 21일

5월 8일 서울 전보 No. 9 −10월 18일 정부수립 기념일 공고. −초대장. −러시아와 프랑스 제독의 행사 참석 및 한국 국왕에 대한 훈장 수여 가능성.	7187 5월 9일
7월 20일 서울 암호전보 No. 11 (원문: IB) −한국 정부가 우리 정부와 오스트리아 정부에 정부수립 기념일에 대표 파견 을 요청함.	번호 없음 7월 20일

7월 23일 상트페테르부르크 No. 580
−한국 독립을 보호하기 위한 영일 협정.
−영국과 일본의 내정 관여:
  한국은 육군과 해군의 군사력을 증강시킬 것.
  한국은 영국과 일본, 미국에서만 차관을 들여올 수 있음.
  한국은 외국인을 고용할 수 없음.
<div align="right">원문: 중국 28</div>
	11300
	7월 25일

6월 21일 서울 No. 104 −상기 내용과 동일. <div align="right">원문: 중국 28</div>	11985 8월 9일
5월 3일 상트페테르부르크 No. 371(복사) −러시아가 설치한 전신주의 제거 문제로 야기된 러시아−한국 간 긴장관계 에 대한 "Novoye Vremya" 기사. <div align="right">원문: 한국 3</div>	6972 5월 5일
3월 18일 서울 No. 56 −전신주 문제와 관련된 러시아의 배상 요구 −러시아 공사는 외부대신 박제순이 물러나지 않을 경우 왕세자 생일축하연 에 참석하지 않을 것이라고 함. <div align="right">원문: 한국 3</div>	7252 5월 10일
8월 11일 서울 No. 133 −서울의 전기시설에 대한 미국 회사의 요구를 지원하기 위해 미국 함대가 제물포를 방문함. −현재 러시아 정부에 그 시설을 구매하라고 제안한 상태라고 함.	14185 9월 25일
7월 30일 서울 No. 127 −영국 함대의 제물포 방문.	13959 9월 20일

8월 23일 서울 No. 137 -한국 농상공부 고문으로 일본인 가토 채용.	15168 10월 17일
8월 23일 서울 No. 138 -영국 함대의 제물포 방문. -한국인과 외국 전함 승무원 간의 패싸움. -이탈리아 제독 파룸보의 제물포 도착.	15169 10월 17일
10월 23일 페테르부르크 No. 757 -한국 황제의 정부수립 기념일을 맞아 서울을 방문한 대제후 키릴 블라디미 로비치와 러시아 특별공사 베베르의 영접.	15565 10월 25일
8월 23일 서울 No. 137 -일본인 가토가 한국 정부와 맺은 채용계약. -앞의 내용 참조.	15168 10월 7일
9월 1일 서울 No. 141 -프랑스 측의 항의가 받아들여지지 않자 프랑스 변리공사가 한국 황제의 생일축하연에 불참함.	15146 11월 16일
10월 26일 워싱턴 보고서 A. 374 -소위 한국 독립에 관한 영-일-미 협정에 대한 공식적인 부인.	15781 10월 29일

01

한국 궁내부의 일본인 고문

발신(생산)일	1902. 2. 14	수신(접수)일	1902. 4. 8
발신(생산)자	바이페르트	수신(접수)자	뷜로
발신지 정보	서울 주재 독일 총영사관	수신지 정보	베를린 정부
	No. 35		A. 5248
메모	연도번호 No. 164		

A. 5248   1902년 4월 8일 오전 수신

서울 1902년 2월 14일

No. 35

독일제국 수상 뷜로 각하 귀하

일본에서 휴가를 보내고 며칠 전 돌아온 하야시[1]가 어제 본인에게 전해준 바에 의하면, 한국 주재 일본 공사를 역임한 가토[2]가 월봉 600엔에 3년 임기로 한국 궁내부 고문으로 채용되었으며, 최근 앓고 있는 병이 낫는 대로 서울로 부임할 예정이라고 합니다. 러시아어와 약간의 프랑스어, 영어가 가능한 가토는 일본을 대표하여 1897년 2월 일단 변리공사로 서울에 부임했다가 1898년 12월 중순부터는 공사로 일했습니다. 그의 보고 내용에 불만을 품은 도쿄 정부가 1899년 5월 갑자기 소환한 이후로 그는 정직상태에 놓여 있었습니다. 하야시의 말에 의하면, 그는 새로운 자리에 부임하기 전 일본 공무원 신분에서 완전히 사임할 것을 요구받고 있다고 합니다.

하야시[3]는 이달 11일 파블로프[4]에게 그의 채용사실을 알렸습니다. 또한 본인의 질문에, 가토가 재무관리나 재무고문으로 채용된 것이 아니기 때문에 러시아 측에서 곤란해할 이유가 전혀 없다고 말했습니다. 하지만 궁내부 고문이 모든 분야에서 한국 정부에 광범위한 영향력을 행사할 수 있는 자리임은 분명합니다. 상대적으로 중요한 결정들은

---

1 [감교 주석] 하야시 곤스케(林權助)
2 [감교 주석] 가토 마스오(加藤增雄)
3 [감교 주석] 하야시 곤스케(林權助)
4 [감교 주석] 파블로프(A. Pavlow)

전부 궁에서 이루어지고, 다른 부처들은 기껏해야 집행기관으로서의 역할만 수행하기 때문입니다.

러시아 공사는 본인에게, 도쿄 정가에서 아오키[5]를 제외하고는 거의 친구가 없는 가토가 채용된 것은 이 일이 일본 정부에 의해 추진된 것이 아니라 이곳 서울에서 간혹 공식적인 의견에 반해 독자적으로 행동하는 일본 정치가들에 의해 추진된 것일 가능성을 완전히 배제할 수는 없다고 말했습니다. 하지만 한국이 그런 사람들의 조언에 따라 가토를 채용했을 것으로 생각하기는 어렵습니다. 아무튼 하야시의 발언에 따르면 일본 정부는 이 상황을 수용하였다고 합니다.

일본인 채용으로 인해 궁내부에 이미 있는 미국인 고문의 지위가 상당히 모호해졌습니다. 미국인 고문 샌즈[6]는 영향력이 미미한데다가 얼마 전부터 실무에서도 떠나 있는 상황입니다. 그는 묄렌슈테트[7]가 외부에 고문으로 임명된 것과, 이용익[8]이 콜브란·보스트위크 사[9]가 공급하는 니켈의 인수를 거절함으로써 그 회사를 지속적으로 곤경에 빠뜨리는 것에 대해 몹시 기분이 상한 나머지 지난 며칠 동안 미국 대리공사에게 전보로 자국 정부의 훈령을 받아달라고 요청하였습니다.

본인은 본 보고서의 사본을 도쿄와 베이징 주재 독일제국 공사관으로 보낼 것입니다.

바이페르트[10]

내용: 한국 궁내부의 일본인 고문

---

5 [감교 주석] 아오키 슈조(靑木周藏)
6 [감교 주석] 샌즈(W. F. Sands)
7 [감교 주석] 묄렌슈테트(H. J. Muehlensteth)
8 [감교 주석] 이용익(李容翊)
9 [감교 주석] 콜브란·보스트위크(Collbran & Bostwick)
10 [감교 주석] 바이페르트(H. Weipert)

한국 문제에 관한 "Birshewyja Wjedomosti" 기사

발신(생산)일	1902. 2. 14	수신(접수)일	1902. 4. 8
발신(생산)자	알벤스레벤	수신(접수)자	뷜로
발신지 정보	페테르부르크 주재 독일 대사관	수신지 정보	베를린 정부
	No. 292		A. 5441

A. 5441　1902년 4월 7일 오전 수신

상트페테르부르크 1902년 4월 5일

No. 292

독일제국 수상 뷜로 각하 귀하

　일본인들의 한국 진출이 러시아의 마산포 획득을 열렬히 옹호하는 "Birshewyja Wjedomosti"지의 분노를 야기하고 있습니다.

　그 신문은, 일본인들은 한국에 있는 유일한 외국인 기업가 내지 상인들로서 그로 인해 러시아 해안지역과 한국의 항구들, 그리고 청나라 간에 이루어지는 모든 교역이 일본인들의 수중에 들어 있다는 점을 지적하고 있습니다. 한국반도에 대한 일본의 경제적 영향력은 이미 너무 커졌기 때문에 일본인들이 한국에서 주인행세를 하며 위세를 부린다는 것입니다. 물론 일본인들의 한국반도 내륙 거주를 금지하는 법률이 있지만 제대로 지켜지지 않고 있다는 것입니다. "Nowy Kraj"지의 보도에 의하면, 심지어 서울 주재 일본 대표는 지금까지 일본인들이 한국을 점령하지 못하도록 막아주었던 그 법률을 폐지시키려 노력하고 있다고 합니다. 현재 한국에는 이미 2만 명 이상의 일본인들이 들어와 있는데, 만약 그 법률이 폐지되면 그 숫자는 금세 열 배로 불어날 것이라고 합니다.

　기사는 계속해서 다음과 같이 보도하고 있습니다. "대체 한국을 진짜 위협하고 있는 것은 과연 어느 쪽일까? 한국은 이제 평화적으로 자신을 정복하려 드는 이웃나라를 제한할 수 있는 적절한 조처를 강구할 때가 되지 않았는가? 그러한 조처들 가운데 하나가 바로 러시아 함대의 마산포항 획득으로, 이는 한국과 러시아 양국에 모두 유익한 일이 될 것이다. 물론 서울에 있는 영향력 있는 수많은 친일세력들은 이미 오래 전에 제기된 바 있는 이 문제의 합의에 반대할 것이다. 그러니 바로 지금이야말로 영국과 동맹 맺어 새롭게 힘을 얻은 그 세력에 맞섬으로써, 러시아의 훌륭한 제안들에 항상 반대의 목소리를 높이려는 그들의 의지를 꺾어놓아야 할 때이다.”

알벤스레벤[1]

　　내용: 한국 문제에 관한 “Birshewyja Wjedomosti”의 기사

1　[감교 주석] 알벤스레벤(Alvensleben)

[고종의 칙령 보고]

발신(생산)일	1902. 2. 18	수신(접수)일	1902. 4. 9
발신(생산)자	바이페르트	수신(접수)자	뷜로
발신지 정보	서울 주재 독일 총영사관	수신지 정보	베를린 정부
	No. 39		A. 5533
메모	연도번호 No. 174		

A. 5533 1902년 4월 9일 오전 수신

서울 1902년 2월 18일

No. 39

독일제국 수상 뷜로 각하 귀하

이곳 군주가 이달 16일 날짜로 칙령을 하나 공포하였습니다. 내각의 각 부처 대신들과 추밀원 의원들을 비롯해 지방관원들과 세관원들에 이르는 모든 관리들이 자신들의 책무를 소홀히 하는 것을 질책하고 앞으로 개선해 나갈 것을 명령하는 내용입니다. 그중에서도 특히 불법적인 세금징수를 질책하고 금지한 뒤 규정에 맞는 성실한 세금징수를 지시하였습니다. 거기에는 국유지에 대한 세금부과와 해양어업에 대한 조세도 언급되어 있습니다. 그밖에 내각은 이제부터 날마다 회의를 열어 모든 중요한 사안들을 논의한 뒤 왕에게 보고하라고 지시하였습니다. 이 칙령은 영일 협정으로 인해 궁에서 생겨난 우려의 결과가 분명하며, 비난과 간섭을 사전에 예방하기 위한 목적으로 보입니다. 하지만 그런 식의 칙령이나 약간 확대된 인물교체를 통해서 한국의 행정이 실제로 개선될 것으로 기대하는 사람은 아무도 없습니다. 비록 왕이 진지하게 개혁을 추진하려 해도 그에게는 개혁을 실행에 옮길 성실하고 믿음직한 관리가 턱없이 부족한 상황입니다.

주목할 만한 사실은, 이것이 협정으로 인해 야기된 상황임에도 불구하고 그 자체로는 그다지 중요하지 않은 해양어업 조세를 특별히 언급한 것은 일본에 대한 은밀한 조롱이라는 것입니다. 어업은 한국의 8도 가운데 다섯 개 도의 해안에서 주로 일본인들에 의해 이루어지고 있어, 한국 정부는 이미 얼마 전부터 어선들에 대한 검열을 강화하는 조처를 강구하고 있습니다. 1889년 11월 12일 체결된 조일어업협정에 따르면 어선들은 매년

조업허가 수수료를 지불해야 합니다.

본인은 본 보고서의 사본을 도쿄와 베이징 주재 독일제국 공사관으로 보낼 것입니다.

바이페르트

내용: 정부 운영 개선에 관한 왕의 칙령

[러시아와 일본의 만주-한반도 문제]

발신(생산)일	1902. 2. 14	수신(접수)일	1902. 4. 8
발신(생산)자	알벤스레벤	수신(접수)자	뷜로
발신지 정보	페테르부르크 주재 독일 대사관	수신지 정보	베를린 정부
	No. 321		A. 5832
메모	I. 4월 15일 칙령과 함께 런던 321에 전달 II. 4월 25일 칙령과 함께 베이징 A46, 도쿄 A20에 전달		

사본

A. 5832 1902년 4월 14일 오전 수신

상트페테르부르크 1902년 4월 12일

No. 321

독일제국 수상 뷜로 각하 귀하

람스도르프[1]가 본인에게 만주조약[2]이 체결되었음을 확인해 주었습니다. 그러면서 그는 의도적으로, 영일 협정이 지루하게 계속된 중러 협상의 결과에 아무런 영향도 미치지 않았을 뿐만 아니라 만주조약은 기본적으로 원래의 구상과 일치한다는 점을 강조하였습니다. 그런데 오늘 "상트페테르부르크 신문"은 "러시아 전신통신사"의 반관[3]적이고 약간 조롱하는 듯한 보도를 인용해 실었습니다. 내용은 영일 협정[4]의 내용이 영국과 일본, 그리고 미국 대표에게 사전에 전달되었다는 "Times"의 보도는 그들이 인용한 문서가 고의적으로 불확실한 내용을 담고 있기 때문에 그다지 의미를 부여할 수 없다는 것입니다. 본인이 보기에 그 기사는 만주 문제에 대한 러시아 정책의 자주성을 입증하려는 소망에서 비롯된 것으로 생각됩니다.

본인에게 분명히 확인해준 바와 같이, 1898년 체결된 니시-로젠 협정의 보충조약에

---

1 [감교 주석] 람스도르프(V. Lamsdorf)
2 [감교 주석] 러청밀약(중국어: 中俄密約, Li-Lobanov Treaty, Sino-Russian Secret Treaty, 러시아어: Союзный договор между Российской империей и Китаем)
3 [감교 주석] 반관(半官)
4 [감교 주석] 제1차 영일동맹

대한 러시아와 일본 간 협상은 현재 진척이 되지 않고 있습니다. 본인이 들은 바에 의하면, 기존의 조약에 의하면 러시아와 일본은 한국의 내정에 개입할 수 없는 반면, 현재 추진 중인 협정에서는 일본이 한국에서 정치적-군사적인 지위를 인정받는다고 합니다. 그에 대한 보상으로 러시아가 학수고대했던, 포트 아서[5]와 블라디보스토크 항의 연결을 확실히 보장해주는 마산포항 획득이 불가능한 일만은 아닙니다.

만약 이 같은 소식들이 사실로 입증되면, 그것은 러시아가 한국 문제에서 양보해준 대가로 일본은 향후 러시아의 만주정책에 대한 반대를 포기한다는 뜻입니다. 물론 그때 남는 문제는 이 새로운 협정을 영일 협정 제4조[6]와 어떻게 일치시킬 것이냐 하는 것이 확실합니다.

알벤스레벤

5　[감교 주석] 뤼순(旅順; Port Arthur)

6　[감교 주석] 제4조(한글번역본) "양 조약 체결국은 어느 쪽이든지 다른 한쪽과 협의하지 않고 타국과 상기의 이익을 침해할 별도의 조약을 체결하지 않을 것을 약정한다." (영어본)"Signatories promise not to enter into separate agreements with other Powers to the prejudice of this alliance." (일본어본) "兩締約國ハ孰レモ他ノ一方ト協議ヲ經スシテ他國ト上記ノ利益ヲ害スヘキ別約ヲ爲ササルヘキコトヲ約定ス."

베를린, 1902년 4월 15일   A. 5832 I, 5545 II

주재 외교관 귀중
런던 No. 321

연도번호 No. 3188

귀하에게 한국과 관련해 현재 러시아와 일본이 진행 중인 협상에 관한 이달 12일 페테르부르크 주재 독일제국 대사의 보고서 사본을 동봉하여 보냅니다. 한국에서 보낸 서울 주재 러시아 대표의 발언으로 볼 때 내용이 맞을 가능성이 더 높아졌습니다. 지난 2월 파블로프는 일본이 서울 이남에서 무슨 계획을 세우든 러시아는 상관하지 않겠지만 일본이 서울 북쪽으로 넘어가서는 안 된다고 말했습니다.

러시아가 블라디보스토크와 포트 아서를 이어주는 한국해협의 통제권을 일본에 넘겨준다는 것은 원래 생각할 수도 없는 일이었습니다. 하지만 페테르부르크 발 보고서에 언급된 바 있는, 마산포항의 러시아 이양으로 인해 입장이 바뀌었을 수도 있습니다. 영일 협정 제4조를 고려해 볼 때, 일본 정부가 런던 내각 모르게 이 문제에 관해 협상을 벌인다는 것은 생각할 수 없습니다. 따라서 귀하는 페테르부르크에서 들어온 소식이 맞는지 확인해야 할 것입니다. 현재 독일은 그 문제에 관여할 수 없기 때문에 특별히 서두를 필요는 없습니다.

리히트호펜

05

[러시아와 일본의 한국 진출에 대한 입장]

발신(생산)일	1902. 4.	수신(접수)일	1902. 4. 18
발신(생산)자	아르코	수신(접수)자	
발신지 정보	도쿄 주재 독일 공사관	수신지 정보	베를린 외무부
	No. 33		A. 6106
메모	전신 No. 23에 대한 답변		

A. 6106 1902년 4월 18일 오후 수신

전보

도쿄 1902년 4월 –일 –시 –분
도착 4월 18일 오후 12시 45분

독일제국 영사가 외무부에 발송

암호해독

No. 33

본인은 일본인들이 그들의 이해관계를 한국의 일부지역에 국한시킬 가능성은 지극히 희박하다고 생각합니다. 그것은 그들이 지금까지 추진해온 정책과 모순될 뿐만 아니라 영국과 동맹을 체결한 지금은 더더욱 생각하기 힘듭니다. 이곳에서는 또한 러시아가 그런 생각을 하고 있다는 아무런 조짐도 엿볼 수 없습니다. 바이페르트의 이달 8일 보고에 따르면, 러시아는 현재 한국에서 특별히 적극적인 정책을 펼칠 계획이 없다고 합니다. 러시아의 관심사는 단지 다른 열강들도 한국에서 너무 많은 일을 벌이지 않는 것이라고 합니다. 또한 …러시아가 한국에 대한 노력을 대체로 포기했다는 견해들이 대두되도록 하는 것이라고 합니다.

아르코[1]

원본 문서 : 한국 10

---

1 [감교 주석] 아르코(E. Arco-Valley)

원문 p.591

[이용익 주도 한국 내각의 각 부서 간 대립]

발신(생산)일	1902. 3. 3	수신(접수)일	1902. 4. 23
발신(생산)자	바이페르트	수신(접수)자	뷜로
발신지 정보	서울 주재 독일 총영사관	수신지 정보	베를린 정부
	No. 46		A. 6341
메모	연도번호 No. 206		

A. 6341 1902년 4월 23일 오전 수신

서울 1902년 3월 3일

No. 46

독일제국 수상 뷜로 각하 귀하

1900년 6월 18일 No. 58에서 보고된 바 있는, 경부[1] 창설이라는 반동적인 조처는 지난달 18일 경부를 폐지하고 내부 산하에 그 조직[2]을 재설치하는 것으로 해결되었습니다. 이러한 변화는 일본의 영향에 따른 것으로 볼 수 있습니다. 하지만 접근이 어려운 궁중정치를 최대한 제한하고 내각의 힘을 강화하려던 일본의 원래 목표에는 아직 이르지 못했습니다. 경부가 있음에도 불구하고 작년 11월 설치된 궁내부 경찰[3]이 존속하고 있기 때문입니다. 궁내부 경찰의 과도한 권한은 경무청의 권한과 명확하게 구별되지 않습니다.

행정집행권을 가진 내부 및 외부는 궁내부 의전국과, 국방부는 군사회의와, 탁지부는 국고 관리국 및 최근 독립된 화폐국과, 농상공부는 서북철도국 및 광산국과 권한을 다투고 있는 상황입니다. 이러한 주도권 경합은, 특히 탁지부에서는 물러났으나 여전히 궁에서 직위를 유지하고 있는 이용익[4]의 주도로 이루어지고 있습니다.

본인은 본 보고서의 사본을 베이징 주재 독일제국 공사관으로 보낼 것입니다.

바이페르트

---

1 [감교 주석] 경부(警部)
2 [감교 주석] 경무청(警務廳)
3 [감교 주석] 경위원(警衛院)
4 [감교 주석] 이용익(李容翊)

한국 경무청 폐지

발신(생산)일	1902. 3. 7	수신(접수)일	1902. 4. 23
발신(생산)자	바이페르트	수신(접수)자	뷜로
발신지 정보	서울 주재 독일 총영사관	수신지 정보	베를린 정부
	No. 46		A. 6341
메모	4월 26일 런던 371, 페테르부르크 315 전달		

사본

A. 6343 1902년 4월 23일 오전 수신

서울 1902년 3월 7일

No. 49

독일제국 수상 뷜로 각하 귀하

지난달 27일 러시아 해군중장 스크리드로프[1]가 전함 "Petropawlowsk"호와 "Poltawa"호를 이끌고 나가사키에서 제물포에 입항하였습니다. 그리고 어제 다수의 부하장교들과 러시아공사관 직원들을 대동하고 영접을 받으며 왕을 알현하였습니다. 그는 오늘이나 내일 포트 아서[2]를 향해 출발할 예정이라고 합니다. 본인이 들은 바에 의하면, 그는 왕에게 동[3] 촛대 2개를 선물하였다고 합니다.

이달 3일 있었던 파블로프[4]의 알현 분위기는 그다지 우호적이지 않았던 듯합니다. 파블로프는 본인에게 외부대신 박제순[5]에 대해 불평을 토로하였습니다. 박제순은 -일본이 비호해줄 거라고 확실히 믿고서- 지난달 16일 러시아 측의 양해 없이 국경선을 이루고 있는 경흥까지의 두만강 강변에 설치한 전신주 약 30개를 그곳 지방관원들을 동원해 제거하였다고 합니다. 이에 파블로프는 격한 어조로 항의하는 각서를 제출하고 박제순

---

1 [감교 주석] 스크리드로프(Skrydloff)
2 [감교 주석] 뤼순(旅順; Port Arthur)항
3 [감교 주석] 동(銅)
4 [감교 주석] 파블로프(A. Pavlow)
5 [감교 주석] 박제순(朴齊純)

과 면담하기 위해 온갖 시도를 하였으나 그는 병을 핑계로 면담을 회피하였다고 합니다. 정통한 소식통에 의하면, 파블로프는 왕에게 그 문제를 그런 식으로 처리하는 것은 양국의 우호관계를 해칠 것이라고 강조하면서 완전히 일본의 영향력 하에 있는 박제순을 처벌하고 면직시킬 것을 요구하였다고 합니다. 더불어 그런 자와는 공식적인 교류를 할 수 없다고 천명하였다고 합니다. 본인이 들은 바에 의하면, 파블로프는 이어서 러시아 정부는 한국인의 시베리아 이주를 최대한 막기 위해 통제를 한층 더 강화할 것이라고 통지함으로써 러시아의 불만을 전하였습니다.

한편 일본 공사[6]는 이달 2일에 한 번, 그리고 이달 5일 현재 제물포에 주둔중인 순양함 "Heiyen"호의 사령관과 함께 다시 한 번 왕을 알현하여 비단과 화병을 선물했습니다. 정통한 소식통에 의하면 그때 일본 공사는 동맹의 성격에 대해 왕을 안심시키기 위해 최선의 노력을 다하였다고 합니다, 또한 일본은 현재 이상으로 한국의 가장 좋은 친구가 될 것이라는 사실을 왕에게 납득시키고자 애썼습니다. 이곳의 일본 사람들과 언론에서는 동맹에 대해 커다란 만족감과 기쁨을 보였음은 두말할 나위가 없습니다. 현재 10리까지만 토지 구입과 거주를 허용하고 있는 것을 확대하기 위해 한국과 체결한 조약을 수정할 시기가 도래했다는 어느 신문의 기사는 주목할 만합니다. 제물포 거주 일본인들과 몇몇 영국인이 주관한 동맹 축하연은 이달 5일 영국 변리공사[7]와 일본 영사[8]의 후원 하에 개최되었습니다. 하야시는 앞에서 언급된 알현 때문에 축하연에 참석하지 못했습니다.

바이페르트

내용: 한국 경무청 폐지

---

6 [감교 주석] 하야시 곤스케(林權助)
7 [감교 주석] 조던(J. N. Jordan)
8 [감교 주석] 가토 모 토시로(加藤本四郎)

[거제도 미할양 관련 한국과 러시아의 약정서]

발신(생산)일	1902. 3. 8	수신(접수)일	1902. 4. 23
발신(생산)자	바이페르트	수신(접수)자	뷜로
발신지 정보	서울 주재 독일 총영사관	수신지 정보	베를린 정부
	No. 51		A. 6345
메모	4월 26일 런던 372, 페테르부르크 316 전달		

사본

A. 6345 1902년 4월 23일 오전 수신

서울 1902년 3월 8일

No. 51

독일제국 수상 뷜로 각하 귀하

2월 중순 이곳 언론에는 러시아가 마산포에 함대기지를 확보하기 위해 노력하고 있다는 소문이 돌았습니다. 그와 관련해 이곳에서 발행되는 황성신문은 지난달 22일, 1900년 3월 30일 한국 외부대신[1]과 러시아 공사[2]가 서명한 협정의 한자어 원문을 게재하였습니다. 거제도를 양도하지 않는다는 내용의 협정입니다. 본인은 영사관 통역자가 영어번역을 바탕으로 독일어로 번역한 자료를 각하께 잊지 않고 전달하도록 하겠습니다.

한국 외부는 본인에게 신문에 게재된 원문이 정확하다는 사실을 확인해 주었습니다. 반면 러시아 공사는 사실여부에 관한 본인의 질문에 긍정적인 답변을 회피하면서, 다만 그 원문이 "대체로" 옳다고 시인하였습니다. 본인은 파블로프가 그 보도에 상당히 불쾌해하고 있다는 인상을 받았습니다. 일본 공사관 서기관이 본인에게 암시한 바와 같이 본인은, 그 보도가 러시아 측에서 흘린 것이 아니라 일본 정부의 사주를 받은 한국 정부가 내용을 흘렸을 가능성이 높다고 생각합니다.

바이페르트

---

1 [감교 주석] 박제순(朴齊純)

2 [감교 주석] 파블로프(A. Pavlow)

사본

A. 6345의 첨부문서

1902년 2월 22일 자 한국 황성신문 기사의 번역문

협정서

최근 마산포항 인근의 거제도에 관해 떠도는 근거 없는 소문들을 불식시키고, 또한 장차 오해가 생기는 것을 미연에 방지하고자 한국 외부대신 박제순과 러시아 변리공사 사이에 다음과 같은 협정이 체결되었다.

러시아 정부는 어떤 상황에서도, 또 어떤 시기에도 거제도 혹은 거제도와 마주보고 있는 육지지역, 혹은 그곳과 마산포항 사이에 있는 육지지역, 혹은 그 육지지역을 포함하고 있는 섬들의 토지를 임대로든 매입으로든 절대 취득하겠다고 요구하지 않을 것이다. 정부가 사용하기 위한 목적으로도, 무역회사 설립이나 다른 산업 등의 민수용 목적으로도 그런 요구를 하지 않을 것이다.

한국정부는 어떤 상황에서도, 또 어떤 시기에도 거제도, 혹은 거제도와 마주보고 있는 육지지역, 혹은 그곳과 마산포항 사이에 있는 육지지역, 혹은 그 육지지역을 포함하고 있는 섬들의 대지를 다른 나라가 임대로든 매입으로든 취득하는 것을 절대 허가하지 않을 것이다. 정부가 사용할 목적으로도, 무역회사 설립이나 다른 산업 등의 민수용 목적으로도 절대 그것을 허가하지 않을 것이다.

광무 4년 3월 30일, 외부대신 박제순
러시아 월력 1900년 3월 18일, 변리공사 파블로프

09

[러일 갈등 조정에 대한 영국의 견해]

발신(생산)일	1902. 5. 2	수신(접수)일	1902. 5. 4
발신(생산)자	메테르니히	수신(접수)자	뷜로
발신지 정보	런던 주재 독일 대사관	수신지 정보	베를린 정부
	No. 224		A. 6926

사본

A. 6926 1902년 5월 4일 오전 수신

런던 1902년 5월 2일

No. 224

독일제국 수상 뷜로 각하 귀하

샌더슨[1] 외무차관의 말을 빌리면, 이곳에서는 한국과 관련한 러일 협상에 대해 한국의 전신망 설치와 조직에 관한 것을 제외하고는 알려진 바가 전혀 없습니다. 더 나아가 샌더슨 외무차관은 러시아와 일본이 타협에 이를 경우 양국 간 분쟁의 위험이 현저히 감소될 것이기 때문에 한국 문제에 있어 양국이 타협하는 것은 영국한테 바람직한 일이라고 솔직히 털어놓았습니다. 하지만 러시아와 일본은 한국에서 완전히 상반된 중요한 이해관계를 갖고 있기 때문에, 유감스럽게도 실제로 그런 타협이 이루어질 가능성은 매우 희박하다고 했습니다.

메테르니히[2]

---

1 [감교 주석] 샌더슨(T. Sanderson)
2 [감교 주석] 메테르니히(P. Metternich)

[러시아 언론의 한러 관계 보도]

발신(생산)일	1902. 5. 3	수신(접수)일	1902. 5. 5
발신(생산)자	롬베르크	수신(접수)자	뷜로
발신지 정보	페테르부르크 주재 독일 대사관	수신지 정보	베를린 정부
	No. 371		A. 6972

사본

A. 6972 1902년 5월 5일 오전 수신

상트페테르부르크 1902년 5월 3일

No. 371

독일제국 수상 뷜로 각하 귀하

"Nowosti"지가 러시아와 한국의 긴장된 관계에 대한 "Nowy Kraj"지의 기사를 인용하여 다음과 같은 기사를 게재하였습니다.:

"한국 관리들이 러시아인들이 설치한 전신주들을 뽑아냈다. 그러자 러시아 공사 파블로프[1]가 한국 정부에 그러한 행위는 국제법 위반으로 볼 수 있다면서 손해배상을 청구하였다. 일설에 의하면 그 금액이 십만 엔이라고 하고, 다른 설에 의하면 만 엔이라고 한다."

'Nowy Kraj'에 따르면, "한국과 우리의 관계가 긴장을 유지하는 만큼 한국과 일본의 관계는 그 만큼 더 좋다고 한다." 서울에서 공식적으로 들어온 소식에 의하면, 한국의 왕위계승자가 곧 일본을 방문할 예정이고, 탁지부가 예상경비로 십만 엔을 책정하였다. 왕위계승자는 일본 왕세자에게 한국 호랑이 한 마리를 선물로 가져갈 예정이다.

롬베르크[2]

---

1 [감교 주석] 파블로프(A. Pavlow)
2 [감교 주석] 롬베르크(Romberg)

11

[대한제국 선포 기념식 초청에 관한 건]

발신(생산)일	1902. 5. 8	수신(접수)일	1902. 5. 9
발신(생산)자	바이페르트	수신(접수)자	
발신지 정보	서울 주재 독일 총영사관	수신지 정보	베를린 외무부
	No. 51		A. 7187

A. 7187 1902년 5월 9일 오전 수신

전보

서울 1902년 5월 8일 오후 11시 50분
도착 5월 9일 오전 1시 5분

독일제국 영사가 외무부에 발송

암호해독

No. 9

전보 No. 7[1]과 관련하여, 대한제국 선포 기념식이 10월 18일로 확정되었다고 공식적으로 발표되었습니다. 초청은 한국 공사에 의해 이루어질 것이라고 합니다. 이곳 대표들은 결의를 반복하였고, 국가수반의 서신을 추천하고 있습니다. 러시아[2]와 프랑스 공사[3]는 기념식에 자국 제독들이 방문할 가능성이 있다고 언급했습니다. 만약 이곳 군주에게 훈장을 수여할 계획이 있다면 그때가 적절한 기회가 될 것입니다. 이달 초 옛 독립협회 회원 몇 명이 체포된 것은 큰 의미가 있는 것 같지 않습니다. 독일학교는 사건에 연루되지 않았습니다.

바이페르트

---

1 [원문 주석] A. 3985
2 [감교 주석] 파블로프(A. Pavlow)
3 [감교 주석] 플랑시(V. C. Plancy)

12

[파블로프의 외부대신 박제순 해임 요구 관철 관련 견해]

발신(생산)일	1902. 3. 18	수신(접수)일	1902. 5. 10
발신(생산)자	바이페르트	수신(접수)자	뷜로
발신지 정보	서울 주재 독일 총영사관	수신지 정보	베를린 정부
	No. 56		A. 7252
메모	5월 15일 페테르부르크 369 전달 연도번호 No. 258		

사본

A. 7252   1902년 5월 10일 오전 수신

서울 1902년 3월 18일

No. 56

독일제국 수상 뷜로 각하 귀하

본인이 러시아 공사[1]로부터 직접 들은 바와 같이 러시아 공사는 이달 3일 왕을 알현하는 자리에서 왕으로부터 직접 외부대신 박제순[2]을 물러나게 하겠다는 약속을 받았습니다. 그럼에도 불구하고 그 약속의 실행은 지체되고 있습니다. 상황이 이렇게 위기로 치닫자 파블로프는 이달 17일 열리는 왕세자 생일축하연 초대를 박제순의 해임과 연관시켜 초대장을 돌려보내는 방식으로 참석을 거부하였습니다. 이것이 소기의 성공을 거두어, 이달 15일 박제순의 자리에 유기환[3]이 외부대신서리로 임명되었고, 박제순은 이달 17일 자로 다시 베이징 공사로 임명되었습니다.

일본 공사[4]는 영국 변리공사[5]와 마찬가지로 수차에 걸쳐 본인에게 파블로프의 행동은 동의할 수 없는 내정개입으로서 위험한 선례가 될 수 있다는 의견을 밝혔습니다. 하지만

---

1   [감교 주석] 파블로프(A. Pavlow)
2   [감교 주석] 박제순(朴齊純)
3   [감교 주석] 유기환(俞箕煥)
4   [감교 주석] 하야시 곤스케(林權助)
5   [감교 주석] 조던(J. N. Jordan)

그는 자신이 후원하고 있는 박제순을 지키기 위한 그 어떤 행동을 하지 않았습니다. 동시에 두 사람은, 박제순이 아마도 숙원이었던 베이징 파견을 위해 일부러 상황을 그쪽으로 유도했을 거라고 말했습니다. 하지만 이는 러시아 측의 행보에 대해 일본이 영구적으로 혹은 일시적으로 아무런 대응도 하지 않은 이유를 거기서 찾으려는 것으로 보입니다.

파블로프가 본인에게 애당초 이 문제의 시발점이었던 전신주 건에 대해 전해준 바에 따르면, 지난달 8일 한국 외부대신에게 러시아 정부에 요청해 놓은 훈령이 도착할 때까지 다시 한 번 공조방식에 대해 협상하자고 요청했으나 뜻을 이루지 못했다고 합니다. 그 후 그사이에 도착한 훈령에 따라 10일 외부대신에게, 러시아 정부는 전신주 문제에 대한 배상 및 한국과 러시아 간 전신선 연락망 설치를 요구한다는 서한을 보냈다고 합니다. 파블로프에 따르면, 배상에 관한 러시아의 입장은 한국이 일본의 전신선을 허용하는 한 러시아 측에서 설치한 전신선에 대해서도 결코 간섭해서는 안 된다고 것이라고 했습니다. 일본은 1896년 체결된 로바노프-야마가타 협정에 의해 절대 곤란한 상황을 만들어서는 안 된다고 했습니다. 또한 하야시가 페테르부르크 주재 일본 공사[6]를 통해서 최근 그 문제와 관련해 한국 정부에 통신망 연결에 대해 아무런 이의도 제기하지 않았다는 해명을 전해왔다고 했습니다. 하지만 파블로프는 이러한 일본 측 해명은, 단지 서울에서 한국과 일본의 전신선을 연결하고 부산-제물포 간 해저케이블의 설치 허가를 요청하기 위한 목적으로 하야시가 러시아 통신망 설치에 대해 배상을 요구하지 않았다는 점에서만 사실이라고 했습니다.

바이페르트

---

6 [감교 주석] 쿠리노 신이치로(栗野慎一郎)

13

[외부대신 서리 유기환 임명]

발신(생산)일	1902. 3. 19	수신(접수)일	1902. 5. 10
발신(생산)자	바이페르트	수신(접수)자	뷜로
발신지 정보	서울 주재 독일 총영사관	수신지 정보	베를린 정부
	No. 57		A. 7253
메모	연도번호 No. 259		

A. 7253 1902년 5월 10일 오전 수신

서울 1902년 3월 19일

No. 57

독일제국 수상 뷜로 각하 귀하

각하께 이달 15일 외부대신서리로 임명된 유기환[1]에 관해 삼가 보고 드리게 되어 영광입니다. 그는 이미 1898년 5월부터 8월까지 외부대신을 역임한 바 있습니다. 당시 그는 독일 광산의 지역선정 때 발생한 어려움들을 타개하는 데 탁월한 역량을 발휘하였습니다. 그 후 법부대신, 군부대신서리, 육군 부장, 특명공사 등을 역임한 뒤, 1900년 의정부 의정을 탄핵하라는 상소를 올렸다가 유배당했습니다. 하지만 1년 후 사면되었고, 얼마 전에는 철도원 총재로 임명되었습니다. 유기환은 1894년 이전에 한동안 도쿄 주재 공사관서기관과 대리공사를 역임한 바 있습니다. 그는 자주 보수적인 성향을 보여주었습니다. 하지만 아직까지 일본이든 러시아든, 어느 한 쪽으로 편향된 정치 성향을 드러내지는 않았습니다.

본인은 본 보고서의 사본을 도쿄[2]와 베이징[3] 주재 독일제국 공사관으로 보낼 것입니다.

바이페르트

내용: 신임 외부대신서리 유기환

---

1 [감교 주석] 유기환(俞箕煥)
2 [감교 주석] 아르코(E. Arco-Valley)
3 [감교 주석] 슈바르첸슈타인(A. M. Schwarzenstein)

[가토의 궁내부 고문 임명에 관한 건]

발신(생산)일	1902. 4. 8	수신(접수)일	1902. 6. 25
발신(생산)자	바이페르트	수신(접수)자	뷜로
발신지 정보	서울 주재 독일 총영사관	수신지 정보	베를린 정부
	No. 67		A. 8070
메모	연도번호 No. 339		

A. 8070 1902년 6월 25일 오전 수신

서울 1902년 4월 8일

No. 67

독일제국 수상 뷜로 각하 귀하

최근 서울 주재 일본 공사를 역임한 바 있는 가토[1]의 한국 궁내부 채용과 관련해, 한국 측에서 채용을 취소하려 한다는 소문이 돌고 있습니다. 러시아 공사가 비밀리에 이용익을 통해 그의 채용을 반대하고 있기 때문이라고 합니다.

파블로프[2]가 어제 본인에게 전해준 바에 의하면, 며칠 전 일본 공사가 가토의 채용은 이미 도쿄의 일본 정부에 완결된 사안으로 보고되었으니 방해하지 말아달라고 요청했다고 합니다. 또한 하야시[3] 공사는 가토가 고문이라는 직함을 사용하지 않을 것이며, 한국 정부에서 일하는 다른 외국인들의 업무영역을 넘어서는 특별한 활동도 못하게 하겠다고 약속했다고 합니다. 하야시의 요청에 대해 파블로프는 상트페테르부르크에서 내려온 훈령에 따라, 러시아 정부는 앞에서 언급된 약속을 지킨다는 전제 하에 일본 정부에 호의를 베풀어 가토의 채용을 방해하지 않겠다는 내용의 서한을 보냈다고 합니다, 하야시 공사는 그 서한을 감사히 받아들였고, 그에 따라 가토가 조만간 서울로 올 것이라고 합니다.

본인이 파블로프에게 일본인 채용이 실현될 경우 러시아인 고문을 채용해 달라고 요구했다는 소문이 사실이냐고 묻자 아니라고 부인하였습니다. 그러면서 러시아는 현재

---

1 [감교 주석] 가토 마스오(加藤增雄)
2 [감교 주석] 파블로프(A. Pavlow)
3 [감교 주석] 하야시 곤스케(林權助)

한국에서 특별히 적극적으로 어떤 정책을 추진할 계획이 없다고 덧붙였습니다. 다만 그가 중요하게 생각하는 것은 러시아가 한국에서의 노력을 완전히 포기했다는 생각은 들지 않도록 하는 것이라고 했습니다.

본인은 본 보고서의 사본을 베이징과 도쿄 주재 독일제국 공사관으로 보낼 것입니다.

바이페르트

15

경원선 철도와 관련된 독일의 노력들

발신(생산)일	1902. 4. 10	수신(접수)일	1902. 6. 25
발신(생산)자	바이페르트	수신(접수)자	뷜로
발신지 정보	서울 주재 독일 총영사관	수신지 정보	베를린 정부
	No. 69		A. 8072
메모	A. 10243 참조 연도번호 No. 346		

A. 8072   1902년 6월 25일 오전 수신

서울 1902년 4월 10일

No. 69

독일제국 수상 뷜로 각하 귀하

이곳에서 발행되는 한 일본어신문에 의하면, 시마즈[1]가 회장으로 있는 일본인 "조선협회"[2]가 설립될 당시 오쿠마[3]가 지난달 10일 어느 연설에서 한국에서 일본이 추구하는 목표들에 관해 언급하였습니다. 그 연설에 따르면 오쿠마는 농업개발, 화폐개혁, 한국 내 일본 금융기관의 증설 이외에 특히 한국의 광산 및 철도 사업의 중요성을 강조했다고 합니다. 철도와 관련해서 특히 주목할 만한 사실은 백작이 경의선뿐만 아니라 경원선까지 일본이 획득해야 할 목표로 제시했다는 것입니다. 특히 이 두 가지 사업과 관련해, 다른 열강들도 사업권을 획득하기 위해 노력하고 있으나 이 사업들은 순전히 정치적 성격을 갖고 있을 뿐 아니라 일본의 이익에 해가 되는 만큼 한국에도 위험한 사업들이므로 이 두 사업은 반드시 일본인들이 건설해야 한다고 발언했다고 합니다.

그 문제와 관련해 본인은, 경원선 철도의 경우 마이어 상사[4]가 오래 전부터 많은 노력을 기울여온 사업이라는 것을 잊지 말아야 할 것으로 생각합니다. 본인이 그 문제와

---

1   [감교 주석] 시마즈 다다나리(島津忠済)
2   [감교 주석] 조선협회(朝鮮協會)
3   [감교 주석] 오쿠마 시게노부(大隈重信)
4   [감교 주석] 마이어 회사(E. Meyer & Co.; 세창양행(世昌洋行))

관련해 작년 4월 5일 외부대신[5]에게 각서를 보냈으나 아직 답신을 못 받았기에 지난달 31일 재차 외부대신[6]에게 서한을 보냈습니다. 비록 한국 정부가 철도는 외국인들에게 허가를 내주지 않겠다는 성명을 발표했기 때문에 마이어 상사가 아닌 다른 외국인들한 테도 면허가 발급되지 않을 것이고, 따라서 문제가 된 사안을 놓고 이해다툼이 벌어질 여지는 적을 것으로 보이지만 마이어 상사는 여전히 자신들에게 면허가 발급되기를 바라고 있다는 내용의 서신이었습니다. 하지만 지금까지의 결정을 고수해 한국 정부는 얼마 전 실제로 경의선 철도 건설에 착수했습니다. (이것은 이 문제에 관한 일본 측의 노력을 미연에 방지하기 위한 것이 분명합니다.) 본인은 한국 정부가 서울 근처에서 토목공사를 시작했다는 사실은 향후 몹시 중요한 원산까지의 철도 역시 직접 건설할 예정이라고 해석하며, 그럴 경우 독일 회사가 상호 유익한 조건들에 합의하여 경원선 철도 건설을 지원할 수 있기를 바란다고 덧붙였습니다.

같은 날 본인은 왕을 알현하는 자리에서, 독일 철도기술자의 채용에 관한 본인의 개인적인 의견을 피력할 수 있는 기회를 가졌습니다. 왕은 만약 언급된 철도 건설에 착수하게 된다면 본인의 의견에 반대하지 않겠다고 말했습니다. 왕은 독일의 "군사학"과 "공학"의 수준이 높은 단계에 있다는 사실을 잘 알고 있다고 부언하였는데, 본인은 그에 대해서는 아무런 반응도 보이지 않았습니다.

이달 7일 본인은 러시아 공사에게 경원선 철도에 관한 독일 회사의 관심을 언급하였습니다. 러시아 공사는 다른 나라들도 그 사업에 관심이 있다면 그건 좋은 일이라면서, 경원선 철도가 독일의 도움으로 건설되고, 그 사업에 독일 기술자가 참여하는 것에 절대적으로 찬성한다고 말했습니다. 그의 발언에서 일본의 영향력에 맞서 균형을 이루고자 하는 소망을 어렵지 않게 인식할 수 있었습니다. 또한 경원선 프로젝트와 관련해 러시아 측으로부터 기대할 수 있는 지원이 경원선 철도 부설권을 획득하려는 일본 측의 노력을 막는 데 필요한 지원 이상이 될지 는 불확실해 보입니다.

본인은 본 보고서의 사본을 베이징과 도쿄 주재 독일제국 공사관으로 보낼 것입니다.

바이페르트

내용: 경원선 철도와 관련된 독일의 노력

5　[감교 주석] 박제순(朴齊純)
6　[감교 주석] 유기환(俞箕煥)

베를린 1902년 6월 1일   A. 8070

주재 외교관 귀중
상트페테르부르크 No. 425

연도번호 No. 4709

본인은 가토를 한국의 고문으로 채용하는 문
제와 관련된 지난달 8일 서울 주재 독일제국
영사의 보고서 사본을 귀하에게 삼가 정보로
제공합니다.

[유학의 필요성을 주제로 진행된 외국어학교 학생들의 토론회]

발신(생산)일	1902. 4. 19	수신(접수)일	1902. 6. 9
발신(생산)자	바이페르트	수신(접수)자	뷜로
발신지 정보	서울 주재 독일 총영사관	수신지 정보	베를린 정부
	No. 74		A. 8972
메모	공개하기에 부적합함 암호해독		

A. 8972 1902년 6월 9일 오후 수신

서울 1902년 4월 19일

No. 74

독일제국 수상 뷜로 각하 귀하

금년 3월 5일 훈령에 따라 각하께 삼가 아래와 같이 보고 드립니다.

한성덕어학교[1] 학생들이 작년 10월 교사들의 참여 없이 토론회를 개최했고, 그 토론회에 영어학교와 일본어학교 학생들도 몇 명 참석하였습니다. 그들은 외국어학교를 담당하는 한국인 감독관한테서 토론회 개최 허가를 받았다고 합니다. 행정적으로 개최를 허가해줄 권한이 없었던 독일어교사 볼얀[2]이 학생들의 요청에 대한 가부결정을 내리지 않고 그들을 그 감독관한테 보낸 것입니다. 초기의 세 차례 모임에서는 무난한 주제들에 대한 토론이 진행되었습니다. 그런데 11월 16일 네 번째 모임에서 '외국유학이 추천할 만한 가치가 있는가' 라는 주제에 대해 토론이 이루어졌습니다. 의장을 맡은 신이라는 학생이, 과거 "독립협회"의 회장[3]과 부회장[4] 같은 사람들은 -의장은 현재 미국에 있고, 부의장은 원산에서 감리사[5]로 일하고 있습니다.- 미국 유학을 통해 엄청난 실력 향

---

1 [감교 주석] 한성덕어학교(漢城德語學校)
2 [감교 주석] 볼얀(Bolljahn)
3 [감교 주석] 서재필(徐載弼)
4 [감교 주석] 윤치호(尹致昊)

상을 이루었다면서 찬성 의사를 밝혔습니다. 그러자 나머지 학생들이 이런 논의는 금지되어 있다고 말했습니다. 반면 일본어학교에 다니는 윤이라는 학생이 대부분의 유학생은 귀국할 때 감옥에 가야 한다면서 외국 유학은 백해무익이라고 말했습니다. 이러한 토론이 있었다는 밀고를 받은 경찰은 신과 윤, 그리고 부의장인 홍이라는 학생에 대해 조사를 시작했습니다. 윤과 홍은 11월 20일 체포되었고, 신은 예전에 다닌 미국 미션스쿨로 도망쳐 사태를 더 악화시켰습니다. 하지만 신은 자신에 대한 관리책임 소홀로 체포된 3명의 한국인 보조교사와 아버지에게 더 이상 폐를 끼치지 않으려고 며칠 뒤 자수하였습니다.

앞에서 언급된 독일어교사는, 비난받을 이유가 전혀 없는 3명의 보조교사가 빠져 수업이 힘들어졌다고 본인에게 하소연하였습니다. 본인은 그것은 순전히 학교 내부 문제라 공식적인 조처를 취할 수 없는 사안이라고 생각했지만 비공식적으로 한국 관리들과 만나 이 문제가 불필요하게 지연되거나 확대되지 않기를 바란다고 말했습니다. 또한 본인은 11월 26일 독일 함선 "Seeadler"호 사령관과 함께 왕을 알현한 뒤 왕에게 아주 개인적인 방식으로 수업을 위해 조사를 최대한 빨리 진행해주시기 바란다고 말씀드렸습니다. 그러자 왕은 이미 그런 지시를 내렸다고 말했고, 설사 학생들이 처벌을 받게 되더라도 중벌은 아닐 것이라고 했습니다. 왕은 그 사건에 큰 의미를 부여하지 않고 있으며, 젊은 이들에게 그런 어리석은 짓을 할 기회를 주지 말았어야 할 감독관이 허가를 내준 사실을 부인하고 있어 교사들을 단지 증인으로 붙잡아놓고 있는 것이라고 부언했습니다. 하지만 일처리가 지지부진한 관계로 12월 31일이 되어서야 3명의 보조교사가 강의를 다시 하게 되었습니다. 감독관은 금년 1월 1일 사태의 책임을 물어 파면되었지만 몇 주 후 다시 채용되었습니다. 19세에서 20세 사이의 학생 3명은 위에서 언급된 발언과 관련하여 "모임에서 악의적 연설을 했다"는 이유로 신은 3년 형을, 윤은 18개월의 징역형을 선고받았습니다.

본인이 판사로부터 들은 바에 의하면, "독립협회"의 부활시도와 관련해서는 아무런 조사도 행해지지 않았습니다. 독일인교사는 사건과 관련해 아무런 비난을 사지 않았습니다. 또한 독일어학교 전체적으로도 그 사건은 아무런 불리한 결과를 초래하지 않았습니다.

바이페르트

---

5 [감교 주석] 감리사(監理使)

마산포항에서 일본인에게 토지취득을 허가하는 것에 대한 "Novoye Vremya" 기사

발신(생산)일	1902. 6. 21	수신(접수)일	1902. 6. 23
발신(생산)자	알벤스레벤	수신(접수)자	뷜로
발신지 정보	페테르부르크 주재 독일 대사관	수신지 정보	베를린 정부
	No. 505		A. 9716

A. 9716 1902년 6월 23일 오전 수신

상트페테르부르크 1902년 6월 21일

No. 505

독일제국 수상 뷜로 각하 귀하

"Novoye Vremya"[1]가, 한국 마산포에서 일본인에게 토지 면허를 교부한다는 내용의 한국-일본 간 조약이 공표되었다는 로이터 통신을 인용해 기사를 게재하였습니다.

러시아 신문은 "이 소식은 한국해협에서 마산포가 갖는 커다란 전략적 의미 때문에 주목할 필요가 있다."고 덧붙였습니다.

알벤스레벤

내용: 마산포항에서 일본인에게 토지취득을 허가하는 것에 대한 "Novoye Vremya" 기사

---

1 [감교 주석] 노보예 브레먀(Novoye Vremya)

18

[러시아의 마산포 조차에 관한 건]

발신(생산)일	1902. 6. 21	수신(접수)일	1902. 6. 23
발신(생산)자	알벤스레벤	수신(접수)자	
발신지 정보	페테르부르크 주재 독일 대사관	수신지 정보	베를린 외무부
	No. 145		A. 9736
메모	암호전보 2516, 도쿄 31 7월 1일, 내용을 발췌해 암호 형태로 런던 598 전달		

A. 9736 1902년 6월 23일 오후 수신

전보

상트페테르부르크 1902년 6월 23일 오후 5시 30분

도착 오후 5시 31분

독일제국 대사가 외무부에 발송

암호해독

No. 145

람스도르프[1]는 본인에게, 마산포에서 일본에 토지취득 허가를 내줄 것이라는 전보 보고가 있었으나 자신은 로이터 통신의 보도가 과장된 것으로 생각한다고 했습니다. 지금 그곳에서 일본이 요구하는 허가는 그 지역에서 다른 나라들이 취득한 것과 똑같은 허가거나 이미 러시아가 마산포에서 소유하고 있는 면허와 똑같은 것일 뿐이라는 것입니다. 따라서 러시아는 그 면허에 대해 불안해 할 아무런 이유가 없다고 했습니다. 물론 러시아는 그 어떤 나라도 마산포에 전략기지를 설치하는 것을 허락할 수 없으며, 그런 내용의 면허라면 절대 받아들일 수 없다고 했습니다.

알벤스레벤

---

1 [감교 주석] 람스도르프(V. Lamsdorf)

러시아의 마산포 획득 필요성에 대한 "Swjet"의 기사

발신(생산)일	1902. 6. 25	수신(접수)일	1902. 6. 26
발신(생산)자	알벤스레벤	수신(접수)자	뷜로
발신지 정보	페테르부르크 주재 독일 대사관	수신지 정보	베를린 정부
	No. 511		A. 9886
메모	7월 1일 베이징 A. 76, 도쿄 A. 30 전달		

A. 9886 1902년 6월 26일 오전 수신

상트페테르부르크 1902년 6월 25일

No. 511

독일제국 수상 뷜로 각하 귀하

오늘 "Swjet"지는, 러시아가 현재 서울 조정의 이른바 친 러시아적인 흐름을 마산포 획득에 이용해야 한다는 의견을 강력하게 주장하였습니다. 한국 국왕은 지난번 일본 차관의 조건에 몹시 불만을 품고 있으며, 다른 한편으로 반역적인 행정관리들과 한국의 여러 다양한 세력들을 처리하기 위해 외부의 지원을 찾고 있다는 것입니다. 따라서 러시아는 절대 이번 기회를 놓쳐서는 안 된다고 주장하고 있습니다. 한국을 열심히 연구하고 한국의 행정관리들에게 보조금을 지급하며 전국적으로 대리인들의 네트워크를 형성한 일본인들과 똑같은 열정으로 일을 추진해야 한다는 것입니다.

마산포는 러시아가 원하는 아주 바람직한 특징들을 모두 구비한 곳으로, 석탄기지로서만이 아니라 선박의 운영계획, 즉 선박의 월동, 식량보급, 병든 선원을 위한 병원기지로도 적합한 곳이라고 합니다.

"Swjet"지의 기사에는 마산포에서 일본인에게 토지취득을 허가했다는 내용은 언급되지 않았습니다.

알벤스레벤

내용: 러시아의 마산포 획득 필요성에 대한 "Swjet"지의 기사

베를린 1902년 7월 1일　　　　　　　　　　　A. 9886

주재 외교관 귀중

1. 베이징 No. A76
2. 도쿄 A. 30

연도번호 No. 5736

귀하에게 러시아의 마산포 획득 필요성에 대한 "Swjet"지의 기사와 관련된 지난달 24일 상트페테르부르크 주재 독일제국 대사의 보고서 사본을 삼가 정보로 제공합니다.

한국의 전신 문제

발신(생산)일	1902. 5. 12	수신(접수)일	1902. 7. 1
발신(생산)자	바이페르트	수신(접수)자	뷜로
발신지 정보	서울 주재 독일 총영사관	수신지 정보	베를린 정부
	No. 85		A. 10121
메모	A. 11787 연도번호 No. 45		

A. 10121 1902년 7월 1일 오전 수신, 첨부문서 2부

서울 1902년 5월 12일

No. 85

독일제국 수상 뷜로 각하 귀하

러시아 공사[1]는 이미 몇 주 전에 한국 외부대신서리[2]에게 경흥 부근의 양국 전신선 연결과 관련된 협정 초안을 보냈습니다. 이달 3일 이곳 신문 한성신보 일본어판이 보도한 바와 같이, 그 안에 따르면 전신선 연결은 두만강 한가운데에서 이루어진다고 합니다. 전보의 교환은 국제규약에 따를 것이라고 합니다. 운영을 위한 전보들은 무료라고 합니다. 양국의 전신요금은 조약 내용에 따라 징수될 예정이며, 장차 새로운 국제 전신망이 연결될 경우 내용을 재검토할 것이라고 합니다. 상대국에 대한 요금정산은 월 단위로 이루어진다고 합니다.

하지만 한국 정부는 아직까지 조약 체결을 확정짓지 못했습니다. 조약을 체결할 경우 일본 측으로부터 이 분야에 대한 면허 발급 요구가 있을 것으로 예상되는 바, 한국 정부는 어떻게든 그것을 피하고 싶은 듯합니다.

이러한 난관을 타개하기 위해 파블로프는 일본과 한국 양측에 새로운 조일 전신협정의 체결이 가능할 수도 있다는 식으로 암시하고 있습니다. 이에 본인은 파블로프가 작성한 협정문 초안을 각하께 삼가 동봉하여 보고 드립니다. 그 초안에 따르면 일본은 향후

---

1 [감교 주석] 파블로프(A. Pavlow)
2 [감교 주석] 유기환(俞箕煥)

25년간 부산까지의 해저케이블을 유지할 수 있는 권리를 갖게 됩니다. 그 해저케이블의 유지는 한국한테도 매우 중요한 일입니다. 서울-부산 간 육로에 설치된 일본의 전선은 협정 기간 동안 권리를 인정받을 수 있는데, 6년이 지나면 한국 정부가 그것을 매입할 권리가 생깁니다. 일본인들의 강력한 요구에 부응하기 위해서 한국은 향후 6년 안에 모든 기지국에 일본 음절문자(가나)로 전보를 보내는 것에 익숙한 전신기술자들을 채용할 의무가 있습니다. 그때까지 그들은 일본의 기지국에서 교육을 받아야 합니다. 그밖에도 한국은 그 어떤 국제간 전신연결 요금도 부산 해저케이블을 이용하는 전신요금보다 낮게 책정하지 않을 것을 약속해야 합니다.

본인이 파블로프한테서 들은 바에 의하면, 일본 공사는 은밀히 대화를 나눌 때 그 초안에 전적으로 찬성했다고 합니다. 반면 한국 정부는 현재 그 초안을 자기 쪽에서 정식으로 제안하는 것을 망설이고 있습니다. 이는 아마도 육지에 있는 일본의 전신선에 대한 이러한 수정된 면허를 한국 정부 스스로 결정할 수가 없기 때문인 듯합니다. 일본 측에서 얼마 전 개방되지 않은 장소인 송도에 -인삼 사업 때문에 상당수의 일본인들이 체류하고 있는 곳입니다- 정식 우편기지국을 설치하였다는 사실은 한국인들의 분노를 상당히 증폭시켰습니다.

그사이에 파블로프는 만주의 전신선이 현재로서는 당분간 러시아의 수중에 들어 있다는 것과 1900년의 소요사태 이후 끊어졌던 선양[3](목단)[4]과 평황성[5] 사이 전신선이 조만간 다시 복구될 거라는 점을 고려하여, 지난달 초 한국 정부에 서울-의주 간 한국 전신선을 이용해 전보를 교환하자고 요청하였습니다. 전신요금은 동봉한 첨부문서 2부에 명시된 대로 하자고 하였습니다. 청·일 전쟁 이전에 한국의 전신선은 청인들에 의해 군용선으로 운영되었는데, 전쟁 이후 한국인들이 1896년 일본인들에 의해 파괴된 평양에서 의주 구간의 전신선을 복구한 것입니다. 그리고 선양의 최고위 관리와의 합의해 만주와 전보교환을 하기로 결정하였습니다.

파블로프가 본인에게 전해준 바에 의하면, 이곳 외부대신서리는 지난달 19일 각서에서 러시아의 제안을 흔쾌히 수용하였습니다. 하지만 뒤늦게 그것이 청의 동의가 필요한 사안인 것 같다는 생각을 하게 되었고, 그에 따라 서울 주재 청나라 공사에게 문의하였습니다. 전신으로 들어온 문의에 대해 청나라 공사는 청은 문제가 되고 있는 만주의 전신선을 직접 복구할 예정이며, 그것이 완료되면 다시 한국선과 연결할 용의가 있다고 답변하

---

3 [감교 주석] 선양(瀋陽)
4 [감교 주석] 목단(牧丹)
5 [감교 주석] 평황성(鳳凰城)

였습니다. 그 내용이 약 10일 전 파블로프에게 전달되었습니다. 그는 본인에게, 자신은 문제가 되는 전신선의 재인수 진행 건에 대해 청으로부터 아무런 이야기도 듣지 못했기 때문에 훈령을 요청해 놓은 상태라고 말했습니다. 따라서 이 문제가 최종 마무리되려면 아직 시간이 더 걸릴 듯합니다.

본인은 본 보고서의 사본을 베이징과 도쿄 주재 독일제국 공사관으로 보낼 것입니다.

바이페르트

내용: 한국의 전신 문제, 첨부문서 2부

No. 85의 첨부문서 1부
첨부문서의 내용(원문)은 독일어본 458~462쪽에 수록.

No. 85의 첨부문서 2부
첨부문서의 내용(원문)은 독일어본 462쪽에 수록.

21

신임 외부대신 서리 유기환

발신(생산)일	1902. 5. 10	수신(접수)일	1902. 7. 3
발신(생산)자	바이페르트	수신(접수)자	뷜로
발신지 정보	서울 주재 독일 총영사관	수신지 정보	베를린 정부
	No. 82		A. 10241
메모	연도번호 No. 454		

A. 10241 1902년 7월 3일 오전 수신

서울 1902년 5월 10일

No. 82

독일제국 수상 뷜로 각하 귀하

각하게 삼가, 지난달 28일부터 이곳 외부협판 최영하[1]가 병석에 있는 외부대신서리 유기환을 대신해 업무를 보고 있다는 사실을 보고 드리게 되어 영광입니다.

본인은 본 보고서의 사본을 도쿄와 베이징 주재 독일제국 공사관으로 보낼 것입니다.

바이페르트

내용: 신임 외부대신 서리 유기환

---

1 [감교 주석] 최영하(崔榮夏)

22

일본인의 한국 이주

발신(생산)일	1902. 5. 12	수신(접수)일	1902. 7. 3
발신(생산)자	바이페르트	수신(접수)자	뷜로
발신지 정보	서울 주재 독일 총영사관 No. 84	수신지 정보	베를린 정부 A. 10243
메모	연도번호 No. 456		

A. 10243 1902년 7월 3일 오전 수신

서울 1902년 5월 12일

No. 84

독일제국 수상 뷜로 각하 귀하

본인은 최근 러시아 공사[1]와 대화를 나누던 중, 지난달 10일 올린 No. 69에서 언급한 바 있는 오쿠마[2]의 연설로 화제를 돌릴 기회를 가졌습니다. 오쿠마는 연설에서 한국의 농업 진흥과 관련하여, 그 과제를 일본 이주민들이 맡는다는 전제 하에 미개간지 개척에 착수할 것을 권하고 있습니다. 파블로프는 그가 알기로, 일본 언론에서도 수차 거론된 바 있는 이런 시도들은 아직까지는 이론 차원을 넘어서지 못했다고 했습니다. 그럼에도 불구하고 그것을 주장하는 자들의 주목적은 아마도 한국에서 일본인들의 활약이 대단하다는 인상을 불러일으키려는 것일 거라고 추정했습니다. 물론 조약 변경 없이도 한국인의 이름으로 내륙의 토지를 소유할 가능성은 열려 있지만 주목할 만한 사실은 일본인들은 지금까지 조약에 의해 그들에게 개방된 곳에서 10리 이내의 지역에서 농업에 종사한 경우가 전무한 반면, 청인들은 특히 제물포와 서울 인근에서 채소농사를 많이 짓고 있다는 사실이라고 했습니다. 하지만 파블로프는, 내륙에서의 새로운 경작이 더 활발한 견인력을 갖게 될 것이며 경부선 철도가 완공되면 경부선의 기차역들을 통해 입지가 더 좋은 거점들이 다수 생겨날 거라는 점을 인정하였습니다.

---

1 [감교 주석] 파블로프(A. Pavlow)
2 [감교 주석] 오쿠마 시게노부(大隈重信)

일본 측에서 이러한 상황에 대해 공식적인 조사에 착수했는지, 또한 만약 착수했다면 현재 어떤 조사를 진행하고 있는지에 대해서는 아직까지 믿을 만한 정보들이 알려지지 않았습니다. 하지만 일본인들이 이미 오래 전부터 이 문제에 대해 상황을 잘 파악하고 있는 것은 사실입니다.

한국에 거주하는 일본인들의 숫자와 관련해 이곳 주재 일본 영사가 본인에게 보여준 1901년 말의 통계를 각하께 삼가 동봉해 전달하게 되어 영광입니다. 개방된 지역들을 제외하고 내륙에 체류하고 있는 일본인의 숫자는 통계에서 빠져 있습니다. 본인이 미국인 선교사들로부터 여러 번 들은 바에 의하면, 남쪽의 비교적 큰 도시에 갈 때마다 항상 일본인을 꽤 여러 명 보았다고 합니다. 일본인들은 대부분 일상용품이나 의약품 행상에 종사하고 있다고 합니다. 이곳에서 한국어로 발행되는 황성신문에 지난달 23일 실린 기사가 그 사실을 확인해 주었습니다. 그 기사에 따르면, 한국의 동남쪽에 위치한 경상도에 4명의 일본 상인이 살고 있으며 해안가에는 160명의 일본인 어부들이 체류하고 있다고 합니다.

본인은 본 보고서의 사본을 도쿄[3]와 베이징[4] 주재 독일제국 공사관으로 보낼 것입니다.

바이페르트

내용: 일본인의 한국 이주, 첨부문서 1부

---

3   [감교 주석] 아르코(E. Arco-Valley)
4   [감교 주석] 슈바르첸슈타인(A. M. Schwarzenstein)

No. 84의 첨부문서

장소	가옥	남자	여자	계
부산	1401	3764	3152	6916
제물포	1064	2564	2064	4628
서울	639	1395	1095	2490
원산	354	829	675	1504
목포	251	540	391	931
진남포	101	217	153	370
평양	65	127	73	200
군산	171	278	195	473
마산포	80	160	99	259
송진	24	34	30	64
계	4,150	9,908	7,927	17,835

A. 10407

홀슈타인[5]에게 개인적인 정보로 제공함.

메모

이곳에서 확인한 바로는, 현재 서울에는 4명의 고문이 있습니다.

1) 일본 공사를 역임한 가토[6]는 1902년 2월부터 궁내부 고문으로.

2) 미국 공사관 서기관 샌즈[7]는 1899년 12월부터 외부 고문으로.

3) 덴마크인 뮐렌슈테트[8]는 1901년부터 전신국 고문으로.
   또한 당분간은 외부 고문 겸직.

4) 프랑스인 크리마지[9]는 법부 고문으로.

---

5 [감교 주석] 홀슈타인(F. Holstein)
6 [감교 주석] 가토 마스오(加藤增雄)
7 [감교 주석] 샌즈(W. F. Sands)
8 [감교 주석] 뮐렌슈테트(H. J. Muehlensteth)
9 [감교 주석] 크리마지(L. Cremazy)

23

가토 고문의 도착. 미국 고문의 문제

발신(생산)일	1902. 5. 19	수신(접수)일	1902. 7. 6
발신(생산)자	바이페르트	수신(접수)자	뷜로
발신지 정보	서울 주재 독일 총영사관 No. 89	수신지 정보	베를린 정부 A. 10407
메모	연도번호 No. 481		

A. 10407 1902년 7월 6일 오전 수신

서울 1902년 5월 19일

No. 89

독일제국 수상 뷜로 각하 귀하

일본인 고문 가토[1]가 이달 9일 이곳에 도착하여 업무를 시작하였습니다.

3월 말 휴가에서 돌아온 미국 공사[2]가 얼마 전 한국 정부에, 가토[3]와 똑같은 조건, 즉 월급 600엔에 3년 임기의 조건으로 미국인 고문을 채용할 것을 제안했습니다. 이는 가토의 채용과 명확하게 연관된 바는 없지만 기본적으로 그의 채용과 전혀 무관하다고 할 수는 없습니다. 그 제안을 할 때 미국 공사는, 1899년 가을 그레이트하우스[4]가 사망하자 한국 정부가 그에게 그레이스하우스가 있던 외부 고문의 자리에 다시 미국인을 채용하겠다고 약속했던 사실을 근거로 제시했습니다. 알렌이 돌아온 후 미국의 영향력이 다시 회복되었기 때문에 사람들은 미국인 고문의 채용이 실현될 것으로 생각하고 있습니다.

본인은 본 보고서의 사본을 베이징과 도쿄 주재 독일제국 공사관으로 보낼 것입니다.

바이페르트

내용: 가토 고문의 도착. 미국인 고문의 문제

---

1 [감교 주석] 가토 마스오(加藤增雄)
2 [감교 주석] 알렌(H. N. Allen)
3 [감교 주석] 가토 마스오(加藤增雄)
4 [감교 주석] 그레이트하우스(C. R. Greathouse)

베를린 1902년 7월 12일   A. 10121

주재 외교관 귀중
상트페테르부르크 No. 571

연도번호 No. 6169

귀하에게 한국의 전신 문제에 관한 금년 5월
12일 서울 주재 독일제국 영사의 보고서 사본
을 정보로 제공하게 되어 영광입니다.

또한 상기 내용을 그곳 정부에 전달해 줄 것
을 요청 드립니다. .

24

소위 모반 시도에 대한 한국 정부의 대응

발신(생산)일	1902. 5. 28	수신(접수)일	1902. 7. 17
발신(생산)자	바이페르트	수신(접수)자	뷜로
발신지 정보	서울 주재 독일 총영사관 No. 93	수신지 정보	베를린 정부 A. 10936
메모	7월 22일 페테르부르크 596 전달 연도번호 No. 517		

A. 10936 1902년 7월 17일 오후 수신

서울 1902년 5월 28일

No. 93

독일제국 수상 뷜로 각하 귀하

이달 초부터 한국의 정계는 발각된 모반 시도에 대한 정부의 대응으로 약간 혼란스러운 상황입니다. 들리는 말에 의하면, 경찰이 한국과 일본의 비밀정보원을 통해 일본으로 망명한 한국인 유길준[1]의 서찰을 입수했다고 합니다. 그 서찰에 왕과 왕세자, 엄비와 엄비의 심복들을 살해한 뒤 외국에 살고 있는 의친왕 이강[2]을 왕으로 추대하고 7명의 이름을 - 그 중 일부는 현재 고위직에 있는 정치가들입니다 - 거론하며 그들을 대신으로 앉힌다는 계획이 들어 있었다고 합니다.[3]

한국 정부는 애당초 이 명단에 오른 7명의 고관들을 재판에 회부할 계획이었으나 돌아가는 상황을 보고 그럴 수 없겠다고 판단하였습니다. 그들 가운데 몇 명은 일본 추종세력이고 3명은 과거 워싱턴에 있었던 독립협회 회원들이었기 때문에 일본 공사와 미국 공사가 그들을 비호하고 나섰기 때문입니다. 반면에 앞에서 언급한 밀고 때문인지 대부분 얌전히 지내고 있는 과거 독립협회 회원들이 다수 체포되었습니다. 들리는 소문에 의하면, 일본 망명객들 및 일본에 있는 "한국협회"[4]와 공모해 그 협회를 부활시키고

---

1 [감교 주석] 유길준(俞吉濬)
2 [감교 주석] 의친왕 이강(義親王 李堈)
3 [감교 주석] 유길준 쿠데타 음모 사건; 혁명일심회(革命一心會) 사건

정부를 전복시킬 음모를 모의한 혐의라고 합니다. 그런데 러시아 공사와 일본 공사는 본인에게, 그들이 얻은 정보에 의하면 그들의 혐의는 실체적인 근거가 없다고 했습니다. 하지만 체포된 자들이 고문과 강요에 굴복해 근거 없는 자백을 했고, 정부는 그 자백을 정부 반대자들에 대한 탄압의 빌미로 이용하고 있는 상황입니다. 그 결과 체포된 인원이 벌써 16명에 이르렀다고 합니다. 이곳 한성덕어학교[5] 학생들과 교사들은 아무도 이 사건에 연루되지 않았습니다.

이곳에서 벌어지는 그런 종류의 사건들은 대부분 왕으로부터 일본에 있는 망명객들을 치기 위한 비용을 뜯어내기 위한 음모입니다. 또한 파블로프[6]가 본인에게 말해준 바에 의하면, 소위 친러파는 가끔 망명자들의 음모에 대한 왕의 공포를 자극함으로써 제2의 아관파천을 유도하려는 시도를 한다고 합니다.

본인이 파블로프한테서 들은 바에 의하면, 일본 정부는 이러한 불안의 싹을 아예 뿌리 뽑기 위해 우선 망명객들 가운데 가장 중요한 인물인 전직 내부대신 박영효[7]를, 이어서 순차적으로 다른 망명객들을 육지에서 뚝 떨어진 외딴섬에 억류하기로 결정했다고 합니다. 파블로프는 자신이 이미 오래 전 일본 공사에게 그러한 조처를 하도록 조언했다고 말했습니다.

본인은 본 보고서의 사본을 베이징과 도쿄 주재 독일제국 공사관으로 보낼 것입니다.

바이페르트

내용: 소위 모반 시도에 대한 한국 정부의 대응

---

4 [감교 주석] 조선협회(朝鮮協會)
5 [감교 주석] 한성덕어학교(漢城德語學校)
6 [감교 주석] 파블로프(A. Pavlow)
7 [감교 주석] 박영효(朴泳孝)

25

[한국 정부의 기념식 특사 초청]

발신(생산)일	1902. 7.	수신(접수)일	1902. 7. 20
발신(생산)자	바이페르트	수신(접수)자	
발신지 정보	서울 주재 독일 총영사관	수신지 정보	베를린 외무부
	No. 11		

전보

서울 1902년 7월 -일 -시 -분
도착 7월 20일 오후 7시 40분

독일제국 영사가 외무부에 발송

암호해독

No. 11

전보 No. 9와 관련하여.

한국정부가 본인에게, 독일제국 정부와 오스트리아 정부에 기념식 특사를 파견해 달라는 초청장을 전해달라고 요청했습니다. 다른 나라 대표들 역시 그런 요청을 받았습니다. 귀하의 견해는 변함이 없으신지요!

바이페르트

베를린 1902년 7월 20일   A. 10936

주재 외교관 귀중   귀하에게 한국의 내부 상황에 관한 금년 5월
상트페테르부르크 No. 596   28일 서울 주재 독일제국 영사의 보고서 사본
                                        을 정보로 제공하게 되어 영광입니다.

연도번호 No. 6454

[한국 정부 초청으로 베베르 한국행 예정]

발신(생산)일	1902. 7. 20	수신(접수)일	1902. 7. 23
발신(생산)자	브란트	수신(접수)자	귄너
발신지 정보		수신지 정보	베를린 외무부
			A. 11223
메모	연도번호 No. 206		

A. 11223   1902년 7월 23일 오후 수신

기밀문서

바이마르 크라나흐 거리 23번지, 1902년 7월 20일

존경하는 귄너[1] 귀하

한국에서 러시아 공사로 오랫동안 일해 온 베베르[2]가 (이후 멕시코에서 대사로 근무, 18개월 전 퇴직) 어제 저를 찾아와 말하기를, 8월 말 한국 황제에게 10월 18일 열릴 정부 탄생 25주년 기념행사를 축하하고 러시아 황제의 선물을 전하기 위해 한국으로 가라는 명령을 받았다고 합니다.

베베르 본인의 태도로 인해 한국에서 정당하지 않은 비난을 받은 데 대한 보상으로 그를 보낸 것인지, 아니면 공적 임무 외에 다른 비밀이 연관되어 있는 것인지는 확신할 수 없으나 후자의 가능성이 농후하다고 말할 수 있습니다. 베베르는 한국 황제와 러시아 공사관에 일 년간 머물렀던[3] 모든 대신들과 상당한 친분이 있습니다. 뿐만 아니라 황제가 총애하고 또 결혼을 원하는 여인과 친밀한 관계인 부인이 그와 함께할 것입니다. 또한 13년간 베베르의 집에서 지낸 손탁[4]이 황제의 직무에 있어 주된 역할을 하게 됩니다. 조그만 정치 계략을 위한 인물들이 결정된 것입니다.

그 외에 베베르가 저에게 말하기를, 서울에 있는 파블로프[5]가 베이징의 다음 러시아

---

1 [감교 주석] 귄너(Gönner)
2 [감교 주석] 베베르(K. I. Weber)
3 [감교 주석] 아관파천(俄館播遷)
4 [감교 주석] 손탁(A. Sontag)

대사가 될 것이라고 말하며 워싱턴에서의 [*sic.*]의 입양으로 인해 [*sic.*] 매우 고통을 받았다고 합니다.

　　이상 제가 들은 것만을 말씀드리는 바입니다.

오랜 존경의 마음을 담아

존경하는 각하께,
각하의 충신

브란트[6]

---

5 [감교 주석] 파블로프(A. Pavlow)
6 [감교 주석] 브란트(M. Brandt)

["Novoye Vremya"의 한국 관련 보도]

발신(생산)일	1902. 7. 13	수신(접수)일	1902. 7. 25
발신(생산)자	알벤스레벤	수신(접수)자	뷜로
발신지 정보	페테르부르크 주재 독일 대사관	수신지 정보	베를린 정부
	No. 580		A. 11300
메모	8월 5일 런던 722, 베이징 A92 전달		

사본

A. 11300 1902년 7월 25일 오전 수신

상트페테르부르크 1902년 7월 13일

No. 580

독일제국 수상 뷜로 각하 귀하

어제 서울에서 "Novoye Vremya"[1]로 아래와 같은 전보가 도착하였습니다.:

"한국의 신문 '관보'가 영국 공사[2]와 일본 공사[3], 그리고 한국 궁내부 고문으로 있는 가토[4] 사이에 협정이 체결되었다는 기사를 실었습니다. 협정의 내용은 다음과 같습니다.: 한국의 내치는 물론이고 다른 나라와의 협상에 있어서도 중요한 문제가 발생할 경우 영국과 일본이 조언자로 참여한다. 이것은 한국의 독립을 유지하기 위해 이루어지는 일로서, 한국은 육군과 해군의 전투력을 필요한 수준까지 증강시킬 의무를 가진다. 만약 한국이 어려운 상황에 처해 외국차관으로 문제를 해결해야 할 경우에는 단지 일본과 영국, 그리고 미국 시장에서만 자금을 조달할 수 있다. 외국인들은 한국에서의 복무가 허용되지 않는다. 또한 한국의 영토를 지키기 위한 조처들을 즉시 강구해야 한다. 다른 열강들이 한국의 군사력을 방해하는 시설물을 설치하려 들 경우 거절해야 한다."

알벤스레벤

---

1 [감교 주석] 노보예 브레먀(Novoye Vremya)
2 [감교 주석] 조던(J. N. Jordan)
3 [감교 주석] 하야시 곤스케(林權助)
4 [감교 주석] 가토 마스오(加藤增雄)

28

오스트리아 전함 "마리아 테레지아"호의 제물포 정박

발신(생산)일	1902. 6. 12	수신(접수)일	1902. 7. 31
발신(생산)자	바이페르트	수신(접수)자	뷜로
발신지 정보	서울 주재 독일 총영사관	수신지 정보	베를린 정부
	No. 100		A. 11582
메모	연도번호 No. 560		

A. 11582 1902년 7월 31일 오후 수신

서울 1902년 6월 12일

No. 100

독일제국 수상 뷜로 각하 귀하.

이달 5일 오스트리아-헝가리의 전함 "마리아 테레지아"[1] 호가 제물포에 입항하였습니다. 사령관 리터 폰 슈바르츠 함장은 본인에게 이곳 왕에게 알현을 청하기에는 시간이 너무 촉박하다면서, 난징과 기타 다른 양쯔강 항구들을 방문하러 간 오스트리아-헝가리 공사 치칸 폰 발보른[2]을 다쿠[3]에서 데려오기 위해 이달 10일 다시 제물포를 떠났습니다. 하지만 함장은 서울에 머무는 기회를 이용해 이달 9일 본인과 함께 일본 공사를 방문했습니다. 그때 함장은, 부산에 있는 오스트리아 상인 호벤[4]과 일본 경부철도회사[5] 간에 벌어진 토지소유권 분쟁을 처리할 때 일본 공사[6]가 베풀어준 호의에 감사의 뜻을 전하였습니다. 빈 정부에 이 내용을 전할 것인지 여부는 각하의 재량에 달려 있습니다. 본인은 오늘 날짜로 이렇게 특별 보고서(No. 101)를 올리게 되어 영광입니다.

바이페르트

내용: 오스트리아 전함 "마리아 테레지아"호의 제물포 정박

---

1 [감교 주석] 마리아 테레지아(Maria Theresia)
2 [감교 주석] 발보른(C. Wahlborn)
3 [감교 주석] 다구(大沽)
4 [감교 주석] 호벤(H. I. Houben)
5 [감교 주석] 경부철도주식회사(京釜鐵道株式會社)
6 [감교 주석] 하야시 곤스케(林權助)

[마산포 관련 한일 합의 내용 보고]

발신(생산)일	1902. 7. 3	수신(접수)일	1902. 8. 1
발신(생산)자	아르코	수신(접수)자	뷜로
발신지 정보	도쿄 주재 독일 공사관	수신지 정보	베를린 정부
	No. 66		A. 11622

A. 11622 1902년 8월 1일 오전 수신, 첨부문서 1부

도쿄 1902년 7월 3일

A. 66

독일제국 수상 뷜로 각하 귀하

지난달 16일 일본의 관보가 마산포 일본거류지와 관련해 금년 5월 17일 체결한 일본
-한국 간 합의문을 번역문을 첨부하여 공표하였습니다.

제1조에 언급된 계획은 함께 공표되지 않았습니다. 바이페르트[1] 영사가 마산포 일본
거류지에 대한 보고서를 올릴 것으로 예상하고 있어, 본인은 타당한 이유들로 보다 상세
한 정보는 수집하지 않았습니다. 하지만 본인이 확인한 바에 의하면, 합의문의 공표가
이곳에서는 전혀 주목을 받지 못했다는 사실입니다. 또한 그로 인해 러시아인들이 동요
하거나 민감한 반응을 보이는 일도 전혀 인지하지 못 했습니다.

아르코

---

1 [감교 주석] 바이페르트(H. Weipert)

A. 66의 첨부문서

1902년 6월 16일 자 관보의 번역

1902년 6월 16일 자 외무부 칙령 No. 5

마산포 일본거류지와 관련해 금년 5월 17일 한국 주재 일본 공사 하야시[2]와 한국 외부대신서리 최영하[3] 사이에 체결된 아래의 협정서가 비준되었으며, 이로써 즉시 효력 이 발생된다.

외무대신 고무라 주타로[4]

마산포 일본거류지 협정서

제1조 장기 혹은 단기 토지임대 규정에 따라 일본 정부가 외국인거류지에서 (한국 의 측량단위로) 10리 이내에서 구입한 토지 및 그 일대를 일본거류지로 삼는 다. 이 거류지의 위치와 경계는 첨부한 설계도에 확정되어 있다.

제2조 거류지 내의 도로와 하천은 국가소유로 둔다. 본 협정의 효력발생과 함께 새 로운 도로와 하천을 설치하거나 기존의 시설들을 유지할 권리는 일본공사에 게 일임한다.

제3조 거류지 내에 있는 토지 가운데, 이 협정을 비준할 당시 이미 외국인(일본인 포함)이 소유하고 있거나 한국인이 소유하고 있으나 이미 매매협상이 진행 중인 토지에 관해서는 매각 이전에 확정된 토지세를 지불해야 한다.

하지만 일본 정부는 한국인이 소유하고 있는 토지를 이 협정의 비준 후 일 년 안에 구입할 의사를 갖고 있기 때문에 그 토지들은 그때까지 다른 외국인 에게 매각하거나 임대해서는 안 된다.

---

2   [감교 주석] 하야시 곤스케(林權助)
3   [감교 주석] 최영하(崔榮夏)
4   [감교 주석] 고무라 주타로(小村壽太郎)

제4조 거류지 내에 있는 한국 정부 소유의 토지 가격은 이 협정에 따라 100 평방미터 당 일3 엔으로 확정한다. 한국인 소유의 토지와 가옥을 구입할 때 소유주가 요구한 가격이 일본 영사 측에서 불합리하다고 판단할 경우 한국 당국과 일본영사가 공동으로 합당한 방법으로 가격을 산정할 전문가를 임명할 수 있다.

제5조 거류지 내에 있는 토지에는 이 협정이 비준된 날부터 매년 100 평방미터 당 일본 화폐로 20전(Sen)의 세금을 부과한다. 이것은 매년 1월 10일까지 1년 치를 선불로 납부해야 한다.

제6조 아직 매도되지 않은 거류지 내 토지에서 무덤을 이장해야 할 경우 일본 영사 측에서 무덤 1기당 5엔의 이장비를 지급한다.

제7조 거류지 앞쪽의 해변을 매립할 필요가 있을 경우 사전에 한국 당국과 합의를 해야 한다.

이 협정은 일본어와 한국어로 각 2통씩 작성, 서명 날인하여 그것이 사실임을 증명한다.

1902년 5월 17일

30

[서울 주재 영사의 보고서 회람]

발신(생산)일	1902. 8. 3	수신(접수)일	1902. 8. 4
발신(생산)자		수신(접수)자	
발신지 정보		수신지 정보	베를린 외무부
	No. 66		A. 11622
메모	A. 10121 연도번호 No. 6169		

A. 11787 1902년 8월 4일 오후 수신

베를린 W. 66 1902년 8월 3일

외무부 장관 귀하

한국의 전신 문제에 관한, 첨부문서를 동봉한 5월 12일 서울 주재 독일제국 영사[1]의 보고서 내용을 검토한 후 감사의 말과 함께 삼가 각하께 되돌려 보내게 되어 영광입니다.

---

1 [감교 주석] 바이페르트(H. Weipert)

31

p.635

[주한 영국 공사, 일본공사, 가토 고문관의 협정 체결에 관한 반응]

발신(생산)일	1902. 7. 21	수신(접수)일	1902. 8. 9
발신(생산)자	바이페르트	수신(접수)자	뷜로
발신지 정보	서울 주재 독일 총영사관	수신지 정보	베를린 정부
	No. 104		A. 11965
메모	8월 14일 런던 742, 페테르부르크 675 전달 원문: 중국 28		

A. 11965 1902년 8월 9일 오전 수신

서울 1902년 6월 21일

No. 104

독일제국 수상 뷜로 각하 귀하

이달 초 일본의 여러 신문에, 서울 주재 일본 공사[1]가 일본이 한국에 대해 보다 확실한 정책을 수행하기 위해 영국 공사[2]의 동의와 가토[3] 고문의 찬성 하에 조항을 만들었다는 기사가 실렸습니다. 내용은 다음과 같습니다.:

1. 한국은 모든 중요한 사안들에 대해 일본과 영국에 문의하고 그들의 결정을 따라야 한다.
2. 한국은 자국 영토와 독립을 방어하기 위해 일정한 경계선 안에서 육군과 해군의 적절한 훈련을 도모해야 한다.
3. 대외 차관이 필요한 경우 단지 일본, 영국, 미국 시장에서만 자금을 조달해야 한다.
4. 외국인 고문의 채용을 가능한 한 제한하며, 궁궐과 정부 간의 조화를 도모해야 한다.
5. 한국은 국경선 유지에 관심을 기울여야 하며, 그것을 침해하는 모든 시도를 거부해

---

1 [감교 주석] 하야시 곤스케(林權助)
2 [감교 주석] 조던(J. N. Jordan)
3 [감교 주석] 가토 마스오(加藤增雄)

야 한다.

일본 공사는 물론이고 영국 대표까지 이러한 보도는 완전히 사실무근이며 날조된 것이라고 밝혔습니다.

파블로프[4]는 본인에게, 자신은 두 사람의 말이 전적으로 사실일 것으로 생각한다고 말했습니다. 더욱이 러시아는 일본과 협정을 맺고 있어 만약 일본이 영국과 그런 식의 합의를 했다면 러시아에 통지할 것으로 예상한다고 말했습니다.

당시 하야시는, 아직 정식으로 채용 계약을 맺지 않은 가토 고문의 지위와 관련해 궁중 일각에서 소극적인 반대가 있었을 때 맞서 싸워야 했음에도 불구하고 한국 정부에 전혀 강경한 태도를 보이지 않았습니다.

물론 하야시[5]는 수주 일 전에 이미 1896년 폭동[6] 때 사망한 일본인 문제와 관련해 약 30만 엔의 손해배상을 청구했던 사실을 다시 환기시켰습니다. 하지만 본인과 대화하면서, 일본 정부는 한국에 배상액의 지급을 강요할 생각이 없으며 단지 그런 요구를 통해 한국 정부가 그 사건들에 대한 책임을 인식하게 되기를 바랄 뿐이라고 했습니다.

하야시가 본인에게 말해준 바에 의하면, 한국 정부가 서울에서 남쪽으로 약 20마일 정도 떨어진 수원 부근에서 100피트 높이의 산꼭대기에 있는 기념비를 근거로 터널 굴착을 허가하지 않아서 생긴 경부선 철도 부설의 문제는 최근 일본 측에서 양보해 해당노선을 변경함으로써 잘 처리될 것이라고 합니다.

바이페르트
원본 : 중국 28

---

4 [감교 주석] 파블로프(A. Pavlow)
5 [감교 주석] 하야시 곤스케(林權助)
6 [감교 주석] 을미의병(乙未義兵)

32

[프랑스의 대한정책 관련 언론보도]

발신(생산)일	1902. 6. 21	수신(접수)일	1902. 8. 9
발신(생산)자	바이페르트	수신(접수)자	뷜로
발신지 정보	서울 주재 독일 총영사관	수신지 정보	베를린 정부
	No. 105		A. 11986
메모	런던 332, 파리 558, 페테르부르크 665 전달		

사본

A. 11986   1902년 8월 9일 오전 수신

서울 1902년 6월 21일

No. 105

독일제국 수상 뷜로 각하 귀하

최근 런던에서 전신으로 들어온, "프랑스는 한국과 싸움을 벌일 작정"이라는 "Daily News"지의 파리 발 뉴스의 진위 여부를 이곳에서는 확인할 수가 없습니다. 오히려 반대로 한국 정부에 대한 프랑스 대표의 태도는 상당히 신중하고 관대한 모습을 보이고 있습니다. 예를 들어 여러 번 배상을 요구했으나 아직까지 만족스러운 결과를 얻지 못한 제주도 사건에 대한 프랑스 대표의 대응 방식뿐만 아니라 운남 신디케이트[1]의 차관 문제 처리에서도 확인할 수 있습니다. 차관 문제와 관련해 한국이 거절하자 그는 결국 재차 계약의 존속을 주장했으나 한국-신디케이트의 대표인 베르시스[2]의 양해를 받아낼 것을 권유하는 선에서 그쳤습니다. 베르시스는 그 사이 지난달 중순 베이징으로 거처를 옮김으로써 이곳에서의 계획, 즉 배상을 받아낼 희망 자체를 아예 포기한 것으로 보입니다.

프랑스의 태도에 관한 러시아의 입장과 관련해 본인의 주목을 끈 것은, 본인이 파블로프[3]에게 플랑시[4]가 어쨌든 지금까지 상당히 조용한 태도를 취하고 있다고 말하자 그가

---

1   [감교 주석] 운남(雲南) 신디케이트(Syndicat du Yunnam)
2   [감교 주석] 베르시스(B. Bellescize)
3   [감교 주석] 파블로프(A. Pavlow)

아주 격렬하게 "맞아요, 정말 너무 조용합니다."라고 반응했다는 사실입니다.

바이페르트
원본문서 : 한국 5

---

4 [감교 주석] 플랑시(V. C. Plancy)

33

마산포 일본거류지

발신(생산)일	1902. 6. 26	수신(접수)일	1902. 8. 13
발신(생산)자	바이페르트	수신(접수)자	뷜로
발신지 정보	서울 주재 독일 총영사관	수신지 정보	베를린 정부
	No. 108		A. 12177
메모	A. 12639 연도번호 No. 615		

A. 12177   1902년 8월 13일 오전 수신, 첨부문서 1부

서울 1902년 6월 26일

No. 108

독일제국 수상 뷜로 각하 귀하

작년 5월 28일 No. 89에서 예상했던, 마산포 일본전관거류지 설치와 관련된 합의가 드디어 서면으로 확정되었습니다. 지난달 17일 이곳에서 서명하고 도쿄 정부가 비준한 뒤 이달 16일 발표한 협정서 원문을 일본 공사[1]로부터 입수하였습니다. 그 협정서의 번역문을 각하께 삼가 첨부문서로 전달하게 되어 영광입니다.

하야시는 토지면적이 953,832.40㎡라고 하면서, 제1조에 관련된 설계도 사본을 곧 본인에게 넘겨주겠다고 약속했습니다. 합의된 경계선 안에 있는 러시아인 소유의 전체 토지면적과 관련해 하야시는, 러시아거류지 내에 있는 일본인 소유의 토지(1900년 5월 9일 No. 41 참조) 사례와 비슷하게 조정될 것으로 예상된다고 말했습니다. 따라서 토지를 소유하고 있는 러시아인들은 거류지 규정을 따를 경우 분할된 토지를 소유할 수 있습니다.

아직 한국인 소유로 남아 있는 토지는 1년 내에 일본 정부가 구입하고, 그때까지는 다른 외국인에게 매각하거나 임대해서는 안 된다는 협정서 제3조의 규정과 관련해 본인은 일본 공사에게 은밀히 우려의 말을 전했습니다. 즉 조약에 보장된 10리 이내 지역에

---

1   [감교 주석] 하야시 곤스케(林權助)

서의 토지취득 권리(11월 4일 우리의 계약 제4조 참조) 때문에 장차 생길 수 있는 어려움들을 예방하기 위해서는 한국 정부가 이 조약에 대해 조약체결국들에게 통보해줄 필요가 있다고 말했습니다. 부산에서 발생한 유사한 문제와 관련해 이달 12일 올린 No. 101에서 언급한 바 있는 입장과 동일하게, 하야시는 본인의 우려에 동의하지 않았습니다. 그는 한국 정부가 조약을 공표하는 것으로 충분하다고 생각한다고 말했습니다. 하지만 한국 정부는 아직까지 협정을 공표하지 않고 있습니다.

아직까지 한국인 소유로 남아 있는 토지의 매매가격은 제4조에 규정되어 있으며, 토지세는 러시아거류지와 마찬가지로 매년 100㎡당 연 20전으로 확정되었습니다.

본인은 본 보고서의 사본을 베이징과 도쿄 주재 독일제국 공사관으로 보낼 것입니다.

바이페르트

내용: 마산포 일본거류지, 첨부문서 1부

No. 108의 첨부문서
번역

마산포 일본전관거류지에 관한 협정서

1. 장기 혹은 단기 토지임대 규정에 따라 일본 정부가 외국인거류지에서 10리 이내에서 구입한 토지 및 그 일대를 일본거류지로 삼는다. 이 거류지의 위치와 경계는 첨부한 설계도에 확정되어 있다.

2. 거류지 내의 도로와 하천은 국가소유로 둔다. 본 협정의 효력발생과 함께 새로운 도로와 하천을 설치하거나 기존의 시설들을 유지할 권리는 일본공사에게 일임한다.

3. 거류지 내에 있는 토지 가운데, 이 협정을 비준할 당시 이미 외국인(일본인 포함)이 소유하고 있거나 한국인이 소유하고 있으나 이미 매매협상이 진행 중인 토지에 관해서는 매각 이전에 확정된 토지세를 지불해야 한다. 하지만 일본 정부는 한국인

이 소유하고 있는 토지를 이 협정의 비준 후 일 년 안에 구입할 의사를 갖고 있기 때문에 그 토지들은 그때까지 다른 외국인에게 매각하거나 임대해서는 안 된다.

4. 거류지 내에 있는 한국 정부 소유의 토지 가격은 이 협정에 따라 100 평방미터 당 일3 엔으로 확정한다. 한국인 소유의 토지와 가옥을 구입할 때 소유주가 요구한 가격이 일본 영사 측에서 불합리하다고 판단할 경우 한국 당국과 일본영사가 공동으로 합당한 방법으로 가격을 산정할 전문가를 임명할 수 있다.

5. 거류지 내에 있는 토지에는 이 협정이 비준된 날부터 매년 100 평방미터 당 일본 화폐로 20전(Sen)의 세금을 부과한다. 이것은 매년 1월 10일까지 1년 치를 선불로 납부해야 한다.

6. 아직 매도되지 않은 거류지 내 토지에서 무덤을 이장해야 할 경우 일본 영사 측에서 무덤 1기당 5엔의 이장비를 지급한다.

7. 거류지 앞쪽의 해변을 매립할 필요가 있을 경우 사전에 한국 당국과 합의를 해야 한다.

이 협정은 일본어와 한국어로 각 2통씩 작성, 양측에서 각기 서명 날인한다.

메이지 35년(1902년) 5월 17일
하야시 곤노스케
특별공사이자 전권대신

광무 6년(1902년) 5월 17일
최영하
외부대신서리

[가토의 한국 정부 고문 임명에 관한 러시아 언론보도]

발신(생산)일	1902. 8. 18	수신(접수)일	1902. 8. 21
발신(생산)자	알벤스레벤	수신(접수)자	뷜로
발신지 정보	페테르부르크 주재 독일 대사관	수신지 정보	베를린 정부
	No. 639		A. 12537
메모	러시아 주재 독일제국 대사관 8월 29일 도쿄 A. 38 전달		

A. 12537 1902년 8월 21일 오전 수신

상트페테르부르크 1902년 8월 18일

No. 639

독일제국 수상 뷜로 각하 귀하

도쿄에서 "Novoye Vremya"[1] 로, 한국 정부가 일본인 가토[2]를 3년 임기로 채용했다는 소식이 전신으로 들어왔습니다. 그 신문의 보도에 따르면, 가토에게 한국의 고문으로서 한국 내정에 관한 광범위한 전권이 부여되었습니다.[3]

알벤스레벤

---

1 [감교 주석] 노보예 브레먀(Novoye Vremya)
2 [감교 주석] 가토 마스오(加藤增雄)
3 [원문 주석] 그는 아주 체계적으로 전진하고 있다.

마산포 일본거류지 지도

발신(생산)일	1902. 7. 3	수신(접수)일	1902. 8. 23
발신(생산)자	바이페르트	수신(접수)자	뷜로
발신지 정보	서울 주재 독일 총영사관	수신지 정보	베를린 정부
	No. 111		A. 12649
메모	연도번호 No.642		

A. 12649 1902년 8월 23일 오전 수신, 첨부문서 1부

서울 1902년 7월 3일

No. 111

독일제국 수상 뷜로 각하 귀하

지난달 26일 No. 108과 관련하여, 일본 공사[1]가 본인에게 은밀히 제공한 지도의 사본을 각하께 삼가 첨부문서로 동봉하여 보고 드리게 되어 영광입니다. 금년 5월 17일 체결된 협정과 관련된 마산포 일본거류지의 지도입니다. 그 지도에 의하면 총면적 953,852.40㎡ 중에서, 현재 754,924.38㎡는 일본, 31,254.97㎡는 러시아, 154,710.35㎡는 한국의 소유입니다. 나머지는 도로와 하천에 해당합니다.

앞에 언급된 보고서에서 부수적으로 언급했던 마산포 러시아거류지에 있는 일본인 토지와 관련해 본인은 파블로프[2]로부터, 그 토지들이 최근 러시아 거류지 밖에 있는 러시아 토지와 맞교환되었다고 들었습니다.

바이페르트

내용: 마산포 일본거류지 지도, 첨부문서 1부

---

1 [감교 주석] 하야시 곤스케(林權助)
2 [감교 주석] 파블로프(A. Pavlow)

A. 12639의 첨부문서

마산포 일본거류지 지도

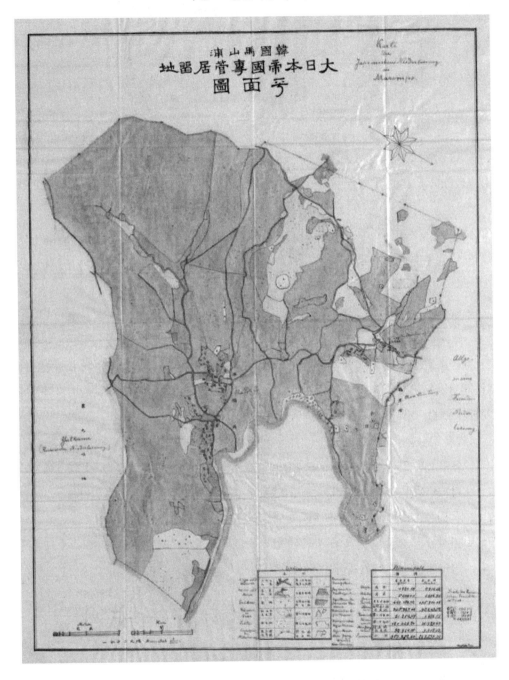

일본 언론의 고의적인 날조 기사들-한국의 고문 문제

발신(생산)일	1902. 7. 7	수신(접수)일	1902. 8. 28
발신(생산)자	바이페르트	수신(접수)자	뷜로
발신지 정보	서울 주재 독일 총영사관	수신지 정보	베를린 정부
	No. 113		A. 12849
메모	I. 9월 1일 페테르부르크 728, 파리 619, 런던 800 전달 II. 9월 10일 워싱턴 A. 281 전달 연도번호 No. 655		

A. 12849　1902년 8월 28일 오전 수신

서울 1902년 7월 7일

No. 113

독일제국 수상 뷜로 각하 귀하

지난달 말경 일본 언론에 소위 "Chungai Tsusinsha" 통신사 발 기사가 하나 실렸습니다. 지난달 17일 서울 주재 러시아 대표[1], 프랑스 대표[2], 독일 대표[3] 간에 비밀협정이 체결되었다는 기사로, 내용은 아래와 같습니다.

1. 프랑스는 한국 정부가 금년도 경의선 철도에 총 180만 엔을 지출할 것으로 예상한다. 하지만 경우에 따라서 프랑스는 그 자금을 직접 빌려줄 수 있다.
2. 독일은 경원선 부설권을 획득한다.
3. 러시아는 중국을 경유하는 전신 연결 프로젝트를 수행할 때 블라디보스토크에서 한국해안까지 해저케이블을 설치한다.

이는 완전히 날조된 기사라는 것은 거론할 필요조차 없습니다.

1　[감교 주석] 파블로프(A. Pavlow)
2　[감교 주석] 플랑시(V. C. Plancy)
3　[감교 주석] 바이페르트(H. Weipert)

본인이 어제 파블로프한테서 들은 바에 의하면, 그는 최근 휴가를 10월에 쓸 게 아니라 전신선과 관련해 약 2주 후로 예상되는 덴마크와의 계약이 체결되는 즉시 당장 휴가에 들어가도 된다는 전보 지시를 받았다고 합니다. 따라서 현재 러시아 측에서는 전신 연결과 관련된 협상이나 고문 문제 어느 쪽에도 큰 비중을 두지 않는 것으로 보입니다. 물론 고문 문제에 관해서는 파블로프가 스스로 인정한 것처럼 완전히 손 놓고 있는 것은 아닌 듯합니다.

하야시[4]의 주장에 의하면 파블로프는 적어도 가토[5]와 균형을 맞추기 위해 러시아인 고문을 채용할 것을 요청했다고 합니다. 물론 공식적인 요구는 아니었고 왕을 알현하는 자리에서 은밀히 요청했다는 것입니다. 한국 측에서는 파블로프의 이러한 요청을 가토의 채용계약을 계속 미루는 데 이용하고 있는 듯합니다. 상황이 이러한데도 일본 언론에서 최근 가토의 활발한 활동, 특히 그가 한국 정부에 제출했다는 상세한 개혁프로그램에 대한 보도가 잇달아 나오고 있다면 그것은 일련의 날조된 기사들이라고밖에 해석할 수 없습니다.

추가로 미국인 고문을 채용하는 문제와 관련해 알렌박사가 본인에게 전해준 바에 의하면, 그는 한국 정부가 자신의 제안을 선뜻 받아들이지 않았기 때문에 그 제안을 완전히 철회했으며, 앞으로 그런 종류의 채용이 있을 시 자신은 협력을 거부할 것이라고 선언했다고 하였습니다.

본인은 본 보고서의 사본을 베이징과 도쿄 주재 독일제국 공사관으로 보낼 것입니다.

바이페르트

내용: 일본 언론의 고의적인 날조 기사들 - 한국의 고문 문제

---

4 [감교 주석] 하야시 곤스케(林權助)
5 [감교 주석] 가토 마스오(加藤增雄)

베를린 1902년 8월 29일 A. 12537

주재 외교관 귀중
도쿄 No. A38

연도번호 No. 7658

귀하에게 한국에 있는 가토에 대한 "Novoye Vremya"지의 전보와 관련한 이달 18일 상트페테르부르크 주재 독일제국 대사의 보고서 사본을 삼가 정보로 제공합니다.

베를린 1902년 9월 11일 I. A. 12849

주재 외교관 귀중
1. 상트페테르부르크 No. 728
2. 파리 No. 619
3. 런던 No. 800

연도번호 No. 7726

귀하에게 일본 언론의 의도적인 날조 기사들과 관련한 금년 7월 7일 서울 주재 독일제국 영사의 보고서 사본을 삼가 정보로 제공합니다.

37

[No. 111 보고서의 베이징, 도쿄 주재 독일공사관으로 전달]

발신(생산)일	1902. 7. 21	수신(접수)일	1902. 9. 6
발신(생산)자	바이페르트	수신(접수)자	뷜로
발신지 정보	서울 주재 독일 총영사관	수신지 정보	베를린 정부
	No. 121		A. 13310
메모	A. 12639 연도번호 No. 688		

A. 13310 1902년 9월 6일 오후 수신

서울 1902년 7월 21일

No. 121

독일제국 수상 뷜로 각하 귀하

이달 3일 No. 111에 이어 그 사본들을 첨부문서로 동봉하여 베이징과 도쿄 주재 독일 제국 공사관으로 보냈다는 사실을 각하께 삼가 보고 드리게 되어 영광입니다.

바이페르트

베를린 1902년 9월 10일   II. A. 12849

주재 외교관 귀중
워싱턴 No. A. 281

연도번호 No. 8020

귀하에게 일본 언론의 의도적인 날조 기사들
및 한국 정부의 외국인 고문 채용과 관련한
금년 7월 7일 서울 주재 독일제국 영사의 보
고서 사본을 삼가 정보로 제공합니다.

[신축민란(辛丑民亂) 관련 한국과 프랑스 조정 가능성]

발신(생산)일	1902. 9. 9	수신(접수)일	1902. 9. 10
발신(생산)자	바이페르트	수신(접수)자	
발신지 정보	서울 주재 독일 총영사관	수신지 정보	베를린 외무부
	No. 15		A. 13515

A. 13515 1902년 9월 10일 오후 수신

전보

서울 1902년 9월 9일   - 시 -분
도착 9월 10일 오전 8시 -분

독일제국 영사가 외무부에 발송

암호해독

No. 15

러시아 대리공사가 본인에게 암시한 바에 의하면, 프랑스와 러시아는 대한제국 수립 기념일에 이곳 군주에게 훈장을 수여할 계획인 듯합니다. 현재 프랑스가 서울에서 제주도[1] 배상 문제로 안고 있는 어려움은 한국의 양보로 조만간 해결될 것 같습니다.

바이페르트

---

1   [감교 주석] 신축민란(辛丑民亂); 신축교난(辛丑敎難)

제물포의 영국 함대

발신(생산)일	1902. 7. 30	수신(접수)일	1902. 9. 20
발신(생산)자	바이페르트	수신(접수)자	뷜로
발신지 정보	서울 주재 독일 총영사관	수신지 정보	베를린 정부
	No. 127		A. 13959
메모	연도번호 No. 739		

A. 13959 1902년 9월 20일 오전 수신

서울 1902년 7월 30일

No. 127

독일제국 수상 뷜로 각하 귀하

이달 23일 "Albion"호, "Goliath"호, "Blenheim"호, "Talbot"호로 구성된 영국 함대가 제물포 항에 입항하였습니다. 제독은 25일 24명의 장교와 서울 주재 영국 대표와 함께 왕을 알현하였습니다. 그런 다음 그는 26일 "Albion"호 선상에서 다수의 한국 고관들을 초대해 대접한 뒤 28일 다시 제물포항에서 웨이하이웨이[1]를 향해 떠났습니다.

본인은 본 보고서이 사본을 베이징[2]과 도쿄[3]주재 독일제국 공사관 및 순양함대 사령관에게 보낼 것입니다.

바이페르트

내용: 제물포의 영국 함대

---

1 [감교 주석] 웨이하이웨이(威海衛)
2 [감교 주석] 슈바르첸슈타인(A. M. Schwarzenstein)
3 [감교 주석] 아르코(E. Arco-Valley)

40

제물포에 온 프랑스와 영국 함대. 콜브란·보스트위크 사의 요구사항들

발신(생산)일	1902. 8. 11	수신(접수)일	1902. 9. 25
발신(생산)자	바이페르트	수신(접수)자	뷜로
발신지 정보	서울 주재 독일 총영사관	수신지 정보	베를린 정부
	No. 133		A. 14185

A. 14185 1902년 9월 25일 오후 수신

서울 1902년 8월 11일

No. 133

독일제국 수상 뷜로 각하 귀하

이달 6일부터 8일까지 "D`Entrecasteaux"호, "Bugeaud"호, "Décidée"호와 함께 제물포에 머물렀던 프랑스 해군소장 Bayle은 금년 5월 이미 서울을 방문했기 때문인지 서울 공식 방문을 생략했습니다. 반면 "Kentucky"호, "New Orleans"호, "Vicksburg"호, "Helena"호와 함께 이달 7일 즈푸[1](옌타이)[2]에서 도착한 미국 해군소장 Evans는 8일 미국 공사와 함께 왕을 알현하였습니다. 비록 미국 함대가 10일 다시 제물포를 떠났음에도 불구하고, 그의 방문은 미국 측 요구로 현재 협상을 진행하고 있는 공사를 지원하려는 의도가 다분해 보입니다. 문제가 되고 있는 사안은 콜브란·보스트위크[3] 사가 서울의 전기 및 수도관 부설 사업비로 최고 약 150만 엔을 청구하고 있는 것입니다. 사업비 지급만기일은 이달 15일이라고 합니다. 알렌이 본인에게 전해준 바에 의하면, 만약 사업비가 지급되지 않을 경우 회사는 계약에 따른 권리를 행사해 전기회사의 시설물과 부동산을 차압할 예정이라고 정부에 통고하였다고 합니다. 포트 아서[4] 건설 사업에 지원하려는 그 회사는 아무래도 이곳의 사업에서 손을 떼려는 것으로 보입니다. 본인이 러시아 대리

---

1 [감교 주석] 즈푸(芝罘)
2 [감교 주석] 옌타이(煙臺)
3 [감교 주석] 콜브란·보스트위크(Collbran & Bostwick)
4 [감교 주석] 뤼순(旅順; Port Arthur)항

공사한테서 들은 바에 의하면, 그 회사는 열흘 전 이곳의 모든 사업과 특허권(전철, 전기, 철도부설, 서울–송도 간 철도, 은행, 서울의 수도관 및 전화 사업권 등)을 150만 엔에 매물로 내놓았습니다. 하지만 슈타인[5]은 러시아 측에서 그것에 관심을 보일 것이라고는 믿지 않고 있습니다. 만약 한국회사로부터 만족스러운 제안이 없을 경우 그 회사는 전기 시설을 일본인에게 매각할 수도 있습니다.

본인은 본 보고서의 사본을 베이징과 도쿄 주재 독일제국 공사관으로 보낼 것입니다.

바이페르트

내용: 제물포에 온 프랑스와 영국 함대. 콜브란·보스트위크 사의 요구사항들

---

5 [감교 주석] 슈타인(Stein)

p.653

41

가토 고문의 채용결정

발신(생산)일	1902. 8. 23	수신(접수)일	1902. 10. 17
발신(생산)자	바이페르트	수신(접수)자	뷜로
발신지 정보	서울 주재 독일 총영사관 No. 137	수신지 정보	베를린 정부 A. 15168
메모	10월 22일 런던 944, 페테르부르크 846 전달 연도번호 No. 810		

A. 15168 1902년 10월 17일 오전 수신

서울 1902년 8월 23일

No. 137

독일제국 수상 뷜로 각하 귀하

본인이 일본 공사[1]한테서 들은 바에 의하면, 비교적 긴 협상 끝에 이달 21일 이곳 정부와 가토[2] 간에 계약이 체결되었습니다. 계약에 따르면 가토는 3년간 월봉 600엔에 궁내부가 아니라 농상공부 고문으로 채용됩니다. 비록 그것으로 가토를 궁에서 멀리 떼어놓으려던 노력이 승리를 거두었다고 말할 수 있지만, 일본 또한 적어도 일본의 이해관계에 특히 중요한 분야에서 그를 이용할 수 있게 된 것에 만족할 것입니다.

본인은 본 보고서의 사본을 베이징과 도쿄 주재 독일제국 공사관으로 보낼 것입니다.

바이페르트

내용: 가토 고문의 채용결정

---

1 [감교 주석] 하야시 곤스케(林權助)
2 [감교 주석] 가토 마스오(加藤增雄)

42

[고종 생신 축하연에서 프랑스 외교관의 불만 표현]

발신(생산)일	1902. 9. 1	수신(접수)일	1902. 10. 16
발신(생산)자	바이페르트	수신(접수)자	뷜로
발신지 정보	서울 주재 독일 총영사관	수신지 정보	베를린 정부
	No. 141		A. 15146
메모	연도번호 No. 840		

사본

A. 15146 1902년 10월 16일 오후 수신

서울 1902년 9월 1일

No. 141

독일제국 수상 뷜로 각하 귀하

지난달 28일 이곳 군주의 생신축하연 때 프랑스 변리공사[1]는 왕을 알현한 뒤 이어서 궁내부대신이 제공하는 조반을 먹기 전 수행원을 이끌고 과시하듯 요란스레 궁을 떠났습니다. 그날 저녁 외부에서 개최한 야외파티에도 프랑스 공사관관원들은 참석하지 않았습니다. 그로부터 며칠 뒤 플랑시는 본인에게, 그런 식으로라도 한국인들에게 제주도 사건[2]의 미흡한 처리에 대한 그의 불만을 보여주고 싶었다고 말했습니다. 또한 5,160엔의 배상금이 아직까지 지급되지 않고 있는 것은 차치하더라도, 특히 작년 4월 가톨릭교도 박해사건의 선동자 및 주모자의 처벌 건이 문제라고 했습니다. 작년 10월 서울에 있는 최고법정에서 그들 가운데 3명은 사형을, 8명은 10년에서 15년의 징역형을 선고받았습니다. 그런데 프랑스 신부들의 보고에 의하면 그 사건에 가장 크게 관여했던 지방관원 채구석[3]에 대한 재판은 프랑스 대표의 강력한 고소에도 불구하고 계속 지연되었습니다. 앞에서 언급된 사형은 곧바로 집행되었습니다. 반면 그 밖의 죄인들의 경우에는 지난달 18일 발표된 칙령에 따라 4명은 사면되고, 앞에서 언급된 채구석은 -프랑스 신부들을

1　[감교 주석] 플랑시(V. C. Plancy)
2　[감교 주석] 신축민란(辛丑民亂); 신축교난(辛丑教難)
3　[감교 주석] 채구석(蔡龜錫)

지키기 위해 노력했다는 그의 진술에 따라– 소추가 면제되었습니다. 플랑시는 이에 반발해 외부대신서리[4]에게 서면으로 이의를 제기했으나 답변이 없었기 때문에 서두에서 언급한 축하연 초대에 응할 수 없었다고 설명했습니다. 그는 현안이 되고 있는 처벌 문제는 차치하더라도 자신의 이러한 태도가 그동안 처리가 미흡했던 프랑스인들의 여러 다른 요구들에 좋은 영향을 미칠 것으로 기대하고 있습니다. 한국 측에서 그가 10월 황제 즉위 기념행사에도 불참하게 될까봐 우려하고 있다는 사실을 간파하고 있기 때문입니다.

바이페르트
원본문서 : 한국 5

---

4 [감교 주석] 유기환(俞箕煥)

43

영국 및 이탈리아 제독의 방문

발신(생산)일	1902. 8. 23	수신(접수)일	1902. 10. 17
발신(생산)자	바이페르트	수신(접수)자	뷜로
발신지 정보	서울 주재 독일 총영사관	수신지 정보	베를린 정부
	No. 138		A. 15169
메모	10월 22일 런던 943 전달 연도번호 No. 812		

A. 15169 1902년 10월 17일 오전 수신

서울 1902년 8월 23일

No. 138

독일제국 수상 뷜로 각하 귀하

영국의 부제독 브리지¹가 이달 18일 쾌속정 "Alacrity"호와 구축함 "Fame"호를 이끌고 웨이하이웨이²에서 제물포에 도착하였습니다. 하지만 서울을 잠시 방문한 후 이곳 군주를 알현하지 않고 웨이하이웨이로 돌아가기 위해 21일 다시 제물포항을 떠났습니다. 19일 오후 "Fame"호 선원 6명과 제물포의 일본인 노동자들 사이에 벌어진 패싸움이 체류를 단축시키는 데 일조했을 것으로 보입니다. 선원들이 술에 취해 일본 상점에서 싸움을 걸었다가 다수의 일본인들이 몰려드는 바람에 혼비백산 도망친 것입니다. 결국 선원들을 대피시킨 영국 부영사 폭스³ 역시 수많은 투석의 위협을 받았습니다. 그 패싸움에서 일본인 3명이 부상을 입었습니다. 그러나 양측 모두 그 사건을 가능한 한 문제 삼지 않고 그냥 넘어갈 듯합니다.

부산에서도 이달 11일 프랑스 전함 "D'Entrecasteaux"호 선원 4명이 주도한 폭력사건이 발생했습니다. 그때 이탈리아 전함 "Marco Polo"호의 선원 다수가 싸움에 합세하는 바람에 일본인 13명이 부상을 당했습니다.

---

1 [감교 주석] 브리지(C. Bridge)
2 [감교 주석] 웨이하이웨이(威海衛)
3 [감교 주석] 폭스(Fox)

영국 선박들과 동시에 이탈리아의 해군소장 파룸보[4]가 "Marco Polo"호를 이끌고 제물포에 도착했습니다. 그는 오늘 장교 8명과 이탈리아 영사를 대동하고 왕을 알현하고 궁궐에서 식사대접을 받았습니다.

본인은 본 보고서의 사본을 도쿄와 베이징 주재 독일제국 공사관으로 보낼 것입니다.

바이페르트

내용: 영국 및 이탈리아 제독의 방문

---

4 [감교 주석] 파룸보(Palumbo)

베를린 1902년 10월 22일   A. 15168

주재 외교관 귀중   귀하에게 한국에서 일본인 가토를 채용하는
1. 런던 No. 944   문제와 관련된 금년 8월 23일 서울 주재 독일
2. 페테르부르크 No. 846   제국 영사의 보고서 사본을 삼가 정보로 제공
                                 합니다.

연도번호 No. 9138

베를린 1902년 10월 22일   A. 15169

주재 외교관 귀중   귀하에게 영국 부제독 브리지의 제물포 및 서
런던 No. 943   울 방문과 관련된 금년 8월 23일 서울 주재
                                 독일제국 공사의 보고서 사본을 삼가 정보로
연도번호 No. 9139   제공합니다.

한국 황제의 대한제국 선포 기념식에 참석한 러시아 대표

발신(생산)일	1902. 10. 23	수신(접수)일	1902. 10. 25
발신(생산)자	로베르크	수신(접수)자	뷜로
발신지 정보	페테르부르크 주재 독일 대사관 No. 757	수신지 정보	베를린 정부 A. 15565
메모	러시아 주재 독일제국 대사관 블라디미로비치		

A. 15565 1902년 10월 25일 오전 수신, 첨부문서 1부

상트페테르부르크, 1902년 10월 23일

No. 757

독일제국 수상 뷜로 각하 귀하

오늘 "Novoye Vremya"[1]는 포트 아서[2]에서 전보로 들어온 소식 2가지를 게재하였습니다. 한국 황제의 정부수립 기념식 참석 차 파견된 대제후 키릴 블라디미로비치[3]와 특사 베베르[4]의 서울 영접에 대한 내용입니다. 통신원이 보낸 기사에 따르면, 공식적으로 한국 황제에게 러시아 정부의 축하인사를 전한 사람은 베베르 공사입니다. 그럼에도 불구하고 다른 한편으로 러시아 대표단 영접 때 주도적인 역할을 한 인물은 대제후라고 합니다. 그가 참석함으로써 정부수립 기념일[5]에 대한 러시아 정부의 외교적 조처가 특히 격을 높이게 되었다는 것입니다.

이미 보고된 바와 같이 당시 독일제국 대사관이 러시아 외무부에서 입수한 정보로는, 러시아 정부는 한국 황제에게 러시아 황제의 축하인사를 전달하게 될 사신을 단지 한 명만 파견할 예정이라고 했습니다. 또한 혹시 같은 시기에 러시아 선박이나 장교들이 한국에 머물더라도 그것은 절대 황제 즉위 기념일과는 아무 상관이 없을 것이라고 했습니다.

---

1 [감교 주석] 노보예 브레먀(Novoye Vremya)
2 [감교 주석] 뤼순(旅順; Port Arthur)항
3 [감교 주석] 블라디미로비치(K. Vladimirovich)
4 [감교 주석] 베베르(K. I. Weber)
5 [감교 주석] 고종의 황제 즉위 기념식

만약 "Novoye Vremya"[6]의 기사 내용이 사실이라면, 앞에서 언급한 공식적인 정보와는 일치하지 않습니다. 앞에서 언급된 "Novoye Vremya"지의 기사를 첨부문서로 동봉하여 각하께 삼가 전해 드리게 되어 영광입니다.

로베르크

내용: 한국 황제의 대한제국 선포 기념식에 참석한 러시아 대표

No. 757의 첨부문서

"Novoye Vremya"에 포트 아서로부터 이달 21일과 22일 전보가 들어왔다고 합니다. 특사 베베르가 10월 16일/4일 키릴 블라디미로비치 대제후가 수석장교로 복무하고 있는 순양함 "Admiral Nachimow"호를 타고 제물포 항에 도착했다는 내용이었습니다. 특사를 환영하기 위해 한국 탁지부대신[7]과 법부대신[8], 러시아 공사관관원들을 대동한 러시아 대리공사[9], 러시아 기지선 "Otwashny"호 사령관 등이 마중을 나왔습니다. 대제후는 마중 나온 인사들 전부로부터 소개를 받았으며, 다음날 "Admiral Nachimow"호의 제독과 장교들을 대동하고 특별열차 편으로 서울로 떠났습니다. 서울에 도착한 대제후는 그보다 먼저 서울로 떠났던 사람들, 즉 베베르 공사, 러시아 대리공사, 한국 고위관리들 및 의장대로부터 성대한 영접을 받았습니다. 정각 1시에 한국 황제의 궁궐에서 성대한 환영식이 열렸습니다. 그때 베베르가 러시아 정부의 축하인사를 전했고, "Admiral Nachimow"호 사령관인 1등 선장 Stemman은 태평양함대 사령관인 부제독 Skrydlow의 축하인사를 전했습니다. 샴페인이 들어오자 황제가 러시아 황제를 위한 건배를 제의했고, 이에 키릴 대제후는 한국 황제의 건강을 기원하는 축배로 응답했습니다. 그 후 황제는 왕족에게만 수여되는 것이 관례인 한국의 표장[10]을 손수 대제후에게 수여하였습니다.

대제후는 러시아 공사관에서 다른 나라 대표들을 영접한 후 특별열차 편으로 제물포로 돌아갔습니다.

---

6 [감교 주석] 노보예 브레먀(Novoye Vremya)
7 [감교 주석] 이용익(李容翊)
8 [감교 주석] 성기운(成岐運)
9 [감교 주석] 파블로프(A. Pavlow)
10 [감교 주석] 표장(表章)

[주한 영국공사와 가토 고문의 협정 체결 소문에 관한 건]

발신(생산)일	1902. 10. 20	수신(접수)일	1902. 10. 29
발신(생산)자	쿠바트	수신(접수)자	뷜로
발신지 정보	워싱턴 주재 독일 대사관	수신지 정보	베를린 정부
	No. 374		A. 15781

사본

A. 15781   1902년 10월 29일 오전 수신

워싱턴 1902년 10월 20일

A. 374

독일제국 수상 뷜로 각하 귀하

러시아 대사인 카시니[1]가 최근 런던에서 발송되어 이곳 언론에 보도된 이상한 뉘앙스의 전보 때문에 몹시 흥분했었다고 본인에게 말했습니다. 한국 국왕의 일본인 고문[2]과 한국 주재 영국 공사[3]가 새로운 협정을 체결했다는 내용의 전보라고 합니다. 그에 따르면 한국의 국권과 독립이 새로 인정되고 한국 정부는 차관을 조달함에 있어 일본과 영국, 미국 이외의 다른 나라에는 문의하지 않기로 했다는 것입니다. 그 즉시 카시니가 헤이[4] 국무장관을 찾아가 정말로 미국이 어떤 식으로든 동아시아에서 일본 및 영국과 관계를 맺었는지 묻자 헤이 국무장관은 지나칠 만큼 단호하게 그 사실을 부인했다고 합니다. 그래서 카시니 백작은 그 뉴스가 전혀 사실이 아니라는 인상을 받았다고 했습니다, 그러면서 그것은 영국이 마치 동아시아에서 미국이 영국 및 일본과 손을 잡은 것처럼 보여주기 위한 목적에서 벌인 일일 것이라고 했습니다. 그렇게 될 경우 당연히 영국과 일본의 입지가 더 강화되기 때문이라는 것입니다.

쿠바트[5]

원본문서 : 한국 10

---

1   [감교 주석] 카시니(A. P. Cassini)
2   [감교 주석] 가토 마스오(加藤增雄)
3   [감교 주석] 조던(J. N. Jordan)
4   [감교 주석] 헤이(J. M. Hay)
5   [감교 주석] 쿠바트(Quadt)

Auswärtiges Amt
Abth. A.

Politisches Archiv d. Auswärt. Amts

Acta

Betreffend

Korea

Vom 1. März 1901
Bis 15. Juli 1901

Vol.: 31
conf. Vol.: 32

Politisches Archiv des Auswärtigen Amts
R 18931

KOREA. № 1.

Tel. a. Seoul v. 3. 4. № 5. Die koreanische Regierung hat die Entlassung des Zolldirektors Brown zurückgezogen.	5097. 5. 4.
Ber. a. Seoul v. 12. 2. № 28. Verleihung japanischer Orden an den Kronprinzen von Korea und den Prinzen Yi Chü-sua.	4821. 30. 3.
Tel. a. Seoul v. 23. 4. № 8. Abschluss einer Anleihe von 5.000.000 Dollars seitens der koreanischen Regierung mit dem französischen Yünnan-Syndikat. Als Sicherheit dienen die Seezölle. Das Syndikat erhält außerdem eine Bergwerks-Konzession, an der es deutsche Beteiligung zu wünschen scheint.	6077. 24. 4.
Tel. a. Seoul v. 23. 3. № 2. Anzeichen dafür, daß Japan in Korea Unruhen stiften will, sind nicht vorhanden.	4396. 23. 3.
Ber. a. Seoul v. 20. 2. № 32. Das Kabinet Ito bemüht sich um die Niederhaltung der Bestrebungen der japanischen Militärpartei zu Gunsten einer aktiveren Politik in Bezug auf Korea, Marquis Itos Politik erscheint indes zu milde und vorsichtig. Rußland und Japan wünschen nicht die Neutralisierung Koreas, sondern eher eine schärfere Formulierung ihrer Abmachungen über Korea.	5349. 10. 4.
Tel. a. Seoul v. 4. 5. № 9. Unbegründetheit des Gerüchts, daß die Engländer Port Hamilton besetzen wollten.	6736. 6. 5.
Tel. a. Tokio v. 22. 4. № 37. Japan will eine geplante Anleihe von 47.000.000 Yen wegen ungünstiger Lage des Welt-Geldmarktes nicht begeben, Finanznot in Japan ist nicht vorhanden.	5980. 22. 4.
Ber. d. Marine-Att. in Tokio v. 5. 3. B. 82 Kriegerische Stimmung in Japan gegen Rußland. Die Japaner verlangen Korea (auch an Fukien denkt man), wenn Rußland in irgendeiner Form die Mandschurei einverleibt. Politische- und Handelsbeziehungen zwischen Japan und Korea. Geschichtlicher Rückblick.	6610. 4. 5.
Bericht aus Tokio v. 11. 4. A. 49 Die Japaner erblicken in dem russ. Verzicht auf den Mandschurei-Vertrag einen diplom. Erfolg. Die Stimmung in der Marine ist kritischer gewesen als in der Armee. Die Krisis wird, nach Ausspruch Herrn Katos, von neuem erwachen, wenn Rußland die Mandschurei nicht an China zurückgibt. Gefährdung der Selbstständigkeit Koreas. (orig. i. a. China 25.)	6814. 8. 5.

Ber. aus Seoul v. 20. 3. № 47. Die koreanische Regierung plant die Entsendung von Gesandtschaften an die europäischen Mächte. Man hofft dann, daß die letzteren gleichfalls wirkliche Gesandte nach Seoul zu schicken beabsichtigen werden. Man bezweckt eine Neutralisierung Koreas unter Garantie der Mächte. Rußland soll diesem Plan wohlwollend gegenüber stehen. Übernahme fremder Ratgeber in die Ministerien.	7018. 12. 5.
desgl. v. 22. 3. № 48. Hochverratsprozeß gegen den koreanischen Justizminister Kim, Yong-chun. Verurteilung zum Tode. Kompromittierung mehrerer hochgestellter Persönlichkeiten.	7019. 12. 5.
desgl. v. 30. 3. № 52. Ruhestörungen im Innern von Korea. Auftreten einer Abenteuerin in der Provinz Chung-Chong.	7325. 17. 5.
Bericht aus Petersburg v. 8. 5. № 346. „Birschewyja Wjedemosti" über die Frage der Erwerbung Masampos durch Rußland.	6903. 10. 5.
Notiz: Telegr. des Königs von Korea an Seine Majestät anläßlich des Bremer Attentats.	7016. 12. 5.
Bericht aus Seoul v. 24. 3. № 49. Vergebliche Bemühungen der koreanischen Regierung, den Generalzolldirektor Brown zum Aufgeben seines Postens zu zwingen. Tätliches Vorgehen gegen Hs. Brown, um ihn aus seiner Wohnung zu entfernen. Einschreiten des englischen Vertreters. Ankunft eines englischen Kriegsschiffes in Chemulpo. Rußland vertritt die Auffassung Koreas.	7020. 12. 5.
desgl. v. 3. 4. № 56. Die koreanische Regierung hat in der Angelegenheit Brown nachgegeben. Audienz des engl. Geschäftsträgers beim König. Herr Pawlow bedauert, daß die Koreaner keine ernste Absicht bei ihrer Demarche gehabt haben.	7595. 22. 5.
desgl. v. 19. 4. № 66. Weitere Differenzen wegen der Räumung der Wohnung des Zolldirektors Brown. Entlassung des Ministers des Äußeren. Ankunft des engl. Kriegsschiffs „Barfleur" in Chemulpo.	8487. 7. 6.
Bericht v. 9. 4. aus Seoul № 60. Der Stand der russischerseits in Masampo geplanten Anlagen. Die Zahl der russ. Truppen bezw. Polizeimannschaft daselbst. Japans Stellung hierzu.	8035. 30. 5.

desgl. v. 10. 4. № 61. Russ. Vertreter über die jap. Opposition gegenüber der russ. Mandschurei-Politik. Die russisch-japanischen Beziehungen. Reservierte Haltung Japans in Korea.	8036. 30. 5.
desgl. v. 5. 5. № 76. Die Angelegenheit des Zolldirektors Brown. Gerücht betreffend englischerseits beabsichtigte Besitznahme Port Hamiltons. Die Anleihe des Yünnan-Syndikats. Diesbezgl. japanische Vorstellung beim König.	9116. 19. 6.
desgl. aus Tokio v. 23. 5. № A. 65 Angebliche Überlassung des Rechts zur Begründung einer japanischen Niederlassung in Masampo seitens Korea-Regierung.	9159. 20. 6.
Tel. i. Ziff. v. 23. 6. aus Peking № 407. Meldung aus Tschifu über Unruhen an koreanischer Grenze. orig. i. a. China 24	9366. 24. 6.
desgl. aus St. Petersburg № 202. v. 26. 6. Meldung der „Nowoje Wremja" über Aufstand auf Korea und Tötung mehrerer Missionare. Entsendung koreanischer Truppen.	9465. 26. 6.
desgl. aus Peking № 414. v. 28. 6. (Dupl.) Konsul Seoul meldet, daß größere chinesische Banden nördlich von Föng-huang-chen stehen, wohin russisches Detachment geschickt ist. orig. i. a. China 24	9584. 28. 6.
desgl. aus Seoul № 10. v. 29. 6. (Dupl.) Aufständische Chinesen beherrschen Gegend zwischen Föng-huang-chen und Grenze. orig. i. a. China 24	9649. 30. 6.
desgl. aus Peking v. 5. 7. № 432. (Dupl.) Landung russischer Truppen in Taku-schan und beabs. Entsendung Kanonenboots an den Yalu.	9993. 6. 7.
Tel. i. Ziffern v. ? (Ank. 11. 7.) aus Peking 437 Chinesen zurückgezogen. Bedrohung Grenze beseitigt. Entsendung russ. Schiffs aufgegeben. Dupl. - orig. i. a. China 24	10189. 11. 7.
desgl. aus Seoul v. 2. 7. № 11. (Dupl.) Die Hetzereien japan. Blätter gegen die römisch-katholische Mission.	9892. 4. 7.

desgl. aus Tokio v. 7. 7. № 56. (Dupl.) Die Hetzereien der japan. Presse gegen Mission zusammenhängend mit Unruhen auf Quelpart. orig. i. a. Korea 10	10060. 7. 7.
desgl. aus Seoul v. 8. 7. № 13. (Dupl.) Aufhören der Hetzereien gegen Mission infolge engl. u. amerik. Intervention. orig. i. a. Korea 10	10133. 9. 7.
Bericht aus St. Petersburg v. 2. 3. № 929. Errichtung eines russischen Vize-Konsulats in Masampo.	3616. 9. 3.
Tel. i. Ziffern 28. 6. aus Peking № 414. (cop.) Auftauchen chinesischer Banden nördlich von Föno-huang-chen. Entsendung russischer Detachments. orig. i. a. China 24	9584. 28. 6.
Bericht aus Seoul v. 7. 5. № 77. (met.) Besuch eines österreichischen Geschwaders in Chemulpo. Empfang des Admirals pp. beim König. orig. i. a. Oesterreich 73	9671. 30. 6.
desgl. v. 8. 5. № 78. Auslassungen des Kommandanten des österr. Kreuzers „Leopard" über die russischen Absichten bezüglich Masampos, besonders auf die Insel Kochye (Cargado-Island) bezw. die Bucht Chin-hei. Zurückziehung der russischen Truppen von Masampo und Ersetzung derselben durch Polizei-Mannschaften.	9672. 30. 6.
Bericht aus Seoul v. 14. 5. № 82. (cop.) Denkschrift des französischen Bischofs Mutin über die aufrührerischen Gesellschaften in Korea und die Verhältnisse auf Quelpart. orig. i. a. Korea 10	9674. 30. 6.
Notiz Bericht aus St. Petersburg v. 8. 7., № 547., enthaltend eine Meldung der „Nowoje Wremja" aus Wladiwostok über angebliche Absichten der Japaner auf koreanisches Gebiet (Insel Kanchua) befindet sich i. a. Korea 10.	zu 10148. 10. 7.
Bericht aus Seoul v. 30. 5. № 90. (cop.) Entsendung zweier französischer Kanonenboote und 100 Mann koreanischer Truppen nach Quelpart aus Anlaß der dortigen Unruhen. orig. i. a. Korea 10	10346. 14. 7.

Bericht aus Seoul v. 21. 5. № 25. Die koreanische Armee. Zusammenstellung ihres derzeitigen Bestandes. orig. spr 14. 7. Gen.-Stab; zur. mit	10162. 10. 7. 10749. 22. 7.
desgl. v. 27. 2. № 35. Engagement zweier Franzosen für das koreanische Arsenal wie andere Engagements von Franzosen ist perfekt geworden.	5520. 13. 4.
Tel. i. Zf. nach Tokio v. 19. 4. № 24. Japan will sich im finanziellen Interesse mit Rußland über Mandschurei und Korea einigen.	5757. 19. 4.
Bericht aus Tokio v. 28. 4. № A. 52 Befürchtungen Rußlands, daß Japan, um sich Geld zu einem Kriege zu verschaffen, einen Vorstoß nach Korea hin macht.	8080. 31. 5.
Marine-Bericht aus Tokio v. 25. 4. Kriegsaussichten.	8082. 31. 5.
Bericht aus Tokio v. 29. 3. № A. 41 Japan verläßt sich auf das von Deutschland gegebene Neutralitäts-Versprechen in der koreanischen Frage.	6578. 4. 5.
Ber. a. Seoul v. 29. 3. № 51. Besuch russischer Kriegsschiffe in Chemulpo. Stand der Verhandlungen wegen Entlassung des Zolldirektors Brown aus koreanischen Diensten.	7324. 17. 5.
Ber. a. Tokio v. 20. 2. A. 16 Charakteristik des neuen Ministers des Äusseren Kato, seine Beziehungen zum diplomatischen Corps, ungünstige Kritik des russischen Gesandten über Herrn Kato, der eine Rußland gegenüber unfreundliche Politik einschlagen wird.	A. S. 444. 23. 3.
Promemoria S. E. des Herrn V. G. R. von Holstein v. 27. 3.: Darlegung der Gründe, weshalb die Aufgabe, Japan zu einer energischeren Politik zu bewegen, nicht Deutschland, sondern nur England zufallen kann. Rußland würde durch Deutschlands Anschluß an Japan, welches nur Erwerbspolitik treibt, mißtrauisch werden. Erwünscht wäre aber, wenn England sich dem Dreibund anschlösse und Japan mit hineinnähme. Unsere Erklärung, daß wir im russisch-japanischen Konflikt wegen Korea neutral bleiben, genügt für jetzt.	A. S. 465. 27. 3.

[   ]

PAAA_RZ201-018931_017 f.

Empfänger	Bülow	Absender	Alvensleben
A. 3429 pr. 6. März 1901. p. m.		St. Petersburg, den 3. März 1901.	
Memo	Entzifferung. Streng vertraulich.		

A. 3429 pr. 6. März 1901. p. m.

St. Petersburg, den 3. März 1901.

№ 154.

Seiner Excellenz

Dem Herrn Reichskanzler

Grafen von Bülow.

Der hiesige englische Botschafter will vor einigen Wochen erfahren haben - aus welcher Quelle gab er nicht an - daß Rußland bei Japan die Neutralisierung Koreas angeregt, die japanische Regierung aber geantwortet habe, solange sich die Verhältnisse in der Mandschurei noch nicht geklärt hätten, zöge sie es vor, diese Frage zu vertagen.

Ob es sich bei dieser Nachricht um einen direkten und neuen Schritt Rußlands oder um die nach dem Bericht des Kaiserlichen Geschäftsträgers in Tokio vom 25. September v. J.[1] von Seiten des dortigen koreanischen Gesandten ausgegangene Anregung handelt, vermag ich nicht zu sagen.

Alvensleben.

---

1 A. 15648 ehrerbietigst beigefügt.

[   ]

PAAA_RZ201-018931_020 ff.

Empfänger	Auswärtiges Amt in Berlin	Absender	Hatzfeldt
A. 3413 pr. 6. März 1901. a. m.		London, den 5. März 1901.	
Memo	Unter Bezug auf Tel. № 114.		

Abschrift.

A. 3413 pr. 6. März 1901. a. m.

Telegramm.

London, den 5. März 1901. 11 Uhr 20 Min. p. m.

Ankunft: 6. 3. 3 Uhr 30 Min. a. m.

Der. K. Botschafter an Auswärtiges Amt.

Entzifferung.

№ 184.

Baron Hayashi, bei welchem ich gestern abend dinierte, brachte mir gegenüber nach dem Essen das Gespräch auf die letzte Entwicklung der Dinge in China. Er bezeichnete die Lage als äußerst ernst und fragte mich, was man in Berlin darüber dächte. Ich erwiderte dem Gesandten, daß ich in den letzten Tagen nur sehr wenig aus Berlin gehört hätte und ihm daher keine Auskunft über den Standpunkt der Ks. Regierung in diesen Fragen geben könne. Wenn er mich um meine persönliche Ansicht frage, so könne ich ihm nur sagen, daß ich vollständig begriffe, wenn man in Tokio die Lage als ernst ansehe, da, was niemand bestreiten könne, durch das russische Vorgehen in Nordchina die vitalsten Interessen Japans berührt würden. Dies beträfe in einem hohen Grade auch England; Deutschland sei dagegen erst in zweiter Linie betroffen, indem es in China so gut wie keine politischen, sondern lediglich Handelsinteressen besäße. Aus diesem Grunde werde es sich für Deutschland auch nicht verlohnen, Schritte zu tun, durch welche es wegen dieser Fragen in einen Krieg mit Rußland verwickelt werden könnte. Daß, wie in Tokio lange Zeit irrtümlicher Weise angenommen worden sei, russisch-deutsche Verträge bezüglich Ostasiens beständen, hätte ich ihm bereits vor einiger Zeit auf seine Anfrage hin authentisch als durchaus unbegründet bezeichnen können. (Siehe dortiges Telegramm № 78.). Deutschland habe in Ostasien keinerlei Verpflichtungen, durch welche es gebunden sei, im Fall eines japanisch-russischen oder sonstigen Konflikts sich auf die Seite der Gegner Japans zu stellen. Ich könne ihm im Gegenteil auf Grund persönlicher Wahrnehmungen mit aller Bestimmtheit versichern, daß Deutschland für den Fall, daß Japan allein oder Japan und England zusammen gezwungen werden sollten, Rußland in China durch Gewalt Halt zu gebieten, absolut neutral bleiben würde.

Baron Hayashi sagte darauf, daß er sich seiner Zeit sehr gefreut habe, die fälschliche Annahme russisch-deutscher Verträge bezüglich Koreas und Ostasien im allgemeinen bei seiner Regierung zerstören zu können. Dies sei ihm auch im vollsten Maße gelungen und habe wesentlich dazu beigetragen, Marquis Ito von seinen russischen Neigungen abzubringen. Während derselbe früher die Ansicht vertreten habe, daß eine Einigung mit Rußland bezüglich Koreas und anderer Fragen den japanischen Interessen am dienlichsten sei, habe der Premierminister sich jetzt davon überzeugt, daß ein Zusammengehen Japans und Rußlands unmöglich sei, weil letzteres trotz aller gegenteiligen Versicherungen darauf ausgehe, sich ganz Nordchina inklusive Korea anzueignen.

Aus diesem Grunde habe man auch in Tokio vor einigen Wochen den russischen Neutralisirungsvorschlag Koreas (diesseitiges Telegramm № 100 und 108) rundweg abgelehnt. Hätte man die Überzeugung gehabt, daß Rußland diesen Vorschlag bona fide gemeint hätte, so wäre man vielleicht im Interesse des Friedens auf denselben eingegangen. In Tokio bestände jetzt die allgemeine Ansicht, daß ein Krieg mit Rußland früher oder später unvermeidlich sei, und es gäbe eine große Anzahl einflußreicher Politiker, (denen er sich anschlösse), welche die Ansicht verträten, daß der Moment gekommen sei, Rußland gegenüber das Prävenire zu spielen und baldmöglichst loszuschlagen. Andererseits machten sich jedoch auch Bedenken wegen der gegenwärtigen Stärke der Flotte geltend. Daß die Russen zu Land während der nächsten 2 Jahre nicht geschlagen werden würden, darüber seien sich sämtliche japanischen Generale einig. Bevor eine größere japanische Truppenmacht jedoch in Korea, auf der Liaotung-Halbinsel oder sonstwo gelandet werden könne, müsse die feindliche Flotte zunächst unschädlich gemacht sein. Zwar nehme man in Tokio an, daß die japanische Flotte auch in ihrer gegenwärtigen Stärke der russischen allein überlegen sei. Da man aber nicht wisse, ob Frankreich im Falle eines japanisch-russischen Zusammenstoßes Neutral bleiben oder sich auf die Seite Rußlands stellen werde, wodurch im letzteren Falle die japanische Flotte eine ziemlich bedeutende Übermacht zu bekämpfen haben würde, so glaubte seine Regierung sich zunächst gegen diese Eventualität durch eine gegebenenfalls geheim zu haltende

Abmachung mit einer anderen Großmacht (und zwar erschiene England hierzu aus vielen Gründen am geeignetsten) schützen zu müssen. Er, der Gesandte habe daher am vergangenen Sonnabend im Auftrage seiner Regierung eine diesbezügliche Demarche im Foreign Office gemacht. Sowohl Lord Lansdowne als auch der Unterstaatssekretär hat ihm darauf geantwortet, daß England für den Moment, da es 200 000 Mann Truppen in Südafrika noch bis auf weiteres halten müsse, leider nicht in der Lage sei, sich in der gewünschten Weise zu binden. Auf seine, des Gesandten, Einwendung, daß es für England gar nicht notwendig sein würde, mehr Truppen in China zu landen, da Japan zu Lande sowohl einer russischen als auch eventuell französischen Streitmacht zusammengenommen, bedeutend überlegen sei, daß die englische Flotte vielmehr nur in Frage kommen würde und dies auch nur für die Eventualität, daß Frankreich nicht neutral bleiben sollte, erwiderte Lord Lansdowne, daß ihm die japanische Anregung plausibel erscheine und daß er im nächsten Kabinetsrat dieselbe zur Erörterung stellen werde. - Baron Hayashi bat mich diese seine Ausführungen streng geheim zu behandeln und bis auf weiteres auch nicht auf dem Foreign Office merken zu lassen, daß mir die japanische Demarche sowie die vorläufige Antwort darauf bekannt sei.

Fortsetzung folgt.

gez. Hatzfeldt.

orig. i. a. China 24. № 6.

PAAA_RZ201-018931_025 ff.

Empfänger	Auswärtiges Amt in Berlin	Absender	Hatzfeldt
Abschrift zu A. 3413.		London, den 6. März 1901.	
Memo	Fortsetzung von Telegramm № 184.		

Abschrift zu A. 3413.

Telegramm.

London, den 6. März 1901. 12 Uhr 26 Min. Nm.

Ankunft: 2 Uhr 50 Min. Nm.

Der K. Botschafter an Auswärtiges Amt.

Entzifferung.

Im weiteren Verlauf des Gesprächs berührte Baron Hayashi auch die Frage, ob Rußland tatsächlich auf der Ratifikation der vereinbarten Verträge bestehen oder infolge der von einigen Mächten den Chinesen gegenüber abgegebenen Erklärungen zurückweichen werde. Er bemerkte dazu, daß er sowohl den Gesandtenposten in Petersburg als auch in Peking längere Zeit innegehabt habe und die maßgebenden Persönlichkeiten und Faktoren an beiden Plätzen genau kenne. Auf Grund seiner dortigen Erfahrungen glaube er, daß Rußland, wenn es überhaupt freiwillig zurückweichen sollte, diese nur provisorisch und scheinbar tun werde. Auch meinten es die chinesischen Bevollmächtigten seiner Ansicht nach mit dem kürzlich an die Mächte gerichteten Appell um Hilfe gegen die russischen Übergriffe nicht ernst. Die letzte Demarche derselben verfolge lediglich den Zweck, die Mächte gegeneinander auszuspielen. Daß Li Hung-Chang, welchen er persönlich sehr genau kenne, im russischen Solde stände, unterläge keinem Zweifel. Derselbe sei entschlossen, eine Ratifizierung der russischen Verträge herbeizuführen und versuche die anderen Mächte Rußland gegenüber nur auszuspielen, um einen möglichst hohen Preis von letzterem für sich selbst herauszudrücken. Was jedoch die Vizekönige des Yangtse sowie Südchinas im allgemeinen beträfe, so habe er die bestimmte Ansicht, daß dieselben es mit ihren Bemühungen, den definitiven Abschluß der russisch-chinesischen Verträge zu vereiteln, ernst meinten.

Auf meine Bemerkung, daß Amerika sich nunmehr auch der Erklärung anderer Mächte bezüglich separater Abkommen mit China angeschlossen habe, erwiderte der Gesandte, daß die Vereinigten Staaten der in Tokio vorherrschenden Ansicht zufolge, viel zu unberechenbar seien, um ernst genommen zu werden, und daß er denselben zum mindesten ebenso mißtraue als Rußland.

Auf die Haltung Deutschlands für den Fall eines russisch-japanischen Konflikts kam Herr Hayashi nicht mehr zurück. Ich habe aus meiner Unterredung mit demselben den Eindruck gewonnen, daß die Gewißheit einer neutralen Haltung Deutschlands den Japanern im Kriegsfall vollständig genügen würde, vorausgesetzt, daß England einigermaßen auf die Wünsche Japans eingeht.

gez. Hatzfeldt.

orig. i. a. China 24 № 6.

Errichtung eines russischen Vizekonsulats in Masampo.

PAAA_RZ201-018931_029			
Empfänger	Bülow	Absender	Alvensleben
A. 3616 pr. 9. März 1901. a. m.		St. Petersburg, den März 1901.	

A. 3616 pr. 9. März 1901 a. m.

St. Petersburg, den März 1901.

№ 929.

Seiner Excellenz

Dem Reichskanzler

Herrn Grafen von Bülow.

In der russischen Gesetzsammlung vom 20. Februar/5. d. Mts. ist die Allerhöchste Bestätigung der Errichtung eines russischen Vizekonsulats in Masampo veröffentlicht.

Alvensleben.

Inhalt: Errichtung eines russischen Vizekonsulats in Masampo.

[   ]

PAAA_RZ201-018931_030

Empfänger	Auswärtiges Amt in Berlin	Absender	Hatzfeldt
A. 4203 pr. 20. März 1901. a. m.		London, den 19. März 1901.	
Memo	Tel. i. Z. 21. 3. Seoul 2.		

A. 4203 pr. 20. März 1901. a. m.

Telegramm.

London, den 19. März 1901. 7 Uhr 42 Min. p. m.

Ankunft: 9 Uhr 55 Min. p. m.

Der K. Botschafter an Auswärtiges Amt.

Entzifferung.

№ 232.

Nach vertraulichen Äußerungen des Unterstaatssekretärs glaubt man hier guten Grund zu der Annahme zu haben, daß Japan in Begriff stände, Unruhen in Korea zu kreieren, um dadurch trotz des japanisch-russischen Übereinkommens vom Jahre 1898 einen Vorwand zur militärischen Besetzung zu erhalten.

Hatzfeldt.

Berlin, den 21. März 1901.   A. 4203.

Konsul   Sind dort Anzeichen einer lebhafteren, auf
Seoul № 2.   Anzettelung von Unruhen gerichteten Tätigkeit
                                    japanischer Emissäre?

J. № 2625.   st. St. S.
                                                      i. m.

Herr Kato.

PAAA_RZ201-018931_032 ff.			
Empfänger	Bülow	Absender	Wedel
A. S. 444 pr. 23. März 1901. a. m.		Tokio, den 20. Februar 1901.	
Memo	I mtg. 30. 3. n. London 337, Peking A. 40. II mtg. 3. 4. n. London 350, Petersburg 279.		

A. S. 444 pr. 23. März 1901. a. m.

Tokio, den 20. Februar 1901.

№ 16.

Seiner Excellenz, dem Reichskanzler, Herrn Grafen von Bülow.

Herr Kato, der im Oktober v. J. das Portefeuille des Auswärtigen übernahm, hat sich in diplomatischen Kreisen bisher wenig beliebt gemacht.

Nach seiner Ernennung erwartete der Minister mit seiner Gattin den Besuch des diplomatischen Korps, ohne, wie es bisher üblich gewesen, vorerst Karten auf den Gesandtschaften abzugeben. Sodann beanspruchte er - ebenfalls entgegen dem bisherigen Brauch - auch in japanischen Häusern den Vortritt vor den fremden Gesandten.

Natürlich wurde es dem jugendlichen Minister - Herr Kato zählt erst 41 Jahre - in diplomatischen Kreisen verübelt, daß er für sich Vorrechte in Anspruch nehme, die seine älteren Vorgänger nicht prätendiert hatten.

Bei seinem wöchentlich stattfindenden Diplomaten-Empfang ist Herr Kato sehr reserviert und verschlossen. Auf Gespräche geht er nur wenig ein, Fragen stellt er selten und die an ihn gerichteten sucht er in der Regel ausweichend oder wenigstens sehr vorsichtig zu beantworten. Dabei ist sein Wesen wenig liebenswürdig und zuvorkommend, sodaß im ganzen diplomatischen Korps niemand - der englische Gesandte nicht ausgeschlossen - für ihn Sympathien hat.

[2]Besonders ungehalten über Herrn Kato ist der russische Gesandte. Herr Iswolsky sprach in diplomatischen Kreisen sogar den Gedanken aus, man solle Marquis Ito darauf aufmerksam machen, daß Herr Kato wegen mangelnder Höflichkeit nicht die geeignete Persönlichkeit sei, um die vom Premier-Minister angestrebten guten Beziehungen mit den europäischen Staaten zu fördern, ein Gedanke, der jedoch von keiner Seite Unterstützung

---

2 [Randbemerkung] allright! schadet nichts.

gefunden hat.

Ich glaube mit der Annahme nicht fehlzugehen, daß Herr Iswolsky auf die Umgangsformen eines „gelben Mannes" so großen Wert nicht legt, und daß der wahre Grund seiner Abneigung gegen Kato auf der Erkenntnis beruht, daß der Minister, dessen Einfluß täglich zu wachsen scheint, mit großer Entschiedenheit und scheinbar auch mit Erfolg für eine stärkere Politik gegnüber Rußland einzutreten sucht. Abgesehen davon, daß er einer russo-japanischen Verständigung offenbar entgegengearbeitet hat[3], wird jetzt vielfach geglaubt, daß Kato, dessen geschickter Vermittlung die Einigung zwischen Ito und Okuma zu verdanken ist, den Minister-Präsidenten bewogen habe, dem Grafen Okuma als Gegenleistung für dessen Nachgiebigkeit in der Besteuerungsfrage Konzessionen auf dem Gebiet der auswärtigen Politik zu machen, also eine festere Haltung zu versprechen. Man nimmt an, daß diese Schwenkung erst im Frühjahr in sichtbare Erscheinung treten wird.[4]

Inwieweit diese Vermutungen, welche auf der russischen Gesandtschaft für begründet gehalten werden, zutreffend sind, vermag ich gegenwärtig noch nicht zu beurteilen. Jedenfalls aber haben sie das Ansehen und den Einfluß Katos in japanischen Kreisen enorm gehoben. Er gilt bereits für den aufgehenden Stern am politischen Himmel Japans, obwohl seine Staatskunst sich bisher in der Öffentlichkeit nicht anders gezeigt hat, als in einer geschickten Ausnutzung seiner günstigen persönlichen Beziehungen. Solche aber spielen, wie ich mehrfach zu betonen die Ehre hatte, in Japan eine ungewöhnlich große Rolle.

Mit der Gesundheit des Minister-Präsidenten scheint es langsam bergab zu gehen in Folge des ausschweifenden Lebens, von dem sich der im 60. Lebensjahr stehende Staatsmann immer noch nicht trennen kann. Der Marquis, der an einem alten Übel leiden soll, welches ihn zur häufigen Benutzung, der starken japanischen Schwefelquellen zwingt, scheint namentlich oft Hypochonder zu sein und soll sich zeitweise in einer sehr apathischen Stimmung befinden. In solchen Zeiten scheint Kato die Führung zu übernehmen.

Daß Herr Kato uns Diplomaten gegenüber einen olympischen Standpunkt einzunehmen sucht, kann nur dazu beitragen, seine Popularität zu befestigen. Während die alten japanischen Herren sich bemühen, stets höflich und liebenswürdig zu sein, wird bei der jüngeren Generation ein breitspuriges Auftreten gegenüber dem Europäer offenbar für schneidig gehalten.[5]

Wedel.

Inhalt: Herr Kato.

---

3   [Randbemerkung] sehr erfreulich! darin muß er bestärkt werden.

4   [Randbemerkung] also Achtung! Ausw. Amt!

5   [Randbemerkung] schadet nichts, wenn wir nur dazu kommen, ihn gegen Rußland zum Druck gebrauchen zu können.

[   ]

PAAA_RZ201-018931_040 f.

Empfänger	Auswärtiges Amt in Berlin	Absender	Weipert
A. 4387 pr. 23. März 1901. p. m.		Seoul, den 22. März 1901.	
Memo	Umst. mtg. 26. 3. London 321, Petersbg. 259. cfr. A. 4492		

A. 4387 pr. 23. März 1901. p. m.

Telegramm.

Seoul, den 22. März 1901. 12 Uhr 15 Min. p. m.

Ankunft: 23. 3. 1 Uhr 26 Min. p. m.

Der K. Konsul an Auswärtiges Amt.

Entzifferung.

№ 1.

Koreanische Regierung, welche ganz freie Verfügung über Zolleinkünfte wünscht, verlangt Mitwirkung englischen Geschäftsträgers zur Entlassung des Zolldirektors Brown wegen behaupteter Ungebührlichkeit und unterlassener Rechnungsablegung. Englischer Geschäftsträger hat heute Instruktion erbeten, nachdem japanischer und amerikanischer Vertreter vergeblich zu seinen Gunsten unoffiziell zu vermitteln versuchen. Russischer Geschäftsträger äußerte sich beifällig über koreanisches Vorgehen.

Weipert.

[   ]

PAAA_RZ201-018931_042 ff.

Empfänger	Auswärtiges Amt in Berlin	Absender	Weipert
A. 4492 pr. 25. März 1901. p. m.		Seoul, den 24. März 1901.	
Memo	Umst. mtg. 26. 3. London 321, Petersbg. 259 cfr. A. 5097.		

A. 4492 pr. 25. März 1901. p. m.

Telegramm.

Seoul, den 24. März 1901.

aufgegeben 25. 3. 12 Uhr 50 Min.   m.

Ankunft: 25. 3. 10 Uhr 48 Min. a. m.

Der K. Konsul an Auswärtiges Amt.

Entzifferung.

№ 3.

Im Anschluß an Telegramm № 1 Zusatz. Englischer Geschäftsträger verlangt seinerseits Entschuldigung wegen rücksichtslosen Verfahrens gegen Brown.

Heute ein englischer Kreuzer eingetroffen.

Weipert.

[   ]

PAAA_RZ201-018931_045

Empfänger	Auswärtigen Amt in Berlin	Absender	A. Mader
A. 4517 pr. 25. März 1901. p. m.		Berlin, den 22. März 1901.	
Memo	A. I^e 2483. Der Staatssekretär des Reichsmarine-Amts. Auf das gefl. Schreiben vom ? Februar 1901-A. 2024. A. 2024.		

A. 4517 pr. 25. März 1901. p. m. 1 Anl.

Berlin, den 22. März 1901.

An den Herrn Staatssekretär
des Auswärtigen Amtes.
Hier.

Anliegend wird der Bericht des Kaiserlichen Konsulats in Seoul vom 19. 12. 1900 nach Kenntnisnahme ergebenst zurückgesandt.

Im Auftrage
A. Mader.

A. 4528 pr. 25. März 1901. p. m.

Kölnische Zeitung.

25. 3. 1901.

Korea. © Petersburg, 24. März. (Telegr.) Der russische Gesandte Pawlow in Söul erhob Einsprache bei der koreanischen Regierung gegen die Anstellung von Ausländern, Russen natürlich ausgenommen, in koreanischen Staatsdiensten. Inzwischen soll, wie über London gemeldet wird, der Engländer Brown, der dem koreanischen Zoll- und Finanzwesen vorstand und dessen Rücktritt Rußland bereits vor einigen Jahren gefordert hatte, aus koreanischen Diensten entlassen worden sein.

[   ]

PAAA_RZ201-018931_048

Empfänger	Auswärtige Amt in Berlin	Absender	Weipert
A. 4387 pr. 23. März 1901. p. m.		Seoul, [o. A.]	
Memo	In nachstehender Umstllg. 26. 3. mtg. London 321, Petersburg 259.		

Abschrift.

A. 4387 pr. 23. März 1901. p. m.

Seoul.

An das Auswärtige Amt.

Der Zolldirektor Brown soll die Rechnungsablegung unterlassen und sich Ungebührlichkeiten haben zu Schulden kommen lassen. Daraufhin verlangt die koreanische Regierung, welche ganz freie Verfügung über Zolleinkünfte wünscht, die Mitwirkung des englischen Geschäftsträgers zur Entlassung desselben. Nachdem der japanische und amerikanische Vertreter vergeblich zu seinen Gunsten unoffiziell zu vermitteln versuchten, hat heute der englische Geschäftsträger Instruktionen erbeten. Russischer Geschäftsträger Herr Pawlow äußerte sich beifällig über das koreanische Vorhaben.

gez. Weipert.

[   ]

PAAA_RZ201-018931_049

Empfänger	Auswärtiges Amt in Berlin	Absender	Weipert
A. 4396 pr. 23. März 1901. p. m.		Seoul, den 23. März 1901.	
Memo	Antwort auf Telegramm № 2[6]		

A. 4396 pr. 23. März 1901. p. m.

Telegramm.

Seoul, den 23. März 1901. 4 Uhr 25 Min.   m.

Ankunft: 6 Uhr 40 Min. p. m.

Der K. Konsul an Auswärtiges Amt.

Entzifferung.

№ 2.

Nein.

Weipert.

---

6 A. 4203 ehrerbietigst beigefügt.

[   ]

PAAA_RZ201-018931_050

Empfänger	Auswärtige Amt in Berlin	Absender	Weipert
A. 4492 pr. 25. März 1901. p. m.		Seoul, [o. A.]	
Memo	In nachst. Umstellung mitg. 26. 3. London 321, Petersburg 259.		

Abschrift.

A. 4492 pr. 25. März 1901. p. m.

Seoul.

An das Auswärtige Amt.

Wegen des rücksichtslosen Verfahrens der koreanischen Regierung gegen Brown verlangt der englische Geschäftsträger seinerseits Entschuldigung.

Ein englischer Kreuzer traf heute ein.

gez. Weipert.

Berlin, den 26. März 1901.

zu A. 4492. / A. 4387.

An

die Botschaften in

1. London № 321.

2. St. Petersburg № 259.

J. № 2769.

Euerer pp. übersende ich anbei ergebenst
Abschriften zweier telegraphischer Berichte des
Kais. Konsuls in Seoul vom 22. u. 24. d. Mts.,
betreffend die von der koreanischen Regierung
angestrebte Entlassung des Zolldirektors Brown,
zu Ihrer gef. Information.

St. S.

i. m.

[   ]

PAAA_RZ201-018931_052 ff.

Empfänger	[o. A.]	Absender	[o. A.]
A. S. 465 pr. 27. März 1901. [o. A.]		Berlin, den 27. März 1901.	
Memo	ad. A. S. 444 Erl. mit A. S. 444.		

A. S. 465 pr. 27. März 1901.[7]

Berlin, den 27. März 1901.

Die Aufgabe, Japan zu einer energischen Politik, d. h. zur Geltungmachung seiner Ansprüche auf Korea zu bewegen, überlassen wir am besten an England.[8]

Für Deutschland, welches seine Beziehungen zu Rußland nach Möglichkeit wahren möchte, ist Japan ein kompromittierender Kamerad, da es offenkundige Erwerbspolitik treibt. Die Japaner wissen, daß z. Zt. niemand den Bestand ihres Inselreichs bedroht und sind deshalb für ein Defensiv-Bündnis nicht leicht zu interessieren. Wenn wir heute den Japanern von einer Vereinbarung zu beiderseitigem Nutzen sprächen, so würden sie ihrerseits dabei weniger die gemeinsame Verteidigung als den gemeinsamen Angriff ins Auge fassen. Da diese Geistesrichtung der Japaner allgemein, insbesondere aber in Petersburg bekannt ist, so würde schon der Umstand allein, daß wir mit den Japanern in Besprechungen über eine gemeinsame politische Haltung eintreten, russischerseits als ein Zeichen angesehen werden, daß wir aus unserer bisherigen rein defensiven Haltung zu einer Angriffs-Politik übergehen wollen. Es ist aus naheliegenden Gründen nicht vorteilhaft, daß wir uns heute ohne andere Anlehnung als den wackligen Dreibund einem derartigen Verdacht aussetzen, welcher danach angetan ist, die chauvinistischen Elemente des Zweibundes in den Vordergrund zu bringen.

Ganz anders läge die Sache, wenn England etwa in kommender Zeit sich zu dem Entschluß einer Angliederung an den Dreibund aufraffte u. wenn alsdann Japan gewissermaßen als Anhängsel von England mit hineingenommen würde. Einesteils würde in diesem Falle das Schwergewicht Englands, welches sowohl in Asien wie in Europa

---

7   [Randbemerkung] Besten Dank für dieses meisterhafte Petb [*sic*.], dessen Ausführungen ich mich in allen Punkten anschließe.

8   [Randbemerkung] ich nehme an, daß [*sic*.] in dieser Linie instruiert ist.

wesentlich auf der Defensive steht, als Gegengewicht gegen die japanische Regsamkeit dienen können; wenn aber auch nicht, so würde jener neue Bund so stark sein, daß die Empfindung der anderen Mächte für uns nicht von der praktischen Bedeutung sein würden wie gegenwärtig, wo es sich empfiehlt, Japan seine eigenen Wege, evtl. zusammen mit England, gehen zu lassen. Auf jeden deutschen Annäherungsversuch würden die Japaner mit der Frage reagieren, ob wir ihnen helfen wollen nach Korea hineinzukommen oder die Russen aus der Mandschurei heraus zu bringen. Auf dieser Basis würde keine Verständigung zu erzielen sein. Wir haben der japan. Reg. mitteilen lassen, daß wir mit Rußland keinerlei politische Abmachungen, besonders keine solchen hinsichtlich Koreas haben, daß wir daher bei einem russ.-japan. Konflikt bestimmt neutral bleiben u. nach menschlicher Berechnung durch unsere Neutralität auch die Neutralität Frankreichs herbeiführen würden. Über diese Erklärung hinaus werden wir nicht füglich gehen können.

Berlin, den 30. März 1901. zu A. S. 444 I / 465

An

die Botschaften in

1. London № 337.

2. Peking № A. 40.

J. № 2914.

Vertraulich!

Euerer pp. übersende ich anbei ergebenst Abschrift eines Berichts des K. Geschäftsträgers in Tokio vom 20. v. Mts., betreffend den japanischen Minister des Auswärtigen

zu Ihrer Information.

N. d. st. St. S.

i. M.

PAAA_RZ201-018931_058 ff.

Empfänger	Bülow	Absender	Weipert
A. 4821 pr. 30. März 1901. [o. A.]		Seoul, den 12. Februar 1901.	
Memo	Abschrift I 8160 pr. 30. 3. Kaisl. Konsulat cf. A. 4250^{02} J. № 171.		

A. 4821 pr. 30. März 1901.

Seoul, den 12. Februar 1901.

№ 28.

An Seine Excellenz

den Reichskanzler

Herrn Grafen von Bülow.

Der japanische Gesandte, welcher nach fast zweimonatlicher Abwesenheit am 5. d. M. von seinem Urlaub aus Japan hierher zurückgekehrt ist, hat in einer Audienz am 10. d. M. dem Kronprinzen von Korea den Chrysantemum-Orden (ohne Kette) überreicht, welcher demselben von dem Kaiser von Japan, offenbar mit Rücksicht auf die im Sommer v. J. erfolgte Beleihung des japanischen Kronprinzen mit dem koreanischen Orden des Goldenen Maßstabes, verliehen worden ist.

Gleichzeitig ist der koreanische Prinz Yi Chü-sun durch die Verleihung der 1. Klasse des japanischen Ordens der Aufgehenden Sonne ausgezeichnet worden. Der Genannte hat mit dem regierenden Souverän den Ur-Ur-Großvater durch Adoption gemeinsam. Er wird mit Rücksicht auf diese entfernte Beziehung zwar nicht als Prinz von Geblüt betrachtet, hat aber am 21. September 1899 den den Descendenten von Königen bis zum vierten Grad zukommenden, gewöhnlich mit „Prinz" übersetzten Titel „Kun" erhalten, nachdem man kurz vorher dem erwähnten Ahnherrn, der nur Kronprinz gewesen war, den posthumen Königstitel beigelegt hatte. Die Rangerhöhung soll von seinen Feinden zu dem Zweck insceniert worden sein, um ihm die fernere Bekleidung von Staatsämtern - er war zuletzt Hausminister gewesen - unmöglich zu machen. Er fährt jedoch fort, im öffentlichen Leben eine gewisse Rolle zu spielen und ist der japanischen Gesandtschaft, mit der er von jeher nähere Beziehungen unterhalten hat, schon häufig nützlich gewesen.

Der hiesige Souverän hat den Chrysanthemum-Orden (gleichfalls ohne Kette) bereits im April 1897 erhalten.

Als koreanische Besitzer von japanischen Dekorationen sind außerdem anzuführen: der frühere Gesandte in Tokio, Yi Ha-Yong, welcher die 1. Klasse der Aufgehenden Sonne anläßlich der Heirat des japanischen Kronprinzen im Mai v. J. erhielt, und der General Yi Yun-yong, welcher bei den japanischen Manövern im April 1899 mit der 2. Klasse Heiligen Schatzes beliehen wurde.

Abschrift dieses gehorsamsten Berichts sende ich an die Kaiserlichen Gesandtschaften in Tokio und Peking.

gez. Weipert.

Mr. Mac Leavy Brown.

PAAA_RZ201-018931_061 f.			
Empfänger	Bülow	Absender	N. Eckardstein
A. 4827 pr. 31. März 1901. p. m.		London, den 29. März 1901.	

A. 4827 pr. 31. März 1901. p. m. 1 Anl.

London, den 29. März 1901.

№ 109.

Seiner Excellenz

dem Reichskanzler

Herrn Grafen von Bülow.

In der gestrigen Sitzung des Unterhauses beantwortete Lord Cranborne eine Interpellation, betreffend die angebliche Entlassung des Zolldirektors Mr. Mc. Leavy Brown aus koreanischen Diensten, welche von der hiesigen öffentlichen Meinung von vornherein auf russische Intrigen zurückgeführt worden und als neue Unfreundlichkeit Rußlands teilweise recht gereizt besprochen worden war.

Nach der von dem Unterstaatssekretär gegebenen Antwort ist Mr. Mc. Leavy Brown nicht entlassen worden. Die entstandenen Schwierigkeiten seien darauf zurückzuführen, daß er seine Dienstwohnung, welche Eigentum der koreanischen Regierung sei, räumen sollte. Im Verlauf der diesbezüglichen Verhandlungen sei er zu einem gewissen Zeitpunkt ersucht worden, seine Entlassung einzureichen; es sei jedoch nunmehr Grund zur Annahme vorhanden, daß der Zwischenfall eine befriedigende Erledigung finden werde.

Der betreffende Parlamentsbericht ist im Ausschnitt hier angeschlossen.

Für den Kaiserlichen Botschafter

N. Eckardstein.

Inhalt: Mr. Mac Leavy Brown.

Anlage zum Bericht № 109. der der Kaiserlichen Botschaft in London vom 29. März 1901.

„The Times"

vom 29. März 1901.

Korea.

Mr. FLAVIN (Kerry, N.) asked a question relating to the Director of Customs at Korea on behalf of Mr. W. REDMOND (Clare, E.), whom he described as his "honourable, learned, and gallant friend." This unusual description evoking some laughter from the Ministerial side, Mr. Flavin retorted that all the gallantry was not on the other side of the House, and appealed to the Speaker to say whether he was not entitled to designate his hon. friend as honourable, learned and gallant.

The SPEAKER. - The hon. member must not continually obstruct the business of the House in this way.

VISCOUNT CRANBORNE, in reply to the question, said, - Mr. McLeavy Brown has not been dismissed. A difficulty arose with regard to Mr. McLeavy Brown`s official residence, which is the property of the Korean Government, and which the latter desired that he should vacate. This led to a demand for his dismissal, but there are reasons for hoping that the matter will be satisfactorily arranged within a brief period.

Berlin, den 3. April 1901. ad. A. S. 444II

1. Botschafter
London № 350

2. Botschafter
St. Petersburg № 279

J. № 3051.

Ew. p. erhalten anbei zu Ihrer Orientierung Abschrift eines Berichts des K. Geschäftsträgers in Tokio vom 20. v. Mts., welcher die Persönlichkeit des japan. ausw. Ministers, Hs. Kato, behandelt. Der Geschäftsträger bezeichnet H1. Kato als einen entschiedenen Gegner Rußlands, welcher seinen Einfluß auf den Marquis Ito im Sinne einer mehr antirussischen Politik geltend mache.

Stellv. St. Sekretär

i. m.

[   ]

PAAA_RZ201-018931_067

Empfänger	Auswäriges Amt in Berlin	Absender	Weipert
A. 5097 pr. 5. April 1901. p. m.		Seoul, den 3. April 1901.	
Memo	Erl. 8. 4. London 361, Petersbg. 293. Inhaltlich Bericht. nach London u. Petersbg., mit Bez. auf Vorgang 5.		

A. 5097 pr. 5. April 1901. p. m.

Telegramm.

Seoul, den 3. April 1901. 12 Uhr 15 Min. a. m.

Ankunft: 5. 4. 10 Uhr 52 Min. a. m.

Der K. Konsulatsverweser an Auswäriges Amt.

Entzifferung.

№ 5.

Im Anschluß an Tel. № 3[9].

Durch Nachgeben der koreanischen Regierung unter Zurücknahme ihres Verlangens Angelegenheit X (geregelt?)

Weipert.

---

9 A. 4492 ehrerbietigst beigefügt.

Die „Birshewyja Wjedemosti" über die Erwerbung Masampos durch Rußland.

PAAA_RZ201-018931_068			
Empfänger	Bülow	Absender	Alvensleben
A. 5211 pr. 7. April 1901. a. m.		St. Petersburg, den 4. April 1901.	
Memo	Gel. u. bitte Notiz über die Tatsache der Erwerbung Masampos durch Rußland zu den Handelsakten Korea zu nehmen. M 11. 4.		

A. 5211 pr. 7. April 1901. a. m. 1 Anl.

St. Petersburg, den 4. April 1901.

№ 241.

An Seine Excellenz

den Reichskanzler

Herrn Grafen von Bülow.

Über die Erwerbung des koreanischen Hafens Masampo durch Rußland äußern sich die „Birshewyja Wjedemosti" in einem Artikel, dessen wesentlichste Ausführungen ich mich beehre, Euerer Excellenz in der beifolgenden Übersetzung des „St. Petersburger Herold" gehorsamst vorzulegen.

Alvensleben.

Inhalt: Die „Birshewyja Wjedemosti" über die Erwerbung Masampos durch Rußland.

Anlage zu Bericht № 241. der Ksl.Botschaft in St. Petersburg vom 4. April 1901.

„St. Petersbürger Harold" № 81.
vom   1901.

Die „Birshemyja Wedomosti" erklären es für nothwendig, daß Rußland einen eisfreien Hafen an der **koreanischen** Küste erwirbt.

„Soviel wir wissen, hat die japanische Regierung bis jetzt in seiner Weise protestirt, daß Rußland den Hafen Masampo erhält und konnte auch aus zweifachen Gründen nicht protestiren. Der erste und wichtigste ist, daß ein derartiger Protest sein Ziel nicht erreichen könnte. Der zweite besteht darin, daß Japan in seinem Streben nach guten und freundschaftlichen Beziehungen zu Rußland einmal für immer auf jegliche Aspirationen bezüglich Koreas verzichtet hat und folglich eine russische Seestation an der koreanischen Küste für dasselbe keine Gefahr abgeben kann."

Die Unruhe, welche die Londoner Kreise jetzt auch Koreas wegen ergriffen hat, läßt unser Börsenblatt völlig kalt. Zu dem Gerücht, daß englische Parlamentarier darüber eine Interpellation einbringen wollen, bemerken die „Birshemyja Wedomosti":

„Man darf annehmen, daß auf derartige Anfragen ernstlich zu antworten nicht ein englischer Minister wagen wird, da dies bedeuten würde, officiell die Beurtheilung solcher Fragen, welche ausschließlich Rußland und dessen nächste Nachbarn im asiatischen Osten betreffen, im englischen Parlament zu sanctioniren. Die Frage über einen russischen Hafen an der koreanischen Küste hat auch nicht einen entfernten Bezug darauf, was die verbündeten Mächte unter verschiedenen Einflußsphären in China begreifen."

Berlin, den 8. April 1901.   A. 5097.

An Botschaft in   Im Anschluß an den Erlaß vom 26. v. Mts.
1. London № 361.   ad 1 № 321., ad 2 № 259., betr. den
2. St. Petersburg № 293.   koreanischen Zolldirektor Brown, beehre ich
                                   mich Ew. mitzuteilen, daß nach einer
J. № 3193.   weiteren telegraphischen Meldung des Kais.
                                   Konsuls in Seoul vom 3. d. Mts. die
                                   koreanische Regierung nachgegeben und das
                                   Verlangen der Entlassung des Zolldirektors
                                   Brown zurückgezogen hat, wodurch die
                                   Angelegenheit erledigt ist.
                                                   St. S.
                                                   i. m.

Japanische und russische Beziehungen zu Korea.

PAAA_RZ201-018931_072 ff.

Empfänger	Bülow	Absender	Weipert
A. 5349 pr. 10. April 1901. a. m.		Seoul, den 20. Februar 1901.	
Memo	mitg. 16. 4. London 389. J. № 197.		

A. 5349 pr. 10. April 1901. a. m.

Seoul, den 20. Februar 1901.

№ 32.

An Seine Excellenz

den Reichskanzler

Herrn Grafen von Bülow.

Nach Informationen des hiesigen amerikanischen Vertreters scheint der japanischen Gesandte die Audienz, welche er am 10. d. M. zwecks Überreichung des Chrysanthemum-Ordens an den Kronprinzen hatte, dazu benutzt zu haben, dem hiesigen Souverän in eindringlicher Weise zu schildern, welche Mühe das Kabinet Ito habe, die angesichts der russischen Bestrebungen in der Mandschurei auf eine energischere Politik in Bezug auf Korea drängende Militärpartei in Japan niederzuhalten.

Andererseits teilte mir Herr Dr. Allen mit, Herr Hayashi habe sich ihm gegenüber in auffallend befriedigtem Ton dahin ausgesprochen, daß gegen die russischen Maßnahmen zum Schutze der Bahnlinien in der Mandschurei durchaus nichts einzuwenden sei. Während sich hierin die offizielle Haltung der japanischen Regierung spiegeln dürfte, scheint Herr Hayashi persönlich mit letzterer nicht ganz einverstanden zu sein. Er äußerte gestern gesprächsweise zu mir, daß der Mangel einer angemessenen Zunahme des japanischen Einflusses in Korea allerdings zum Teil auf ungenügende Kapitalkraft, hauptsächlich aber auf die allzu milde und vorsichtige Politik des Marquis Ito zurückzuführen sei, die der Auslegung als Schwäche ausgesetzt sei und außerdem dem über ein vernünftiges Maß hinausgehenden japanischen Chauvinismus unerwünschte Nahrung gäbe.

Ein in koreanischen Kreisen zirkulierendes Gerücht, daß Herr Hayashi mit Instruktionen zu aktiverem Eingreifen hierher zurückgekehrt sei, bezeichnete mir derselbe als eine Intrige. Die Unbegründetheit dieses Gerüchts soll auch der russische Geschäftsträger dem hiesigen

Monarchen in einer wenige Stunden von dem japanischen Gesandten erhaltenen Audienz versichert haben, vermutlich um Einschüchterungsversuchen des Letzteren vorzubeugen. Nach Herrn Hayashi hätte er gleichzeitig auf die zahlreichen japanischen Angestellten hingewiesen und sich über Vernachlässigung Rußlands beklagt, ohne jedoch dabei ein bestimmtes Verlangen vorzubringen.

Herr Pawlow hat außerdem, wie mir der hiesige englische Geschäftsträger mitteilte, dem koreanischen Souverän gegenüber kürzlich ein am 6. d. M. aus Tokio hier eingegangenes Press-Telegramm für unbegründet erklärt, wonach man sich in St. Petersburg auf eine telegraphische Anfrage der japanischen Regierung hin für die Herbeiführung einer Garantie der Unabhängigkeit Koreas durch die Mächte ausgesprochen haben soll.

Auch der japanische Gesandte erklärte mir, daß ihm von derartigen Verhandlungen nichts bekannt sei, und beiden Vertretern scheint, nach ihren Äußerungen über diesen Gegenstand zu schließen, eine eventuelle Bekräftigung und schärfere Formulierung der bestehenden russisch-japanischen Abmachungen über Korea eher im Bereich der Möglichkeit zu liegen, als eine Garantie der Mächte, die beide als schwer realisierbar bezeichnen.

Abschrift dieses gehorsamsten Berichts sende ich an die Kaiserlichen Gesandtschaften in Tokio und Peking.

Weipert.

Inhalt: Japanische und russische Beziehungen zu Korea.

[   ]

PAAA_RZ201-018931_079 ff.

Empfänger	Bülow	Absender	Wedel
A. 5360 pr. 10. April 1901. p. m.		Tokio, den 1. März 1901.	
Memo	Stelle anheim, nach London mitt. Ausz. i. Z. mtg. 14. 4. London 381 Entzifferung.		

A. 5360 pr. 10. April 1901. p. m.

Tokio, den 1. März 1901.

Auswärtiges Amt. A. 22

Seiner Excellenz

dem Reichskanzler

Herrn Grafen von Bülow.

Mit Bezug auf Euerer Excellenz Telegramm № 5[10] u. 7[11]:

Herr Kato, den ich über die von einer Zeitung gegebene Notiz, wonach Rußland die Neutralisierung Koreas unter dem Protektorat der Mächte vorgeschlagen habe, zu sondieren suchte, erwiderte mir kurz, die Nachricht entbehre der Begründung.

Der englische Gesandte erklärte mir, er habe seiner Regierung keine Meldung betreffend Verhandlungen zwischen Japan und Rußland über Korea gemacht; er erfahre erst jetzt durch mich, daß solche Verhandlungen geschwebt hätten. Vielleicht habe Herr Kato dem Londoner Kabinet durch Hayashi eine diesbezügliche Mitteilung gemacht, die er ihm (Sir Claude Macdonald) verschwiegen habe, was Herrn Kato sehr ähnlich sehe.

Ich erzählte Vicomte Aoki von der Äußerung Prinz Engalitscheffs und erwähnte auch die Zeitungsnotiz betreffend die Neutralisierung Koreas.

Vicomte Aoki sagte mir, die zwischen Herrn Iswolski und Herrn Kato gepflogenen Verhandlungen seien sehr geheim gehalten. Er wisse nur soviel, daß Rußland eine zweite Konvention über Korea als Ergänzung der Baron-Nishi-Rosen-Konvention vorgeschlagen haben und daß der Vorschlag abgelehnt sei.

Wedel.

---

10 1137 / 1188

11 A. 1624.

Französische Angestellte in Korea. Haltung des russischen Geschäftsträgers.

PAAA_RZ201-018931_082 ff.

Empfänger	Bülow	Absender	Weipert
A. 5520 pr. 13. April 1901. a. m.		Seoul, den 27. Februar 1901.	
Memo	J. № 210.		

A. 5520 pr. 13. April 1901. a. m.

№ 35.

Seoul, den 27. Februar 1901.

An Seine Excellenz

den Reichskanzler

Herrn Grafen von Bülow.

Die in dem gehorsamsten Bericht № 45. vom 19. Mai[12] v. J. erwähnten Verhandlungen wegen des Engagements zweier Franzosen für das hiesige Arsenal haben inzwischen zu einem Abschluß geführt, infolgedessen der Artillerie-Hauptmann Payeur und der „Controleur d´ armes" Louis am 19. d. M. hier eingetroffen sind. Beide sind, wie ich von dem französischen Geschäftsträger höre, von ihrer Regierung der hiesigen zur Verfügung gestellt und zwar „hors de cadre", aber nicht aus dem Armeeverband ausgeschieden, sodaß sie in ihrem Avancement fortfahren. Im Fall eines koreanischen Krieges haben sie kontraktmäßig den hiesigen Dienst zu verlassen. Der Hauptmann erhält 400 Yen, der andere 250 Yen Gehalt im Monat und das Engagement lautet auf 3 Jahre. Für dieselbe Zeit wird der Vertrag des russischen Werkmeisters Remnioff erneuert.

Obwohl seinerzeit die hiesige russische Vertretung über alle Einzelheiten des Projekts verständigt worden war, scheint Herr Pawlow jetzt der koreanischen Regierung wegen der Angelegenheit allerlei Schwierigkeiten zu bereiten. Er sagte mir, daß er gegen die Unterordnung Remnioffs unter den französischen Hauptmann Einwendungen mache und Verletzung des koreanischerseits Rußland gegebenen Versprechens behaupte keine fremdländischen Offiziere anzustellen, fügte jedoch hinzu, er bezwecke keineswegs an der Sache etwas zu ändern, es sei ihm vielmehr lediglich um die Sammlung von Beschwerdepunkten gegen die hiesige Regierung zu tun, die er bei gegebener Gelegenheit

---

12 A. 8906 ehrerb. beigef.

demnächst zu verwenden gedenke. Das klingt wie das Vorspiel zu einer Kompensationsforderung. Nebenbei möchte vielleicht Herr Pavlow nach Außen dem Eindruck etwas entgegen arbeiten, daß Rußland die hiesigen französischen Fortschritte begünstigt. Im Übrigen scheinen die fortgesetzten mißbilligenden Vorträge, welche Herr Pavlow dem hiesigen Souverän bald über Anstellungen, bald über wirtschaftliche Konzessionen zu Gunsten anderer Nationen hält, zunächst nur den Erfolg zu haben, ihn bei dem Hof unbeliebt zu machen, nicht aber die Neigung zu erhöhen, seinem Begehren Rechnung zu tragen, daß man in allen solchen Dingen zunächst russischen Rat einholen möge.

Bezüglich der in dem gehorsamsten Bericht № 7.[13] vom 5. v. M. erwähnten Absicht des Engagements von französischen Experten für eine Industrieschule habe ich inzwischen nähere Informationen erhalten. Danach war bereits am 17. Dezember 1897 zwischen der hiesigen Regierung und dem französischen Geschäftsträger Collin de Prancy ein Einverständnis dahin erzielt worden, daß eine Anzahl französische Lehrer oder Vorarbeiter, und zwar für Tischlerei, Maurer-, Ziegler- und Eisenarbeit, Lederfabrikation, Porzellan- und Glasbereitung und elektrische Anlagen für 6000 Yen jährlich engagiert werden sollten. Am 12. April v. J. hat dann der interimistische Geschäftsträger Lefèvre im Auftrag seiner Regierung die Mitteilung gemacht, daß für die genannte jährliche Summe höchstens ein Vorsteher, 3 Lehrer und 3 Vorarbeiter zu beschaffen sein würden und daß für deren Reisekosten eine Summe von 4000 Yen und außerdem für den Ankauf von Instrumenten, Werkzeugen und Maschinen 2-3000 Yen ausgeworfen werden müßten. Hiermit erklärte man sich koreanischerseits unter dem 9. Mai v. J. einverstanden. Inwieweit es Herrn Collin de Prancy, der etwa Mitte v. M. von seinem Urlaub hier zurückerwartet wird, gelungen ist, die Engagements dementsprechend zur Ausführung zu bringen, ist noch nicht bekannt geworden.

Abschrift dieses gehorsamsten Berichts sende ich an die Kaiserlichen Gesandtschaften in Tokio und Peking.

Weipert.

Inhalt: Französische Angestellte in Korea. Haltung des russischen Geschäftsträgers.

---

13 A. 2819 ehrerb. beigef.

Berlin, den 14. April 1901.   A. 5360.

An Botschaft
London № 381.   Im Anschluß an Telegramm № 58. zu Ihrer
                                  Information: Der Kaiserliche Geschäftsträger in
                                  Tokio berichtet am 1. v. M. (inser. aus dem
J. № 3391.   Eingang)

                                              St. S.
                                              i. m.

Berlin, den 16. April 1901.   zu A. 5349.

An die Botschaft
London № 389.   Euerer pp übersende ich anbei ergebenst Abschrift
                                  eines Berichts des Kais. Konsuls in Seoul vom 20.
                                  Februar, betreffend die japanischen und die
J. № 3468.   russischen Beziehungen zu Korea,
                                          zu Ihrer gef. Information.
                                              St. S.
                                              i. m.

Berlin, den 19. April 1901.

Abschrift A. 5757.

Geschäftstr.
Tokio № 24.

J. № 3550.

Nach englischen Blättern soll amerik. Gen.-Konsul in Yokohama seiner Regierung berichtet haben, Japan stehe am Rand einer Finanzkrisis infolge übermäßiger Ausgaben und Anleiheoperationen. Deshalb versuche es auf diplomat. Wege Vergleich mit Rußland über Mandschurei und Korea anzubahnen.

Was ist an dieser Meldung, die schon darum unwahrscheinlich klingt, weil Japan in der Lage sein dürfte, Anleihe eventuell auf Eisenbahnen zu basieren?

gez. Richthofen.

[   ]

PAAA_RZ201-018931_094 ff.

Empfänger	Auswärtiges Amt in Berlin	Absender	Wedel
A. 5980 pr. 22. April 1901. p. m.		Tokio, den 21. April 1901.	
Memo	I Aufziehung. II Aufziehung mit Erlaß 27. 4. Antwort auf Telegramm № 24.		

A. 5980 pr. 22. April 1901. p. m.

Telegramm.

Tokio, den 21. April 1901. 12 Uhr 30 Min. Vm.
Ankunft: 22. 4. 11 Uhr 38 Min. Vm.
Der K. Geschäftsträger an Auswärtiges Amt.

Entzifferung.

№ 37.

Der japanische Finanzminister hat unter Berufung auf die Geldknappheit des inländischen und des Weltmarktes die Begebung von 47 Millionen Yen bewilligten Anleihen zur Zeit für untunlich erklärt und dem Kabinet entsprechende Aufschiebung gewisser Regierungsprojekte vorgeschlagen.

Hierauf stützt sich wohl Meldung amerikanischen Generalkonsuls, der den Zusatz über russisch-japanische Verhandlungen gemacht zu haben bestreitet.

Solche finden jedenfalls nicht statt, vielmehr fürchtet man auf der russischen Gesandtschaft, daß die obige Finanzmaßregel bezwecken möchte, dem Markt nicht Geld zu entziehen, welches eventuell für eine Kriegsanleihe gebraucht werden könnte.

Wedel.

Orig. i. a. Japan 3

[   ]

PAAA_RZ201-018931_098 f.

Empfänger	Auswärtiges Amt in Berlin	Absender	Weipert
A. 6077 pr. 24. April 1901. p. m.		Seoul, den 23, April 1901.	
Memo	Tel. i. Z. mitg. 25. 4. London 201		

A. 6077 pr. 24. April 1901. p. m.

Telegramm.

Seoul, den 23, April 1901. 10 Uhr   Min. p. m.
Ankunft: 24. 4.   5 Uhr 20 Min. p. m.

Der K. Konsul an Auswärtiges Amt.

Entzifferung.

№ 8.

Am 19. hat koreanische Regierung mit französischem Yünnan-Syndikat Anleihe 5 Millionen amerikanischer Dollar 5 ½ % 25 Jahre für Münzzwecke und Bearbeitung Pingyang-Kohlenminen abgeschlossen. Sicherheit Seezölle. Durchführung trotz widerstreitender amerikanischer und japanischer Interessen wahrscheinlich. Syndikat soll angeblich außerdem Bergwerkskonzession erhalten und würde, wie mir hiesiger Vertreter Cazalis spontan erklärte, deutsche Beteiligung daran gern sehen.

Weipert.
Orig. i. a. Korea 4

[   ]

PAAA_RZ201-018931_101 ff.

Empfänger	Bülow	Absender	Wedel
A. 6578 pr. 4. Mai 1901. a. m.		Tokio, den 29. März 1901.	

Abschrift.

A. 6578 pr. 4. Mai 1901. a. m.

Tokio, den 29. März 1901.

A. 41

Seiner Excellenz

dem Reichskanzler

Herrn Grafen von Bülow.

Euerer Excellenz beehre ich mich einen Leitartikel aus der „Japan Times" vom 23. d. M., betreffend Euerer Excellenz angebliche Auslegung des deutsch-englischen Abkommens, in der Anlage gehorsamst vorzulegen. Der Artikel führt aus, Japan sei düpiert worden, wenn es auch nicht erwartet habe, daß Deutschland ein aktives Interesse an der mandschurischen Frage an den Tag legen würde.

Ich machte Herrn Kato bei seinem gestrigen Diplomaten-Empfang darauf aufmerksam, daß derartig ungerechte und in bitterer Tonart gehaltene Äußerungen einer der Regierung so nahestehenden Zeitung wie der „Japan Times", die von einem ehemaligen Privatsekretär des Marquis Ito geleitet werde, auf die guten Beziehungen zwischen Deutschland und Japan störend einwirken könnten.

Wie aus Artikel 1 des deutsch-englischen Abkommens hervorgehe, bezwecke dasselbe vor allem die Erhaltung der wirtschaftlichen Lebensfähigkeit Chinas, weshalb die Notwendigkeit der Offenhaltung der chinesischen Häfen für den internationalen Verkehr besonders betont werde; ferner seien die beiden Regierungen übereingekommen, diese Offenhaltung „für alles chinesische Gebiet zu beobachten, wo sie einen Einfluß ausüben könnten". Zu diesen Gebieten rechne die deutsche Regierung die Mandschurei begreiflicher Weise nicht.

Im Übrigen kenne die japanische Regierung durch die im vorigen Herbst formell von Deutschland vertraulich abgegebene Erklärung Deutschlands wohlwollende und freundschaftliche Gesinnungen.

Der Minister erwiderte, die „Japan Times" stehe zwar der Regierung nahe, sei aber doch ein unabhängiges Blatt; solche Artikel, wie der vorliegende, erschienen ohne Vorwissen der Regierung. Die japanische Presse rege sich ja leicht etwas über Gebühr auf, darauf müsse man nicht zuviel Gewicht legen.

Er begreife vollkommen, daß Deutschlands Interesse an der Mandschurei-Frage nicht genüge, um sich deshalb in einen Gegensatz zu Rußland zu stellen, und er würde auch über eine dementsprechende offizielle Erklärung der deutschen Regierung garnicht überrascht gewesen sein; daß aber die Mandschurei nach unserer Auslegung von dem deutsch-englischen Abkommen nicht berührt werde, habe man in Japan ursprünglich nicht annehmen können.

Die japanische Regierung zweifle nicht an der freundschaftlichen Gesinnung Deutschlands und verlasse sich auf das im vorigen Herbst gegebene „Neutralitäts"-Versprechen in der koreanischen Frage, und das sei schließlich die Hauptsache. Auch hätten Euere Excellenz in der Reichstagsrede Japan sehr anerkennende Worte gezollt, die ihm wörtlich telegraphisch mitgeteilt seien und die die japanische Regierung dankbar empfinde.

gez. Wedel.

Orig. i. a. China 24. № 4.

Japan und Korea.

PAAA_RZ201-018931_104 ff.			
Empfänger	Reichs-Marine-Amt	Absender	Gühler
A. 6610 pr. 4. Mai 1901. a. m.		Tokio, den 5. März 1901.	
Memo	Marine Attaché bei der deutschen Gesandtschaft.		

Abschrift zu A. 6610 pr. 4. Mai 1901. a. m.

Tokio, den 5. März 1901.

B. N. 82

An den Staatssekretär

des Reichs-Marine-Amts Berlin.

Die allgemeine politische Lage zwingt die Betrachtung auf, daß Japan vielleicht in naher Zukunft sich genötigt sieht, zum Schutz wirklicher und vermeintlicher Interessen, mit bewaffneter Hand Rußland gegenüber zu treten.

Die Stimmung im Land ist durchaus kriegerisch, und es unterliegt keinem Zweifel, daß die Regierung, wenn es zu einem Kampf oder zu einer militärischen Demonstration kommt, den weitaus größten Teil des Volkes hinter sich haben wird. - Wenn trotzdem, während der letztvergangenen Wochen, die Tagesblätter eine agressive Sprache nicht führten und neuerdings bekannt werdende Unternehmungen der Russen an der koreanischen Küste, bei Masampo, nur registrierten, ohne sie, wie im vorigen Frühjahr zum Gegenstand heftiger Alarmartikel zu machen, so ist dies Stillschweigen wohl von der Regierung herbeigeführt. Sei dies nun, um nicht unnötige Unruhe ins Land zu bringen, oder um in anderen Lager nicht Aufmerksamkeit zu erregen, - jedenfalls war das Verhalten der Presse bemerkenswert. Das Bekanntwerden eines russisch-chinesischen Vertrages wegen der Mandschurei verstärkte aber die zu agressiverer Politik drängenden Stimmen so, daß selbst das, jeder Schärfe in der äußeren Politik und namentlich gegen Rußland abgeneigte, Ito-Kabinet nicht umhin konnte, den japanischen Standpunkt und die japanischen Interessen an der Entwicklung der Dinge im chinesischen Nachbarreich stärker zu betonen. -

Der Kernpunkt aller japanischen Überlegungen ist immer, daß, wenn Rußland die Mandschurei einverleibt - in welcher Form das immer sei - Japan in Korea Ersatz suchen müsse, da sonst Korea für Japan unwiederbringlich verloren und Japan in seinen vitalsten Interessen bedroht sei.

In einer Anzahl japanischer Köpfe lebt wohl auch der Gedanke, daß Japan in der chinesischen Provinz Fukien Ersatz suchen könne und müsse. Diese Provinz sei zur Ausbildung des Handels von Formosa und zur Ausnutzung des Werts dieser Insel nötig. Außerdem gehört sie in den Rahmen der großen Zukunftspolitik des Inselreichs hinein, das sich berufen glaubt, mit Fukien - Formosa und Korea - Japan, die Tore zum Handel mit China zu beherrschen. Doch stehen diese Aspirationen auf Fukien ganz im Hintergrunde, gehören ferner Zukunft an, im Vergleich mit den auf Korea gerichteten Wünschen.

Dem modernen Japaner sitzt der Gedanke an den dereinstigen ausschließlichen Besitz oder doch an uneingeschränkte Suzeränität über diesen Nachbarstaat im Blute. Das ist Tatsache. Man findet ihn unausgesetzt wiederholt und hört bei jeder Gelegenheit von den Traditionen, die Korea an Japan knüpfen und betont die Notwendigkeit dieser Zusammengehörigkeit wegen der Handelsinteressen. - Es liegt deshalb nahe, sich die Frage vorzulegen, worauf denn eigentlich die geschichtlichen Ansprüche Japans auf Korea sich gründen und ob die Handelsinteressen wirklich so bedeutend sind.

Im Nachstehenden habe ich versucht diese Fragen an der Hand von Tatsachen zu beantworten; es bedarf dazu des Rückblicks in die ältere und älteste Geschichte Japans, sowie einer Betrachtung der gegenwärtigen Handelsverhältnisse mit Korea.

1. Geschichtliches.

Das erste, als erwiesen angesehene Festsetzen der Japaner in Korea erfolgte im Jahre 32 v. Chr. - Einer der Herrscher der damals in meherere Fürstentümer geteilten Halbinsel ging, als er von seinem Nachbarn bedrängt wurde, Japan um Unterstützung und Vermittlung an. Der Streit wurde durch Intervention Japans beigelegt; ein Beweis für das hohe Ansehen, das das Inselreich schon damals genoß. - Ein Tributverhältnis des koreanischen Fürstentums war die Folge.

Im Jahre 202 n. Chr. sah sich die japanische Kaiserin Jingu veranlaßt, Korea mit Krieg zu überziehen. Sie eroberte die östlichen Provinzen, die anderen unterwarfen sich von selbst. Die Tributverpflichtung der Koreaner wurde erneuert und befestigt. - Korea blieb nun für lange Zeit in unausgesetztem Verkehr mit Japan; es wurde die Brücke für das Eindringen der chinesischen Kultur. - Im 6. Jahrhundert forderte Japan seinen Vasallenstaat auf, Priester, Gelehrte und Künstler zu entsenden. Es selbst schickte dafür Kriegsbedarf und Soldaten. So kam es, daß teils freiwillig, teils gezwungen, die um das heutige Fusan herum gelegene Provinz definitiv in japanischen Besitz geriet. Gelegentlich eines Krieges zwischen den koreanischen Fürsten wurden dann in der zweiten Hälfte des 7. Jahrhunderts, die Japaner von der Halbinsel wieder vertrieben und konnten ihren Einfluß für lange Zeit dort nicht wiederherstellen. Der Gedanke an den alten Besitz blieb aber lebendig, und die häufigen Streitigkeiten zwischen den koreanischen Fürsten boten Japan oft Gelegenheit zur Einmischung. Geschenke der Unterstützten waren die Folge; von Japan wurden sie als erneute Tribute aufgefaßt.

In der Zeit bis zum Ausgang des 16. Jahrhunderts schliefen die bisher regen Beziehungen nach und nach ein. Wiederholte Überfälle der Koreaner auf japanisches Gebiet, so besonders im 9. und 11. Jahrhundert und ein Einfall der Horden Kublai Chans, im 13. Jahrhundert, trugen dazu bei, daß sich das Inselreich vom Festland mehr und mehr abschloß.

Ein kräftiges Regiment in Japan besann sich schließlich wieder auf die früheren Machtverhältnisse und so unternahm es im Jahre 1592 der Shogun Hideyoshi die alten Anrechte Japans in Korea zur Geltung zu bringen, indem er ein starkes Heer hinüberschickte. Dies eroberte die ganze Halbinsel, zog sich aber schließlich, im Jahre 1598, wieder nach Japan zurück, als die Koreaner von den Chinesen Unterstützung erhalten hatten und die japanische Flotte geschlagen war.

Nach vorübergehender Unterbrechung der Beziehungen wurde 1605 der friedliche Verkehr wieder aufgenommen, die Koreaner schickten 1618 eine Gesandtschaft und erschienen, nachdem 1623 von Japan ihre Tributpflicht energisch betont war, von da an alljährlich regelmäßig mit Geschenken. -Diese Überreichung von Geschenken durch besondere Gesandtschaften hatte statt, unbeschadet des Abhängigkeitsverhältnisses Koreas zu China, das von Alters her bestand und, neben vielem Anderen, in der Bestätigung der koreanischen Herrscher durch China bei jedem Thronwechsel seinen Ausdruck fand.

Im langen Verlauf der Jahre empfand man aber in Japan diese koreanischen Gesandtschaften als eine Last. Sie brachten außer höfischen Geschenken keine sichtlichen, greifbaren Vorteile, wohl aber große Ausgaben mit sich. Denn der östlichen Sitte gemäß hatte Japan die gesamten durch die Entsendung jener Missionen entstehenden Kosten zu tragen. Deshalb ersuchte Japan im Jahre 1790, zur Verbilligung der Reise, die jährlichen Tributgesandtschaften nur noch bis auf die Insel Tsushima zu schicken. Abgesandte des japanischen Hofes gingen zu ihrer Begegnung gleichfalls dorthin. - Hieraus entstand nach und nach ein bloßer Höflichkeitsakt und Besuchaustausch; mit dem Jahre 1832 hörte auch dieser ganz auf. -

Die Ereignisse, die mit der Eröffnung Chinas für die westlichen Völker zusammenhingen und die eigenen Verwicklungen mit Amerika und Europa fesselten für die Folgezeit die Aufmerksamkeit der Japaner in anderer Richtung und zu vollständig, als daß man auf Wiederherstellung der Beziehungen zu Korea hätte großen Nachdruck legen können. So kam es, daß, als 1865 eine französische Strafexpedition gegen Korea bevorstand und dies sich, in Erinnerung des alten Verhältnisses hilfeheischend an Japan wandte, die Japaner weder die erbetene Unterstützung noch überhaupt eine Antwort schickten. Die Gelegenheit, hierauf zu quittieren, ließ nicht lange auf sich warten. Korea lehnte jede Unterstützung der japanischen Regierung ab, als diese bald darauf Mitteilung vom Ausbruch der Meiji-Revolution an den koreanischen Hof sandte und, unter Bezugnahme auf das alte Vasallenverhältnis, tätige Beihilfe forderte. - Zwei, nach Herstellung geordneter Verhältnisse im Reiche, in den Jahren 1873 und 1874 entsandte Missionen zur Anbahnung der früheren Beziehungen zu Korea blieben erfolglos. Als dann ein japanisches Schiff von Koreanern beschossen wurde (1875) ging Japan mit einer kriegerischen Demonstration vor Chemulpo zu Leibe und forderte Genugtuung und Schadenersatz. Hilfesuchend wandte sich Korea an seinen anderen alten Lehnsherrn: China. Dieser jedoch, selbst engagiert durch die Verwicklungen Annams mit Frankreich, blieb die Antwort schuldig. Auch Japan wurde bei China vorstellig und machte es für die Handlungen seiner Vasallen verantwortlich. China lehnte jedoch ab und erklärte, daß es unter keinem Titel für Korea verantwortlich sei. - In Wahrnehmung der Vorteile seiner Lage drängte nun Japan Korea zu einem Vertrag (Tientsin 1876), dessen erstem Artikel die Fassung gegeben wurde, daß Korea, ein unabhängiger Staat, dieselben suveränen Rechte besitze wie Japan. - Nach dem Vertrage etablierten sich in allen wichtigen koreanischen Plätzen japanische Handelshäuser und es begann eine lebhafte Einwanderung japanischer Untertanen. Neben den regen Handelsbeziehungen wuchs der politische Einfluß Japans in Korea; alle mit der im Lande herrschenden Regierung unzufriedenen Elemente fanden in Japan Halt und Unterstützung. Eine Reihe von Verschwörungen und Attentaten wurden auf japanischen Einfluß zurückgeführt. Es durfte daher nicht Wunder nehmen, als, nach einem - allerdings mißlungenem - Attentat auf die königliche Familie, der Regent Koreas eine chinesische Garnison zum Schutz nach Seoul rief (1882). Zu einem tatkräftigen Protest hiergegen oder zu aktivem Widerstand gegen das somit ausgesprochenen Prädominieren Chinas konnte sich Japan nicht aufschwingen, da es sich noch nicht schlagfertig fühlte. Die Niederwerfung der Satsuma-Rebellion 1877 hatte die militärischen Kräfte erschöpft und Herr und Marine befanden sich noch im Werden.

Die Machtverhältnisse China gegenüber veränderten sich jedoch wesentlich, als die chinesische Flotte durch Admiral Courbet vernichtet war. Japan zögerte, als sich abermals eine Gelegenheit bot, nicht, versammelte ein Geschwader vor Chemulpo und schiffte Truppen aus. Den Anlaß dazu bot die Weidereinführung eines japanischen Gesandten, der gelegentlich eines Aufruhrs in Seoul gewaltsam von dort vertrieben worden war. Die Reklamationen Chinas wurden damit beantwortet, daß Japan seine Truppen nur zurückziehen werde, wenn die chinesischen aus Korea abberufen würden. - Daraufhin wurde 1885 der Vertrag abgeschlossen, daß beide Mächte gleichzeitig ihre Truppen aus

Korea zurückziehen sollten und sie sich verpflichteten, keine bewaffnete Macht in die Halbinsel zu schicken, ohne vorher den anderen contrahierenden Staat zu benachrichtigen.

Japan hatte nun, von China anerkannt, völlig gleiche Rechte in Korea. Die beiden vorbezeichneten Verträge bilden den materiellen Ausgangspunkt des japanisch-chinesischen Krieges von 1894/95.

Wieder sind es eine Reihe von Verschwörungen und Attentaten in der Hauptstadt, Revolten in den Provinzen und die offenkundige Mißregierung in Korea, die Japan und China Grund zum Einschreiten geben. Zur Unterdrückung eines ernsteren Aufstandes schickt 1894 China Truppen nach Korea; Japan fordert ihre Zurückziehung und antwortet gleichzeitig durch Besetzung von Chemulpo und Fusan. Nach längeren Verhandlungen zwischen Japan, China und Korea wird gegen Ende Juli nochmals von Korea gefordert, daß die chinesischen Truppen das koreanische Gebiet verlassen sollen, der königliche Palast wird besetzt und eine provisorische Regierung eingesetzt. - Durch Angriffe japanischer Kriegsschiffe auf einen chinesischen Kreuzer und einen Transportdampfer wird der Krieg zwischen Japan und China unvermeidlich gemacht und am 1. August erklärt. Ein Bündnisvertrag zwischen Japan und Korea, in dem die Unabhängigkeit Koreas betont und ihre Aufrechterhaltung als Zweck hingestellt wird, gibt als Kriegsgrund die Vertreibung der chinesischen Truppen aus Korea an.

Der weitere Verlauf der kriegerischen Ereignisse ist allgemein bekannt. Betrachtungen über die mit dem Kriege verfolgten höheren politischen Absichten und ihre Durchführung bis zur jüngsten Gegenwart liegen außerhalb dieses kurzen geschichtlichen Überblicks.

2. Handelsinteressen

Die Handelsinteressen, die Japan mit Korea verknüpfen, haben sich naturgemäß erst während der letzten Jahre so entwickelt, daß aus ihnen ein Anspruch Japans auf das Vorherrschen in der Halbinsel gegründet werden kann. Aber von lange her datieren die Überlegungen, den Überschuß an Bevölkerung in ein Land überzuleiten, das an klimatischen und Bodenbedingungen der Heimat so ähnlich ist und in so leicht erreichbarer Nähe liegt. Und Japan hat es sachverständigen Erwägungen und Berechnungen zufolge nötig, sich nach Platz umzutun, zur Unterbringung seines Bevölkerungszuwachses.

Japan hat, ohne Formosa, ein Areal von 382. 416 qkm und darauf, nach den letzten statistischen Daten (Jahresschluß 1898) 43,8 Millionen Einwohner. Von den 382.400 qkm sind aber nur 137.200 qkm unter Kultur, sodaß bereits jetzt etwa 315 Menschen auf 1 qkm kommen. Die übrigen 245.200 qkm sind Gebirge, Flußläufe, Seen und sind, zum weitaus größten Teil, für jede Kultur unbrauchbar. Nur im Norden des Reiches findet sich noch eine, im Vergleich zum Ganzen kleine Fläche ungenutzt, die anbaufähig und bewohnbar ist.

Der jährliche Bevölkerungszuwachs hat während der letzten Jahre immer rund ½ Million betragen. Es ist deshalb, bei den Größenverhältnissen des kultivierbaren Land evident, daß, da der Ackerbau diesen Zuwachs nicht tragen kann, Japan angewiesen ist, einerseits auf Handel und Industrie, andererseits darauf, den Volksüberschuß geeigneten Gebieten zuzuführen.

Korea hat einen Flächeninhalt von 218. 650 qkm und nur 8, oder nach höchster Schätzung, 11 Millionen Einwohner. Die anbaufähigen Gebiete sollen, nach dem Urteil Landeskundiger, mindestens das Doppelte der Bewohnerzahl tragen können. Bei der Gleichartigkeit der Existenzbedingungen, die hüben wie drüben herrschen, ist es daher nicht zu verwundern, daß Japan die koreanische Halbinsel als Feld für die Zukunftstätigkeit ansieht, um so mehr, als das koreanische Volk und seine Regierung, in den Augen der Japaner, die absolute Unfähigkeit dargetan haben, ihr Land weiter zu entwickeln und auszunutzen.

Über die Zahl der in Korea lebenden Japaner herrschen verschiedene Ansichten vor; sie wird von den einen als außerordentlich groß, von den anderen gegenteilig bezeichnet. Die amtliche Angabe besagt, daß 1898 16. 000 Japaner in Korea angesiedelt waren. Als Vergleichszahlen sind die folgenden hier angeführt:

Japaner in England und den engl. Kolonien	6. 500
Japaner in Rußland und russischen Territor.	3. 500
Japaner in China	1. 800
Japaner in den Vereinigten Staaten von Nordamerika	44.000

Das Bild, das der statistische Handelsbericht von 1899 über die Bedeutung des koreanischen Handels für Japan gewährt, ist in groben Zügen nachstehendes. Bei einer Gesamtausfuhr Japans von 215 Millionen Yen beträgt die nach Korea 7 Mill.; von einer Gesamteinfuhr von 220, 5 Millionen Yen kommen auf Korea 5 Millionen. Die entsprechenden Zahlen für den Handel mit Deutschland sind: Ausfuhr - 3, 8 Mill., Einfuhr aus Deutschland - 17, 6 Mill. Es stehen also als Gesamtzahlen für den koreanischen und den deutschen Handel im Vergleich: 12 Millionen und 21, 4 Mill. Während jedoch der Handel nach Korea, bis auf einen verschwindend kleinen Teil, ganz in japanischen Händen liegt, ist beim Handel nach Deutschland das Gegenteil der Fall. Der Gesamtvergleich ist:

Handel mit Korea	11. 972. 098 Yen
davon durch Japaner bewirkt	11. 880. 940 Yen
Ausfuhr nach Deutschland	3, 8 Mill. Yen
davon in japanischen Händen	1, 03 Mill. Yen

Einfuhr von Deutschland	17, 6 Mill.	Yen
davon in japanischen Händen	3, 8 Mill.	Yen

Den Hauptposten im Geldwert der Ausfuhr nach Korea repräsentieren die Baumwollartikel, die Haupteinfuhr aus Korea sind Bohnen (2, 1 Mill. Yen) u. Reis (1, 7 Mill. Yen).

Wie aus den obigen Vergleichszahlen hervorgeht, spielt also der Handel mit Korea für die japanischen Untertanen eine sehr wichtige Rolle. Ins rechte Licht gesetzt wird die Bedeutung dieses Handels durch die Tatsache, daß in ihm zahlreiche kleine und kleinste Händler ihr Brot finden und daß er der Küstenschifffahrt einen Hauptteil des Unterhalts gewährt, im Gegensatz zum europäischen Handel, der im Grunde doch nur auf immerhin wenige große Häuser und den transatlantischen Verkehr beschränkt bleibt.

Einen ganz besonderen und interessanten Einblick in die Mannigfaltigkeit der Fäden und Beziehungen zwischen den beiden Ländern gewinnt man aus der nachstehenden Liste des Postverkehrs.

(Die Daten beziehen sich auf das Jahr 1898)

	Nach Korea abgesandt:	Von Korea erhalten:
Gewöhnliche Briefe	387. 712	410. 670
Postkarten	172. 354	58. 136
Drucksachen	267. 046	114. 050
Eingeschr. Briefe		
Warenmuster u. s. w.	15. 109	19. 035
Insgesamt Japan-Korea	842. 321	601. 891
Insgesamt Japan-China	277. 574	232. 775
Insgesamt Japan-Deutschld.	152. 183	188. 962
Insgesamt Japan-England	285. 210	415. 819
Insgesamt Japan-Amerika	647. 658	686. 410

(nicht nur Ver. St., sondern Nord u. Süd-Amerika)

Der Postverkehr mit Korea nimmt also unbedingt die erste Stelle ein.

Über den koreanischen Handel selbst mangelt es mir an statistischem Material. Aus einer Notiz über die im Jahre 1892 herrschenden Verhältnisse geht jedoch hervor, wie dominierend in Korea der in japanischen Händen liegende Handel ist. Von 391.000 t des ein- und ausgehenden Schiffsverkehrs segelten nur 8000 t unter koreanischer Flagge, 15.000 t unter chinesischer, 25.000 t unter russischer, dagegen 328.000 t unter der japanischen Flagge.

Die Wichtigkeit des Interesses der Japaner am koreanischen Nachbarstaat ist daher nicht zu verkennen.

gez. Gühler.

Betrifft: Japan und Korea.

[   ]

PAAA_RZ201-018931_120

Empfänger	Auswärtiges Amt in Berlin	Absender	Weipert
A. 6736 pr. 6. Mai 1901. p. m.		Seoul, den 4. Mai 1901.	

A. 6736 pr. 6. Mai 1901. p. m.

Telegramm.

Seoul, den 4. Mai 1901. 4 Uhr 28 Min. Nm.
Ankunft: 6. 5. 7 Uhr 30 Min. Nm.

Der K. Konsul an Auswärtiges Amt.

Entzifferung.

№ 9.

Englischer Konteradmiral, zur Zeit wegen neuer Schwierigkeiten betreffs koreanischen Zollinspektors Brown mit drei Schiffen hier, erklärte mir Gerücht beabsichtigter englischer Besitznahme Port Hamiltons als unbegründet.

Weipert.

PAAA_RZ201-018931_121 ff.

Empfänger	Bülow	Absender	Wedel
A. 6814 pr. 8. Mai 1901. p. m.		Tokio, den 11. April 1901.	
Memo	mitg. 19. 5. London 445, Paris 345, Petersbg. 370.		

Abschrift.

A. 6814 pr. 8. Mai 1901. p. m.

Tokio, den 11. April 1901.

A. 49

Seiner Excellenz

dem Reichskanzler

Herrn Grafen von Bülow.

Rußlands Verzicht auf den Mandschurei-Vertrag wird hier nach einem kurzen Zögern offenbar mit großer Genugtuung empfunden, teils wohl, weil die Japaner damit einen diplomatischen Erfolg gewonnen zu haben glauben. Es ist das erste Mal, daß Japan in einer solchen Weise bei einer europäischen Großmacht vorstellig wurde und, wenn nicht direkt, so doch dem Sinne nach, gegen deren Politik protestierte, und es ist daher wohl begreiflich, daß das günstige Resultat, mag es nun mehr den japanischen Vorstellungen oder anderen Umständen zuzuschreiben sein, die Herzen der Japaner mit lebhafter Befriedigung erfüllt. Andererseits scheint die Armee vor Allem im Hinblick auf die Zünder-Affaire im Gegensatz zur Marine sich doch nicht ganz fertig zu fühlen und dürfte froh sein, Zeit gewonnen zu haben, um die bestehenden Mängel zu beseitigen. Ich habe von verschiedenen gut unterrichteten Seiten gehört, daß die Stimmung in der Marine viel kriegerischer war als in der Armee.

Am Tage nach Bekanntwerden der russischen Erklärungen behielten die japanischen Zeitungen ihre scharfe und kriegerische Tonart bei, doch war schon am folgenden Tage ein Einlenken erkennbar. Heute kann von kriegerischer Tonart nicht mehr die Rede sein, wenn auch die gesamte Presse in Übereinstimmung mit Herrn Kato erklärt, den ich soeben an seinem Diplomatenempfang in einer für seine Verhältnisse ungewöhnlich heiteren Stimmung verließ, Rußlands Verzicht habe keine andere Bedeutung als daß die Lösung der mandschurischen Frage, welche man bisher als unmittelbar bevorstehend angesehen habe, nunmehr hinausgeschoben und der Zukunft vorbehalten sei. Das Haupt-Regierungsorgan, die „Nichi Nichi", sowie auch einige andere der Regierung nahestehende Zeitungen fügen hinzu, Japans nächstes Ziel müsse eine möglichste Beschleunigung der in Peking gepflogenen Verhandlungen sein, da denselben die Entscheidung der mandschurischen Frage auf dem Fuße folgen müsse.

Demnach erscheint die Krisis gegenwärtig suspendiert und auf jenen Augenblick verschoben. Dann aber wird dieselbe, so deutete mir auch Herr Kato an, von Neuem erwachen, wenn Rußland nicht seinen Versprechungen gemäß die chinesische Provinz tatsächlich räumt und an China zurückgibt. Wenn Rußland seine ostasiatische Streitmacht bis dahin nicht wesentlich verstärkt hat, was die Japaner nicht für ausführbar zu halten scheinen, so muß man erwarten, daß die Japaner alsdann noch mehr Entschlossenheit zeigen werden; denn abgesehen davon, daß die Armee völlig vorbereitet wäre, kann es nicht ausbleiben, daß der gegenwärtige Rückzug Rußlands dem japanischen Selbstbewußtsein erheblichen Vorschub leisten wird.

Es bricht sich auch in den breiteren Schichten des japanischen Volkes immer mehr die Erkenntnis Bahn, daß für Japan die Zeit gekommen ist, seine Großmachtsgedanken in die Tat umzusetzen, wenn es den Moment nicht ganz verpassen will.

Die Stellung Rußlands in der Mandschurei wird als eine Gefahr für die Selbstständigkeit Koreas angesehen. Das nahe Korea aber, von dessen Häfen (Fusan und Masampo) der japanische Kriegshafen Tsushima in 10 Stunden zu erreichen ist, ist der Schlüssel der japanischen Großmachtpolitik.

Gelingt es Rußland jemals Herr der Halbinsel zu werden, so dürfte das Reich der aufgehenden Sonne sich für alle Zeiten mit seinen Insellanden zu begnügen haben.

gez. Wedel.
Orig. i. a. China 25.

Die „Birshewja Wjedemosti" über die Frage der russischen Erwerbung Masampos.

PAAA_RZ201-018931_125 ff.			
Empfänger	Bülow	Absender	Alvensleben
A. 6903 pr. 10. Mai 1901. a. m.		St. Petersburg, den 8. Mai 1901.	

A. 6903 pr. 10. Mai 1901. a. m.

St. Petersburg, den 8. Mai 1901.

№ 346.

Seiner Excellenz

dem Reichskanzler

Herrn Grafen von Bülow.

Am Schlusse eines Artikels, in welchem die Notwendigkeit der Erwerbung des Hafens Masampo für Rußland erörtert wird, schreiben die „Birshewyja Wjedemosti" folgendes:

„Die russische Diplomatie, der ihre ärgsten Gegner die Fähigkeit, den geeigneten Augenblick abzuwarten und glücklich zu wählen nicht abstreiten, ist schon längst mit der Masampo-Frage ernstlich beschäftigt. Der gestrige Hinweis Cranbornes, daß das deutsch-englische Abkommen sich nicht auf Korea beziehe, soll möglicherweise die öffentliche Meinung in England auf den in jedem Falle unvermeidlichen Eintritt des Ereignisses vorbereiten. Offenbar erkennt man in den gut unterrichteten Londoner Kreisen ebenso wie bei uns, daß das Bedürfnis einer russischen Marinestation an der koreanischen Küste bald Befriedigung finden muß."

Alvensleben.

Inhalt: Die „Birshewja Wjedemosti" über die Frage der russischen Erwerbung Masampos.

zu A. 7016 pr. 12. Mai 1901.

Notiz.

Bericht aus Seoul v. 17. 3. № 44 betr. Telegramm des Königs von Korea an Seine Majestät anläßlich des Bremer Attentats befindet sich

i. a. Deutschland 141 № 6.

Beweggründe der beabsichtigten Entsendung koreanischer Gesandtschaften.

PAAA_RZ201-018931_129 ff.

Empfänger	Bülow	Absender	Weipert
A. 7018 pr. 12. Mai 1901. a. m.		Seoul, den 20. März 1901.	
Memo	mitg. 20. 5. London 450. J. № 290.		

A. 7018 pr. 12. Mai 1901. a. m.

Seoul, den 20. März 1901.

№ 47.

An Seine Excellenz

den Reichskanzler

Herrn Grafen von Bülow.

Was die Beweggründe des plötzlichen Eifers anbetrifft, mit dem die koreanische Regierung, wie ich heute zu berichten die Ehre hatte gegenwärtig die Entsendung von Gesandtschaften an die europäischen Mächte betreibt, so darf ich zunächst nicht unerwähnt lassen, daß der hiesige Souverän mir gestern in einer zwecks Vorstellung des neuen deutschen Musikinstrukteurs anberaumten Audienz mit Bezugnahme auf die beschlossene Maßregel bemerkte, er gebe sich der Hoffnung hin, daß alsdann auch die europäischen Mächte die Heraussendung von wirklichen Gesandten nach Korea ins Auge fassen würden.

Auch der amerikanische Vertreter sagte mir, es sei ihm mitgeteilt worden, daß dieser Wunsch des Monarchen die Maßregel beeinflußt habe.

Außerdem aber liegt Grund zu der Annahme vor, daß sich die hiesige Regierung, um einer ihr unerwünschten Lösung der durch die gegenwärtige Lage in Ostasien näher gerückten koreanischen Frage tunlichst vorzubeugen, sich mehr denn je mit dem Gedanken beschäftigt, eine Neutralisierung Koreas unter der Garantie der Mächte anzustreben. Der amerikanische Berater der Regierung, Herr Sands, der dem Projekt von jeher das Wort geredet hat, erklärte mir vertraulich, daß der Wunsch, sich für einen eventuellen direkten Appell an die Mächte in dieser Richtung einen Weg zu schaffen, für die Entsendung der Missionen in erster Linie bestimmend geworden sei, denn man habe eingesehen, daß der durch den Gesandten Cho Pyöng-Sik im August v. J. unternommene Versuch, die Frage durch Japan bei den übrigen Regierungen anregen zu lassen, ein großer Mißgriff gewesen sei. Herr Sands gab dabei für die damalige Demarche die Erklärung, daß sie auf die rein persönlichen Ratschläge des japanischen Legationssekretär Yamaza hin erfolgt sei, der sich bekanntlich gleichzeitig mit Cho Pyöng-Sik nach Japan begab. Herr Yamaza habe auch sonst vielfach aus Ehrgeiz in einer für seinen Gesandten nicht immer angenehmen Weise Politik auf eigene Faust getrieben und seine im vorigen Monat erfolgte Abberufung nach Tokio sei dem direkten Wunsch des Herrn Hayashi zuzuschreiben.

(Nach Angabe meines Gewährmannes glaubt man hier zur Zeit bei Rußland eher als bei Japan auf ein Entgegenkommen in dieser Frage rechnen zu dürfen. Dabei darf ich gehorsamst erwähnen, daß Herr Pavlow kürzlich bei gesprächsweiser Berührung des Gegenstandes die mit seinen früheren Äußerungen wenig übereinstimmende Bemerkung fallen ließ, es sei schon immer die Idee Rußlands gewesen, daß eine solche Neutralisierung Koreas wünschenswert sei.)

Bezüglich der Ausführung scheint man sich bisher nur sehr unklare Vorstellungen gemacht zu haben. Herr Sands meinte, es werde genügen, fremde Ratgeber in den wichtigsten Ministerien und als oberste Instanz für alle Schwierigkeiten eine hier residierende internationale Kommission zu haben.

Abschrift dieses gehorsamsten Berichts sende ich an die Kaiserlichen Gesandtschaften in Peking und Tokio.

Weipert.

Inhalt: Beweggründe der beabsichtigten Entsendung koreanischer Gesandtschaften.

Hochverratsprozeß gegen den koreanischen Justizminister Kim Yong-Chun.

PAAA_RZ201-018931_135 ff.			
Empfänger	Bülow	Absender	Weipert
A. 7019 pr. 12. Mai 1901. a. m.		Seoul, den 22. März 1901.	

A. 7019 pr. 12. Mai 1901. a. m.

№ 48.

Seoul, den 22. März 1901.

An Seine Excellenz, den Reichskanzler, Herrn Grafen von Bülow.

Die koreanischen Regierungskreise wurden in den letzten Wochen durch einen Hochverratsprozeß in Erregung versetzt, welchem der bisherige Justizminister und Präsident des obersten Gerichthofs Kim Yong-Chun zum Opfer gefallen ist. Der Genannte hatte seit vorigem Sommer einen großen Einfluß gewonnen, zumeist infolge der Reichtümer, die er in kurzer Zeit durch skrupellose Erpressung zum Teil für den hiesigen Souverän, zum größeren Teil aber für sich selbst zusammen zu bringen verstanden hat. Durch seine persönliche Habgier unterschied er sich von seinem Hauptnebenbuhler Yi Yong-Ik, der sich als Vize-Finanzminister, Königlicher Schatullenverwalter, Direktor der Königlichen Bergwerke pp. dadurch, daß er allen Gewinn seiner Manipulationen an seinen königlichen Herrn ablieferte und selbst ein sehr einfaches Leben führt, mehr und mehr in dessen Gunst zu befestigen gewußt hat.

Beiden stand die Mehrzahl der in der gegenwärtigen Regierung neuerdings wieder stark vertretenen Mitglieder der Min-Familie, der Verwandten der verstorbenen Königin, gegenüber. Ein zu weitgehender Eingriff gegen einen der Letzteren hat jetzt Kim Yong-Chun zu Fall gebracht. Er verhaftete einen gewissen Min Yong-Chu mit der Beschuldigung, daß derselbe sich dabei beteiligt habe, ungesetzlicher Weise eine Insel im Hafen von Chemulpo (Roze-Island) an einen Japaner namens Yoshikawa zu verkaufen. Der Sohn des Beschuldigten, der Vize-Minister des Innern Min Kyöng-Sik, antwortete im Verein mit einem Beamten aus dem Militärkabinet namens Chu Sök-Miön mit einer Denunziation gegen Kim Yong-Chun wegen Hochverrats, worauf alle drei am 4. d. M. verhaftet wurden. Die offizielle Beschuldigung gegen Kim Yong-Chun, die dieser auf die Denunzianten selbst zurückzuschieben suchte, lautete dahin, daß er geplant habe, durch anonyme Briefe an hiesige Vertretungen und durch eine in der russischen Gesandtschaft zu verursachende Bombenexplosion ein Eingreifen Rußlands zu provozieren, um bei der dann zu erwartenden Krisis als Retter aufzutreten, seine Gegner zu beseitigen und selbst zu größerer Macht zu gelangen. Nach einem nicht unwahrscheinlichen, wenn auch im Wortlaut des Urteils keine Stütze findenden Gerücht soll der eigentliche Kern der Anklage dahin gegangen sein, daß Kim einen Anschlag gegen das Leben der bekanntlich die Erhebung zur Königin aspirierenden „Lady Om" geplant habe, um sie zu Gunsten einer anderen Nebenfrau namens Tä zu beseitigen.

Der Angeklagte, dessen Vermögen man sich vor allen Dingen einzuziehen beeilt hat, scheint schließlich unter der Folter alles zugestanden, zugleich aber eine Anzahl hoher Beamten der Teilhaberschaft an seinen Plänen beschuldigt zu haben. Jedenfalls wurden am 16. d. M. unter anderen der Prinz Yi Chä-Sun und der Hausminister Yi Chi-Yong verhaftet. Bereits am folgenden Tage jedoch wurden diese Personen wieder außer Verfolgung gesetzt und der Prozeß erreichte durch Verurteilung Kim Yong-Chuns zur Todesstrafe, die alsbald am 18. d. M. vollstreckt wurde, ein schnelles Ende. Gleichzeitig wurden auch die Denunzianten Min Kiöng-Sik und Chu Sök-Miön, ersterer zu 15 jähriger, letzterer zu lebenslänglicher Verbannung verurteilt, weil sie das Komplott nicht früher zur Anzeige gebracht hatten. Die Strafen der letzteren werden jedoch vermutlich bald wieder erlassen werden, zumal beide zu den Hauptstützen der russischen Partei zählen. Auch der oben erwähnte Yi Yong-Ik, der außer der Min-Gruppe die Verurteilung Kim Yong-Chuns hauptsächlich gefördert haben soll, unterhält seit einiger Zeit bereits mit Herrn Pavlow einen regen Verkehr. Dagegen gehörte Kim Yong-Chun zur japanischen Partei, zu der er seit vorigem Sommer aus dem russischen Lager übergegangen war. Doch befanden sich andererseits auch unter den Gegnern desselben eine Anzahl von Freunden Japans und es scheint daher, daß es sich bei der Angelegenheit weniger um politische als um rein persönliche Interessengegensätze gehandelt hat.

Auf verschiedene Versuche Kim Yong-Chuns, ein Eingreifen des japanischen Gesandten zu seinen Gunsten herbeizuführen, hat sich dieser nicht eingelassen. Dagegen scheint auf die Verwendung des Letzteren die schnelle Freilassung des Prinzen Yi Chä-Sun zurückzuführen zu sein, der kürzlich von Japan dekoriert wurde und nach glaubwürdiger Mitteilung von der japanischen Gesandtschaft sogar ein beträchtliches Monatsgehalt bezieht. Wenigstens sagte mir Herr Hayashi, daß er nach dessen Verhaftung dem König den Rat habe zugehen lassen, die Sache nicht zu weit zu treiben.

Abschrift dieses gehorsamsten Berichts sende ich an die Kaiserlichen Gesandtschaften in Peking und Tokio.

Weipert.

Inhalt: Hochverratsprozeß gegen den koreanischen Justizminister Kim Yong-Chun.

Englisch-Koreanische Verwicklung betreffs Entlassung des Generalzolldirektors McLeavy Brown.

PAAA_RZ201-018931_144 ff.			
Empfänger	Bülow	Absender	Weipert
A. 7020 pr. 12. Mai 1901. a. m.		Seoul, den 24. März 1901.	
Memo	J. № 309.		

A. 7020 pr. 12. Mai 1901. a. m.

Seoul, den 24. März 1901.

№ 49.

An Seine Excellenz

den Reichskanzler

Herrn Grafen von Bülow.

Die Unzufriedenheit der hiesigen Regierung mit der Amtsführung des Generalzolldirektors McLeavy Brown, welche bereits in dem gehorsamsten Bericht № 149. vom 9. Dezember v. J.[14] berührt wurde, hat in den letzten Tagen zu einem Versuch der erstern geführt, sich seiner Dienste überhaupt zu entledigen. Als Vorwand benutzte sie eine Differenz in Betreff der dicht bei den Palastgebäulichkeiten belegenen Dienstwohnung des Herrn Brown, die der Hof selbst zu gebrauchen wünscht. Am 17. d. M. forderte ihn der Hausminister auf, das Haus bis zum 19. d. M. zu räumen, mit der Behauptung, daß er dies bereits vor 3 Monaten dem König selbst gegenüber mündlich versprochen habe. Herr Brown erklärte, es müsse ein Mißverständnis, - vielleicht des Interpreten - vorliegen, denn er habe ein solches Versprechen nie gegeben. Gleichzeitig verwahrte er sich gegen eine gewaltsame Ejection, die man ihm unter Erwähnung eventueller Verwendung von Soldaten angedroht hatte. Dieselbe Verwahrung legte der englische Geschäftsträger mündlich gegenüber dem Minister des Auswärtigen Amts ein. Als dennoch am 19. Palastbeamte erschienen um das Haus in Besitz zu nehmen, entfernte Herr Brown sie von dem Grundstück, indem er einige derselben anfaßte und fortschob. Darauf richtete der Minister des Äußeren am 20. eine offizielle Note an den englischen Geschäftsträger, in welcher er ihn ersuchte, wegen dieses ungebührlichen Benehmens des Zolldirektors seine Mitwirkung

---

14 A. 1564[01] ehrerbietigst beigefügt.

zu dessen sofortiger Entlassung zu geben und „ihn zu bestrafen".

Herr Gubbins, welcher schon vorher den Minister des Äußeren wiederholt vor der angedrohten Verwendung von Soldaten gewarnt hatte, erklärte diesem darauf am 21., daß er die Angelegenheit telegraphisch seiner Regierung unterbreiten werde, wenn die Note nicht bis zum folgenden Tage zurückgenommen werde. Der Minister des Äußeren verweigerte dies jedoch nicht nur, sondern erklärte weiter, die Hausfrage sei überhaupt nur nebensächlicher Natur, und die koreanische Regierung verlange außer der Räumung der Wohnung und einer förmlichen Entschuldigung von Herrn Brown auch Rechnungsablegung über die Zollverwaltung der vergangenen Jahre und ein Versprechen regelmäßiger Rechnungsablegung für die Zukunft.

Inzwischen wurden vom japanischen Gesandten sowohl wie vom amerikanischen Ministerresidenten, an welche sich Herr Gubbins gewandt hatte, in unoffizieller Weise Vermittlungsversuche unternommen, um die koreanische Regierung zu bewegen, dem englischen Geschäftsträger entgegenzukommen. In diesen Verhandlungen hat Herr Gubbins, wie ich heute höre, seinerseits eine Entschuldigung der koreanischen Regierung ihm gegenüber wegen des in dem Eindringen in das Brownsche Grundstück und der Androhung von Truppenverwendung liegenden rücksichtslosen Verfahrens gegen Herrn Brown verlangt. Für den Fall, daß diese Entschuldigung gegeben werde, hatte er eine Räumung der Wohnung binnen 3 Monaten in Aussicht gestellt. Da man aber koreanischerseits mit einer definitiven Äußerung zögerte, erklärte Herr Gubbins nicht länger warten zu können und erbat am 22. abends telegraphisch die Instruktionen seiner Regierung.

Herr Gubbins hatte auch mir gegenüber den Wunsch durchblicken lassen, bei den Vermittlungsverhandlungen von mir unterstützt zu werden, wollte jedoch ein ausdrückliches Ersuchen dieser Art, das mich ermächtigt hätte, Euerer Excellenz hohe Weisung in dieser Richtung zu erbitten, nicht aussprechen.

Daß dem japanischen Gesandten besonders viel daran gelegen ist, den Zolldirektor Brown, dessen Vertrag noch auf etwas über 4 Jahre läuft, zu halten, ist nicht zu verwundern, da Letzterer vielfach mit den Japanern zusammengearbeitet hat und deren Interessen entschieden förderlich ist. Auf amerikanischer und ebenso auf deutscher Seite hat man weniger Grund das Bleiben des Herrn Brown zu wünschen. Von den betreffenden Interessenten wird nicht nur über Mangel an Entgegenkommen und Promptheit geklagt, sondern auch mit Recht der Vorwurf erhoben, daß Herr Brown seine Stellung zum direkten Abschluß von bedeutenden Geschäften für die koreanische Regierung benutze, was nicht seines Amtes ist. Wenn Dr. Allen trotzdem jetzt lebhaft für ihn eingetreten ist, so war er dabei, wie er mir sagte, von dem Wunsche geleitet, eine Disorganisation der Zollverwaltung und Verschwendung der Einkünfte derselben zu verhindern. Eine solche würde jedenfalls dann drohen, wenn die Oberleitung des Zollwesens in koreanische Hände überginge. Daß hierauf gerichtete Wünsche bestehen, entnehme ich aus den Äusserungen des russischen Geschäftsträgers, der mir am 21. d. M. erklärte, es sei nach seiner Ansicht völlig genügend, wenn in den offenen Häfen fremde Zollkommissare angestellt seien, die Tätigkeit des Generalzolldirektors könne ebensogut ein Koreaner wahrnehmen. Auch sonst äußerte sich Herr Pavlow mir gegenüber wiederholt über das Vorhaben der koreanischen Regierung, Herrn Brown zu entfernen, in beifälligem Sinn. Der Schluß, daß die hiesige Regierung bei ihrer hauptsächlich von dem jetzt einflußreichen Vize-Finanzminister Yi Yong-Ik betriebenen Demarche durch die Haltung des russischen Geschäftsträgers ermutigt wird, ist daher ein naheliegender.

Abschrift diese gehorsamsten Berichts sende ich an die Kaiserlichen Gesandtschaften in Peking und Tokio.

Weipert.

Nachschrift.

Heute ist der englische Kreuzer „Bonaventure" in Chemulpo eingetroffen und es scheint nach Äußerungen eines Mitglieds der englischen Gesandtschaft, daß diesem noch weitere Kriegsschiffe folgen werden.

Inhalt: Englisch-Koreanische Verwicklung betreffs Entlassung des Generalzolldirektors McLeavy Brown.

[   ]

PAAA_RZ201-018931_155 f.

Empfänger	Bülow	Absender	Weipert
A. 7324 pr. 17. Mai 1901. a. m.		Seoul, den 29. März 1901.	

Abschrift.

A. 7324 pr. 17. Mai 1901. a. m.

Seoul, den 29. März 1901.

№ 51.

Sr. Exc. dem Reichskanzler Herrn Grafen von Bülow.

Der russische Admiral Skrydloff ist mit dem Flaggschiff „Rossia" und dem „Admiral Hachimoff" heute in Chemulpo eingetroffen. Die beiden anderen Schiffe seines Geschwaders, welche mit ihm vor etwa 10 Tagen die Gegend von Masampo verlassen haben, sollen nach Port Arthur gegangen sein. Herr Pavlow hat hier bereits am 23. d. M. erklärt, daß ihm der Admiral den geplanten Besuch nunmehr auf den 30. d. M. und zwar nur mit 2 Schiffen in Aussicht gestellt habe.

Der englische Geschäftsträger sprach sich mir gegenüber heute sehr verstimmt über die Ankunft der russischen Schiffe aus, die man, wie er hervorhob, nach den Äußerungen des Herrn Pavlow aus der Mitte d. M. noch nicht so bald zu erwarten berechtigt gewesen sei. Er befürchtet davon nach seiner Erklärung eine Abschwächung des Eindrucks, der durch die Anwesenheit des englischen Kreuzers erzielt werden solle und daher eine Erschwerung seiner Verhandlungen mit der koreanischen Regierung in Betreff der Entlassung des Zolldirektors McLeavy Brown. Bezüglich des gegenwärtigen Standes dieser Verhandlungen beschränkte sich Herr Gubbins auf die Mitteilung, daß er einige Hoffnung auf eine befriedigende Beilegung der Sache habe und daß jedenfalls seine bisherige Haltung in der Angelegenheit von seiner Regierung durchaus gebilligt werde.

Abschrift dieses gehorsamsten Berichts sende ich an die K. Gesandtschaften in Peking und Tokio.

gez. Weipert.

Orig. i. a. Korea 3

Ruhestörungen im Innern von Korea.

PAAA_RZ201-018931_157 ff.			
Empfänger	Bülow	Absender	Weipert
A. 7325 pr. 17. Mai 1901. a. m.		Seoul, den 30. März 1901.	
Memo	J. № 330.	·	

A. 7325 pr. 17. Mai 1901. a. m.

Seoul, den 30. März 1901.

№ 52.

An Seine Excellenz

den Reichskanzler

Herrn Grafen von Bülow.

Bei einer Verwaltung, welche wie die hiesige ihre chronische Geldnot durch Stellenverkauf und Erpressung willkürlicher Steuern zu bekämpfen pflegt und dabei mit ungenügender Polizeimacht und Kommunikation(smitteln) ausgerüstet ist, kann es nicht Wunder nehmen, daß jahraus jahrein kaum eine Woche vergeht in der nicht irgendwelche Schwierigkeiten und Unruhen aus dem Innern des Landes gemeldet werden, die bald von den gequälten Steuerzahlern, bald von den Räuberbanden ausgehen. Letztere legen sich nicht selten zur Beschönigung ihres Treibens den Namen von „Parteien" bei. So wurden Anfangs und Mitte d. M. verschiedene Teile der nordwestlichen Provinzen von Pyöng-Yang und Hoang-Hai von - inzwischen unterdrückten - Banditen heimgesucht, welche sich als Anhänger der „Tonghak", der „Partei der östlichen Lehre", bezeichneten. Diese spielte früher eine große Rolle und hat bekanntlich die Veranlassung zum japanisch-chinesischen Kriege geboten, ist aber gegenwärtig bedeutungslos.

Neuerdings werden Schwierigkeiten in den südlichen Provinzen Kyöng-Sang, Chung-Chong und Chölla gemeldet, die auf die Tätigkeit der Osa's, d. i. der zur Beitreibung außerordentlicher, direkt dem Monarchen zufließender Abgaben entsandten Steueremissäre zurückzuführen sind. Da ihre Erpressungen zu viel böses Blut zu machen drohten, hat die Regierung vor einigen Tagen den Befehl ergehen lassen, alle von ihnen verhafteten Personen freizulassen.

Störungen besonderer Art liegen zur Zeit in der Provinz Chung-Chöng vor, wo eine koreanische Abenteuererin aufgetreten ist, die sich für eine Missionarin der griechischkatholischen Kirche ausgibt und tatsächlich eine Zeit lang im v. J. den Unterricht der in der hiesigen russischen Gesandtschaft lebenden drei Popen genossen haben soll, von denen sie nun freilich desavouiert wird. Sie hat zahlreiche Anhänger geworben, denen sie gegen Zahlung eines Eintrittsgeldes Freiheit von Steuern und Schulden zusichert, und brandschatzt mit ihnen die Bevölkerung. Dafür, daß bei irgendeiner der Ruhestörungen der letzten Zeit japanische Anzettelungen im Spiele sein könnten, oder daß überhaupt eine lebhaftere Tätigkeit japanischer Emissäre stattfinde, sind keinerlei Anzeichen vorhanden. Abgesehen von den Angaben des Ministers des Äußern über die geschilderten Vorgänge, stütze ich mich bei dieser Annahme hauptsächlich auf Äußerungen des hiesigen französischen Bischofs und des amerikanischen Vertreters, die beide durch ihre Missionare im Innern meist zuverlässiger über derartige Verhältnisse unterrichtet sind als die koreanische Regierung. Zudem ist weder bei der japanischen Gesandtschaft, noch bei der hiesigen japanischen Presse ein Bestreben bemerkbar, den erwähnten Ruhestörungen irgendwelche erheblichere Bedeutung beizulegen.

Abschrift dieses gehorsamsten Berichts sende ich an die Kaiserlichen Gesandtschaften in Peking und Tokio.

Weipert.

Inhalt: Ruhestörungen im Innern von Korea.

Berlin, den 20. Mai 1901.   zu A. 7018.

An
die Botschaft in
London № 450.

J. № 4420.

Euerer pp. übersende ich anbei ergebenst
Abschrift eines Berichts des Kais. Konsuls
in Seoul vom 20. März, betreffend die
Beweggründe der beabsichtigten Entsendung
koreanischer Gesandtschaften,

zu Ihrer gef. Information.

St. S.

i. m.

Beilegung des englisch-koreanischen Zwischenfalls betreffend den Zolldirektor McLeavy Brown.

PAAA_RZ201-018931_165 ff.			
Empfänger	Bülow	Absender	Weipert
A. 7595 pr. 22. Mai 1901. a. m.		Seoul, den 3. April 1901.	
Memo	mtg. 25. 5. London 467, Petersburg 386. cf. A. 8487 J. № 350.		

A. 7595 pr. 22. Mai 1901. a. m.

Seoul, den 3. April 1901.

№ 56.

An Seine Excellenz

den Reichskanzler

Herrn Grafen von Bülow.

Der durch den koreanischen Versuch der Entlassung des Zolldirectors McLeavy Brown hervorgerufene Zwischenfall hat am 1. d. M. durch völliges Nachgeben der koreanischen Regierung seine Erledigung gefunden. Wie mir der englische Geschäftsträger gestern mitteilte, hat er, erhaltener Weisung gemäß, am 25. v. M. die Note des hiesigen Ministers des Auswärtigen dahin beantwortet, daß seine Regierung die Entlassung des Herrn Brown ohne Nachweis hinreichend gewichtiger Gründe nicht zugeben könne. Daneben machte Herr Gubbins wiederholt seinen Anspruch auf eine Entschuldigung oder vielmehr, wie er es etwas milder gefaßt zu haben scheint, auf einen Ausdruck des Bedauerns, wegen der Verletzung des Hausrechts des Zolldirektors geltend. Um den englischen Standpunkt möglichst glatt durchzusetzen, rechnete er, obwohl bereits Zeichen von Nachgiebigkeit vorhanden waren, auf eine Audienz beim König, die er schon am 25. v. M., gleichzeitig mit der Note an den Minister des Äußern beantragt hatte. Koreanischerseits wünschte man dagegen die Audienz bis nach Erledigung der Sache aufzuschieben. Da indes Herr Pavlow inzwischen eine Audienz für den am 29. v. M. angekommenen russischen Admiral erbeten hatte, so gelang es dem englischen Geschäftsträger die Verzögerung seiner Angelegenheit dadurch zu vermeiden, daß er darauf bestand, vor den Russen empfangen zu werden. Die Ankunft der russischen Schiffe hat daher nicht nur die Befürchtungen, welche Herr

Gubbins bezüglich deren Wirkung hegte, nicht gerechtfertigt, sondern ihn bei seinen Verhandlungen indirekt nicht unwesentlich gefördert. Die Audienz fand unmittelbar vor der russischen statt, am 1. d. M. Einige Stunden vorher erhielt Herr Gubbins eine Note des Ministers des Äußern, in welcher dieser in Beantwortung der Note vom 25. das in der Note vom 20. ausgesprochene Verlangen bezüglich der Entlassung des Herrn Brown zurücknahm. Die darüber hinausgehende Forderung betreffs einer Entschuldigung des Herrn Brown und der Verpflichtung desselben zur Rechnungslegung hatte der König selbst im Laufe der Verhandlungen bereits früher durch eine direkte Mitteilung an Herrn Gubbins für zurückgenommen erklärt. War damit dieser Teil der Angelegenheit erledigt, so verlangte Herr Gubbins weiter in der Audienz die Zusicherung, daß der Hausminister ihm sein Bedauern über das Vorgehen gegen Brown in der Hausräumungsfrage aussprechen werde, was alsbald nachher im Palast noch geschah. Als Sündenbock für das Verhalten der koreanischen Regierung wird der koreanische Dolmetscher dienen, gegen den am 1. d. M. ein Strafverfahren eingeleitet wurde, weil er Seiner Majestät die angebliche Erklärung des Herrn Brown bezüglich der Räumung seines Hauses unrichtig übersetzt habe.

Ob die schnelle Nachgiebigkeit der koreanischen Regierung in der Angelegenheit lediglich darauf zurückzuführen ist, daß sie sich einem festeren Widerstand Englands gegenübersah als sie erwartet hatte, oder ob hinzukommt, daß sie sich auch - sei es mit Recht, sei es mit Unrecht - auf russische Unterstützung Hoffnung gemacht hatte und darin enttäuscht fand, ist schwer festzustellen. Der englische Geschäftsträger ist der letzteren Ansicht und behauptet, dafür bestimmte Anhaltspunkte zu haben. Herr Pavlow äußerte sich einige Tage vor der Beilegung der Angelegenheit mir gegenüber in bedauerndem Ton dahin, daß keine ernste Absicht hinter der koreanischen Demarche zu stecken scheine, und die Sache, welche durch inkorrekte Behandlung der Hausfrage verdorben sei, wohl im Sande verlaufen werde.

Wie ich von dem japanischen und amerikanischen Vertreter höre, sind seitens derselben nach den ursprünglichen Vermittlungsversuchen weitere Schritte in der Angelegenheit nicht erfolgt.

(Abschrift dieses gehorsamsten Berichts sende ich an die Kaiserlichen Gesandtschaften in Peking und Tokio.)

Weipert.

Inhalt: Beilegung des englisch-koreanischen Zwischenfalls betreffend den Zolldirektor McLeavy Brown.

Berlin, den 25. Mai 1901.   zu A. 7595.

An die Botschaften   Euerer pp. übersende ich anbei ergebenst
1. London № 467.   Abschrift eines Berichts des Kais. Konsuls in
2. St. Petersburg № 386.   Seoul vom 3. v. Mts., betreffend die Beilegung
                                            des englisch-koreanischen Zwischenfalls wegen
J. № 4595.   des Zolldirektors Mc. Leavy Brown,
                                                    zu Ihrer gef. Information.
                                                        St. S.
                                                        i. m.

Die russische Konzession in Masampo.

Empfänger	Bülow	Absender	Weipert
A. 8035 pr. 30. Mai 1901. a. m.		Seoul, den 9. April 1901.	
Memo	J. № 375.		

PAAA_RZ201-018931_174 ff.

A. 8035 pr. 30. Mai 1901. a. m.

Seoul, den 9. April 1901.

№ 60.

An Seine Excellenz

den Reichskanzler

Herrn Grafen von Bülow.

Aus Mitteilungen des koreanischen Handelssuperintendenten von Masampo, der sich gegenwärtig auf kurze Zeit hier aufhält, entnehme ich, daß von den russischerseits dort geplanten Anlagen bisher so gut wie nichts in Angriff genommen ist. Nur mit dem Bau eines Konsulatsgebäudes hat man begonnen; dasselbe soll nahe beim japanischen Konsulat in der allgemeinen Fremdenniederlassung liegen. In der russischen Konzession in dem nahen Yulgumi, wo die von der russischen Firma Ginsburg in Nagasaki für eigene Rechnung zu erbauenden Kohlenlager und das Lazarett ihren Platz erhalten sollen, befinden sich bisher nur einige leichte Baracken für die russischen Soldaten, welche bereits seit vorigem Herbst unter dem Kommando eines Offiziers dort stationiert sind. Die Zahl derselben wurde von dem Handelssuperintendenten auf 50 angegeben; nach Mitteilung des Herrn Pavlow sowohl, wie des Herrn Hayashi handelt es sich jedoch nur um 15.

Der japanische Gesandte äußerte sich darüber, wie er dies ähnlich schon bei früherer Gelegenheit getan, daß diese Maßregel Japan nur willkommen sein könne, da sie ihm das Recht gebe, auch seinerseits, wenn es dies wünschen sollte, Schutztruppen in den offenen Plätzen, ohne Beschränkung auf die in der Waeber-Komura-Konvention von 1896 aufgeführten Plätze Seoul, Fusan und Gensan, zu halten. Russischerseits scheint man dem dadurch vorbeugen zu wollen, daß die Leute in Masampo, wie ich von Herrn Pavlow höre, künftig ohne militärischen Oberbefehl dem dortigen Konsulat als Polizeimannschaft beigegeben werden sollen, ähnlich wie die bei der hiesigen Gesandtschaft befindlichen 8

Kosaken.

Abschrift dieses gehorsamsten Berichts sende ich nach Peking und Tokio an die dortigen Kaiserlichen Gesandtschaften.

Weipert.

Inhalt: Die russische Konzession in Masampo.

Äußerungen des russischen und japanischen Vertreters über die Lage.

PAAA_RZ201-018931_178 ff.

Empfänger	Bülow	Absender	Weipert
A. 8036 pr. 30. Mai 1901. a. m.		Seoul, den 10. April 1901.	
Memo	mtg. 1. 6. London 492, Petersburg 402. J. № 380.		

A. 8036 pr. 30. Mai 1901. a. m.

Seoul, den 10. April 1901.

№ 61.

An Seine Excellenz

den Reichskanzler

Herrn Grafen von Bülow.

Bei gesprächsweiser Berührung der Haltung Japans in Bezug auf die Frage des Abschlusses des russisch-chinesischen Abkommens in Betreff der Mandschurei bemerkte Herr Pavlow gestern, daß Japan durch seine Opposition lediglich Rußland in die Hände arbeite, das nur froh sein könne, durch Verhinderung seines Versuchs der Herbeiführung eines vertragsmäßigen „modus vivendi" in der Mandschurei, freie Hand zu erhalten. Er sagte sodann weiter, Japan habe sich diese Situation selbst zuzuschreiben, denn es habe von einer Gelegenheit, die ihm Rußland - er könne mir nicht mitteilen, wann oder wie - geboten habe, sich mit ihm freundschaftlich über die ganze Frage zu einigen, keinen Gebrauch gemacht. Im Übrigen gingen seine Äusserungen dahin, daß er einen offenen Konflikt zwischen den beiden Ländern nicht für bevorstehend halte. Japan müsse sich doch sagen, meinte er, daß es selbst im Falle eines anfänglichen Sieges zur See sich auf die Dauer eher erschöpfen müsse als Rußland, von dem es sicherlich nie eine Kriegsentschädigung erhalten werde, wie von China.

Herr Hayashi, der im Allgemeinen seit seiner Rückkehr aus Japan Anfang Februar d. J. in seinen Äußerungen gegen früher sehr reserviert ist, sprach mir am 7. d. M. seine persönliche Ansicht dahin aus, daß ein Appell an die Waffen für Japan ebensowohl wie für Rußland ein höchst unkluges Beginnen sein werde. Er verwies dabei für letzteres hauptsächlich auf dessen ungenügende Operationsbasis, für ersteres dagegen auf seine finanziellen Schwierigkeiten. Heute bemerkte mir der Gesandte mit Bezug auf die Antwort des Grafen Lamsdorf gegenüber den japanischen Vorstellungen vom 25. v. M., daß seine Regierung sich nach allen Kräften bemühe, die durch diese Antwort sehr erregte öffentliche Meinung niederzuhalten und zu beruhigen. Jedenfalls gewinnt man aus dem gegenwärtigen reservierten Verhalten Japans in Korea den Eindruck, daß dasselbe ebenso wie Rußland bestrebt ist, eine Komplikation der Lage durch hiesige Schwierigkeiten zur Zeit zu vermeiden.

Abschriften dieses gehorsamsten Berichts sende ich an die Kaiserlichen Gesandtschaften in Peking und Tokio.

Weipert.

Inhalt: Äußerungen des russischen und japanischen Vertreters über die Lage.

PAAA_RZ201-018931_182 f.

Empfänger	Bülow	Absender	Wedel
A. 8080 pr. 31. Mai 1901. a. m.		Tokio, 28. April 1901.	
Memo	mtg. 3. 6. London 497.		

Abschrift ad acta A. 8080 pr. 31. Mai 1901. a. m.

Tokio, 28. April 1901.

№ A. 52

Seiner Excellenz

dem Reichskanzler

Herrn Grafen von Bülow.

Wenn man sich auch in Japan der Weisheit nicht verschließt, daß zu einem Kriege in erster Linie Geld gehört, so könnte es sich doch leicht ereignen, daß man, wie schon bei früheren Gelegenheiten, angesichts, der inneren Schwierigkeiten ein Ventil in einem Vorstoß nach Korea hin zu treffen trachtete. Bei dem japanischen starken Selbstbewußtsein würde man auf rasche Siege und damit Hand in Hand gehende rasche Besserung des japanischen Kredits im Auslande rechnen. Wenn daher die hiesige russische Gesandtschaft fürchtet, die Nichtbegebung der bewilligten japanischen Anleihen können auf den Wunsch zurückgeführt werden, den inneren Geldmarkt im Hinblick auf eine eventuell nötig werdende Kriegsanleihe nicht zu sehr zu schwächen, so kann diesen Befürchtungen eine gewisse Berechtigung nicht abgesprochen werden.

gez. Wedel.

Orig. i. a. Japan 3

Die Kriegsaussichten u. eine Bitte um Genehmigung einer Informationsreise nach Korea u. Nordchina.

PAAA_RZ201-018931_184 ff.			
Empfänger	Reichsmarine-Amt	Absender	Gühler
Abschrift ad A. 8082.		Tokio, den 25. April 1901.	
Memo	Marine-Attaché bei der Deutschen Gesandtschaft.		

Abschrift ad A. 8082.

Tokio, den 25. April 1901.

B. № 145.

An den Staatssekretär
des Reichsmarine-Amts Berlin.

Wenn auch augenblicklich die politische Lage derart beruhigt erscheint, daß ein Konflikt Japans mit Rußland nicht so im Vordergrunde der Überlegungen steht wie zu Beginn dieses Frühjahrs, so sind doch die Aussichten dazu nicht geschwunden.

Es sei denn, daß einer der beiden Gegner von seinen Hauptzukunftsplänen abstehe oder sie, vorläufig wenigstens, zurückstelle, so scheint, bei den mannigfachen Berührungspunkten der Interessen-Gegensätze zwischen Japan und Rußland, das Ausbrechen des Konflikts nur davon abhängig zu sein, wenn sich einer der Gegner stark genug glaubt, die schwebenden Fragen energisch anzufassen u. eine Entscheidung herbeizuführen.

Als solche Fragen sind vor allem zu nennen, die Räumung der Mandschurei und zusammenhängend damit, die Zukunft Koreas, getrennt davon, das Einrichten eines russischen Hafens für Kriegszwecke an der Küste von Korea, worauf Rußland wohl unzweifelhaft hinarbeitet, u. schließlich die Fischerei an den Küsten Ostsibiriens, die Rußland aufgreifen wird, sobald ihm die Gelegenheit günstig erscheint.

Japan dürfte sich stark genug halten, wenn die Ausrüstung der Armee mit den neuen Waffen durchgeführt ist, das heißt, sobald die Feldartillerie durchweg mit den neuen Geschützen versehen u. für sie genügend einwandfreie Munition vorhanden ist u. sobald die Infanterie mit dem neuen Gewehr bewaffnet u. mit den zugehörigen Einrichtungen ausgerüstet sein wird. (Vergl. Bericht v. 27. April d. J. B. N. 147). Ein Günstigerwerden der Machtverhältnisse zur See kann, ohne Koalition, für Japan nicht eintreten; in welcher Weise sich diese Verhältnisse zum Nachteil Japans verschieben, durch die bisherigen u.

die noch in Aussicht stehenden Verstärkungen des russischen Geschwaders in Ostasien, liegt offenkundig zu Tage.

Für Rußland scheint der Zeitpunkt erst dann gekommen zu sein, japanische Vorstellungen energisch zurückzuweisen, wenn es seine Seestreitkräfte den japanischen gleichwertig gemacht zu haben glaubt.

Allerdings ist für Japan die finanzielle Lage besonders schwierig u. es herrscht die Ansicht vor, daß es aus Geldmangel u. angesichts der Unmöglichkeit im Ausland Anleihen aufzunehmen, von Kriegsunternehmen absehen müsse. Doch erscheint es nicht ausgeschlossen, daß dies Bedenken hinfällig ist, die schlechte Finanzlage vielmehr zum baldigen Kriegsausbruch beiträgt. Man könnte hoffen, dadurch eine finanzielle Krisis zu vermeiden u., bei raschem u. günstigem Verlauf des Krieges, wenn auch nicht direkten Gewinn an barer Münze, so doch Hebung des Kredits erwarten. Nicht unwahrscheinlich ist es daher, daß, falls die japanische Armee im Verlauf dieses Jahres die erstrebte Kriegsausrüstung vollendet, die schwebenden Fragen zum Austrag gebracht werden.

Da nun anzunehmen ist, daß hierbei die militärische Besetzung Koreas das nächste Ziel Japans sein wird, so gewinnt die Kenntnis der koreanischen Verhältnisse u. besonders der Häfen für mich hervorragende Bedeutung.

Deshalb bitte ich Ew. Exc. geh., mir eine Informationsreise nach Korea geneigtest zu gestatten, bei der ich auch Port Arthur besuchen würde. Von großem Wert würde mir auch das Kennenlernen der anderen russischen Haupt-Station sein, des Kriegshafens von Wladiwostok. - Genehmigen E. E. diese Informationsreise, so bitte ich geh., sie über Taku u. Wei-hai-wei bis nach Tsingtau ausdehnen zu dürfen, da ich diese wichtigen Plätze auch noch nicht kenne.

Der Herr Chef des Kreuzergeschwaders hat Abschrift erhalten.

gez. Gühler.

Orig. i. a. Japan 2

Betrifft: Die Kriegsaussichten u. eine Bitte um Genehmigung einer Informationsreise nach Korea u. Nordchina.

Berlin, den 1. Juni 1901.   zu A. 8036.

An

die Botschaften in

1. London № 492.

2. St. Petersburg № 402.

J. № 4493.

Euerer pp. übersende ich anbei ergebenst
Abschrift eines Berichts des Kais. Konsuls in
Seoul vom 10. April, betreffend Äußerungen
des dortigen russischen und japanischen
Vertreters über die Lage,

zu Ihrer gef. Information.

St. S.

i. m.

[   ]

PAAA_RZ201-018931_189 ff.

Empfänger	Bülow	Absender	Weipert
A. 8487 pr. 7. Juni 1901. a. m.		Seoul, den 19. April 1901.	
Memo	J. № 421.		

A. 8487 pr. 7. Juni 1901. a. m.

Seoul, den 19. April 1901.

№ 66.

An Seine Excellenz

den Reichskanzler

Herrn Grafen von Bülow.

In der Angelegenheit des Zolldirektors McLeavy Brown haben sich bezüglich der Frage der Räumung seiner Wohnung, die man bei der unter dem 3. d. M. (Bericht № 56[15]) gehorsamst gemeldeten Beilegung der Sache späterem freundschaftlichem Arrangement überlassen hatte, erneute Schwierigkeiten ergeben. Herr Brown erbot sich seine Dienstwohnung bis zum 1. Juni d. J. zu räumen, bestand aber auf vorläufiger Beibehaltung der dicht bei dieser und dem Palast befindlichen Zolldirektionsräume, bis eine passende Unterkunft für die Archive geschaffen sein würde. Herr Gubbins verhandelte in diesem Sinne mit dem dazu besonders bevollmächtigten Minister des Äußern, und letzterer erklärte sich einverstanden. Der König war jedoch mit diesem Arrangement unzufrieden. Herr Gubbins versuchte in einer Audienz am 10. d. M. seinen Standpunkt zur Geltung zu bringen, daß die Vereinbarung durch die Zustimmung des Ministers perfekt geworden sei, erhielt aber am folgenden Tag eine Note, in welcher das Abkommen verworfen wurde. Gleichzeitig kam der Minister des Äußern um seine Entlassung ein. Sein Gesuch wurde mehrmals abgelehnt, gestern aber erhielt ich eine offizielle Mitteilung des Vize-Ministers des Auswärtigen, Herr Chö Pyong Ha, daß er zum interimistischen Minister des Auswärtigen ernannt worden sei, weil Herr Pak Chä Sun zur Wiederherstellung seiner Gesundheit einen Urlaub erhalten habe. Herr Pak hat sich aufs Land begeben und soll wenig Lust haben, sein Amt wieder zu übernehmen. Zu der vorliegenden Unannehmlichkeit

---

15 A. 7595 ehrerbietigst beigefügt.

kommt, wie ich höre, hinzu, daß man ihm Vorwürfe gemacht hat, weil er die Annahme des englischen Ordens des indischen Reiches habe geschehen lassen.

In der Hausfrage sind seitdem von keiner Seite neue Schritte geschehen. Der englische Geschäftsträger hat es indessen, um womöglich weiteren Schwierigkeiten in der Angelegenheit vorzubeugen, für rätlich gehalten, die englische Flagge hier mit noch etwas größerem Nachdruck zu zeigen. Auf seinen Wunsch ist gestern der Contre-Admiral Sir James Bruce mit dem Schlachtschiff „Barfleur" von Nagasaki in Chemulpo eingetroffen. Er wird, wie mir Herr Gubbins mitteilte, wahrscheinlich einige Wochen hierbleiben.

Abschrift dieses gehorsamsten Berichts sende ich an die Kaiserlichen Gesandtschaften in Peking und Tokio.

Weipert.

Die Angelegenheit des Zolldirektors Brown. Gerücht betreffend englische Besitznahme Port Hamiltons. Die Anleihe des Yünnan-Syndikats.

PAAA_RZ201-018931_194 ff.			
Empfänger	Bülow	Absender	Weipert
A. 9116 pr. 19. Juni 1901. p. m.		Seoul, dem 5. Mai 1901.	
Memo	mitg. 27. 6. London 556, Petersburg 485. J. № 483.		

A. 9116 pr. 19. Juni 1901. p. m.

Seoul, dem 5. Mai 1901.

№ 76.

An Seine Excellenz

den Reichskanzler

Herrn Grafen von Bülow.

Wie der englische Geschäftsträger mir mitteilte, hat er das neuerdings von der hiesigen Regierung zum Ausdruck gebrachte Verlangen, daß Herr Brown zur Räumung seiner Wohn-und Diensträume veranlaßt werden möge, Ende v. M. auf Weisung seiner Regierung dahin beantwortet, daß trotz der Verwerfung des bereits mit dem Minister des Äußern erreichten Einverständnisses Herr Brown seine Amtswohnung bis zum 1. Juni d. J. räumen solle, wenn die koreanische Regierung auf Räumung der Dienstlokalitäten verzichte. Anderenfalls solle die Aufgabe aller in Betracht kommenden Räumlichkeiten zu einem von der englischen Regierung zu bestimmenden angemessenen Zeitpunkt erfolgen. Am 30. v. M. hat die koreanische Regierung, welche ursprünglich ihrerseits begonnen hatte, sich in Betreffs dieses Punktes an Herrn Gubbins zu wenden, erwidert, daß die Frage der Räumung lediglich von ihr selbst zu entscheiden sei. Englischerseits erkennt man dies zwar an, bleibt aber dabei, daß der Zolldirektor mit seinen Archiven nicht einfach auf die Straße gesetzt werden könne, ohne daß vorher eine anderweite angemessene Unterkunft beschafft werde. Wenn die koreanische Regierung einer an sich nicht schwierigen Verständigung darüber beharrlich ausweicht, und die Frage offen zu halten bestrebt scheint, so liegt die Vermutung nahe, daß es ihr darum zu tun ist, die Angelegenheit als ein Mittel zum Druck auf Herrn Brown mit Rücksicht auf die demnächstige Durchführung der Anleihe des Yünnan-Syndikats in der Hand zu behalten, ja es ist nicht unmöglich, daß man diesen

Zweck bei der ganzen Demarche von vornherein im Auge gehabt hat.

Außer dem Flaggschiff „Barfleur" ist zur Zeit die an Stelle der kürzlich heimgekehrten „Bonaventure" getretene „Isis" und das Torpedoboot „Otter" in Chemulpo. Diese Machtentfaltung hat bisher zur Förderung der Verhandlungen mit der koreanischen Regierung wenig beigetragen, sie scheint aber das gegen Ende v. M. in der japanischen Presse verbreitete Gerücht erzeugt zu haben, daß England Port Hamilton in Besitz nehmen wolle. Der Kontre-Admiral Bruce erklärte mir gestern im Laufe einer Unterhaltung über die Brownsche Angelegenheit dieses Gerücht für völlig unbegründet. Da ich ihn nicht direkt danach gefragt hatte und er ebenso gut darüber hätte hinausgehen können, so erhielt ich den Eindruck, daß seine Erklärung aufrichtig war. Seine sonstigen Äußerungen ließen erkennen, daß man englischerseits befürchtet, die koreanische Regierung könne dazu schreiten, den Zolldirektor durch Soldaten aus seinen Räumlichkeiten zu treiben.

Heute bestätigte mir auch der englische Geschäftsträger, daß von Absichten auf Port Hamilton keine Rede sei. Er fügte hinzu, er sei von dem hiesigen Vertreter des Yünnan-Syndikats gebeten worden, das Gerücht der koreanischen Regierung gegenüber, die durch dasselbe bezüglich der Anleihe beunruhigt sei, von sich aus zu dementieren, könne aber so weit nicht gehen. Herr Gubbins scheint eine Anweisung zur Unterstützung des Syndikats noch nicht bekommen zu haben, eine solche aber nicht für ausgeschlossen zu halten und sich daher möglichster Passivität zu befleißigen.

Der japanische Gesandte hat, wie aus dem Palast verlautet, eine heute zwecks Vorstellung des Kommandanten des Kreuzers „Takasago" erhaltene Audienz dazu benutzt, dem König wiederholt in unoffizieller Weise vor den schlimmen Folgen zu warnen, welche die Anleihe für das Land und seine Beziehungen zu Japan haben müsse. Er soll dabei unter anderem auch auf die Höhe der Kommission von 10%, sowie auf den Mangel einer Bestimmung über die Kursberechnung und die Zeit der Effectuierung der Anleihe hingewiesen haben. Es scheint, daß hierdurch bereits eine der Reue nicht unähnliche Beunruhigung in Betreff der Anleihe beim Hofe erzeugt worden ist, daß man aber keinen Weg sieht, sich den eingegangenen Verpflichtungen zu entziehen.

Abschrift dieses gehorsamsten Berichts sende ich nach Peking und Tokio an die dortigen Kaiserlichen Gesandtschaften.

Weipert.

Inhalt: Die Angelegenheit des Zolldirektors Brown. Gerücht betreffend englische Besitznahme Port Hamiltons. Die Anleihe des Yünnan-Syndikats.

Japanische Niederlassung in Masampo.

Empfänger	Bülow	Absender	Arco
A. 9159 pr. 20. Juni 1901. a. m.		Tokio, den 23. Mai 1901.	
Memo	mtg. 27. 6. London 560, Peking A. 62, Petersburg 462.		

PAAA_RZ201-018931_202 ff.

A. 9159 pr. 20. Juni 1901. a. m.

Tokio, den 23. Mai 1901.

A. 65

Seiner Excellenz

dem Reichskanzler

Herrn Grafen von Bülow.

Die hiesigen Zeitungen bringen die Nachricht, daß die koreanische Regierung der japanischen das Recht zur Begründung einer japanischen Niederlassung in Masampo eingeräumt hat und daß der japanische Konsul daselbst nach Einholung der Instruktionen des Gesandten in Seoul, Herrn Hayashi, die Grenzen des auf 6 000 000 Quadratmeter angegebenen Settlements festgelegt hat. Es scheint sich um ein zwischen der allgemeinen Fremdenniederlassung und dem von Rußland im März v. J. beanspruchten Gebiet von Nampho (am Südende der die Bucht von Masampo im Westen begrenzenden Landzunge) belegenes Terrain zu handeln.

Die Richtigkeit der Meldung wurde einem der Beamten der Kaiserlichen Gesandtschaft durch den amerikanischen Berater des Auswärtigen Amts, Herrn Denison, gesprächsweise bestätigt.

Graf Arco.

Inhalt: Japanische Niederlassung in Masampo.

[   ]

PAAA_RZ201-018931_206

Empfänger	Auswärtiges Amt in Berlin	Absender	Mumm
A. 9366 pr. 24. Juni 1901. a. m.		Peking, den 23. Juni 1901.	

A. 9366 pr. 24. Juni 1901. a. m.

Telegramm.

Peking, den 23. Juni 1901. 12 Uhr 10 Min. p. m.

Ankunft: 24. 6. 12 Uhr 10 Min. a. m.

Der K. Gesandte an Auswärtiges Amt.

Entzifferung.

№ 407.

Konsul Tschifu telegraphiert:

„Unruhe an koreanischer Grenze. Viele Flüchtlinge hier angelangt, angeblich 3 russische und 2 englische Kriegsschiffe vor Yalu-Mündung."

Mumm.

Orig. i. a. China 24

PAAA_RZ201-018931_207

Empfänger	Auswärtiges Amt in Berlin	Absender	Alvensleben
A. 9465 pr. 26. Juni 1901. p. m.		Petersburg, den 26. Juni 1901.	
Memo	An Wolff ges. 26. 6. 5 ¼ Uhr nchm.		

A. 9465 pr. 26. Juni 1901. p. m.

Telegramm.

Petersburg, den 26. Juni 1901. 1 Uhr 10 Min. p. m.
Ankunft: 1 Uhr 15 Min. p. m.

Der K. Botschafter an Auswärtiges Amt.

Entzifferung.

№ 202.

Der „Nowoje Wremja" wird aus Wladiwostok unter dem 11. 24. d. M. gemeldet: „Das japanische Blatt „Assaki" teilt mit, daß auf Korea ein Aufstand ausgebrochen ist und mehrere Missionare getötet worden sind. Zur Wiederherstellung der Ruhe sind koreanische Truppen entsandt."

Alvensleben.

Berlin, den 27. Juni 1901.   zu A. 9116.

An

die Botschaften in

1. London № 556.

2. Petersburg № 458.

J. № 5527.

Euerer pp. übersende ich anbei ergebenst Abschrift
eines Berichts des Kais. Konsuls in Seoul vom 5.
v. M., betreffend den Zolldirektor Brown und die
Anleihe des Yünnan-Syndikats,

        zu Ihrer gef. Information.

           St. S.

           i. m.

Berlin, den 27. Juni 1901.   zu A. 9159.

An

die Missionen in

1. London № 560.

2. Peking № A 62.

3. St. Petersburg № 462.

J. № 5531.

Euerer pp. übersende ich anbei ergebenst Abschrift
eines Berichts des Kais. Gesandten in Tokio vom
23. v. M., betreffend die japanische Niederlassung
in Masampo,

        zu Ihrer gef. Information.

           St. S.

           i. m.

[   ]

PAAA_RZ201-018931_210

Empfänger	Auswärtiges Amt in Berlin	Absender	Mumm
A. 9584 pr. 28. Juni 1901. p. m.		Peking, den 28. Juni 1901.	
Memo	Im Anschluß an Telegr. № 407[16]		

A. 9584 pr. 28. Juni 1901. p. m.

Telegramm.

Peking, den 28. Juni 1901. 6 Uhr 15 Min. a. m.
Ankunft: 5 Uhr 32 Min. p. m.

Der K. Gesandte an auswärtiges Amt.

Entzifferung.

№ 414.

Konsul Seoul telegraphiert, russischen Nachrichten zufolge sind größere chinesische Banden nördlich von Föng-huang-chen, wohin ein russisches Detachment geschickt, um sie von der Grenze abzuhalten.

Mumm.

Orig. i. a. China 24

---

16 A. 9366 24. 6.

[   ]

PAAA_RZ201-018931_213

Empfänger	Auswärtiges Amt in Berlin	Absender	Weipert
A. 9649 pr. 30. Juni 1901. a. m.		Seoul, den 29. Juni 1901.	

A. 9649 pr. 30. Juni 1901. a. m.

Telegramm.

Seoul, den 29. Juni 1901. 11 Uhr 45 Min.   m.
Ankunft: 10 Uhr 53 Min. Nm.

Der K. Konsul an Auswärtiges Amt.

Entzifferung.

№ 10.

Mehrere tausend plündernde Chinesen, von den Russen nach Süden gedrängt, beherrschen Gegend zwischen Föng-hwang-tschen und Grenze.

Weipert.
Orig. i. a. China 24

[　　]

PAAA_RZ201-018931_214 f.

Empfänger	Bülow	Absender	Weipert
A. 9671 pr. 30. Juni 1901. a. m.		Seoul, den 7. Mai 1901.	
Memo	mitg. 7. 7. Wien 398 Adm. Stab.		

Abschrift.

A. 9671 pr. 30. Juni 1901. a. m.

Seoul, den 7. Mai 1901.

№ 77.

Seiner Excellenz

dem Herrn Reichskanzler

Grafen von Bülow.

Am 30. v. Mts traf der Kommandant des österreichischen Geschwaders in Ostasien, Contre-Admiral Graf Montecuccoli, mit den Schiffen „Maria Theresia", „Kaiserin Elisabeth" und „Zenta" in Chemulpo ein. Zu dem Geschwader, welches von Taku über Cheefo und Weihaiwei gekommen war, stieß am folgenden Tage noch der „Leopard", der zuletzt Masampo besucht hatte. Der Admiral machte von meinem Anerbieten Gebrauch, während seines Aufenthalts in Seoul bei mir Wohnung zu nehmen, und wurde in einer auf sein Ersuchen von mir beantragten Audienz, in welcher ich die Ehre hatte, denselben vorzustellen, nebst den vier Kommandanten der genannten Schiffe, 3 Offizieren seines Stabes und einem Generalstabshauptmann am 5. d. M. von dem hiesigen Souverän empfangen. Im Laufe der Unterhaltung mit dem Admiral gab der König mehrmals dem Wunsche Ausdruck, daß die österreichisch-ungarische Regierung einen Vertreter nach Seoul entsenden möge. Nach der Audienz fand ein Diner statt, zu welchem der Hausminister eingeladen hatte. Während des Diners spielte die aus 16 Mann bestehende Kapelle des Flaggschiffs. Dem Admiral sowohl wie den Herren seines Gefolges und den Musikern wurde im Auftrage des Königs eine Anzahl von Geschenken übersandt.

Am 6. d. M. bewirtete der Admiral den interimistischen Hausminister, den interimistischen Minister des Äußern, zwei Hofbeamte und drei Offiziere zum Frühstück, an dem auch ich die Ehre hatte teilzunehmen, an Bord der „Maria Theresia" und verließ am selben Tage den Hafen, um sich mit seinem Geschwader über Port Hamilton, wo er sich indes nur einige Stunden aufzuhalten gedenkt, nach Nagasaki zu begeben. Der „Leopard" war schon am Vormittag nach Talien-Wan abgefahren.

gez. Weipert.

Orig. i. a. Oesterr. 73a

Die russischen Absichten in Betreff Masampos.

PAAA_RZ201-018931_216 ff.

Empfänger	Bülow	Absender	Weipert
A. 9672 pr. 30. Juni 1901. a. m.		Seoul, den 8. Mai 1901. in Berlin 5. 7.	
Memo	mtg. 7. 7. Petersburg 485 Admiralstab.		

A. 9672 pr. 30. Juni 1901. a. m.

Seoul, den 8. Mai 1901. in Berlin 5. 7.

№ 78.

An Seine Excellenz

den Reichskanzler

Herrn Grafen von Bülow.

Der Kommandant des österreichischen Kreuzers „Leopard", welcher sich mit dem Geschwader Anfang d. M. hier aufhielt, teilte mir mit, er habe beim Besuch Masampos Ende v. M. festgestellt, daß von den dortigen Bauten für die Marine noch nichts in Angriff genommen sei. Als Grund der Zögerung sei ihm von dem Kommandaten des russischen Kanonenboots „Mandjour" angegeben, daß man darauf rechne, in den Besitz der der Bucht von Masampo gegenüber von der Insel Köchye (Cargado-Island) gebildeten kleinen Bucht von Chin-hai zu gelangen, welche leichter zu befestigen und in jeder Beziehung für die russischen Pläne geeigneter sei als die Konzession bei Masampo. Auf derartige Absichten ließen bereits die Abmachungen schließen, welche Rußland im Frühjahr v. J. hinsichtlich der genannten Insel mit Korea getroffen hat, nachdem es seinen Versuch, das Gebiet von Masampo zu erwerben wegen des japanischen Widerspruchs, der nach Behauptungen des englischen Geschäftsträgers damals durch eine sehr bestimmte Erklärung in St. Petersburg zur Geltung gebracht sein soll, aufgegeben hatte. Von Schritten zur Verwirklichung der auf Köchye gerichteten Pläne, welche die japanische Presse nach dem dortigen Aufenthalt des russischen Geschwaders im vergangenen März bereits voraussehen zu sollen glaubte, ist indes bisher hier nichts wahrzunehmen gewesen. Von den russischen Mannschaften hat der österreichische Kommandant nur noch 8 in Masampo vorgefunden. Von dem japanischen Gesandten hörte ich in dieser Beziehung kürzlich, daß ihm Herr Pavlow Mitte v. M. offiziell mitgeteilt habe, dieselben sollten sämtlich zurückgezogen und durch Polizeimannschaften ersetzt werden. Herr Hayashi nimmt an, dies sei die Folge davon, daß der japanische Minister des Äußern, dem er im Dezember v. J. von dem Sachverhalt Mitteilung gemacht habe, über die Frage mit dem russischen Gesandten in Tokio gesprochen habe.

Abschrift dieses gehorsamsten Berichts sende ich an die Kaiserlichen Gesandtschaften in Peking und Tokio.

Weipert.

Inhalt: Die russischen Absichten in Betreff Masampos.

[   ]

PAAA_RZ201-018931_220 ff.

Empfänger	Bülow	Absender	Weipert
A. 9674 pr. 30. Juni 1901. a. m.		Seoul, den 14. Mai 1901.	

Abschrift.

A. 9674 pr. 30. Juni 1901. a. m.

Seoul, den 14. Mai 1901.

№ 82.

Seiner Excellenz

dem Reichskanzler

Herrn Grafen von Bülow.

Der hiesige französische Bischof Mutel hatte anfangs d. M. durch eine Zusammenkunft seiner Missionare Gelegenheit sich über die Zustände in den Provinzen zu informieren. Von einer Denkschrift, die er in Betreff der im Innern bestehenden aufrührerischen Gesellschaften dem französischen Geschäftsträger unter dem 2. d. M. eingereicht, hat letzterer mir Einsicht gewährt. Einen Auszug aus derselben verfehle ich nicht, Euerer Excellenz in der Anlage geh. vorzulegen.

Die darin bezüglich der Verhältnisse auf Quelpart geäußerten Besorgnisse haben sich bald als gerechtfertigt erwiesen. Nach einer dem Bischof gestern zugegangenen Meldung haben im Süden der Insel vor etwa 8 Tagen erhebliche Ausschreitungen gegen die eingeborenen Christen stattgefunden. Die beiden dort stationierten französischen Priester, welche den Bericht mit dem Dampfer, der sie von hier dorthin gebracht, nach Fusan sandten, befürchten Blutvergießen, scheinen aber für sich selbst keine unmittelbaren Besorgnisse zu hegen, daß sie es vorzogen zu bleiben, statt mit dem Dampfer sofort zurückzukehren. Der französische Geschäftsträger hat die hiesige Regierung um Einschreiten ersucht.

Die katholische Mission ist in Quelpart erst seit 2 Jahren tätig. Die dortige Bevölkerung leidet unter dem Druck der Beamten nicht nur, sondern auch der zahlreichen politischen Verbannten, die auf der Insel ihren Aufenthalt haben. Die Reaktion richtet sich gleichzeitig gegen die Christen, weil diese durch den Einfluß der Missionare häufig von den Beamten begünstigt werden. Die Gefahr einer Verbreitung der Bewegung nach dem

Festland ist bei der mangelhaften Kommunikation sehr gering.

Die Annahme japanischer Anzettelung ist nach Ansicht des Bischofs ausgeschlossen. Derselbe äußerte bemerkenswerter Weise gleichzeitig seine Überzeugung dahin daß die Tonghak-Bewegung, welche im Jahre 1894 den Japanern so gut zustatten kam, keineswegs, wie vielfach angenommen wird, von diesen angestiftet oder großgezogen sei.

Abschrift dieses gehorsamsten Berichts sende ich an die Kaiserliche Gesandtschaft in Peking und Tokio.

gez: Weipert.

orig. i. a. Korea 10

[   ]

PAAA_RZ201-018931_223

Empfänger	Auswärtiges Amt in Berlin	Absender	Weipert
A. 9892 pr. 4. Juli 1901. a. m.		Seoul, den 2. Juli 1901.	
Memo	s. Tel. i. Ziff. v. 5. 7. Tokio 36, Seoul 3.		

A. 9892 pr. 4. Juli 1901. a. m.

Telegramm.

Seoul, den 2. Juli 1901. 2 Uhr 10 Min. p. m.
Ankunft: 4. 7. 2 Uhr − Min. a. m.

Der K. Konsul an Auswärtiges Amt.

Entzifferung.

№ 11.

Hetzereien hiesiger japanischer Blätter gegen die römisch-katholische Mission erwecken
Verdacht, daß Japan hier Unruhen erwünscht wären.

Weipert.

orig. i. a. Korea 10

[   ]

PAAA_RZ201-018931_224

Empfänger	Auswärtiges Amt in Berlin	Absender	Mumm
A. 9993 pr. 6. Juli 1901. a. m.		Peking, den 5. Juli 1901.	
Memo	Im Anschluß an Telegr. № 414.		

A. 9993 pr. 6. Juli 1901. a. m.

Telegramm.

Peking, den 5. Juli 1901. 10 Uhr 5 Min. p. m.
Ankunft: 6. 7. 2 Uhr 50 Min. a. m.

Der K. Gesandte an Auswärtiges Amt.

Entzifferung.

№ 432.

Nach Meldung Konsuls Seoul hat Rußland Truppen in Takushan gelandet und beabsichtigt im Einverständniß mit japanischem Gesandten Kanonenboot an den Yalu zu senden.

Mumm.

Orig. i. a. China 24

Berlin, den 7. Juli 1901.   A. 9672.

An

die Botschaft in

St. Petersburg № 485

J. № 5831.

Ew. p. übersende ich anbei ergebenst Abschrift
eines Berichts des Kais. Konsuls in Seoul vom
8. Mai, betreffend die russischen Absichten auf
Masampo

       zu Ihrer gef. Information.

         St. S.

         i. m.

[   ]

PAAA_RZ201-018931_226

Empfänger	Auswärtiges Amt in Berlin	Absender	Arco
A. 10060 pr. 7. Juli 1901. p. m.		Tokio, den 7. Juli 1901.	
Memo	Antwort auf Telegr. № 36.		

A. 10060 pr. 7. Juli 1901. p. m.

Telegramm.

Tokio, den 7. Juli 1901. 12 Uhr   5 Min. p. m.
Ankunft: 10 Uhr 25 Min. a. m.

Der K. Gesandte an Auswärtiges Amt.

Entzifferung.

№ 56.

Auch hiesige Blätter enthalten Angriffe auf Mission Seoul zusammenhängend mit Unruhen Quelpart. Hier wird diesen oft wiederkehrenden Klagen wenig Bedeutung beigelegt. Mein Eindruck, daß Japan Unruhen jetzt nicht herbeizuführen wünscht wird von Kollegen, Generalkonsul sogar geteilt.

Arco.

orig. i. a. Korea 10

[   ]

PAAA_RZ201-018931_229

Empfänger	Auswärtiges Amt in Berlin	Absender	Weipert
A. 10133 pr. 9. Juli 1901. p. m.		Seoul, den 8. Juli 1901.	
Memo	Antwort auf Telegramm № 3.		

A. 10133 pr. 9. Juli 1901. p. m.

Telegramm.

Seoul, den 8. Juli 1901. 6 Uhr 28 Min. a. m.
Ankunft 9. 7. 4 Uhr 10 Min. p. m.

Der K. Konsul an Auswärtiges Amt.

Entzifferung.

№ 13.

Die Hetzereien haben jetzt aufgehört, nachdem englischer und amerikanischer Vertreter
wegen möglicher Erregung des Volkes dem japanischen Gesandten freundschaftliche
Vorstellungen gemacht und dieser die Blätter verwarnt hat, die er anfänglich mit
Bezugnahme auf Übergriffe der katholischen Christen verteidigt hatte.

Weipert.
orig. i. a. Korea 10

Notiz

zu A. 10148 pr. 10. Juli 1901.

Bericht aus St. Petersburg vom 8. 7. 1901. - 547 - enthaltend eine Meldung der „Nowoje Wremja" aus Wladiwostok über angebliche Absichten der Japaner auf koreanisches Gebiet (Insel Kauchua) befindet sich

i. a. Korea 10.

PAAA_RZ201-018931_232 ff.

Empfänger	Bülow	Absender	Weipert
A. 10162 pr. 10. Juli 1901. p. m.		Seoul, den 21. Mai 1901.	
Memo	J. № 536.		

A. 10162 pr. 10. Juli 1901. p. m. 2 Anlagen.

Seoul, den 21. Mai 1901.

№ 85.

An Seine Excellenz

den Reichskanzler

Herrn Grafen von Bülow.

Euerer Excellenz beehre ich mich in der Anlage Übersetzung einer mir vom hiesigen japanischen Militärattaché mitgeteilten Zusammenstellung des derzeitigen Bestandes der koreanischen Armee gehorsamst zu überreichen. Die Stärke derselben ist danach gegenüber dem früheren Bestand von ca. 8500 Mann (cf. s. pl. Bericht № 71. vom 14. Juli v. J.)[17] im Laufe des vorigen Jahres auf 17. 164 Mann erhöht worden. Von diesen stehen 7469 in den Provinzen, während sich in der Hauptstadt außer den dahin gehörigen 7738 Mann zur Zeit auch noch die beiden ersten Bataillone des Pyöngyang-Regiments mit 1962 Mann befinden. Nach Bildung der geplanten Garde-Kavallerieschwadron, der beiden Garde-Artillerieabteilungen und des Geniekorps und nach vollständiger Ausfüllung der 16 Bataillone der Provinzialregimenter werden sich die letzteren auf etwa 16000 Mann und die hauptstädtischen Truppen (ausschließlich der beiden Pyöngyang Bataillone) auf etwa 8985 Mann belaufen.

Eine Zusammenstellung der in dem diesjährigen Etat des Kriegsministeriums für die Armee ausgeworfenen Beträge beehre ich mich in der Anlage gehorsamst vorzulegen.

Die hauptstädtischen Truppen haben jetzt kürzlich das japanische Gewehr neuesten Modells erhalten, von dem anfangs d. J. 10.000 Stück nebst je 100 Patronen für den Preis von 35 Yen für das Gewehr (einschließlich aller Ausrüstungsteile) in Japan gekauft worden sind.

---

[17] A. 11712 ehrerb. beigef.

Eine gesetzliche Dienstpflicht existiert nicht. Es ist jedoch stets Zudrang zur Einstellung, da die Leute außer Verköstigung und Kleidung monatlich 5 Yen Löhnung erhalten. Um Rationen zu sparen, werden ständig 10 bis 15% der Mannschaften tageweise beurlaubt.

Die Kadetten werden nach Absolvierung des 3 jährigen Kursus sofort als Unterlieutenants eingestellt. Zu ihren Lehrgegenständen ist seit kurzem deutscher und französischer Sprachunterricht hinzugetreten. Ersterer wird von dem Leiter der deutschen Regierungsschule Herrn J. Bolljahn erteilt.

Die neugebildete Gendarmerie ist aus Unteroffizieren zusammengesetzt und macht einen guten Eindruck. Eine beträchtliche Vermehrung derselben würde, da es sich doch nur um Schutz gegen innere Störungen handelt, nach Ansicht Sachverständiger zweckmäßiger sein als die Vergrößerung der Zahl der gewöhnlichen Truppen, die allgemein als ganz ungenügend ausgebildet und für den Ernstfall wenig brauchbar betrachtet werden.

Fremde Instrukteure sind bei der Armee nicht eingestellt, jedoch werden von Zeit zu Zeit Offiziere ihrer Ausbildung halber nach Japan geschickt. Gegenwärtig sollen sich etwa 10 dort aufhalten. Das neugebildete Musikkorps wird seit März d. J. von dem auf 3 Jahre engagierten Königlich-Preußischen Musikdirektor Eckert unterrichtet.

Weipert.

Anlage 1 zu Bericht № 85.

Bestand der koreanischen Armee am 1. März 1901.

Truppenteil	Offiziere	Unteroffiziere und Mannschaften	Gesamtzahl	Bemerkungen
A. In Seoul				
I Militärkabinet	30	100	130	
II Garde-Infanterie Regiment				
1. Regimentsstab	4	3	7	
2. 1. Bataillon	30	1000	1030	
3. 2. Bataillon	30	1000	1030	
4. 3. Bataillon	30	1000	1030	

III Garde-Kavallerie Schwadron mit einem Sollbestand von 426 Pferden	(22)	(400)	(422)	Noch nicht vorhanden
IV Garde-Artillerie Regiment				
1. Eine Batterie mit 6 Gebirgsgeschützen (7 cm Krupp von den Soldaten gezogen)	6	200	206	

2.

2. 1. Artillerie Abteilung	(16)	(309)	(325)	Noch nicht vorhanden
3. 2. Artillerie Abteilung	(16)	(309)	(325)	Noch nicht vorhanden
V Garde Musik	2	100	102	Soll künftig zur Hälfte der Garde Infantrie und zur Hälfte der Garde Kavallerie zugeteilt werden.
VI Linien Infanterie Regiment				
1. Regimentsstab	4	3	7	
2. 1. Bataillon	30	1000	1030	
3. 2. Bataillon	30	1000	1030	
4. 3. Bataillon	30	1000	1030	
VII Genie Korps	(4)	(171)	(175)	Noch nicht vorhanden
VIII Train Kompagnie	4	198	202	Der Sollbestand von 115 Pferden ist noch nicht erreicht.
IX Kadettenschule				
1. Stab	11	100	111	
2. Kadetten	--	--	550	

3.

3. Lehrkompagnie	21	--	21	
X Gendarmerie Schwadron	12	200	212	Ist noch nicht mit Pferden versehen
XI Militär Gerichtshof	8	2	10	
Summe			7738	(ausschließlich der eingeklammerten Zahlen)
B. In den Provinzen (sämtlich Infanterie)				
I. 1. Provinzial Regiment				
a. Regimentsstab in Kanghoa, Provinz Kiöng Kui				noch nicht organisiert
b. 1. Bataillon in Kanghoa	10	300	310	
c. 2. Bataillion in Chemulpo				noch nicht organisiert
d. 3. Bataillon in Songdo (mit Abteilungen in Hoangchu und Haichen in der Provinz Hoanghai)	11	400	411	
II. 2. Provinzial Regiment				
a. Stab in Suwon, Provinz Kiöng Kui				

4.

b. 1. Bataillon in Suwon (mit Abteilungen in Ansöng und Pukhan und in Kongchu in der Provinz Chungchöng	12	400	412	
c. 2. Bataillon in Chöngju, (mit Abteilungen in Antong, Provinz Kiöngsan)	12	400	412	
d. 3. Bataillon in Chönju, Provinz Chölla (mit Abteilungen in Kwanja und Namwön	18	600	618	

III. 3. Provinzial Regiment.				
a. Stab in Taiku, Provinz Kiöngsan				noch nicht organisiert
b. 1. Bataillon in Taiku	12	400	412	
c. 2. Bataillon in Chinnam, Provinz Kiöngsan	12	400	412	
d. 3. Bataillon in Ulsan, Provinz Kiöngsan	6	200	206	
IV. 4. Provinzial Regiment				

5.

a. Stab in Piöngyang				noch nicht organisiert
b. 1. Bataillon, zur Zeit in Seoul	29	952	981	
c. 2. Bataillon, zur Zeit in Seoul	29	952	981	
d. 3. Bataillon in Pyöngyang	29	952	981	
V. 5. Provinzial Regiment				
a. Stab in Pukchöng Provinz Hamkiöng				noch nicht organisiert
b. 1. Bataillon in Wönju, Provinz Kangwön	24	800	824	
c. 2. Bataillon in Puk Chöng, Provinz Ham Kiong (mit Abteilungen in Songchin, Musan, Önsöng, Kiöngwön und Hairyöng	23	800	823	
VI. 6. Provinzial Regiment				
a. Stab in Wiju				noch nicht organisiert
b. 1. Bataillon in Wiju, Provinz Pyongan (mit einer Abteilung in Piökdong)	24	800	824	

6.

c. 2. Bataillon in Kangkye, Provinz Pyöngan, (mit einer Abteilung in Anchu)	24	800	824	
Summe			9431	
Im Ganzen			17169	

Anlage 2 zu Bericht № 85.

Etat der Ausgaben für die koreanische Armee
im Jahre 1901.

	Dollar
1. Stab des Garde Infanterie Regiments	5384
2. Stab des Linien Infanterie Regiments	5554
3. Garde Infanterie Regiment	538319
4. Linien Infanterie Regiment	553448
5. Garde Kavallerie Schwadron	178534
6. Garde Artillerie Regiment	264310
7. Genie Corps	33780
8. Train Kompagnie	58847
9. Garde Musik	24170
10. Provinzial Regimenter	1 607154
11. Gensdarmerie	49326
12. Militär Gerichtshof	12438
13. Kadettenschule	104830
14. Palastwache (alten Stils)	12783
15. Militärische Tempel	2904
16. Palankin Träger	1608
17. Arsenal	100000
Summe	3 553389

[   ]

PAAA_RZ201-018931_243

Empfänger	Auswärtiges Amt in Berlin	Absender	Mumm
A. 10189 pr. 11. Juli 1901. a. m.		Peking, den Juli 1901.	
Memo	Im Anschluß an Tel. № 432.		

A. 10189 pr. 11. Juli 1901. a. m.

Telegramm.

Peking, den Juli 1901. 11 Uhr 55 Min. p. m.
Ankunft: 11. 7. 12 Uhr 45 Min. a. m.

Der K. Gesandte an Auswärtiges Amt.

Entzifferung.

№ 437.

Nach Meldung Konsuls Seoul durch Rückzug der Chinesen Bedrohung der Grenze zur Zeit beseitigt; Entsendung eines russischen Kanonenboots scheint aufgegeben.

Mumm.
Orig. i. a. China 24

[   ]

PAAA_RZ201-018931_244 f.

Empfänger	Bülow	Absender	Weipert
A. 10346 pr. 14. Juli 1901. a. m.		Seoul, den 30. Mai 1901.	

Abschrift.

A. 10346 pr. 14. Juli 1901. a. m.

Seoul, den 30. Mai 1901.

Seiner Excellenz

dem Reichskanzler

Herrn Grafen von Bülow.

Auf besorgniserregende Nachrichten betreffs der unter dem 14. d. M. (Bericht № 82.) geh. gemeldeten Ruhestörungen in Quelpart hin, wonach die beiden dortigen französischen Priester in dem Hauptort der Insel, Chechu, von den Aufrührern eingeschlossen und bedrängt sein sollen, hat der französische Ministerpräsident die Entsendung der Kanonenboote „Surprise" und „L'Atonette" veranlaßt. Ersteres soll am 28. d. M. aus Taku, letzteres gestern aus Chemulpo in Chechu eingetroffen sein. Die hiesige Regierung schickt, wie ich höre, heute 100 Mann koreanische Truppen mit dem Dampfer „Chow-Chow-Foo" ab.

Nach Mitteilung des Herrn Collin de Plancy soll die Ursache des Aufruhrs in der im vorigen Jahr beschlossenen Steuererhöhung zu suchen sein, zu deren Durchführung sich die eingeborenen Christen vielfach von den Steueremissären hätten verwenden lassen, während die für ihre eigenen Einkünfte besorgten Lokalmagistrate die Bevölkerung insgeheim aufgehetzt hätten.

Abschrift dieses gehorsamsten Berichts sende ich an die Kais. Gesandtschaften in Tokio und Peking.

gez. Weipert.

orig. i. a. Korea 10

Auswärtiges Amt
Abth. A.

Politisches Archiv d. Auswärt. Amts

Acta

Betreffend

Korea

Vom 16. Juli 1901
Bis 31. März 1902

Vol.: 32
conf. Vol.: 33

Politisches Archiv des Auswärtigen Amts
R 18932

KOREA. № 1.

Ber. a. Söul v. 2. 8. № 128: Absicht der koreanischen Regierung, in Peking für ihre dortige Gesandtschaft ein Terrain zu erwerben. Angeblich hat der französische Gesandte in Peking einen Teil des okkupierten Terrains für diesen Zweck zur Verfügung zu stellen.	13863. 28. 9.
Ber. a. Peking v. 15. 8. A. 301: Die Abtretung von Terrain der französischen Gesandtschaft in Peking an die koreanische Regierung zur Erbauung eines Gesandtschaftsgebäudes ist unwahrscheinlich.	14156. 5. 10.
Ber. a. Söul v. 8. 7. № 115: Besuch S. M. S. „Tiger" in Chemulpo	12374 28/8
Ber. a. Söul v. 7/7. № 114: Dankschreiben des Präsidenten der französischen Republik für den ihm verliehenen koreanischen Orden des goldenen Maßstabes.	12375. 28. 8.
Schr. des Admiralstabs v. 7. 9.: Der Chef des Kreuzergeschwaders will im September Chemulpo und Söul besuchen.	12991. 9. 9.
Ber. a. Söul v. 6. 9. № 149: Frage der Beglückwünschung des Königs von Korea zum 50. Geburtstage durch fremde Staatsoberhäupter.	14995. 24. 10.
Tel. a. Peking v. ? № 617: Erwerb eines Grundstücks für die in Peking zu errichtende koreanische Gesandtschaft.	16676. 25. 11.
Ber. a. Söul v. 10. 9. № 153. Feier des 50sten Geburtstags des Königs von Korea. Beglückwünschung durch den K. Konsul Namens der Kaiserlichen Regierung.	15089. 26. 10.
Desgl. v. 27. 9. № 158: Besuch des Chefs des Kreuzergeschwaders, Admirals Bendemann, in Söul. Empfang durch den König.	15802. 9. 11.
Ber. a. Söul v. 4. 10. № 167. Beseitigung der zwischen dem Zolldirektor Brown und der koreanischen Regierung entstandenen Differenzen, wodurch nun auch das Wasserleitungsprojekt zur Ausführung gelangt. Die Chancen der Anleihe des Yünnan-Syndikats.	16552. 23. 11.

Ber. a. Petersburg v. 21. 12. № 940: Meldung der Nowoje Wremja, daß in Söul Lehrer und Schüler der deutschen Schule wegen Bildung eines regierungsfeindlichen Vereins verhaftet seien.	18181. 23. 12.
Schr. des Admiralstabs v. 5. 12.: Besuch des Chefs des Kreuzergeschwaders in Korea, Empfang durch den König, die politische Lage, die Interessen der anderen Großmächte, Antrag auf Erhöhung des Ranges des deutschen Vertreters in Korea.	17481. 9. 12.
Ber. a. Söul v. 29. 9. № 160. Voraussichtliche Erhebung der Lady Oem zur legitimen Gemahlin des Königs von Korea.	16177. 16. 11.
Desgl. v. 3. 8. № 129. Französische Schadensersatzansprüche für die bei den Unruhen in Quelpart beschädigte französische Mission und chinesische Forderungen für die Demolierung chinesischer Häuser durch koreanische Soldaten.	13864. 28. 9.
Desgl. v. 6. 8. № 131: Besuch eines japanischen Geschwaders in Chemulpo, an Bord befand sich Prinz Kwacho an Kpt. Lieutenant.	13905. 29. 9.
Desgl. v. 22. 8. № 95: Rangerhöhung der japanischen Prinzen Wi Wha und Yöng und der Lieblingsfrau des Königs „Lady Oem".	im vor. Band
Desgl. v. 3. 9. № 148: Frage der Errichtung einer österreichischen diplomatischen Vertretung in Söul und österreichische Aspirationen wegen Bergwerks-Konzessionen.	14984. 24. 10.
Ber. a. Söul v. 3. 9. № 147. Besuch des österreichischen Kriegsschiffs „Maria Theresia" in Chemulpo und Empfang der Offiziere desselben durch den König von Korea. Dabei hat der König den Wunsch ausgesprochen, eine österreichische Vertretung zu erhalten, als deren Titular er den Konsul Pisko (Shanghai) gern haben würde.	14983. 24. 10.
Desgl. v. 16. 9. № 156: Die Frage der Errichtung einer koreanischen Gesandtschaft in Peking.	15490. 3. 11.
Desgl. v. 18. 10. № 172: Zusammenstöße zwischen koreanischen Truppen und Japanern in Söul und Pyöng Yang.	17180. 4. 12.

Mil. Ber. a. Tokio v. 29. 9. № 5: Bestrebungen Japans, in Korea und China militärischen Einfluß zu gewinnen. Nachdem 1898 junge Koreaner die Kriegsschule in Tokio absolviert hatten, hat Japan 1899 an Korea 10000 Gewehre verkauft.	ad 15571. 5. 11.
Ber. a. Söul v. 10. 10. № 170: Unzufriedenheit Japans mit der durch französische Aktivität hervorgerufenen Entwicklung der japanischen Interessen in Korea. Japan möchte die Einwanderung nach Korea zum Zweck der Besiedelung der Bahn Söul-Fusan fördern. Die Zahl der Japaner in Korea betrug 1899: 15871.	17066. 2. 12.
Desgl. v. 19. 10. № 173: Verleihung des Leopold-Ordens an den König von Siam u. Erwerb eines Grundstücks für die belgische Vertretung.	17648. 12. 12.
Desgl. v. 2. 12. № 180: Reise des koreanischen Ministers des Äußeren nach Japan und die Frage seiner Entlassung.	18133. 22. 12.
1902	
Ber. a. Söul v. 9. 11. № 182. H. Min Chong Muk ist zum interimistischen koreanischen Minister des Äußeren und H. Pak Chä Sun zum Gesandten (für China ?) ernannt worden.	113. 4. 1.
Ber. a. Söul v. 30. 11. 01 № 191. Besuch S. M. S. „Seeadler" in Chemulpo zum Zweck der Förderung deutscher Interessen in Korea, Audienz des Kommandanten beim König.	937. 19. 1.
Tel. a. Söul v. 24. 2. № 6: Japanischer Gesandter bewirbt sich um die Konzession Söul - Wiju - Eisenbahn.	3050. 24. 2.
Desgl. v. 14. 2. № 6. Engagement des früheren japanischen Gesandten Kato als koreanischer Hausminister. Russischerseits wird behauptet, Japan erstrebe Protektorat über Korea, während die japanische Presse sagt, Rußland wolle eine Flottenstation in Südkorea und strebe ein russenfreundliches Kabinett in Korea an.	2497. 14. 2.
Ber. a. Söul v. 29. 11. № 190: Besuch des russischen Vize-Finanzministers Romanoff in Söul auf der Durchreise nach Port Arthur.	935. 19. 1.
Tel. a. Söul v. 19. 2. № 5: Der König will aus Furcht vor England und Amerika einem Regierungs- und Personenwechsel vorbeugen.	2786. 20. 2.

Ber. a. Söul v. 16. 11. № 184: Der koreanischen Regierung ist der Erwerb eines Grundstücks für ihre Gesandtschaft in Peking gelungen.	933. 19. 1.
Desgl. v. 30. 11. № 193: Russenfreundliche Strömung in Korea. Ernennung des H. Yi Yong Ik zum Finanzminister a. i. und des früher unter deutschem, jetzt unter russischem Schutz stehenden H. Mühlensteth zum interimistischen Ratgeber im Ministerium des Äußeren. Deutschfreundliche Kundgebungen des Min. d. Äußeren a. i. Min Chong Muk.	1133. 22. 1.
Ber. a. Söul v. 5. 11. № 195. Koreanischer Wunsch wegen Anstellung eines deutschen Militär-Instrukteurs.	1465. 28. 1.
Notiz: Schriftstücke betr. den Abschluß eines englisch-japanischen Abkommens zur Aufrechterhaltung der Unabhängigkeit und Integrität Chinas und Koreas, befinden sich i. a. China 28.	A. S. 236. 4. 2.
Ber. a. Petersburg v. 14. 2. № 131: Äußerung des japanischen Gesandten in Petersburg, Rußland und Japan müßten sich über Korea verständigen, Japan habe zu große Interessen dort (80 % des Handels).- England fürchtet eine Verständigung Rußlands und Japans über Korea.	2625. 17. 2.
Ber. a. Söul v. 12. 2. № 28:	im vorigen Band.
Notiz: Verhandlungen über die Absicht des Marine-Attachés in Tokio, im Frühjahr eine Dienstreise nach Korea etc. zu Informationszwecken zu unternehmen, befinden sich i. a. Deutschland 135 № 19.	1466. 28. 1.
Ber. a. Söul v. 8. 2. № 31: Bestreben Japans, Korea zu einem das japanische Protektorat anerkennenden Vertrage zu bewegen.	4779. 25. 3.
Ber. a. Söul v. 2. XI. № 192. Audienz des französischen Vertreters, zusammen mit einem Hrn. Faure, beim Souverän; Beteiligung Koreas an der Ausstellung in Hanoi (November 1902) und an der Weltausstellung in St. Louis (1903). Ankauf von Pferden für die koreanische Armee.	938. 19. 1.

Desgl. v. 30. 12. № 201. Italien. Konsul überreicht dem Souverän ein Schreiben, worin der König v. Italien seine Thronbesteigung anzeigt.	3156. 25. 2.
Desgl. v. 30. 1. № 22. Enthebung des bisherigen Ministers der auswärt. Angelegenheiten Pak Chae Sun von seinem Posten; seine bevorstehende Entsendung nach Peking.	4775 25/3.
Desgl. v. 2. 1. № 2. Die Stellung der Minister Pak Chae Sun, Min Chong Muk und Yi Yong Ik; koreanische Verhandlungen mit Rußland und Japan über die Telegraphenfrage; Anlegung einer koreanischen Glasfabrik unter russischer Leitung.	3130. 25. 2.
Ber. a. Söul v. 8. 2. № 30: Gerüchte in der japanischen Presse, daß der russische Vertreter sich z. Zt. wieder bestrebe, eine Flottenstation in der Nähe von Masampo zu erlangen. /:orig. i. a. Korea 3:/	4778. 25. 3.
Ber. a. St. Petersburg v. 25. 3. № 259: Art. der „Birshewija Wjedomosti" über die Notwendigkeit der Umwandlung des Hafens Masampo in eine russische Flottenstation. :orig. i. a. Korea 10:	4859. 27. 3.
Tel. a. Söul v. 14. 1. № 1. Berücksichtigung des Jubiläumsfestes wird empfohlen; über Absichten der anderen Mächte ist nichts bekannt.	773. 16. 1.
Desgl. v. 11. 3. № 7: Vorschlag, der korean. Regierung zum Regierungs-Jubiläum Glückwünsche übermitteln zu lassen; event. Allerhöchstes Handschreiben.	3985. 11. 3.

Einrichtung einer japanischen Niederlassung in Masampo.

PAAA_RZ201-018932_017 ff.			
Empfänger	Bülow	Absender	Weipert
A. 10707 pr. 22. Juli 1901. a. m.		Söul, den 28. Mai 1901.	
Memo	J. № 556.		

A. 10707 pr. 22. Juli 1901. a. m.

Söul, den 28. Mai 1901.

№ 89.

An Seine Exzellenz

den Reichskanzler

Herrn Grafen von Bülow

Wie mir der japanische Gesandte gestern mitteilte, ist zwischen ihm und der hiesigen Regierung eine Vereinbarung betreffs Einrichtung einer ausschließlichen japanischen Niederlassung in Masampo zu Stande gekommen. Eine formelle schriftliche Fixierung derselben hat indes noch nicht stattgefunden, weil die genaue Feststellung der Größe und Lage noch nicht erfolgt ist, mit deren Bewirkung am 22. d. M. der japanische Konsul Sakata in Masampo und der dortige koreanische Handelsinspektor (Kamni) (?) beauftragt wurden.

Nach den Äußerungen des Herrn Hayashi soll die Niederlassung zwischen der allgemeinen Fremdenniederlassung und der russischen, also innerhalb der Zone von 10 Li liegen, in welcher die Ausländer nach den Verträgen Grund und Boden kaufen können, und im wesentlichen aus einem Komplex von Grundstücken bestehen, der schon im Jahre 1899 seitens verschiedener japanischer Privatleute erworben und diesen im vergangenen Winter von der japanischen Regierung abgekauft wurde. Herr Hayashi fügte hinzu, daß er von diesem Besitzwechsel kurz nachher bereits dem hiesigen russischen Geschäftsträger Mitteilung gemacht habe. Die Größe werde wahrscheinlich der der russischen Niederlassung ungefähr entsprechen, auch seien die Grundabgaben auf dieselbe Größe, wie für die Letztere (0.20 Dollar für 100 qm) festgesetzt. Nach den Mitteilungen des Handelsinspektors in Masampo befinden sich von den Grundstücken der Allgemeinen Fremdenniederlassung, in welcher bisher nur seitens Rußlands, Japans und Englands Konsulatsgrundstücke erworben worden sind, 25760 qm in japanischen, 9780 qm in russischen, 8670 qm in österreichischen,

5580 qm in deutschen und 5390 qm in französischen Händen. Neuerdings sollen auch einige der Parzellen in englischen Besitz übergegangen sein. Daß der Wert dieser Grundstücke, deren jährliche Abgaben 6 bzw. 2 Dollar pro 100 qm betragen, durch die Ablenkung der japanischen Besiedelung nach der neuen Niederlassung sehr ungünstig beeinflußt werden wird, dürfte zweifellos sein. Indes würde es die japanische Regierung auch ohne besondere Abmachungen mit der hiesigen in der Hand haben, an dem von ihr auf privatem Wege in vertragsgemäßer Weise erworbenen Terrain ausschließlich den eigenen Untertanen Rechte einzuräumen. Zudem ist durch die unbeanstandet gebliebene Einrichtung der russischen Niederlassung im vorigen Jahre ein Präzedenzfall geschaffen. Aus diesen Gründen besteht, soweit ich bisher feststellen konnte, weder bei dem hiesigen französischen, noch bei dem englischen oder amerikanischen Vertreter eine Neigung gegen die japanische Niederlassung Einwendungen zu erheben.

Abschrift dieses gehorsamsten Berichts sende ich an die Kaiserlichen Gesandtschaften in Peking und Tokio.

Weipert.

Inhalt: Einrichtung einer japanischen Niederlassung in Masampo.

[   ]

PAAA_RZ201-018932_023 ff.

Empfänger	Bülow	Absender	Weipert
A. 10709 pr. 22. Juli 1901. a. m.		Söul, den 7. Juli 1901.	

Abschrift.

A. 10709 pr. 22. Juli 1901. a. m.

Söul, den 7. Juni 1901.

№ 94.

Sn. Exz.

dem Reichskanzler

Herrn Grafen von Bülow

Nach dem Bericht des Kommandanten des französischen Kanonenboots „Surprise", das am 3. d. M. von Quelpart in Chemulpo eintraf, ist dasselbe am 30. v. M. auf der Rhede von Chechu, der Hauptstadt der Insel, gerade noch rechtzeitig angekommen, um das Leben der beiden französischen Priester zu retten, die sich in einem Yamen gehalten hatten, während der Ort im Übrigen von den Aufrührern kurz zuvor eingenommen worden war. Die Letzteren zogen sich auf das bloße Erscheinen des Kanonenboots hin sofort ins Innere zurück. Nachdem am 31. auch die „Alouette" mit Dolmetschern gekommen war, wurden am 1. d. M. 70 Mann von den beiden Kanonenbooten gelandet. Sie fanden die Priester unversehrt und die Stadt und Umgebung ruhig, doch legten Hunderte von Leichen, die der Kommandant der Surprise umherliegen sah, von den vorangegangenen Metzeleien Zeugnis ab. Die Angaben über die Zahl der überhaupt bei dem Aufruhr bisher umgekommenen Koreaner schwanken zwischen 300 und 600.

Die mit dem Dampfer Chow Chow Fao, auf welchem sich auch der amerikanische Berater Sands befand, entsandten 100 Mann koreanischer Truppen trafen am 2. d. M. ein und besetzten die Stadt, worauf die Franzosen zurückgezogen wurden. Weitere 150 Mann und 50 Polizisten beabsichtigt die hiesige Regierung morgen von hier abzuschicken. Hiermit hofft man die völlige Unterdrückung des Aufruhrs ohne weitere Schwierigkeit durchzuführen. Die Alouette hat sich wegen des schlechten Ankergrunds bei Quelpart vorläufig nach dem nahen Hafen von Mokpo begeben, um erst in einigen Tagen wieder sich von dem Stand der Dinge in Chechu zu überzeugen.

Am 1. d. M. wurde auch der in Chemulpo stationierte japanische Kreuzer „Saiyen" nach Quelpart entsandt, weil Nachrichten eingingen, daß die japanischen Fischer, welche sich während der Saison zu Hunderten an der dortigen Südostküste namentlich aufhalten, wegen des Aufruhrs Schwierigkeiten hätten, Provisionen zu erlangen. Der Kreuzer ist inzwischen zurückgekehrt, weil er seine weitere Anwesenheit nicht nötig gefunden hat. Nach französischer Behauptung sollen die japanischen Fischer die Aufrührer gegen die Christen unterstützt haben.

Eine andere Störung, welche jedoch mit der rein lokalen Bewegung in Quelpart keinerlei Zusammenhang hat, wird aus dem südöstlichen Teil des Hauptlandes gemeldet. In der Nähe von Taiku wurden am 2. d. M. einer der zur Bewachung der Telegraphenlinie verwandten japanischen Gendarm sowie ein ihn begleitender japanischer Zivilist von einer koreanischen Räuberbande schwer verwundet. Einem sofort entsandten Detachement von 5 japanischen Gendarmen gelang es, 6 der Räuber zu fangen. Herr Hayashi hat energisches militärisches Einschreiten gegen diese Banden verlangt, von denen in derselben Gegend im Sommer v. J. zwei amerikanische Missionare ausgeplündert worden sind.

Abschrift dieses gehorsamsten Berichts sende ich an die Kaiserlichen Gesandtschaften in Peking und Tokio.

gez. Weipert.

Orig. i. a. Korea 10

[   ]

PAAA_RZ201-018932_027

Empfänger	Auswärtiges Amt in Berlin	Absender	[*sic.*]
A. 10749 pr. 22. Juli 1901. p. m.		Berlin, N. W. 40, den 22. Juli 1901.	

A. 10749 pr. 22. Juli 1901. p. m.

Berlin, N. W. 40, den 22. Juli 1901.

№ 5915 II.

An das Auswärtige Amt.

Dem Auswärtigen Amt beehre ich mich einliegend den unter dem 14. d. Mts. A. 10162 übersandten Bericht des Konsulats in Söul vom 21. 5. 01. № 85., betreffend die koreanische Armee, ganz ergebenst zurückzusenden.

I. A.

[*sic.*]

PAAA_RZ201-018932_028 f.			
Empfänger	Bülow	Absender	Weipert
A. 11315 pr. 3. August 1901. a. m.		Söul, den 12. Juni 1901.	
Memo	J. № 620.		

A. 11315 pr. 3. August 1901. a. m.

Söul, den 12. Juni 1901.

№ 96.

An Seine Exzellenz

den Reichskanzler

Herrn Grafen von Bülow.

Wie mir der englische Geschäftsträger dieser Tage mitteilte, rechnet er auf eine baldige definitive Regelung der Angelegenheit des Zolldirektors McLeavy Brown, da die koreanische Regierung geneigt scheine, auf seinen schließlichen Vorschlag einzugehen, daß Herr Brown nach Einigung über einen anderweiten Platz für seine Wohnung und die Zollräume, über die man zu verhandeln begonnen habe, 1 Jahr Frist bis zum Umzug erhalten solle. Eine Folge dieser Auffassung der Situation scheint es zu sein, daß Konter Admiral Bruce mit den Schiffen „Barfleur", „Isis" und „Pique", die sich in letzter Zeit mit der „Astraea" in Chemulpo befunden hatten, am 10. d. M. nach Weihaiwei gegangen ist und nur noch die „Astraea" hier zurückgelassen hat.

Abschrift dieses gehorsamsten Berichts sende ich an die Kaiserlichen Gesandtschaften in Peking und Tokio.

Weipert.

Inhalt: Die Angelegenheit des Zolldirektors McLeavy Brown

Ausschreitung Koreanischer Truppen gegen Chinesen.

PAAA_RZ201-018932_030 ff.

Empfänger	Bülow	Absender	Weipert
A. 11577 pr. 9. August 1901. a. m.		Söul, den 21. Juni 1901.	
Memo	J. № 651.		

A. 11577 pr. 9. August 1901. a. m.

Söul, den 21. Juni 1901.

№ 103.

An Seine Exzellenz

den Reichskanzler

Herrn Grafen von Bülow.

Am 18. d. M. entstand in einem chinesischen Laden in einer von vielen Chinesen bewohnten Straße in Söul ein Streit zwischen dem Besitzer und einem koreanischen Soldaten, welcher zum tätlichen Einschreiten gegen diesen und einen ihm zu Hilfe gekommenen zweiten Soldaten seitens chinesischer Polizisten führte. Darauf rottete sich eine größere Anzahl bewaffneter koreanischer Soldaten aus einer nahen Kaserne mit Kulis gegen die Chinesen zusammen und Letztere flüchteten sich, nachdem 10 von ihnen, darunter 2 Polizisten, verwundet worden waren. Die Menge, über 100 Soldaten voran, drang dann in die chinesischen Häuser ein, angeblich um den Soldaten zu fangen, der den Streit begonnen hatte und vermisst wurde, sich aber, wie nachher zu Tage kam, in die Kaserne geflüchtet hatte. 9 Häuser wurden demoliert und ausgeplündert, 8 weitere büßten wenigstens die Türen und Fenster ein.

Der chinesische Geschäftsträger hat, wie er mir mitteilte, heute wegen dieser Vorgänge eine Note an den Minister des Äußeren gerichtet, in der er gegen die in dem Eindringen der Soldaten in die chinesischen Häuser liegende Vertragsverletzung Beschwerde führt, Bestrafung der Schuldigen und Entschädigung vorbehaltlich der Liquidation verlangt. Es scheint, daß zu diesem prompten Schritt der Rat des japanischen Gesandten viel beigetragen hat, der mit Recht die Schaffung eines gefährlichen Präzendenzfalles fürchtet, wenn der Vorgang ungeahndet bleibt. Er selbst, sowie der russische, englische und amerikanische Vertreter scheinen geneigt, der hiesigen Regierung wenigstens mündlich gleichfalls entsprechende Vorstellungen zu machen.

Der Vorfall hat die Aufmerksamkeit darauf hingelenkt, welche Gefahr in der Unterhaltung einer nicht genügend disziplinierten Militärmacht von über 9000 Mann in Söul liegt. Der russische Geschäftsträger macht für die neuerliche Truppenvermehrung, gegen die er selbst sich bei dem König seit vorigem Herbst bereits öfter energisch ausgesprochen haben will, hauptsächlich die Ratschläge des französischen Militärattachés Major Vidal verantwortlich. Ich gewann dabei den Eindruck, als ob selbst Herrn Pavlow die hiesige Ausbreitung des Franzosentums allmählich etwas zu viel werde.

Zur Charakterisierung des wachsenden Selbstvertrauens der koreanischen Truppen führte Herr Pavlow an, daß 500 Mann derselben vor 2 Monaten etwa von Musan am Tumen Fluß aus einen Plünderungszug in das mandschurische Gebiet gemacht hätten, der Vorstellungen seinerseits und Entschuldigungen der hiesigen Regierung zur Folge gehabt habe. Man habe russischerseits geplant gehabt, in das dortige von chinesischen Räubern unsicher gemachte Gebiet der Mandschurei eine Kompanie russischer Truppen zu entsenden, auf den koreanischen Einfall hin aber von dieser Maßregel abgesehen, um Komplikationen zu vermeiden.

Zur Erhöhung der erwähnten Bedenken trägt auch die Ankunft von 18 (darunter 12 Gebirgs- und 6 kleinkalibrige Geschütze) der im Frühjahr v. J. durch den Zolldirektor McLeavy Brown bei Vickers, Sons & Maxim bestellten Geschütze bei, zu denen in einigen Monaten noch 4 Feldgeschütze kommen sollen. Sollten die Koreaner lernen dieselben zu handhaben, so würden sie damit sogar den hiesigen 400 Mann japanischer Schutztruppen unter Umständen gefährlich werden können.

Abschrift dieses gehorsamsten Berichts sende ich an die Kaiserlichen Gesandtschaften in Peking und Tokio.

Weipert.

Inhalt: Ausschreitung Koreanischer Truppen gegen Chinesen.

Die Angelegenheit des Zolldirektors McLeavy Brown.

PAAA_RZ201-018932_038 f.

Empfänger	Bülow	Absender	Weipert
A. 11579 pr. 9. August 1901. a. m.		Söul, den 28. Juni 1901.	
Memo	J. № 676.		

A. 11579 pr. 9. August 1901. a. m.

Söul, den 28. Juni 1901.

№ 105.

An Seine Exzellenz

den Reichskanzler

Herrn Grafen von Bülow.

In der Angelegenheit des Zolldirektors McLeavy Brown ist der hiesige englische Geschäftsträger, wie ich von ihm höre, am 24. d. M. zu einer durch Notenwechsel mit dem Minister des Äußeren festgelegten Verständigung mit der koreanischen Regierung gelangt, wonach ein Terrain bestimmt ist, auf welchem anderweite Dienstwohnungen und Amtsräumlichkeiten für den Zolldirektor gebaut und binnen Jahresfrist unter Räumung der jetzigen bezogen werden sollen.

Abschrift dieses gehorsamsten Berichts sende ich an die Kaiserlichen Gesandtschaften in Peking und Tokio.

Weipert.

Inhalt: Die Angelegenheit des Zolldirektors McLeavy Brown.

[   ]

PAAA_RZ201-018932_040 f.

Empfänger	Bülow	Absender	Weipert
A. 11580 pr. 9. August 1901. a. m.		Söul, den 28. Juni 1901.	

Abschrift.

A. 11580 pr. 9. August 1901. a. m.

Söul, den 28. Juni 1901.

№ 106.

Sr. Exzellenz

dem Reichskanzler,

Herrn Grafen von Bülow.

Von sonst zuverlässiger Seite erfahre ich vertraulich, daß nach privater telegraphischer Nachricht aus St. Peterburg dort in der Tat, wie ein hier kursierendes Gerücht behauptet, beabsichtigt sein soll, Herrn Pavlow in Bälde von hier nach Peking zu versetzen. Wenn sich die Nachricht bewahrheitet, so dürfte sie dem hiesigen Souverän, bei dem Herr Pavlow wenig beliebt ist, nicht unwillkommen sein.

Der König hegt, wie ich aus derselben Quelle vertraulich erfahre, schon seit einigen Monaten den Wunsch, den früheren hiesigen russischen Vertreter, Herrn Waeber, zu dem er großes Vertrauen hat, als Ratgeber für das Hausministerium zu engagieren, und Herr Waeber, der den Abschied genommen haben soll, scheint nicht abgeneigt zu sein, darauf einzugehen, der König ist aber von der Ausführung seines Planes bisher durch seine Umgebung verhindert worden, die von einem solchen Schritt Komplikationen mit Japan fürchtet.

Abschrift dieses gehorsamsten Berichts sende ich an die Kaiserlichen Gesandtschaften in Peking und Tokio.

gez. Weipert.

Orig. i. a. Korea 7

Berlin, den 14. August 1901.   A. 11577.

An   Ew. p. übersende ich anbei ergebenst Abschrift
die Missionen in   eines Berichts des Kais. Konsuls in Söul vom
London № 705.   21. Juni d. J. betreffend die koreanischen
Paris № 556.   Truppen,
St. Peterburg № 596.   zu Ihrer Information
                                                     st. St. S.
J. № 7131.   i. m.

[   ]

PAAA_RZ201-018932_043 f.

Empfänger	Bülow	Absender	Weipert
A. 12374 pr. 28, August 1901. a. m.		Söul, den 8. Juni 1901.	

Abschrift.

A. 12374 pr. 28, August 1901. a. m.

Söul, den 8. Juni 1901.

№ 115.

Seiner Exzellenz, dem Reichskanzler
Herrn Grafen von Bülow.

Euerer Exzellenz beehre ich mich gehorsamst zu melden, daß am 4. d. Mts. Seiner Majestät Kanonenboot Tiger von Tsingtau im Hafen von Chemulpo eingetroffen ist. Da der Herr Kontreadmiral Kirchhoff mir vorher mitgeteilt hatte, daß die Anwesenheit des Tiger nur von kurzer Dauer und deshalb alsbaldige Herstellung der Verbindung mit demselben erwünscht sei, begab ich mich noch am selben Tage an Bord. Von dem Kommandanten, Herrn Korvettenkapitän von Mittelstaedt erfuhr ich, daß er gekommen sei, einmal um mit Rücksicht auf sehr pessimistische chinesische Gerüchte über Unruhen an der koreanischen Grenze Erkundigungen einzuziehen, und sodann, um sich im Hinblick auf einen seitens des Herrn Vizeadmirals Bendemann eventuell gegen Ende d. Mts. geplanten Besuch in Chemulpo zu informieren. Da ihm mit Rücksicht auf die letzterwähnte Absicht zur Pflicht gemacht war, sich jeden offiziellen Auftretens, insbesondere in Söul, zu entheben, so mußte von Beantragung einer Audienz bei dem hiesigen Souverän Abstand genommen werden.

Der Herr Kommandant verweilte vom 6. bis zum 7. d. Mts. incognito bei mir in Söul und fuhr heute früh mit dem Tiger nach Tsingtau zurück.

gez. Weipert.
Orig. i. a. Deutschland 138.

Dank des Präsidenten der französischen Republik für den koreanischen Orden des „Goldenen Maßstabes".

PAAA_RZ201-018932_045 ff.			
Empfänger	Bülow	Absender	Weipert
A. 12375 pr. 28. August 1901. a. m.		Söul den 7. Juli 1901.	
Memo	J. № 725.		

A. 12375 pr. 28. August 1901. a. m.

Söul den 7. Juli 1901.

№ 114.

An Seine Exzellenz

den Reichskanzler

Herrn Grafen von Bülow.

Eurer Exzellenz beehre ich mich gehorsamst zu melden, daß der hiesige französische Vertreter am 5. d. M. dem König von Korea ein auf die Verleihung des Ordens des „Goldenen Maßstabes" bezügliches Schreiben des Präsidenten der Republik in Audienz überreicht hat, welches sich, wie ich von Herrn Pavlow höre, im Wesentlichen auf einen Ausdruck des Dankes beschränkt.

Weipert.

Inhalt: Dank des Präsidenten der französischen Republik für den koreanischen Orden des „Goldenen Maßstabes".

Die japanische Preßagitation gegen die katholische Mission.

PAAA_RZ201-018932_048 ff.

Empfänger	Bülow	Absender	Weipert
A. 12376 pr. 28. August 1901. a. m.		Söul, den 9. Juli 1901.	
Memo	J. № 729.		

A. 12376 pr. 28. August 1901. a. m.

Söul, den 9. Juli 1901.

№ 116.

An Seine Exzellenz

den Reichskanzler

Herrn Grafen von Bülow.

Am 2. d. M. erschien in der hiesigen japanischen Zeitung Kanjo Shimpo nochmals ein Artikel, welcher in einer der römisch-katholischen Mission feindlichen Tendenz deren Konvertiten der ärgsten Übergriffe beschuldigt. Seitdem ist jedoch die Agitation verstummt und zwar, wie anzunehmen ist, durch das endliche Einschreiten des hiesigen japanischen Gesandten. Als ich am 3. d. M. Gelegenheit hatte, demselben gegenüber das Gespräch auf die betreffenden Artikel zu lenken, nahm er zwar die Blätter noch in Schutz, betonte, daß den katholischen Konvertiten vielfach ein unrechtmäßiges und gewalttätiges Verhalten zur Last falle, und meinte, eine „Warnung" derselben sei ganz angebracht. Nachdem ihm jedoch am 4. d. M. auch der amerikanische Vertreter, ähnlich wie vorher der englische, freundschaftliche Vorstellungen mit Rücksicht auf die mögliche Erregung der Bevölkerung durch derartige Artikel gemacht hatte, stellte er dem Dr. Allen, wie ich von diesem höre, Einschreiten in Aussicht und am 6. d. M. teilte mir Herr Hayashi mit, daß er die Zeitungen streng verwarnt habe. Heute hörte ich von dem französischen Vertreter, daß vor einigen Tagen auch dieser Herrn Hayashi Vorstellungen gemacht hat, die von Letzterem entgegenkommend aufgenommen wurden. Darüber, ob auf seine Mitteilung an den französischen Vertreter in Tokio hin, von diesem inzwischen dort Schritte getan seien, hatte Herr Collin de Plancy noch keine Nachricht.

Meldungen über neue Unruhen liegen - auch bezüglich der in der hiesigen japanischen Presse erwähnten Insel Chido bei Mokpo - bisher nicht vor.

Abschriften dieses gehorsamsten Berichts sende ich an die Kaiserlichen Gesandtschaften in Peking und Tokio.

Weipert.

Inhalt: Die japanische Preßagitation gegen die katholische Mission.

Die Angelegenheit des Zolldirektors McLeavy Brown.

PAAA_RZ201-018932_053 ff.			
Empfänger	Bülow	Absender	Weipert
A. 12625 pr. 1. September 1901. a. m.		Söul, den 18. Juli 1901.	
Memo	J. № 772.		

A. 12625 pr. 1. September 1901. a. m.

Söul, den 18. Juli 1901.

№ 121.

An Seine Exzellenz

den Reichskanzler

Herrn Grafen von Bülow.

Der Generalzolldirektor McLeavy Brown hat im Laufe der letzten Woche einige Änderungen im hiesigen Zolldienst eintreten lassen, welche ein mit großer Bestimmtheit auftretendes Gerücht zu bestätigen scheinen, daß er an die Aufgabe seiner Stellung denke. Der Engländer Chalmers, welcher seit 1898 als Zollkommissar ad interim in Chemulpo tätig war, ist als Sekretär und Assistent des Herrn Brown nach Söul berufen, und in Chemulpo durch den Franzosen Laporte, bisher stellvertretender Kommissar in Fusan ersetzt, an dessen Stelle ein Engländer Osborne tritt, der zuletzt im chinesischen Zolldienst, vor 1898 aber bereits im Chemulpo als Kommissar a. i. angestellt war. Da der Posten eines Sektretärs in Söul sonst durch jüngere Leute besetzt zu werden pflegte, nimmt man an, daß Herr Chalmers bestimmt sei, Herrn McLeavy Brown zu ersetzen.

Seitens des Letzteren wird dem Gerücht widersprochen, aus Äußerungen des englischen Geschäftsträgers schließe ich jedoch, daß Herr Brown wenigstens daran denkt einen längeren Urlaub, vielleicht im Laufe dieses Jahres noch anzutreten. Nach seinem Vertrage würde er das Recht haben, für diese Zeit einen Vertreter zu benennen. Will Herr Brown dann nicht wiederkommen, so könnte man englischerseits verfügen aus dem Provisorium ein Definitivum zu machen oder einen anderen Engländer aus dem chinesischen Zolldienst in die Stelle zu bringen.

Es scheint nicht, daß darüber mit der hiesigen Regierung bereits irgendwelche Verhandlungen getroffen sind. Dagegen höre ich, daß die Letztere trotz der am 24. v. M. getroffenen Vereinbarung neuerdings wieder einen Versuch gemacht hat Herrn Brown zu bewegen, seine Wohnung noch vor der verabredeten einjährigen Frist aufzugeben. In Folge dessen scheint die Anwesenheit eines englischen Kriegsschiffes in Chemulpo, wie sich aus der am 13. d. M. erfolgten Ablösung der „Astraea" durch die „Glory" ergibt, immer noch für nötig gehalten zu werden.

Es wäre nicht zu verwundern, wenn Herr Brown des unerquicklichen, jede ersprießliche Tätigkeit hemmenden Fehdezustandes müde, sich entschlossen hätte mit der Zeit, das Feld freiwillig zu räumen.

Abschrift dieses gehorsamsten Berichts sende ich an die Kaiserlichen Gesandtschaften in Peking und Tokio.

Weipert.

Inhalt: Die Angelegenheit des Zolldirektors McLeavy Brown.

[   ]

PAAA_RZ201-018932_057

Empfänger	Auswärtiges Amt in Berlin	Absender	Weipert
A. 12835 pr. 6. September 1901. a. m.		Söul, den 4. September 1901.	

A. 12835 pr. 6. September 1901. a. m.

Telegramm.

Söul, den 4. September 1901. - Uhr - Min. ⋯ m.
Ankunft: 6. 9. 4 Uhr 44 Min. a. m.

Der K. Konsul an Auswärtiges Amt.

Entzifferung.

№ 19.

Französicher Vertreter hat heute seiner Regierung telegraphisch vorgeschlagen, dem koreanischen Souverän telegraphisch Glückwunsch des Präsidenten zum 50. Geburtstage zu schicken, der am 7. d. M. besonders feierlich begangen wird. Russischer Geschäftsträger informiert seine Regierung hiervor gleichfalls.

Weipert.

Berlin, den 7. September 1901.   A. 14835.

Deutscher Konsul   Eilt!
Söul № 6   Sie sind ermächtigt, beste Wünsche der Kais.
                            Regierung auszusprechen.

Tel. i. Ziff.
Antwort auf Tel № 19.   St. S.

J. № 7841.

[   ]

PAAA_RZ201-018932_059

Empfänger	Auswärtiges Amt in Berlin	Absender	Schröder
A. 12991 pr. 9. September 1901. p. m.		Berlin, den 7. September 1901.	

Abschrift.

A. 12991 pr. 9. September 1901. p. m.

Berlin, den 7. September 1901.

An

den Staatssekretär

des Ausw. Amtes, hier.

Ew. Exz. beehrt sich der Admiralstab erg. (ebenst) mitzuteilen, daß der Chef des Kreuzergeschwaders, Vize-Admiral Bendemann, nach Telegramm aus Chefoo vom 1. d. M. beabsichtigt, in der zweiten Hälfte des September Chemulpo und Söul zu besuchen.

Im Auftrage

gez. Schröder.

Orig. i. a. Deutschland 138

Russische Sanitäts-Kommission in Masampo.

PAAA_RZ201-018932_060 ff.			
Empfänger	Bülow	Absender	Weipert
A. 13861 pr. 28. September 1901. a. m.		Söul, den 1. August 1901.	
Memo	J. № 828.		

A. 13861 pr. 28. September 1901. a. m.

Söul, den 1. August 1901.

№ 126.

An Seine Exzellenz

den Reichskanzler

Herrn Grafen von Bülow.

Wie ich vom hiesigen russischen Geschäftsträger höre, ist am 26. v. M. eine Kommission des russischen Roten Kreuzes, bestehend aus einem Spezialbevollmächtigten, einem Arzt und einem Ingenieur, mit dem Kanonenboot Gremiastschy von Port Arthur hier eingetroffen. Sie hat am nächsten Tage ihre Fahrt nach Masampo fortgesetzt, wo ihrer die Aufgabe harrt, sich über die Frage eines dort einzurichtenden Sanatoriums - ein eigentliches Lazarett soll vorläufig nicht geplant sein - und dessen eventuelle Lage gutachtlich auszusprechen.

Abschrift dieses gehorsamsten Berichts sende ich an die Kaiserlichen Gesandtschaften in Peking und Tokio.

Weipert.

Inhalt: Russische Sanitäts-Kommission in Masampo.

[   ]

PAAA_RZ201-018932_063 f.

Empfänger	Bülow	Absender	Weipert
A. 13863 pr. 28. August 1901.		Söul, den 2. August 1901.	
Memo	mtg 1. 10. Paris 648, Petersburg 712		

Abschrift.

A. 13863 pr. 28. August 1901.

Söul, den 2. August 1901.

№ 128.

Seiner Exzellenz, dem Reichskanzler

Herrn Grafen von Bülow.

Der im hiesigen Regierungsdienste als Leiter der französischen Sprachschule angestellte Franzose Martol begibt sich morgen nach Peking um, wie ich von ihm höre, im Auftrag der koreanischen Regierung mit der dortigen wegen des Erwerbs eines Grundstücks für die koreanische Gesandtschaft in Verhandlung zu treten. Nach seinen Mitteilungen scheint es, daß die französische Regierung sich erboten hat, der koreanischen einen Teil ihres Pekinger Terrains zu diesem Zweck umsonst abzutreten, daß dieses Stück aber noch nicht genügt und daher eine Vergrößerung durch angrenzende Parzellen beabsichtigt ist.

Die hiesige Regierung hat seit geraumer Zeit einen Gesandten für Peking ernannt, derselbe hat aber seinen Posten noch nicht angetreten.

Herr Martol, der schon im vorigen Sommer dazu verwendet wurde, das Mehl und Zigarettengeschenk des Königs von Korea an die alliierten Truppen nach Tientsin zu bringen, hat gewisse Beziehungen zu Lie Hung Chang, da sein Bruder dessen Söhne in Canton unterrichtet.

Abschrift diese gehorsamsten Berichts sende ich an die Kaiserliche Gesandtschaft in Peking.

gez: Weipert.

Orig. i. a. China 11.

[   ]

PAAA_RZ201-018932_065 f.

Empfänger	Bülow	Absender	Weipert
A. 13864 pr. 28. September 1901. a. m.		Söul, den 3. August 1901.	
Memo	J. № 846.		

Abschrift.

A. 13864 pr. 28. September 1901. a. m.

Söul, den 3. August 1901.

№ 129.

Seiner Exzellenz, dem Reichskanzler, Herrn Grafen von Bülow.

Durch Note vom 30. v. Mts. hat der hiesige französische Vertreter, wie ich von ihm höre, gegenüber der koreanischen Regierung eine Ersatzforderung wegen des durch die Unruhen in Quelpart im Mai. d. Js. verursachten Schadens geltend gemacht. Dieselbe umfaßt 4160 Yen (ca. 8652 M.) für beschädigtes Eigentum der katholischen Mission und 1000 Yen (ca. 2080 M) für die Familie eines getöteten koreanischen Dieners derselben. Außerdem hat Herr Collin de Plancy eine Liste von 83 der Hauptschuldigen eingereicht, deren Bestrafung er verlangt. 50 derselben werden der direkten Teilnahme an den Metzeleien bezichtigt, während die Übrigen, darunter auch die bereits in Untersuchung befindlichen 3 Rädelsführer, der Anstiftung oder Beihilfe beschuldigt werden. Eine Antwort der hiesigen Regierung steht noch aus.

Bei dieser Gelegenheit darf ich gehorsamst erwähnen, daß die Entschädigungsforderung, welche der chinesische Geschäftsträger anläßlich der hier am 18. Juni d. Js. durch koreanische Soldaten verübten Demolierung chinesischer Häuser geltend gemacht hat, sich auf 6783 Yen (ca. 14108 M) und 100 Yen (ca. 208 M) für ärztliche Behandlung der Verwundteten beläuft. Die Verhandlungen darüber dürften sich noch längere Zeit hinziehen.

gez. Weipert.

Orig. i. a. Korea 10.

Anwesenheit eines japanischen Geschwaders in Chemulpo.

PAAA_RZ201-018932_067 ff.			
Empfänger	Herrn Grafen von Bülow	Absender	Weipert
A. 13905 pr. 29. September 1901. a. m.		Söul, den 6. August 1901.	
Memo	mtg. 4.10. Petersburg 709. J. № 871.		

A. 13905 pr. 29. September 1901. a. m.

Söul, den 6. August 1901.

№ 131.

An Seine Exzellenz

den Reichskanzler

Herrn Grafen von Bülow.

Am 31. v. M. traf ein japanisches Geschwader bestehend aus den Schlachtschiffen Schikishima und Asaki, den Kreuzern Izumo, Tokiwa, Asama und Kasagi und den Torpedozerstörern Yugiri und Sasanami unter dem Vizeadmiral Togo in Chemulpo zu einem kurzen Besuch ein, der in der japanischen Presse schon seit mehreren Wochen gerüchtweise in Aussicht gestellt worden war. Als Veranlassung der Entsendung einer so beträchtlichen Anzahl von Schiffen dürfte der Wunsch Japans zu vermuten sein, seine Flagge hier in möglichst achtunggebietender Weise zu zeigen, nachdem Korea in den letzten Monaten einen außerordentlich starken Verkehr von Kriegsschiffen anderer Nationen und den Besuch eines russischen, englischen, österreichischen und französischen Admirals gesehen hat.

An Bord des Izumo befand sich der Prinz Kwacho als Kapitänlieutenant. Obwohl zu verstehen gegeben wurde, daß derselbe nicht offiziell in seiner Eigenschaft als Prinz auftrete, schickte ihm der hiesige Hof doch den Vizeminister des Hausministeriums zur Begrüßung nach Chemulpo entgegen. Auch wurde er am 3. d. M. von dem Vizeadmiral und dessen Gefolge von 27 Offizieren in besonderer Audienz empfangen, wobei er mit dem König und dem Kronprinzen eine Zeit lang am Tisch saß, und mit einem koreanischen Orden dekoriert wurde, der mir vom japanischen Gesandten als der der „Pflaumenblüte" bezeichnet wurde. Bei dem nachfolgenden Diner war der König durch einen Prinzen entfernteren Grades Namens Yi Chä Win vertreten. Das Diplomatische

Corps wurde dem Prinzen bei einem Gartenfest in der japanischen Gesandtschaft vorgestellt. Nachdem am 4. August eine große Anzahl koreanischer Würdenträger an Bord des Flaggschiffes empfangen worden war, verließ das Geschwader am 5. den Hafen vor Chemulpo, um sich nach Chefoo zu begeben.

Abschrift dieses gehorsamsten Berichts sende ich an die Kaiserlichen Gesandtschaften in Peking und Tokio.

Weipert.

Inhalt: Anwesenheit eines japanischen Geschwaders in Chemulpo.

Berlin, den 4. Oktober 1901.   A. 13905.

An

die Botschaft in

St. Petersburg № 709.

J. № 8576.

Ew. p. übersende ich anbei ergebenst Abschrift
eines Berichts des Kais. Konsuls in Söul vom
6. August betreffend die Anwesenheit eines
japanischen Geschwaders in Chemulpo zu Ihrer
gef. Information zu übersenden.

N. S. E.

i. m.

PAAA_RZ201-018932_072 f.

Empfänger	Bülow	Absender	Mumm
A. 14156 pr. 5. Oktober 1901. a. m.		Peking, den 15. August 1901.	

Abschrift.

A. 14156 pr. 5. Oktober 1901. a. m.

Peking, den 15. August 1901.

A. 301.

Seiner Exzellenz

dem Reichskanzler

Herrn Grafen von Bülow.

In dem in Abschrift hierher mitgeteilten Bericht № 58 vom 2. d. M. hat der Kaiserliche Konsul für Korea Euerer Exzellenz berichtet, daß die französische Regierung der koreanischen Regierung anscheinend angeboten habe, ihr zum Zweck der Unterbringung ihrer Gesandtschaft in Peking einen Teil des Terrains der französischen Gesandtschaft dortselbst umsonst abzutreten.

Herr Beau hat mir gegenüber im Laufe eines vertraulichen Gesprächs nur soviel zugegeben, die koreanische Regierung habe sich an ihn mit der Bitte um seinen Rat in der Terrainfrage gewandt, er habe aber bisher noch nicht geantwortet.

Daß der französische Gesandte in der Tat bereit sein sollte, einen Teil des von seiner Gesandtschaft okkupierten Terrains den Koreanern abzutreten, erscheint mir fraglich, da das allerdings umfangreiche Terrain für Zwecke der französischen Gesandtschaftswache und französischer Missionare voll in Anspruch genommen wird.

Bei der obenerwähnten Unterredung sprach Herr Beau in überaus zuversichtlicher Weise von der wirtschaftlichen Zukunft Koreas und wies dabei namentlich auf den Reichtum des Landes an noch ungehobenen Mineralschätzen, wie auf die neuerlichen Goldfunde hin, die jetzt schon einen großen Teil des bisher in Süd-China angelangten französischen Kapitals nach Korea gezogen hätten.

Abschrift dieses Berichts sende ich dem Kaiserlichen Gesandten in Tokio und dem Kaiserlichen Konsul in Söul.

gez. Mumm.

Orig. i. a. China 11

Anwesenheit eines österreichischen Kriegsschiffes.

	PAAA_RZ201-018932_075 ff.		
Empfänger	Bülow	Absender	Weipert
A. 14983 pr. 24. Oktober 1901. a. m.		Söul, den 3. September 1901.	
Memo	mtg. 4. 11. Wien 623. J. № 1003.		

A. 14983 pr. 24. Oktober 1901. a. m.

Söul, den 3. September 1901.

№ 147.

An Seine Exzellenz

den Reichskanzler

Herrn Grafen von Bülow.

Euerer Exzellenz beehre ich mich gehorsamst zu melden, daß das österreichisch-
ungarische Kriegsschiff „Maria Theresia" von Chefoo kommend am 30. v. M. im Hafen
von Chemulpo eingetroffen ist und denselben heute wieder verlassen hat um sich über
Wönsan und Wladiwostok nach Japan zu begeben.

An Bord befand sich der österreich-ungarische Konsul und Vertreter des Kaiserlichen
und Königlichen Generalkonsulats in Shanghai, Herr Pisko, dessen Wunsch, für ihn und
den Kommandanten eine Audienz bei dem hiesigen Souverän zu erhalten, mir bereits
vorher durch ein Telegramm des Kaiserlichen Generalkonsuls Herrn Dr. Knappe
angekündigt worden war. Auf meine diesbezügliche vertrauliche Anfrage machte der Hof
zunächst Schwierigkeiten mit Rücksicht auf eine unter dem 7. v. M. den hiesigen
Vertretern zugegangene amtliche Mitteilung des Hausministers, daß der König wegen der
Sommerhitze auf den Rat seiner Ärzte bis zum 10. September, und zwar künftig vom 10.
Juli an, abgesehen von außerordentlichen zeremoniellen Anlässen, keine Audienzen
erteilen werde. Man erkundigte sich bei mir, ob der Herr Konsul Pisko etwa der Träger
eines Handschreibens Seiner Kaiserlich und Königlichen Majestät sei, und zwar geschah
dies in einer so angelegentlichen Weise, daß der Wunsch unverkennbar war, zu verstehen
zu geben, daß man einem solchen Allerhöchsten Handschreiben als Antwort auf die Seiner
Kaiserlich und Königlichen Majestät verliehenen Dekoration des „Goldenen Maßstabs"
entgegen sehe. Obwohl nun ein solcher zeremonieller Anlaß nicht vorlag, so kam doch

in Betracht, daß der König am 19. v. M. den japanischen Herrenhauspräsidenten Fürst Konoye in Audienz empfangen hatte, dessen hiesiger Aufenthalt durchaus unoffizieller Natur war. Ich ließ dem Hausminister vertraulich andeuten, daß es einen ungünstigen Eindruck machen müsse, wenn nach diesem Präzedenzfalle die österreichischen Herren nicht empfangen würden. Inzwischen hatte sich die Situation dadurch kompliziert, daß man dem Kommandanten des französischen Kanonenboots „Bengali", das seit dem 28. v. M. im Hafen von Chemulpo lag, die Audienz anfänglich gleichfalls verweigert und dann, mit Rücksicht auf die österreichischen Wünsche erst zugesagt hatte, als es wegen der auf den 31. v. M. angesetzten Abfahrt des „Bengali" zu spät war. Man half sich nun, und zwar, wie mir Herr Collin de Plancy mitteilte, auf seinen Rat, dadurch, daß man am 1. d. M. den Vertretern mitteilte, wegen des eingetretenen kühleren Wetters würden von jetzt an wieder Audienzen wie gewöhnlich stattfinden.

Die Audienz für die österreichischen Herren, welche ich ebensowenig wie seinerzeit Herr Hayashi die für den Fürsten Konoye bestimmte, offiziell beantragt hatte, wurde dann auf den 2. d. M. anberaumt. Ich hatte in der selben die Ehre den Kommandanten, Herrn Linienschiffskapitän Haus, Herrn Konsul Pisko, sowie den Flaggleutnant Herrn Wickerhauser vorzustellen. Der König gab wiederum seinem Wunsche lebhaften Ausdruck, eine Vertretung der österreichisch-ungarischen Monarchie hier eingerichtet zu sehen. Herr Pisko versicherte darauf, daß er darüber an seine hohe Regierung eingehend berichten werde. Der König zeigte sich von dieser Antwort sehr angenehm berührt und ließ dem Herrn Konsul nachher durch den Minister des Äußeren sagen, daß es ihn sehr freuen würde, Herrn Pisko, der einen sehr günstigen Eindruck auf ihn gemacht zu haben schien, als hiesigen Vertreter wiederzusehen.

Nach dem Empfang fand ein Diner im Palast statt, zu dem der Hausminister Einladungen hatte ergehen lassen.

Weipert.

Inhalt: Anwesenheit eines österreichischen Kriegsschiffes.

[   ]

PAAA_RZ201-018932_082 f.

Empfänger	Bülow	Absender	Weipert
A. 14984 pr. 24. Oktober 1901. a. m.		Söul, den 3. September 1901.	

Abschrift

A. 14984 pr. 24. Oktober 1901. a. m.

Söul, den 3. September 1901.

№ 148.

Seiner Exzellenz

dem Reichskanzler

Herrn Grafen von Bülow.

Wie der Kaiserliche und Königliche österreichisch-ungarische Konsul Herr Pisko mir vertraulich mitteilte, galt sein hiesiger Besuch unter anderem der Erledigung eines ihm im v. J. bereits erteilten Auftrags über die Rätlichkeit der Einrichtung einer österreichisch-ungarischen Vertretung in Korea Bericht zu erstatten. Er sagte mir, daß er diese Maßregel aufs Wärmste befürworten und die Entsendung eines Geschäftsträgers und Generalkonsuls, sowie eines Vizekonsuls oder Dolmetschers vorschlagen werde. Seiner Ansicht nach würde für den Missionschef, außer freier Wohnung ein Gehalt von 30000 M. nebst 5000 bis 6000 M. für Bürokosten auszuwerfen sein.

Herr Pisko hält, worin ich ihm nur beipflichten konnte, die Schaffung einer Vertretung für eine wesentliche Vorbedingung der Erlangung einer Bergwerks-Konzession, für die er bei seiner jetzt bevorstehenden urlaubsweisen Rückkehr nach Wien, dortige Kapitalisten zu interessieren hofft. In Vorbereitung des eventuellen Unternehmens hat Herr Pisko sich bereits mit der Firma E. Meyer & Co. in Chemulpo darüber besprochen, daß dieselbe ihre durch die Kenntnis der Verhältnisse wertvolle Unterstützung geben und dafür die hiesige Agentur erhalten solle.

gez. Weipert.

Orig. i. a. Korea 7

Frage der Beglückwünschung des Königs von Korea zu seinem 50. Geburtstag.

PAAA_RZ201-018932_084 ff.			
Empfänger	Bülow	Absender	Weipert
A. 14995 pr. 24. Oktober 1901. a. m.		Söul, den 6. September 1901.	
Memo	J. № 1030.		

A. 14995 pr. 24. Oktober 1901. a. m.

Söul, den 6. September 1901.

№ 149.

An Seine Exzellenz

den Reichskanzler

Herrn Grafen von Bülow.

Daß der diesjährige, auf den 7. d. M. fallende Geburtstag des hiesigen Souveräns, an welchem Letzterer sein 50. Lebensjahr vollendet, mit besonderem Gepränge und einem Aufwand von etwa 16000 Yen gefeiert werden solle, war hier schon seit mehreren Monaten bekannt geworden. Eine offizielle Mitteilung hinsichtlich des außergewöhnlichen Charakters der Feier ist indessen nicht erfolgt und die Einladung zu der am genannten Tage stattfindenden Audienz unterschied sich nicht von der aus Veranlassung der Geburtstagsfeier früherer Jahre ergangenen. Inzwischen verlautete vor einigen Tagen, daß silberne Erinnerungsmedaillen geprägt seien, die den an der Feier Teilnehmenden verliehen werden sollten, und daß dem Monarchen von hiesigen fremden Angestellten und Firmen Geschenke gemacht werden würden. Diese Nachrichten, sowie die Kunde, daß der britische Geschwaderchef, Vizeadmiral Sir Cyprian Bridge, welcher heute mit der „Alacrity" hier erwartet wird, an der Audienz teilnehmen werde, scheinen die Veranlassung dazu gebildet zu haben, daß der französische Vertreter vorgestern seiner Regierung telegrafisch den Vorschlag unterbreitete, zum 7. ein Glückwunschtelegramm des Präsidenten der Republik an den König von Korea abzusenden. Herr Pavlow, der mir hiervon vorgestern Abend noch Mitteilung machte, fügte hinzu, daß er sich darauf beschränken werde, seiner Regierung von dem Schritt des französischen Vertreters telegraphische Meldung zu erstatten. Auch der englische Geschäftsträger und der japanische Gesandte haben heute, wie ich von ihnen höre, über die Initiative des Herrn Collin de Plancy an ihre Regierungen telegraphiert. Der amerikanische Gesandte teilte mir mit, daß er schon vor einiger Zeit über die bevorstehende

Feier schriftlich nach Washington berichtet habe, ohne indes damit Vorschläge der in Rede stehenden Art zu verbinden.

Weipert.

Inhalt: Frage der Beglückwünschung des Königs von Korea zu seinem 50. Geburtstag.

PAAA_RZ201-018932_088 ff.

Empfänger	Bülow	Absender	Weipert
A. 15089 pr. 26. Oktober 1901. a. m.		Söul, den 10. September 1901.	
Memo	J. № 1049.		

A. 15089 pr. 26. Oktober 1901. a. m.

Söul, den 10. September 1901.

№ 153.

An Seine Exzellenz

den Reichskanzler

Herrn Grafen von Bülow.

In der am 7. d. M. zur Feier des 50jährigen Geburtstages des hiesigen Souveräns stattgehabten Audienz wurden die Glückwünsche seitens der einzelnen Vertreter besonders zum Ausdruck gebracht. Man hatte sich dahin geeinigt, um die Zeremonie etwas feierlicher zu gestalten, während sonst hier bei ähnlichen Anlässen der Doyen im Namen Aller zu sprechen pflegt.

Nach der Audienz des diplomatischen Corps ließ sich der König von dem britischen Geschäftsträger den Vizeadmiral Sir Cyprian Bridge nebst dem Kommandanten und einigen Offizieren der „Alacrity", und von mir den Korrespondenten der Kölnischen Zeitung, Dr. Genthe vorstellen, der, am 22. Juni d. J. hier eingetroffen, sich vom 1. Juli an auf Reisen im Innern Koreas befunden hat und seit dem 6. d. M. wieder in Söul weilt.

Vor Beginn der koreanischen Festlichkeiten führte der Königlich Preußische Musikdirektor Eckert dem Hofe zum ersten Mal die von ihm seit 5 Monaten etwa ausgebildete Musikkapelle vor, welche einen von dem Genannten komponierten koreanischen Präsentiermarsch, sowie den Torgauer Marsch in einer angesichts der kurzen Unterrichtszeit überraschend guten Weise zum Vortrag brachte und verdientes Lob erntete.

In einer auf meinen am 8. d. M. gestellten Antrag auf heute anberaumten besonderen Audienz hatte ich die Ehre hoher Weisung gemäß die besten Glückwünsche der Kaiserlichen Regierung zum Ausdruck zu bringen. Der Monarch zeigte sich über die ihm erwiesene Aufmerksamkeit hoch erfreut, ersuchte mich Euerer Exzellenz seinen aufrichtigsten Dank für dieselbe zu übermitteln und sprach den lebhaften Wunsch aus, daß die zwischen

Deutschland und Korea bestehenden guten und freundschaftlichen Beziehungen sich in der Folge noch immer herzlicher und enger gestalten möchten.

Wie mir von Seiten des Hausministeriums mitgeteilt wurde, ist auch der amerikanische Gesandte, der sich nach dem 7. d. M. wieder in sein Landhaus bei Chemulpo begeben hat, von seiner Regierung zur Übermittlung der Glückwünsche derselben angewiesen worden und hat sich seines Auftrags auf schriftlichem Wege entledigt. Von dem Präsidenten der französischen Republik ist am 7. d. M. ein direkt an den hiesigen Souverän gerichtetes Glückwunschtelegramm eingegangen. Seitens der anderen hier vertretenen Mächte sind bisher, wie ich höre, ähnliche Schritte nicht erfolgt.

Weipert.

PAAA_RZ201-018932_093

Empfänger	Bülow	Absender	Weipert
A. 15490 pr. 3. November 1901. a. m.		Söul, den 16. September 1901.	

Abschrift.

A. 15490 pr. 3. November 1901. a. m.

Söul, den 16. September 1901.

№ 156.

Seiner Exzellenz

dem Reichskanzler

Herrn Grafen von Bülow.

Der bisherige japanische Gesandte in Peking, Herr Komura, hielt sich auf der Rückreise nach Japan vom 13. bis zum 14. d. Mts. hier auf und wurde am 13. in Audienz empfangen. Es scheint dies auf Initiative des hiesigen Souveräns geschehen zu sein, der, wie ich von dem amerikanischen Gesandten höre, Herrn Komura hauptsächlich wegen der Frage der Unterhaltung einer koreanischen Gesandtschaft in Peking zu konsultieren wünschte. Nach den Informationen des Dr. Allen soll Herr Komura den König in seiner Absicht nicht ermutigt, sondern vielmehr warnend auf den angeblichen Geldaufwand hingewiesen haben, den die Beschaffung des Terrains und Gebäudes sowohl wie die nötige Stationierung einer koreanischen Schutztruppe von mindestens 300 Mann erfordern würde. pp.

gez. Weipert.

Orig. i. a. Japan 6

Berlin, den 4. November 1901. zu A. 14983.

An
die Botschaft in
Wien № 623

J. № 9348.

Euerer pp. übersende ich anbei ergebenst
Abschrift eines Berichts des Kais. Konsuls in
Söul ⋯ vom 3. September. d. J., betreffend den
Besuch eines österreichischen Kriegsschiffes zu
Ihrer gefl. Information.

N. S. E.

i. m.

PAAA_RZ201-018932_095 ff.

Empfänger	[o. A.]	Absender	Ritter zu Grünstein
Zu A. 15571 pr. 5. November 1901.		Tokio, den 29. September 1901.	
Memo	J. № 5.		

Auszug.

zu A. 15571 pr. 5. November 1901.

Tokio, den 29. September 1901.

Militär-Bericht.

Militärischer Einfluß Japans in China und Korea.

Wie auf allen Gebieten der Politik sowie des Handels die Japaner im Laufe der letzten Jahre es nicht verabsäumt haben, bei der Entwicklung der Verhältnisse in China und Korea als nicht mißzuachtende Konkurrenten der europäischen Mächte und der Vereinigten Staaten von Nord-Amerika aufzutreten und sich nicht als Vertreter der gelben Rasse bei wichtigen Abmachungen bei Seite schieben lassen wollen, so lassen sie in ihren militärischen Maßnahmen ebenso erkennen, daß sie im gleichen Bestreben vielleicht gerade durch solche sich ihren politischen Einfluß in China und Korea für die Zukunft zu sichern gedenken.

Die leicht errungenen Siege des japanisch-chinesischen Krieges haben im japanischen Heere einen gewissen Grad von Selbstüberschätzung erzeugt, der sie oft vergessen läßt, daß sie selbst noch recht junge, wenn auch sehr fleißige u. gelehrige Schüler auf dem Gebiete moderner Heeresorganisation u. Kriegsführung sind.

Daraus folgt auch, daß die Japaner sich schon jetzt für befähigt erachten, den benachbarten Chinesen und Koreanern gegenüber als Militärlehrer aufzutreten, mit welchem Erfolg, das wird die Zukunft zeigen.

So haben schon 1898 21 ausgesuchte junge Koreaner den Kursus der Kriegsschule in Tokio besucht u. wurden im November 1899 nach ihrem Austritt aus derselben zu Offizieren befördert, um bald darauf in ihre heimatlichen Regimenter zurückzukehren.

Es ist wahrscheinlich, daß bei einer ernstlichen Neuorganisation der chinesischen Wehrmacht Japan nach Möglichkeit sich nicht nur um die Gestellung von Instrukteuren, sondern auch um die Waffen- u. Kriegsmaterialienlieferungen in erster Linie bewerben wird, selbst wenn es mit seiner eigenen Bewaffnung noch nicht fertig sein sollte, nur um sich den chinesischen Markt zu sichern.

Daß solches geschieht, beweist die Lieferung von 10000 Infanteriegewehren neuesten Modells (97) an die koreanische Regierung durch Japan 1899.

Nebenstehende Artikel der Japan Time vom 17. u. 21. 7. d. J., diese Lieferung betreffend, erlaube ich mir beizufügen.

Inwieweit wirklich minderwertiges Material geliefert wurde, konnte ich nicht bestimmt ermitteln; jedoch darf dies angenommen werden, da die japanische Armeeverwaltung keine Veranlassung hatte, als sie selbst eben erst im Begriff stand, die neue Waffe einzuführen, die selbst noch nicht alle Truppen ausgegeben ist, 10000 solche Gewehre den Koreanern zu überlassen.

gez. Frh. v. Ritter zu Grünstein.

Ob. Lt. àls des Bord. Leib Gen. Rgts.

Orig. i. a. Japan 2.

Besuch des Chefs des Kaiserlichen Kreuzergeschwaders in Chemulpo und Söul.

PAAA_RZ201-018932_098 ff.

Empfänger	Bülow	Absender	Weipert
A. 15802 pr. 9. November 1901. a. m.		Söul, den 27. September 1901.	
Memo	J. № 1105.		

A. 15802 pr. 9. November 1901. a. m.

№ 158.

Söul, den 27. September 1901.

An Seine Exzellenz, den Reichskanzler, Herrn Grafen von Bülow.

Euerer Exzellenz beehre ich mich gehorsamst zu melden, daß Seine Exzellenz der Chef des Kaiserlichen Kreuzergeschwaders, Herr Vize-Admiral Bendemann einer am 7. d. M. hier eingegangen Ankündigung entsprechend mit Seiner Majestät Schiff „Fürst Bismarck" und einem Torpedoboot am 21. d. M. im Hafen von Chemulpo eingetroffen ist. Ich begab mich am selben Tage an Bord, um Seiner Exzellenz meinen Besuch abzustatten und das Programm für den bis zum 26. d. M. Morgens geplanten Aufenthalt festzustellen. Nachdem am folgenden Tage die gewünschte Audienz meinem Antrage entsprechend auf den 24. d. M. anberaumt worden war, fuhr der Herr Vize-Admiral am 23. früh nach Söul, wo er meiner Einladung folgend im Kaiserlichen Konsulat abstieg. Er besuchte am selben Tag in meiner und des Flaggleutnants Begleitung die Vertreter der anderen Mächte, lernte die hiesigen Deutschen bei einem im Konsulat veranstalteten Frühstück kennen und nahm die Sehenswürdigkeiten von Söul in Augenschein. Der Vormittag des 24. war dem Besuch der unter deutscher Leitung stehenden Militär-Kapelle und der deutschen Regierungsschule gewidmet. Zum Frühstück hatte ich den Minister des Äußeren, den Hausminister und die Missionschefs eingeladen.

In der Audienz, bei welcher auch der Kronprinz zugegen war, nahmen außer Seiner Exzellenz der Kommandant Seiner Majestät Schiff „Fürst Bismarck", der Kommandant des Torpedobootes und 5 der Herren Offiziere, sowie der auf der Durchreise hier anwesende Legationssekretär der Kaiserlichen Gesandtschaft in Peking, Herr von Bohlen und Halbach, teil. In der lebhaften Unterhaltung, welche sich nach der Vorstellung entspann, nahm der Herr Vize-Admiral Gelegenheit, dem Souverän für die den alliierten Truppen im Sommer vorigen Jahres gespendeten Zigaretten und Lebensmittel zu danken und den blühenden

Zustand der am Vormittag von ihm besuchten deutschen Unterrichtsanstalten zu erwähnen. Der Monarch sprach sich über die Leistungen der beiden deutschen Leiter sehr anerkennend aus und hob hervor, wie sehr er die rastlose Tätigkeit Deutschlands auf allen Gebieten bewundere. Zum Schluß sprach er den lebhaften Wunsch aus, daß der Herr Geschwaderchef bald wieder nach Korea kommen möge. Die Unterhaltung fand - zum ersten Mal am hiesigen Hofe - unter Vermittlung eines deutschsprechenden Dolmetschers statt, der in der Person eines bisherigen Hilfslehrers der deutschen Schule am Tage zuvor auf einen von mir ausgedrückten Wunsch hin zum Hofinterpreten ernannt worden war. Nach der Audienz trug die Musikkapelle des Flaggschiffs dem Souverän einige Stücke vor. Auch spielte dieselbe während des Diners, zu welchem der Hausminister auf Befehl des Königs für den Abend Einladungen in den Palast an sämtliche Teilnehmer der Audienz hatte ergehen lassen. Nach dem Diner wurden koreanische Tänze aufgeführt.

Am folgenden Morgen kehrte der Herr Geschwaderchef nach Chemulpo zurück, nachdem er eine Anzahl von Geschenken in Empfang genommen hatte, die für ihn sowohl, wie für die Herren Offiziere und die Musiker von einem Hofbeamten überbracht wurden.

Zum Frühstück am 25. hatte der Herr Vize-Admiral außer dem Minister des Äußeren und dem Hauptminister 6 weitere koreanische Würdenträger an Bord eingeladen, deren Bestimmung er dem König überlassen hatte. Letzterer entsandte aus besonderer Aufmerksamkeit den Prinzen Yi Chä Sun mit einem General-Major und 3 anderen Offizieren, auf welche die Besichtigung des Flaggschiffes und einiger Geschützexerzitien sichtlich großen Eindruck machte. Bei Gelegenheit dieses Frühstücks sowohl wie bei dem Palast-Diner des vorhergehenden Tages wurde der erste Toast koreanischerseits auf Seine Majestät den Kaiser und König aufgebracht, was der Herr Geschwaderchef durch einen Toast auf den hiesigen Souverän erwiderte.

Abends fand für den Herrn Vize-Admiral eine Soiree im Hause des Herrn Lührs statt, zu der außer den hiesigen Deutschen auch zahlreiche Mitglieder anderer Nationen eingeladen waren.

In der Frühe des 26. d. M. verließ Herr Vize-Admiral Bendemann mit beiden Schiffen den Hafen von Chemulpo, um sich nach Tsingtau zu begeben.

Die Aufnahme seitens des koreanischen Hofes zeigte, wenngleich sich im Allgemeinen in dem bei solchen Anlässen hier üblichen Rahmen haltend, in vielen Einzelheiten ein unverkennbares Bestreben, möglichste Zuvorkommenheit zu beweisen. Daß der Besuch die hiesigen Deutschen mit größter Freude und Genugtuung erfüllt hat, bedarf kaum der Erwähnung.

Weipert.

Inhalt: Besuch des Chefs des Kaiserlichen Kreuzergeschwaders in Chemulpo und Söul.

Rangerhöhung der „Lady Oem".

PAAA_RZ201-018932_107 ff.			
Empfänger	Bülow	Absender	Weipert
A. 16177 pr. 16. November 1901. p. m.		Söul, den 29. September 1901.	
Memo	J. № 1114.		

A. 16177 pr. 16. November 1901. p. m.

Söul, den 29. September 1901.

№ 160.

An Seine Exzellenz

den Reichskanzler

Herrn Grafen von Bülow.

Die schon in dem gehorsamsten Bericht № 95. vom 22. August v. J. erwähnten auf die Erhebung zur legitimen Gemahlin gerichteten Bestrebungen der „Lady" Oem, der Lieblings-Nebenfrau des hiesigen Souveräns, haben einen bedeutungsvollen Fortschritt zu verzeichnen, der ihre schließliche Verwirklichung in Aussicht zu stellen scheint. Durch ein Dekret vom 22. d. M. wurde angeordnet, daß der Genannten, welche im August v. J. den Titel „Pin", d. h. einer Nebenfrau ersten Grades erhalten hatte, nunmehr der Titel „Pi" zu erteilen sei. Für die feierliche Ausführung ist der 15. Oktober d. J. bestimmt worden.

„Pi"(妃) war die Bezeichnung der legitimen Gemahlin des hiesigen Herrschers, so lange derselbe „Kunshi" hieß und China gegenüber tributpflichtig war. Gegenwärtig führt den Titel „Pi" die legitime Gemahlin des hiesigen Kronprinzen. Mit Letzterer gelangt daher die „Lady Oem" nunmehr auf die gleiche Stufe. Jedoch unterliegt es nach der mündlichen Auskunft, die ich von dem Minister des Äußeren erhalten habe, keinem Zweifel, daß sie mit dem neuen Titel die Eigenschaft einer legitimen Gemahlin des hiesigen Souveräns noch nicht erreicht hat.

Außer dem Kronprinzen, den der Wille seines Vaters jederzeit zu Gunsten des 4jährigen Prinzen Yöng, des Sohnes der Lady Oem, ausschließen kann, sieht sich durch den nunmehr zu erwartenden steigenden Einfluß des Letzteren die Familie der Min, aus der die verstorbene Königin stammte, am meisten bedroht. Mehrere Mitglieder derselben haben bereits ihre Ämter niedergelegt, und nur einige Wenige sind in das feindliche Lager übergegangen.

Dafür, daß russischer- oder französischerseits, wie japanische Blätter behaupten, auf die Erfüllung der Wünsche der Lady Oem besonders hingearbeitet worden sei, fehlt es an einem Anhalt. Zu ihren Anhängern und Förderern gehören koreanische Würdenträger japanischer sowie russisch-französischer Färbung.

Abschrift dieses gehorsamsten Berichts sende ich an die Kaiserlichen Gesandtschaften in Peking und Tokio.

Weipert.

Inhalt: Rangerhöhung der „Lady Oem".

Der Generalzolldirektor McLeavy Brown. Die Anleihe des Yünnan-Syndikats.

PAAA_RZ201-018932_111 ff.

Empfänger	Bülow	Absender	Weipert
A. 16552 pr. 23. November 1901. a. m.		Söul den 4. Oktober 1901.	
Memo	J. № 1138.		

A. 16552 pr. 23. November 1901. a. m.

Söul den 4. Oktober 1901.

№ 167.

An Seine Exzellenz

den Reichskanzler

Herrn Grafen von Bülow.

Gegen Ende v. M. ist der Generalzolldirektor McLeavy Brown zum ersten Mal wieder seit Entstehung der Schwierigkeiten im Frühjahr d. J. in Audienz empfangen worden. Gutem Vernehmen nach drückt sich hierin eine in letzter Zeit zwischen ihm und der hiesigen Regierung erreichte Verständigung aus, welche vor Allem dadurch ermöglicht wurde, daß er sich zu der verlangten Rechnungsablage bereit erklärte. Wie ich von dem amerikanischen Gesandten höre, soll diese Nachgiebigkeit auf einen Wink der die schroffe Haltung des Generalzolldirektors mißbilligenden englischen Regierung zurückzuführen sein.

(Gleichzeitig soll Herr Brown die für das amerikanische Wasserleitungsprojekt in Aussicht genommene Sicherstellung durch die Zolleinnahmen bis zu einer gewissen Höhe wenigstens zugestanden haben, so daß die Verwirklichung dieses jetzt angeblich auf über 4 Millionen Yen veranschlagten Unternehmens in nähere Aussicht gerückt ist.)

Ob die neue Wendung auch den Chancen der Anleihe des Yünnan Syndikats zu gute kommen wird, ist noch nicht zu erkennen. Die Haltung Englands in dieser Frage wird vielleicht deutlicher hervortreten, wenn der inzwischen zum Ministerresidenten ernannte Titular des hiesigen englischen Vertreterpostens, Herr Jordan, Anfang November hierher zurückgekehrt sein wird. Abgesehen von dieser Seite der Frage ist dem Projekt durch den Umstand, daß sein Urheber, der Ingenieur Cagalis kurz nach seiner Rückkehr nach Frankreich verstorben ist, eine große und unvorhergesehene Schwierigkeit erwachsen, da ein zu entsendender neuer Vertreter des Syndikats sich jedenfalls erst einzuarbeiten haben wird. Die hiesige Regierung hat sich inzwischen ausbedungen, daß der nach dem Vertrag in Goldbarren zu leistende Teil der Anleihe in Münzplätt geliefert werden solle um die Prägung der zur Deckung der beabsichtigten Papiergeldausgabe bestimmten Goldmünzen zu erleichtern. Herr Collin de Plancy, der mir dies mitteilte, schließt daraus, daß die koreanische Regierung noch mit der Durchführung der Anleihe rechnet. Indes ist es bemerkenswert, daß die anderen hiesigen Vertreter, vor allem auch Herr Pavlow, sich über die Verwirklichung des Projekts in sehr skeptischem Sinne äußern, und daß nach Information des amerikanischen Gesandten neuerdings koreanischerseits Versuche - wenn auch mit geringer Aussicht auf Erfolg - gemacht worden sind, eine zu dem erwähnten Zweck bestimmte Anleihe durch Vermittlung des japanischen Finanzmannes Shibusawa zu erhalten.)

Abschrift dieses gehorsamsten Berichts sende ich an die Kaiserlichen Gesandtschaften in Peking und Tokio.

Weipert.

Inhalt: Der Generalzolldirektor McLeavy Brown. Die Anleihe des Yünnan-Syndikats.

[   ]

PAAA_RZ201-018932_117

Empfänger	Auswärtiges Amt in Berlin	Absender	Goltz
A. 16676 pr. 25. November 1901. p. m.		Peking, den -. November 1901.	

A. 16676 pr. 25. November 1901. p. m.

Telegramm.

Peking, den -. November 1901. - Uhr - Min - m.
Ankunft: 25. 11. 3 Uhr 30 Min p. m.

Der K. Geschäftsträger an Auswärtiges Amt.

Entzifferung.

№ 617.

Koreanische Regierung hat behufs Einrichtung Gesandtschaft Peking das noch bis 1. Juli nächsten Jahres an amerikanische Gesandtschaft vermietete Grundstück erworben.

Goltz.

Orig. i. a. China. 11

Japanisches Streben nach größerer Betätigung in Korea.

PAAA_RZ201-018932_118 ff.			
Empfänger	Bülow	Absender	Weipert
A. 17066 pr. 2. Dezember 1901. a. m.		Söul, den 10. Oktober 1901.	
Memo	mtg. 8. 12. London 1029, Petersburg 857, Washington 252. J. № 1162.		

A. 17066 pr. 2. Dezember 1901. a. m. 1 Anlage.

Söul, den 10. Oktober 1901.

№ 170.

An Seine Exzellenz

den Reichskanzler

Herrn Grafen von Bülow.

Die hauptsächlich durch die hiesige französische Aktivität hervorgerufene japanische Unzufriedenheit mit der Entwicklung der eigenen Interessen in Korea tritt in der japanischen Presse in der letzten Zeit immer schärfer zu Tage. Ein kürzlich hier reproduzierter Artikel der Jiji Shimpo geht so weit Abberufung des Herrn Hayashi zu verlangen, weil es ihm nicht gelinge, einflußreiche Koreaner, wie den Vize Finanzminister Yi Yong Ik auf seine Seite zu bringen. Der Vorwurf erscheint kaum gerechtfertigt, denn die politische Hinneigung Yi Yong Ik´s wird lediglich durch sein Streben nach Beschaffung von Barmitteln geleitet und es ist nicht die Schuld des japanischen Gesandten, wenn er dafür bei dem Mangel im eigenen Lande keine große Chance zu bieten vermag. Wenn es dem im koreanischen Eisenbahnamt angestellten japanischen Ratgeber Omiwa gelänge, einen von ihm, wie es scheint, auf eigene Faust dem König unterbreiteten Plan zur Durchführung zu bringen, wonach die Zollverwaltung unter Yi Yong Ik´s Leitung in japanische Hände übergehen soll, so würde freilich beiden Teilen geholfen sein. Die Verwirklichung dürfte aber selbst unter Voraussetzung englischer Konnivenz schwierig sein.

In der japanischen Presse hat der Wunsch nach energischerer Betätigung in Korea letzthin eine lebhafte Agitation für Förderung der Einwanderung von japanischen Handels- und Gewerbetreibenden nicht nur, sondern vor allem auch von Ackerbauern erzeugt. Es ist anzunehmen, daß dabei namentlich an eine Besiedelung der Söul-Fusan Bahnlinie gedacht ist. Der Grunderwerb ist Ausländern zwar nur innerhalb 10 koreanischen Li (=4,5 km) von den Fremdenniederlassungen gestattet, könnte aber leicht unter koreanischen Namen bewirkt werden. Nach Äußerung des japanischen Gesandten beabsichtigt die Regierung in Tokio diesen Bestrebungen jedenfalls insoweit entgegen zu kommen, als sie in der bevorstehenden Landtagssession beantragen will, die Auswanderung nach Korea und China von der im Auswanderungsgesetz vom April 1896 vorgeschriebenen besonderen Erlaubnis zu befreien, deren Erlangung mit einem mehrwöchentlichen Zeitverlust verbunden zu sein scheint. Dagegen ist noch nicht zu erkennen, ob die Regierung auch an Subventionierung der Ackerbau-Auswanderer denkt.

(Die letzte Statistik über die hiesige japanische Bevölkerung, welche am 31. Dezember v. J. 15871 Seelen betrug, beehre ich mich in der Anlage gehorsamst beizufügen.

Preßkopien dieses gehorsamsten Berichts sende ich an die Kaiserlichen Gesandtschaften in Peking und Tokio.)

Weipert.

Inhalt: Japanisches Streben nach größerer Betätigung in Korea. 1 Anlage.

Anlage zu Bericht № 170.

Statistik der in Korea lebenden japanischen Staatsangehörigen nach Zählung vom 31. Dezember 1900.

Ort.	Häuser	Einwohner		Summe
		männl.	weibl.	
Fusan	1141	3026	2731	5757
Chemulpo	990	2333	1886	4291
Söul	549	1159	956	2115
Gensan	355	899	679	1578
Mokpo	218	544	350	894
Chinnampo	99	209	130	339
Pyong Yang	51	91	68	159
Kunsan	131	255	169	522
Masampo	70	189	61	250
Song chin	18	24	14	38
				Total: 15871

[   ]

PAAA_RZ201-018932_125 ff.

Empfänger	Bülow	Absender	Weipert
A. 17180 pr. 4. Dezember 1901. a. m.		Söul, den 18. Oktober 1901.	
Memo	J. № 1196.		

A. 17180 pr. 4. Dezember 1901. a. m.

Söul, den 18. Oktober 1901.

№ 172.

Seiner Exzellenz

dem Reichskanzler

Herrn Grafen von Bülow.

In der letzten Zeit haben verschiedene Reibungen zwischen koreanischen Soldaten der aus Pyöng Yang rekrutierten Bataillone und Japanern stattgefunden, welche zwar bisher nicht zu ernsteren Konsequenzen geführt haben, aber immerhin Beachtung verdienen.

Am Abend des 4. d. M. drang eine Anzahl betrunkener Leute der in Söul stationierten beiden Bataillone des Pyöng Yang-Regiments in eine Singspielhalle in der hiesigen japanischen Niederlassung ein und verursachte einen Skandal, der mit Festnahme von zweien der Störenfriede endigte. Am 7. d. M. kam es in Pyöng Yang selbst zu Schwierigkeiten zwischen den dortigen Japanern und der Bevölkerung, wobei das japanische Konsulat von einer Rotte belästigt wurde. Eine Abteilung der koreanischen Truppen sollte einschreiten, stellte sich aber zum Teil auf die Seite der Bevölkerung. Ernstlichem Zureden des koreanischen Gouverneurs gelang es indes, die Ruhe bald wiederherzustellen.

Am gleichen Tage wurde vor dem Südtor von Söul ein japanischer Transport von angeblich geschmuggeltem Ginseng, der von dem Produktionsort Songdo durch den dort anwesenden Vize-Finanzminister Yi Yong Ik avisiert worden war, durch etwa 20 Pyöng Yang Soldaten angehalten. Es kam zu Tätlichkeiten, bei denen einer von zwei japanischen Polizisten am Kopf verwundet wurde. Der Ginseng wurde indes freigegeben um bis zum Austrag der Sache auf dem japanischen Konsulat deponiert zu werden.

Wegen des Vorfalls in Pyöng Yang hat sich der dortige japanische Konsul mit den Lokalbehörden dahin geeinigt, daß die Sache ohne hiesige offizielle Schritte in Güte erledigt werden solle.

Dagegen hat der japanische Gesandte, wie ich von ihm höre, wegen der Vorkommnisse in Söul in einer Note an den Minister des Äußeren Bestrafung der schuldigen Soldaten, Entschuldigung seitens der Vorgesetzten und Entschuldigung für den verwundeten Polizisten verlangt und erklärt, daß er, wenn seine im Hinblick auf die Vermeidung ähnlicher Vorkommnisse in der Zukunft gestellten Forderungen nicht erfüllt würden, seinen Landsleuten gestattet werde, in künftigen Fällen nötigenfalls Waffengewalt anzuwenden. In einer Audienz hat der König trotz seiner Vorliebe für die als besonders energisch geltenden Pyöng Yang-Truppen, Herrn Hayashi volles Entgegenkommen zugesichert.

Preßkopie dieses gehorsamsten Berichts sende ich an die Kaiserliche Gesandtschaft in Peking und Tokio.

Weipert.

Berlin, den 8. Dezember 1901.   zu A. 17066.

An

die Botschaften in

1. London № 1029.

2. St. Petersburg № 857.

3. Washington № A. 252.

J. № 10476.

Euerer pp. übersende ich anbei ergebenst
Abschrift eines Berichts des Kais. Konsuls in
Söul vom 10. Oktob. d. J., betreffend japanisches
Streben nach größerer Betätigung in Korea zu
Ihrer gefl. Information.

St. S.

i. m.

[   ]

PAAA_RZ201-018932_130

Empfänger	Auswärtiges Amt in Berlin	Absender	Schröder
A. 17481 pr. 9. Dezember 1901. p. m.		Berlin, den 5. Dezember 1901.	
Memo	Die Frage wird bereits bei A. 13906 erörtert. In Erwartung der Antworten auf die betr. Erlasse nach Peking und Tokio. eu. nach 2 Monaten w. n. Der Chef des Admiralstabes der Marine.		

A. 17481 pr. 9. Dezember 1901. p. m. 3 Anl.

Berlin, den 5. Dezember 1901.

B. 3855 Ⅲ.

An

den Staatssekretär

des Auswärtigen Amts.

Hier.

Euerer Exzellenz beehre ich mich anliegend Abschrift eines Berichts des Chefs des Kreuzergeschwaders vom 7. Oktober d. Js. über seinen Besuch in Korea ergebenst zu übersenden.

Gelegentlich des Vortrages über diesen Bericht haben Seine Majestät zu befehlen geruht, daß die Ansicht des Geschwaderschefs über eine Titelerhöhung des Kaiserlichen Konsuls in Seöul Euerer Exzellenz zur Erwägung mitgeteilt werde.

Im Auftrage

Schröder.

[Anlage 1 zu B. 3855 Ⅲ.]

Abschrift zu B. 3855 Ⅲ.

Kommando des Kreuzergeschwaders.　　　　　　Nagasaki, den 7. Oktober 1901.
G. B. № 1073 C.

Militärpolitischer Bericht über Korea.

Ⅰ. Allgemeines.

Am 27. August d. Js. lief ich, mit E. M. Schiffen „Fürst Bismarck" und „Geier", sowie den Torpedobooten „S 91" und „S 92" von Japan kommend, die koreanische Südküste an. Während ich E. M. S. „Geier" zum Besuch des Hafens von Fusan detachirte, lief ich selbst mit dem Flaggschiff in die Bucht von Masampho ein und nahm dort einen zweitägigen Aufenthalt.

Am 21. September d. Js. traf ich, mit E. M. S. „Fürst Bismarck" und dem Torpedoboot „S 91" von Dalnii kommend, vor Tschimulpo ein und blieb daselbst bis zum 26. September d. Js.

Ueber Fusan hat das Kommando E. M. S. „Geier" den in Anlage 1 abschriftlich beigefügten Bericht erstattet.

Die während meines Aufenthaltes in Masampho über diesen Hafen gewonnenen Eindrücke und erlangten Angaben sind in der Anlage 2 niedergelegt. Da diese Angaben zum grossen Theil aus nur einer Quelle stammen, habe ich das Kommando E. M. S. „Kaiserin Augusta" beauftragt, bei dem bevorstehenden Aufenthalt dieses Schiffes in Masampho die Angaben zu prüfen und eventl. zu vervollständigen. Ferner habe ich das genannte Schiffskommando angewiesen, das an die Bucht von Masampho angrenzende Sylvia Basin, das auch Tschinhaiü oder Tschinhaikwan = Hafen genannt wird, zu rekognosciren, da mir in der allerneuesten Zeit von verschiedenen Seiten mitgetheilt worden ist, dass die Russen ihr Auge auf diese Bucht geworfen hätten. Die hierüber erfolgende Berichterstattung E. M. S. „Kaiserin Augusta wird später gesondert zur Vorlage gelangen.

Ⅱ. Aufenthalt in Tschimulpo.

Während meines Aufenthaltes in Tschimulpo lagen an fremden Kriegsschiffen auf der Rhede nur 2 japanische Kreuzer, das Vermessungsschiff „Kaimon" und der aus der chinesischen Marine stammende „Sai Yen".

Der Handelsschiffverkehr war recht lebhaft. Ausser 2 japanischen Postdampfern wurden während der 5 Tage meines Aufenthalts nicht weniger als 7 ein- oder auslaufende

Dampfer gezählt.

Die deutsche Kolonie von Tschimulpo habe ich bei Gelegenheit zweier geselliger Veranstaltungen im Hause des Herrn L ü h r s, des augenblicklichen Vertreters des Hauses E. Meyer & Co., kennen gelernt. Sie ist nur klein und beschränkt sich fast ausschliesslich auf Angestellte der genannten Firma. Trotzdem scheinen die Deutschen in der überhaupt nur unbedeutenden europäischen Niederlassung einen guten Platz einzunehmen, wozu nicht wenig das grosse Ansehen beitragen mag, welches das Haus M e y e r im Korea geniesst. Die eine der geselligen Veranstaltungen war ein Tauffest im Hause des Herrn L ü h r s, dessen 11 Monate altes Zwillingspaar von dem Geschwaderpfarrer getauft wurde, die andere ein am Abend vor der Abfahrt des Flaggschiffes stattfindender Empfang der ganzen fremden Kolonie von Tschimulpo.

III. Besuch der Hauptstadt.

Am 23. und 24. September d. Js. weilte ich in Soeul, wo ich im Hause des deutschen Konsuls Dr. W e i p e r t wohnte. Die Bahnverbindung zwischen Tschimulpo und Soeul ist auf der ganzen Strecke seit Herbst v. Js. eröffnet. Alle 2 Stunden 25 Minuten, von morgens 7 h bis abends 7 h, fährt in jeder Richtung ein Zug. Die Fahrtdauer beträgt 1 Stunde 45 Minuten. Die Unterkunftsverhältnisse für Fremde in Soeul sind sehr mangelhaft. Ausser einem fast immer von ständigen Miethern bewohnten französischen Hotel (Hotel du Palais) ist nur noch ein sehr primitives englisches Hotel (Station Hotel) vorhanden.

Während die meisten diplomatischen Vertreter der fremden Staaten in der Hauptstadt sehr ansehnliche Gebäude bewohnen, ist der deutsche Konsul bisher noch recht mangelhaft in einem alten koreanischen Hause untergebracht. Es ist sehr erfreulich dass er seine jetzige unscheinbare und beschränkte Wohnung demnächst gegen ein neues, besseres Haus vertauschen wird. Dem Ansehen des deutschen Reiches würde es zweifellos förderlich sein, wenn auch der Titel seines Vertreters in Korea eine Erhöhung erführe und dem der fremden Diplomaten gleichwerthig würde, welche entweder Ausserordentliche Gesandte, Ministerresidenten oder Geschäftsträger sind. Unserem Konsul hat sein bescheidener Titel kürzlich eine zwar den Buchstaben der englischen Vorschriften nach gerechtfertigte, aber unter den obwaltenden Umständen recht wenig freundliche Behandlung seitens des englischen Geschwaderchefs, Sir Cyprian B r i d g e, eingetragen. Als dieser Anfang September in Soeul war, hat er allen diplomatischen Vertretern seinen Besuch abgestattet, nur unserem Konsul nicht. Als Erklärung hierfür hat er diesem mittheilen lassen, einem einfachen Konsul dürfe er seinen Vorschriften gemäss keinen Besuch machen. Trotzdem aber hat sich der Admiral bewogen gefühlt, Herrn Dr. W e i p e r t auch ohne vorangegangenen Besuchsaustausch zu sich einzuladen, was dieser natürlich abgelehnt hat.

Auf Anrathen des Konsuls tauschte ich während meines Aufenthalts in Soeul Besuche aus mit dem koreanischen Minister des Auswärtigen Pak Chä Sun, dem Minister des Königlichen Hauses Yun Tiöng Ku, dem japanischen Gesandten Hayashi, dem amerikanischen Ministerresidenten Dr. A l l e n, dem chinesischen Geschäftsträger Hsü Tai Shên, dem belgischen Geschäftsträger M. V i n c a r t, dem russischen Geschäftsträger H. P a w l o w, dem französischen Ministerresidenten M. Collin de P l a n c y mit dem persönlichen Range eines Gesandten, dem englischen stellvertretenden Geschäftsträger Mr. Gubbins. Trotz des Verhaltens des englischen Geschwaderchefs unserem Konsul gegenüber, unterliess ich den letzterwähnten Besuch in Folge des ausdrücklichen Wunsches des Konsuls nicht, da dieser bei der Beschränktheit der Verhältnisse in Soeul sonst sehr empfindliche Schädigungen bezüglich des Verkehrs mit seinen Kollegen befürchtete.

Ich hatte Gelegenheit in Soeul zwei von Deutschen geleitete Schulen für Koreaner zu besichtigen. Die eine war die deutsche Schulen des Herrn B o l l j a h n, welche im Juni 1899 die Ehre hatte, von Sr. Königlichen Hoheit dem Prinzen Heinrich von Preussen besucht zu werden. Damals war sie gerade neu gegründet. Inzwischen hat sie sich wesentlich vervollkommnet. Sie besteht aus drei Klassen, in denen Koreanern von verschiedenem Lebensalter die deutsche Sprache, deutsche und lateinische Schrift, Lesen in deutschen und lateinischen Lettern, Rechnen und Geographie gelehrt wird. Die Leistungen der Schüler, über deren Intelligenz und Eifer Herr B o l l j a h n sich sehr befriedigt aussprach, waren recht anerkennenswerth. Die andere von mir besichtigte Schule ist die Musikschule des Herrn E c k e r t. Dieser ist früher als Musikdirektor in japanischen Diensten gewesen und hat als solcher auch die japanische Nationalhymne komponirt. Seit Anfang dieses Jahres ist er vom König von Korea engagirt, um eine Militärkapelle nach europäischem Muster auszubilden. Zu diesem Zweck hat Herr E c k e r t für etwa 30 Koreaner eine Musikschule eingerichtet, in der er ihnen die für Militärmusiker erforderlichen Kenntnisse beibringen will. Einstweilen sind die Leistungen der Schüler auf europäischen Blasinstrumenten noch nicht hervorragend.

Am ersten Tage meines Aufenthalts in Soeul versammelte der Konsul die Deutschen der Hauptstadt und Tschimulpo's zu einem Frühstück bei sich, am zweiten Tage vereinigte er in gleicher Weise die fremden diplomatischen Vertreter, welche mit Ausnahme des durch die Nationaltrauer verhinderten amerikanischen Ministerresidenten alle erschienen.

Ⅳ. Empfang beim König

Am Nachmittag des 24. September d. Js. hatte ich die Ehre, mit einigen meiner Offiziere von Seiner Koreanischen Majestät empfangen zu werden. Der Empfang fand in der Audienzhalle des Südpalastes statt, den der König seit der Ermordung der Königin bewohnt. Die Audienzhalle ist ein roth angestrichenes tempelartiges Gebäude, aussen und innen mit Skulpturen und Malereien geschmückt, zu dem hohe Holzstufen hinaufführen. Im Hintergrunde der offenen, mit Matten belegten Halle stand hinter einem Tisch der König, links von ihm der Kronprinz und ein Eunuche. Der König, der am 7. September d. Js. seinen fünfzigsten Geburtstag gefeiert hat, ist ein kleiner, korpulenter Mann mit freundlichem Gesichtsausdruck und lebhaftem Minenspiel. Er war in ein Gewand von gelber Brokatseide gekleidet. Der Kronprinz, der etwas grösser ist als sein Vater, trug ein rothseidenes Gewand. Er machte nicht den idiotenhaften Eindruck, der ihm in den Schilderungen fremder Besucher meist beigelegt wird. Er schien vielmehr reges Interesse an der Unterhaltung zu nehmen, in die er auch einige Male selbst eingriff. Nur sein unstätes Auge liess bisweilen den Gedanken an eine nicht ganz normale geistige Beschaffenheit aufkommen.

Ich wurde dem Könige durch den Konsul vorgestellt und stellte Seiner Majestät dann selbst meine Offiziere vor. Als Dolmetscher fungirte ein Schüler des Herrn B o l l j a h n, Namens Ko Hü Sung, der recht gut deutsch spricht. Der König fragte mich, woher wir kämen, was für eine Reise wir gehabt hätten, mit wieviel Schiffen wir gekommen wären und wie lange wir blieben. Nachdem diese rein kondentionellen Themata erschöpft waren, sprach ich Seiner Majestät zunächst meinen Dank für den uns gewährten Empfang aus und mein Bedauern, dass ich in Folge der unruhigen Zeiten bisher verhindert gewesen wäre, Korea zu besuchen und Seiner Majestät schon früher meine Aufwartung zu machen. Ferner dankte ich dem Könige für die von ihm im vorigen Sommer für die Kämpfer in China nach Taku gesandten Nahrungsmittel, Cigaretten und Erfrischungen. Der König und der Kronprinz richteten hierauf noch einige Fragen bezüglich meines Aufenthalts in der Hauptstadt an mich, bei deren Beantwortung ich der von mir besichtigten Schulen der Herren B o l l j a h n und E c k e r t lebend Erwähnung that. Der Konsul nahm noch Gelegenheit, Seiner Majestät dafür zu danken, dass er zum ersten Male die Benutzung eines deutsch übertragenden Dolmetschers zugewiesen hätte. Nachdem der König mich und meine Offiziere, sowie den Konsul zum Diner am Abend eingeladen hatte, war der Empfang beendet. Nach demselben durfte die von mir mitgebrachte Geschwaderkapelle dem Könige einige Musikstücke in dem Vestibül der Empfangshalle vorspielen. Wie mir später ausgerichtet wurde, ist Seine Majestät von den Leistungen der Kapelle sehr entzückt gewesen und hat den lebhaften Wunsch geäussert, Herr E c k e r t möchte ihm recht bald eine ähnlich gut spielende Kapelle heranbilden.

Das Diner fand Abends um 7 h in dem für fremde Besucher bestimmten europäisch gebauten und europäisch eingerichteten Pavillion des Südpalastes statt. Es war eine Marschallstafel, bei welcher der Minister des Königlichen Hauses präsidirte. Von

Koreanern nahmen ausser diesem nur noch der Minister des Auswärtigen, ein Kammerherr und zwei Dolmetscher, der deutschsprechende und ein französisch sprechender, an dem Essen Theil. Dieses war vorzüglich zubereitet und wurde tadellos schnell und gewandt servirt. Der Hausminister brachte einen Toast auf Euere Majestät aus, den ich mit einem solchen auf Seine Koreanische Majestät erwiderte.

Nach dem Diner hatte ich Gelegenheit, die Bekanntschaft der Vorsteherin des Königlichen Haushalts, eines Fräulein Sonntag, zu machen. Diese ältere, würdige Dame, eine geborene Elsässerin, geniesst in hohem Masse das Vertrauen und die Werthschätzung des Königs. Sie hat eine sehr angesehene und einflussreiche Stellung bei Hofe. Im Besonderen leitet sie das auswärtige Department des Königlichen Haushalts, dem die Bewirthung der fremden Gäste zufällt. Dieses ist in musterhafter Ordnung und gestattet dem gastfreien Könige gegen früher nicht unwesentliche Ersparnisse. Während der König früher für jeden fremden Gast 100 Dollar zu zahlen hatte, kostet die Bewirthung eines solchen, seidem Fräulein Sonntag den Haushalt führt, nur noch 10 Dollar.

In dem Empfangssaal des Pavillions wurden nach dem Essen von den koreanischen Hoftänzerinnen diejenigen Tänze aufgeführt, welche für den fünfzigsten Geburtstag des Königs einstudirt worden sind. Nach den Tänzerinnen traten koreanische Bergbewohner auf, welche theils Chorgesänge vortrugen, theils Tänze und Akrobatenkunststücke aufführten. Gegen 10 h waren die Vorführungen beendet.

Am nächsten Tage erhielten die Theilnehmer an dem Empfange und die Musiker vom Könige Geschenke an Bord gesandt.

V. Besuch des Prinzen Yi Chä Sun an Bord des Flaggschiffs.

Am 25. September d. Js. hatte ich für die koreanischen Würdenträger und die angesehensten Deutschen ein Frühstück auf dem Flaggschiff arrangirt, das auf Befehl des Königs auch Prinz Yi Chä Sun, ein Vetter des Königs, mit seiner Gegenwart beehrte. Im Gefolge des Prinzen erschienen der Hausminister, der Minister des Aeussern, der Generalmajor Yi Han Kiun, Chef des koreanischen Generalstabes und Direktor der Militärschule in Soeul, der Oberkammerherr Yi Chä Kuk, ein Oberst, ein Major und mehrere andere koreanische Offiziere, und der deutschsprechende Dolmetscher Ko Hü Sung.

Der Prinz und sein Gefolge sahen sich zunächst mit sichtlichem Interesse das Schiff an. Die Vorführung einiger Geschützexerzitien machte augenscheinlich einen grossen Eindruck auf die Herren, die sich wiederholt über die Exaktheit der Bedienung und über die Leichtigkeit der Handhabung so schwerer Geschütze bewundernd aussprachen.

Bei dem Frühstück brachte der Prinz einen Trinkspruch auf Euere Majestät aus, während ich auf Seine Koreanische Majestät und dessen Haus toastete und dabei dem Dank für die empfangene gastfreundliche Aufnahme in Korea Ausdruck gab.

Dem Prinzen hat es an Bord E. M. S. „Fürst Bismarck" offenbar sehr gut gefallen; denn als ich ihn Abends in dem Hause des Herrn L ü h r s wiedertraf, erklärte er mir, er würde vor der Abfahrt des Flaggschiffes unbedingt noch einmal an Bord kommen. Es machte einige Schwierigkeiten, Seine Königliche Hoheit unter Hinweis darauf, dass das Schiff bereits in frühester Morgenstunde am nächsten Tage in See ginge, von seinem Vorhaben abzubringen.

VI. Koreanische Zustände.

Das Pivot, um das sich alle politische Intriguen am koreanischen Hofe bewegen, -und die ganze Regierungsthätigkeit scheint sich auf Hofintriguen zu beschränken- ist die Lady Om, eine Konkubine des Königs, deren Bestreben dahin geht rechtmässige Gattin des Königs zu werden. Inwieweit hierbei eigene Initiative und Energie dieser Dame im Spiel sind und wie weit sie nur einer Partei, die sich die Herrschaft über den schwachen König sichern will, als Werkzeug dient, dürfte schwer festzustellen sein. Jedenfalls haben ihre Anhänger bereits seit mehreren Jahren die Macht, einen entscheidenden Einfluss auf alle Regierungsmassnahmen auszuüben und alle Aemter mit den ihnen genehmen Personen zu besetzen. Sie haben auch die ursprünglich von russischen Instrukteuren ausgebildeten Truppen der Hauptstadt für sich, ebenso die sehr zahlreich und weitverbreitete „Gilde der Lastträger", mit deren Hülfe vor einigen Jahren die Bestrebungen einer gewissen revolutionären Partei, eine Art Verfassung zu erlangen, niedergeschlagen wurden. Die natürlichen Gegner der Gefolgschaft der Lady Om sind der Kronprinz und die Familie Min, welche bis zum Jahre 1894 den grössten Einfluss im Lande besass und der auch die im Jahre 1895 ermordete Königin angehörte. Der vor 3 Jahren verübte Vergiftungsversuch, von dem der König und der Kronprinz betroffen wurden, der aber nur gegen den Kronprinzen gerichtet gewesen sein soll, wird -mit Recht oder Unrecht mag dahingestellt bleiben- der Lady Om und ihrem Anhang in die Schuhe geschoben. Der König hat bereits einige Kinder, darunter auch Söhne, von der Lady Om, was möglicherweise von Bedeutung für die Thronfolge werden kann, wenn die bisherige Konkubine zur rechtmässigen Gemahlin erhoben wird. Der Kronprinz ist kinderlos. Einstweilen hat ihr der König -gerade am Tage vor unserem Empfang- denjenigen Titel, den die Königin von Korea zur Zeit der Abhängigkeit von China trug, beigelegt und damit den gleichen Rang mit der Kronprinzessin verliehen. Dies kann als der letzte Schritt vor der nunmehr in sicherer Aussicht stehenden Erhebung der Om zur rechtmässigen Königin angesehen werden.

Von fremden Nationen sind politisch die Russen und Japaner am rührigsten in Korea, in zweiter Reihe stehen in dieser Hinsicht die Amerikaner und Franzosen, bei denen aber doch wohl die wirthschaftlichen Interessen den rein politischen voranstehen.

Die bekannte Rivalität der Russen und Japaner um den Vorrang in Korea ist neuerdings weniger scharf prononcirt, wie früher. Ja, es wird sogar von einer russisch-japanischen Allianz zur Aufrechterhaltung des Friedens in Ostasien geredet, deren Grundlage darin bestehen soll, dass die Russen den Japanern in Ansehung ihrer weitaus überwiegenden wirthschaftlichen Interessen zunächst den Vorrang in Korea concediren, dafür aber von den Japanern die Anerkennung des mandschurischen Abkommens verlangen. Wohl mit Recht wird darauf hingewiesen, dass ein solches Abkommen durchaus im Einklange mit der bisherigen russischen Politik stände, insofern als es die Japaner weiter hinhalten würde, bis die Russen die Mandschurei verdaut haben oder sich stark genug in Ostasien fühlen, um allen Gegnern daselbst die Spitze zu bieten. Die Japaner sind fortdauernd eifrig bemüht, Korea zu kolonisiren. Thatsächlich ist die überwiegende Mehrzahl aller Fremden im Lande japanischer Nationalität. Auch in Bezug auf den Bau und Betrieb von Eisenbahnen sind sie einstweilen allen anderen voraus. Sie haben die von den Amerikanern begonnene Bahn Tschimulpo-Soeul vollendet und in Betrieb gesetzt und sind jetzt mit dem Bau der Strecke Soeul-Fusan beschäftigt. Die feierliche Eröffnung der Arbeiten hat in Gegenwart des japanischen Prinzen Konoye am 20. August d. Js. in Yong Tu Po, der ersten Station der neuen Bahn hinter Soeul, stattgefunden. Ebenso ist fast die gesammte nach koreanischen Häfen gehende Schifffahrt in Händen der Japaner.

Neuerdings sind auch die Franzosen sehr rührig in Korea, so rührig, dass -wenn man Zeitungsnachrichten in dieser Beziehung Glauben schenken darf- in Tokio eine gewisse Beunruhigung deswegen entstanden ist. Sehr glaubwürdig klingt die Lesart, dass der zweifellos äusserst geschickte russische Vertreter in Soeul, Herr Pavlow, seinen französischen Kollegen vorschickt, um allerlei Schritte zu thun, die anscheinend den französischen Interessen gelten, in Wirklichkeit aber nur dazu dienen, direkt oder indirekt den russischen Einfluss in unauffälliger Weise zu fördern. Dass Frankreich augenblicklich eine einflussreiche Position am koreanischen Hofe hat, dürfte sicher sein, da der Vertreter Frankreichs der Partei der Lady Om nahesteht, was aus seinem Eintreten für die Erhebung dieser Dame zur rechtmässigen Königin hervorgeht. Als Ergebniss der neuesten französischen Agitation wird der bevorstehende Bau einer koreanischen Staatsbahn Soeul-Wiju (Yalu-Mündung) mit französischem Gelde und unter französischer Betriebsleitung gemeldet. Ferner soll Frankreich die Abtretung eines koreanischen Hafens als Kohlenstation und die Zutheilung gleicher Rechte mit Japan auf postalischem Gebiet verlangen. Die Amerikaner haben anscheinend wenig rein politische Aspirationen in Korea.

Trotzdem besitzen sie zweifellos einen recht bedeutenden Einfluss am Hofe in Folge der langjährigen Beziehungen des Dr. Allen, des amerikanischen Ministerresidenten in Soeul, zum Könige. Bezeichnend hierfür ist auch, dass der einzige europäische Rathgeber des Königs ein junger Amerikaner, Mr. Sands, ist. Ihren Einfluss nutzen die Amerikaner hauptsächlich zur Erlangung von Minenkonzessionen und allerlei kommerziellen Vortheilen aus. Thatsächlich sollen die grössten und rentabelsten Minen zur Zeit in amerikanischem Besitz sein.

Die Engländer erscheinen in Korea mehr oder minder als die Hintermänner und Parteigänger der Japaner. An eigenen Interessen besitzen sie, abgesehen von einigen schlecht gehenden Mineneunternehmungen, wenig. Ihr Eintreten für die Sache des englischen Generalinspektors der koreanischen Seezölle, Mr. Mac Leavy Brown, geschah zweifellos auch vorwiegend im Interesse der Japaner, denen es sehr peinlich gewesen wäre, wenn an seine Stelle der Russe Alexieff getreten sein würde. Dass dieser Herr, der augenblicklich als russischer Handelsagent in Yokohama wirkt, übrigens immer noch als Kandidat für den erwähnten Posten figurirt, wurde neuerdings nicht nur in den Zeitungen berichtet, sondern mir auch in Korea selbst bestätigt. Die neuerdings erfolgte Einsetzung eines belgischen Geschäftsträgers in Soeul dürfte wohl als ein Zeichen dafür angesehen sein, dass man beabsichtigt, belgisches Kapital in grösserem Umfange in Korea arbeiten zu lassen. Vermuthlich kommen hierbei in erster Reihe Eisenbahn-Unternehmungen in Frage.

Deutschland hat vor der Hand keine politischen Interessen in Korea. Seine wirthschaftlichen Interessen krystallisiren sich um die sehr bedeutende Firma E. M e y e r & Co., welche neben der englischen Firma Holme & Ringer wohl das grösste europäische Handelshaus in Korea ist. Neben rein kaufmännischen Geschäften (meist mit der koreanischen Regierung) betreibt die Firma M e y e r auch Goldwäschereien in Tangkogae, ca. 100 englische Meilen nordöstlich von Soeul. Diese scheinen nicht gerade hervorragend erträgnissreich zu sein. Ueberdies ist dort kürzlich ein von den Koreanern ausgegangener Betrug entdeckt worden, wodurch die noch zu Anfang dieses Jahres gehegten grossen Hoffnungen auf eine reichere Produktionsfähigkeit der Goldfelder jäh zerstört worden sind. Man hat nämlich herausgefunden, dass die Koreaner auf alle Weise Gold in das Erdreich einschmuggelten, um die Ingenieure der Firma M e y e r glauben zu machen, sie hätten stark goldhaltiges Land gefunden, und sie dadurch zu Landeinkäufen zu veranlassen. Nicht nur haben sie, wie sich nachträglich herausgestellt hat, Gold mit den Dynamitpatronen beim Sprengen des Gesteins in dieses hineingeschlossen, sondern auch Goldstaub in die Quarzmörser hineingestreut und selbst Goldstücke in geschicktester Weise in das Gestein eingesetzt. -Ob nicht deutsches Kapital in weiterem Umfange in Korea nutzbringend angelegt werden könnte, möchte ich bei einiger Unternehmungslust und Geschicklichkeit auf Seiten der Interessenten und beim Vorhandensein einer einflussreichen diplomatischen Vertretung sehr wohl für möglich halten. Korea ist ein Land, das zweifellos reiche Schätze birgt, man kennt es nur viel zu wenig. Es ist erstaunlich, wie wenig man selbst hier draussen von Korea weiss und hört.-

gez. B e n d e m a n n.

An Seine Majestät den Kaiser und König Berlin.

[Anlage 2 zu B. 3855 Ⅲ.]

Abschrift zu B. 3855 Ⅲ.   Anlage 1.

Kommando S. M. S. „Geier".   Tsingtau, den 5. September 1901.
G. 317.

Geheim!

Bericht über Fusan.
Geschwader-Tagesbefehl vom 22. August d. Js. Abs. 2.

Am Dienstag, den 27. August wurde S. M. S. „Geier" und Torpedoboot „S 92" vom Flaggschiff detachirt um nach Fusan einzulaufen. S. M. S. „Geier" lief nördlich von der Richtungslinie der Baken und südlich von Channel Rock hindurch und wurden nie weniger als 12 m in dieser Durchfahrt gelothet. Geankert wurde in der Peilung untere Leuchtbake NNW 3/8 W, Channel Rock Bake 0 3/4 N. Der auf dem Zollamt eingesehene Plan des Hafens, welcher vom Hafenmeister aufgestellt ist, zeigte keinerlei Abweichungen von der Seekarte und sind auf diesem Plan keine weiteren Untiefen als in dieser angegeben. Der Hafen von Fusan bildet einen geräumigen und gut geschützten Ankerplatz für Schiffe bis zu 5 1/2 m Tiefgang.

An der Küste befinden sich in Südwesten bei der Ausfahrt nach Süden beginnend folgende Niederlassungen.

Das japanische Settlement Sorio, alsdann zwei vorgelagerte Hügel, von denen der erste zur Anlage eines neuen custom houses reservirt ist, während der nächstfolgende von der englischen Regierung vor kurzer Zeit zum Erbauen eines englischen Konsulatsgebäudes erworben wurde.

Weiter nach Nordosten folgt eine chinesische Niederlassung „Sinsorio"; die Bevölkerung dieser Ortschaft ist jedoch stark mit Koreanern durchsetzt. An Sinsorio sich anschliessend folgt ein koreanisches Fischerdorf und schliesslich ganz im Norden des Hafens das rein koreanische Dorf Fusan, dessen älterer Stadttheil umwallt ist und an dessen äusserster Spitze ein mit Mauern und Gräben umgebenes, altes, ziemlich zerfallenes Steinfort liegt.

Oberhalb Sinsorio befinden sich auf kleinen, weiter nach Süden liegenden Höhen ein englisches und ein amerikanisches Missionsgebäude; bei Fusan selbst ist eine australische Missionsanstalt errichtet worden.

Von allen diesen Niederlassungen ist das japanische Settlement das bedeutendste; die Strassen sind gut angelegt und es entwickelt sich in dem Settlement ein reger kaufmännischer Verkehr. An der Spitze des Settlements steht der japanische Konsul, im Settlement ist eine Kaserne, in welcher 1 Kompagnie (ca. 300 Mann) japanische Infanterie untergebracht ist. Weiter im Innern sollen sich noch verschiedene japanische Truppentheile bei Fusan befinden, die im Ganzen etwa die Stärke eines Regiments haben. Die Strassenordnung wird durch japanische Polizei aufrecht erhalten.

Die Japaner lassen es an Anstrengungen, ihren Einfluss in Korea immer mächtiger werden zu lassen, nicht fehlen. Eine japanische Gesellschaft steht zur Zeit in Unterhandlung mit der koreanischen Regierung wegen Bau's einer Eisenbahn von Soeul nach Fusan und in Fusan sind schon Vorarbeiten durch Abstecken des aufzufüllenden Küstenstrichs mit Marken, um das nothwendige Terrain für Bahnhof und Quaianlagen zu gewinnen, getroffen worden. Wenn auch zur Zeit noch nicht alle Schwierigkeiten, betreffend die Bauerlaubniss überwunden sind, so unterliegt es doch bei den Europäern in Fusan keinem Zweifel, dass die Bahn in nicht zu ferner Zeit gebaut wird und wenn dies der Fall, so wird die Bedeutung von Fusan stark zunehmen. Die Baupläne der Eisenbahn sind im Entwurf fertig und habe ich dieselben im Zollamt eingesehen. Dass auf den Bau der Bahn sicher gerechnet wird, ist auch daraus ersichtlich, dass verschiedene grössere Firmen, so z. B. die Standard Oil Company in letzter Zeit Vertreter nach Fusan geschickt haben, welche Grundstücke ankaufen und Vorbereitungen für Zweigniederlassungen treffen sollen; auch die Erwerbung eines Grundstückes für ein englisches Konsulat und die Absicht, der Errichtung eines solchen in Fusan, lässt auf die wachsende Bedeutung dieses Hafens schliessen.

Auf Deer Island haben die Japaner ein grösseres Grundstück erworben und mit einer Mauer umgeben; auf diesem Grundstück befindet sich ein grosses Kohlenlager und ein Wasserlauf, die Hauptquelle, aus welcher die im Hafen liegenden Schiffe mit Frischwasser versorgt werden. Das Grundstück liegt in vorzüglich geschützter Lage an der NW-Seite von Deer Island.

Die koreanische Regierung hat ihren Sitz in Sinsorio. Ich habe mit dem stellvertretenden Gouverneur Besuch ausgetauscht; der Gouverneur selbst war zur Zeit im Innern. Ich habe bei dem Besuch den Eindruck bewonnen, als ob die Regierung wegen der Japaner fast gar keinen Einfluss ausübt und sich gänzlich von den Japanern leiten lässt.

Der Gesundheitszustand in den einzelnen Niederlassungen ist mangelhaft. Durch den Schiffsarzt sofort eingezogene Erkundigungen im japanischen Lazareth ergaben, dass Typhus und Dissenteria an Land herrschen und der japanische Konsul theilte mir, leider erst am 2. Tage meines Aufenthalts, brieflich mit, dass Cholera in der japanischen Niederlassung herrsche; von den übrigen Europäern wusste jedoch von letzterer Krankheit niemend etwas. Ursache der Krankheiten sind mangelhaftes Trinkwasser und der Genuss von unreifem Obst. Von deutschen Angehörigen leben in Fusan nur 2, welche beide im Zollamt angestellt sind; ausserdem hat 1 Oesterreicher sich hier niedergelassen, welcher eigenes Geschäft führt und Agent einer russischen und chinesischen Dampferlinie ist. Er hat sich -nach seiner eigenen Angabe- offiziell unter deutschen Schutz gestellt und hat Beziehungen zum deutschen Konsul für Korea, dem er über die Verhältnisse von Fusan berichtet.

gez. B a u e r.

An das Kaiserliche Kommando des Kreuzergeschwaders Chefoo.

Kommando des Kreuzergeschwaders.   Tschifu, den 7. September 1901.
G. B. № 964 C.

U. u. R. S. M. S. „Geier"

mit dem Ersuchen, noch zu melden, wer die Gewährsmänner für die in nebenstehendem Bericht über Fusan gemachten Angaben sind und was für eine sociale Stellung sie einnehmen, um danach ermessen zu können, welches Gewicht ihren Nachrichten beizumessen ist.

Ferner sind die Namen der japanischen, chinesischen und koreanischen Niederlassung nochmals zu prüfen und eventl. zu berichtigen.

Schliesslich ist noch zu melden, ob thatsächlich eine australische Mission in Fusan besteht oder ob hier vielleicht ein Schreibfehler vorliegt.

Um baldige Rückgabe wird ersucht.

Von Seiten des Kommandos des Kreuzergeschwaders.
Der Chef des Stabes.

gez. B a c h m a n n.

Kommando.

_____

Kommando S. M. S. „Geier".   Wusung, Rhede, den 17. September 1901.
G. B. № 337.

U. Kreuzergeschwader.

Die Gewährsmänner für meinen Bericht vom 5. d. Mts. über Fusan sind ein Deutscher, Namens B o l l j a h n und ein Oesterreicher, Herr H o u b e n. Herr Bolljahn ist im koreanischen Seezollamt angestellt und nimmt die Stelle eines Assistenten des Zolldirektors ein. Den p. Bolljahn habe ich bereits in Kobe beim dortigen deutschen Konsul Krien kennen gelernt, bei dem er mit seinen zwei Brüdern zu Gaste geladen war. Der älteste seiner Brüder ist der ehemalige Lehrer des hier an Bord befindlichen Fähnrichs zur See K n i p p i n g, der zweite Bruder ist Feldpostsekretär.

Ueber die Stellung meines zweiten Gewährsmannes, des Oesterreichers Houben, habe ich am Ende meines ersten Berichtes eingehend berichtet.

Die Zuverlässigkeit dieser beiden Gewährsmänner scheint mir ganz ausser Frage zu stehen.

Der sonst noch dort anwesende Deutsche, ein Herr Heintze, hat mir keinen Besuch gemacht, auch habe ich sonst nicht mit ihm zusammentreffen können.

Die japanische Niederlassung hat den Namen Sorio, die chinesische Stadt Sinsorio und das koreanische Dorf den Namen Fusan.

Nach Aussage des Herrn Houben befindet sich auch eine australische Mission hier. Auf einem längeren Spziergange fragte mich Herr Houben, ob wir nicht bei der australischen Mission vorbeigehen wollten, um uns dort zu erfrischen. Da es mir auffiel, dass eine australische Mission sich in Korea aufhält, so erkundigte ich mich nochmal bei Herrn Houben und bestätigte er mir die Anwesenheit derselben, sodass ich einen Irrthum für ausgeschlossen halte.

gez. B a u e r.

[Anlage 3 zu B. 3855 Ⅲ.]

Abschrift zu B. 3855 Ⅲ.   Anlage 2.

Zum militärpolitischen Bericht über Korea.

M a s a m p h o.

1. Natürliche Beschaffenheit des Hafens.

Der Hafen von Masampho ist seiner Natur und Lage nach wie geschaffen zum Kriegshafen ersten Ranges. Zwischen hügeligen Inseln hindurch führt, abgesehen von einem schmalen nur 2 Faden tiefen Seitenkanal westlich von Cargodo, der leicht zu sperren ist, eine einzige ca 15 sm lange, etwa 1 sm breite Einfahrt, deren geringe navigatorische Schwierigkeiten sich durch Aufstellung einiger Baken leicht beseitigen lassen, zu dem von Bergen rings geschützten Hafen. Dessen innerster Theil, an dem das Dorf Masampho liegt, ist allerdings für sehr grosse Schiffe zu flach, bietet aber sehr geräumige Ankerplätze für Schiffe bis zu 6 m Tiefgang. Dagegen bildet der Aussenhafen -zwischen dem sogenannten Gate und der Satow-Insel- ein gleichmässig 12 - 15 m tiefes Becken, dessen Länge ca. 2 1/2 sm und dessen Breite reichlich 1000 m beträgt. Die Ufer würden Raum für Niederlassungen, Speicher, Werftanlangen u. s. w. bieten, Wasser ist vorhanden, die Heranziehung von Proviant aus dem Reis und Vieh produzirenden Hinterland scheint gesichert.

Die äusseren Theile des Masampho Fjordes, des Sir Harry Parkes Sound und das Douglas Inlet, sowie das westlich an letzteres sich anschliessende grosse Sylvia Basin bieten selbst grossen Schiffsverbänden reichlichen Raum für Liegeplätze, sowie auch zur Vornahme von Uebungen, wie denn der Masampho Fjord überhaupt als einer der schönsten natürlichen Häfens Ostasiens und als Uebungsplatz bester Art angesehen werden kann. Der Ankergrund ist überall gut.

Die ausgezeichneten natürlichen Eigenschaften des Hafens im Verein mit seiner hervorragend günstigen strategischen Lage (auf halbem Wege zwischen Wladiwostock und Port Arthur, 40 sm von Tsushima, 350 sm von dem Yangtse, ungefähr ebensoweit vom Golf von Petschili) lassen ihn als Stützpunkt besonders begehrt erscheinen. Zu einem wirklichen Stützpunkt ersten Ranges fehlen Masampho einstweilen noch die Eisenbahnverbindung in das Innere, die für eine Flotte nöthigen Werkstätten und Depots und einige Befestigungsanlagen zur Vertheidigung. Die natürlichen Verhältnisse des Hafens bieten sehr günstige Grundlagen für die Einrichtung wirksamer Vertheidigungsanlagen, sowohl was Küstenwerke anbelangt, als auch hinsichtlich etwaiger Minensperren.

Die klimatischen Verhältnisse sollen sehr günstig sein. Die Temperatur sinkt im Winter selten unter 0°, im Sommer ist die Hitze selbst im August nicht lästig. Gegen die nicht häufig passierenden Taifune schützen die umgebenden Berge, ohne indess leichten Brisen den Zutritt zu verwehren.

Die Gegend ist allerdings wegen des von der Bevölkerung betriebenen Abholzens beinahe baumlos; der üppige Graswuchs und ein dichtes Kieferngestrüpp halten indessen den Boden zusammen und verhindern in den Regenmonaten (Juli-August) Abschwemmungen, wie sie in weniger begünstigten Gegenden der Küste so kulturhindernd aufzutreten pflegen. In der Nähe der Dörfer zeigt der intensive Reis- und Bohnenbau von der Güte des Bodens.

Auch die gesundheitlichen Verhältnisse werden als gut geschildert. Ausser Pocken sollen epidemische Krankheiten überhaupt nicht vorkommen. Malaria und Typhus fehlen ganz.

2. Stand der Entwicklung.

Bei der Eröffnung des Hafens im Jahre 1899 hat der koreanische Zoll am westlichen Eingang des Innenhafens ein „foreign settlement" ausgelegt, dessen Strassen bereits planirt (vergl. Plan G 673 I d vom 10. Juni 1901), und dessen Grundstücke zum grössten Theil in die Hände von japanischen Spekulanten übergegangen sind. An Gebäuden stehen darin ausser einer Reihe japanischer Holzhäuser und einem recht mässigen russischen Gasthause nur das russische und das japanische Konsulat. Trotzdem hat die sichere Erwartung, dass der Hafen doch binnen Kurzem in die Hände einer der beiden rivalisirenden Mächte, Russlands oder Japans, übergeht und damit einen plötzlichen Aufschwung nehmen werde, eine ganz ungesunde Bodenspekulation hervorgerufen; fast das ganze N Ufer der inneren Bucht soll im Besitz weniger Japaner sein, welche nur zu unverhältnissmässig hohen Preisen verkaufen.

Die Russen haben sich im vorigen Jahre eine eigene Konzession am Masampho Reach gesichert, ohne bisher etwas anderes als ein Wachthaus darauf zu errichten; daraufhin haben auch die Japaner in ihrem dunklen Nachahmungsdrange sich ein Separatgebiet verschafft (auf der hügeligen Landzunge zwischen der russischen und der Allgemeinen Niederlassung), das indess offenbar an Werth hinter dem anderen zurücksteht.

Nach der Aussage eines Deutschen, Herrn A r n o u s, der als einziger europäischer Zollbeamter ein eigenes Haus, ausserhalb der Niederlassung, bewohnt, giebt es Handel, der Fremden Verdienst verhiesse, überhaupt nicht; daher fehlen europäische Kaufleute gänzlich, die zahlreichen (150-200) japanischen Händler sollen alle nur in der Hoffnung auf die Zukunft sich am Orte aufhalten.

Das Zollamt findet also ebensowenig zu thun, wie die im vorigen Jahr gelegte Telegraphenlinie nach Fusan oder die beiden Postämter, das japanische und das koreanische.

3. Auftreten der Russen und Japaner.

Von der Bedeutung, die Masampho zur Zeit in dem politischen Wettstreit zweier Nationen besitzt, war während meiner Anwesenheit am Orte selbst nichts zu merken. Das japanische stehende Geschwader war Mitte August für einige Tage dagewesen, hatte aber draussen in der Sylvia-Bucht geankert und nur Admiral T o g o hatte mit einem Torpedoboot den Hafen besucht. Die Russen, welche einen Theil des Winters mit 1-2 Schiffen dagelegen haben, sind seit mehreren Monaten ganz fortgeblieben, nach einem mehrfach gehörten Urtheil, weil sie vorläufig noch einen Zusammenstoss mit Japan scheuen. Ein russischer Unteroffizier mit 5 Matrosen, die als Wache auf der russischen Konzession leben, und etwa ein Dutzend japanischer Polizisten, die indessen ihre Amtsgewalt nur Japanern und Koreanern gegenüber auszuüben wagen, sind neben den beiden Konsuln zur Zeit die einzigen Vorposten der beiden Mächte.

4. Ankerplatz S. M. S. „Fürst Bismarck".

Das Flaggschiff ankerte nordöstlich der Satow-Insel in den Peilungen Satow-Insel W 1/8 N, Bergspitze 443 Fuss N z 0 7/8 0 in 14 m Wasser. Grund-Schlick. Des bequemeren Verkehrs halber ankert man aber besser südwestlich von der Satow-Insel in der Bucht, an der der kleine russische Posten liegt.

gez. B e n d e m a n n.

[   ]

PAAA_RZ201-018932_155 f.

Empfänger	Bülow	Absender	Weipert
A. 17648 pr. 12. Dezember 1901. a. m.		Söul, den 19, Oktober 1901.	

Abschrift.

A. 17648 pr. 12. Dezember 1901. a. m.

Söul, den 19, Oktober 1901.

№ 173.

Seiner Exzellenz

dem Reichskanzler

Herrn Grafen von Bülow.

pp.

In einer Audienz, die ebenfalls am 17. d. M. stattfand, hat Herr Vincart, wie ich von ihm höre, dem hiesigen Souverän das Großkreuz des Leopold-Ordens mit einem die Verleihung desselben zu dem Vertragsschluß in Beziehung setzenden Königlichen Handschreiben überreicht. Der Minister des Äußeren, Herr Pak Chä Sun, ist gleichzeitig mit dem Kommandeur-Kreuz des genannten Ordens dekoriert worden.

Vertrag und Orden wurden von dem als Vize-Konsul für das hiesige Generalkonsulat herausgesandten Herrn Maurice Cuvelier überbracht, der Herrn Vincart vertreten soll, wenn derselbe, wie er beabsichtigt, Anfang k. J. auf Urlaub geht, um über die Frage des Erwerbs eines Gründstücks für ein Amtsgebäude zu berichten. Herr Vincart nimmt an, daß dann auch der hiesige Posten zu dem eines Geschäftsträgers werde erhoben werden.

pp.

gez. Weipert.

Reise des koreanischen Ministers des Auswärtigen nach Japan. Frage seiner Entlassung.

PAAA_RZ201-018932_157 ff.			
Empfänger	Bülow	Absender	Weipert
A. 18133 pr. 22. Dezember 1901. a. m.		Söul, den 2. November 1901.	
Memo	J. № 1237.		

A. 18133 pr. 22. Dezember 1901. a. m.

Söul, den 2. November 1901.

№ 180.

Seiner Exzellenz

dem Reichskanzler

Herrn Grafen von Bülow.

Am 28. v. M. wurde hier der überraschende Entschluß des Königs bekannt, daß der Minister des Auswärtigen in besonderer Mission nach Japan gehen solle, um in seinem Charakter als Generalmajor, den er gleichfalls besitzt, den dortigen Herbstmanövern beizuwohnen. Da dieselben am 6. d. M. beginnen sollen, war Eile nötig und mangels einer anderen Gelegenheit wurde arrangiert, daß Herr Pak Chä Sun mit dem hier stationierten japanischen Kreuzer Sai-Yen nach Japan befördert werden solle. Er hat sich auf diesem am 31. v. M. mit 3 koreanischen Offizieren eingeschifft.

Am folgenden Tage erhielt ich eine Mitteilung des Vize Minister des Äußeren, Herrn Chö Yong Ha vom 31. v. M., daß er mit der Führung der Geschäfte des Ministeriums beauftragt sei, da Herr Pak Chä Sun auf sein Ansuchen von seinen Funktionen entbunden worden sei. Der Letztere ist gleichzeitig zum Mitglied des Staatsrats ernannt worden.

Die Bedeutung des Vorganges ist bisher nicht klar zu erkennen. Nach einer in koreanischen Beamtenkreisen zirkulierenden Behauptung hätte der japanische Gesandte die Mission in Anregung gebracht und wäre über das in letzter Stunde von Herrn Pak eingereichte Entlassungsgesuch enttäuscht gewesen, da es ihm besonders darum zu tun gewesen sei, denselben in seiner Eigenschaft als Minister des Äußeren mit der Regierung in Tokio in direkte Berührung zu bringen. Herr Hayashi erklärt indes, daß er durch die Entsendung nicht minder wie alle Welt überrascht worden sei. Auch behauptet er, daß es sich bei der Entlassung des Ministers nur um ein Interimistikum für die Zeit seiner

Abwesenheit handele, so daß er nachher in seine vorige Stellung wieder einrücken werde, ein Modus, der hier bei Anlässen vorübergehender Beurlaubung üblich ist.

Nach Informationen, die Herr Pavlow aus dem Palast zu haben versichert, soll jedoch die Maßregel, welche im Zusammenhang mit der Aufhebung des Reisausfuhrverbots nach Außen in einem demonstrativ japanfreundlichen Licht erscheint, tatsächlich den Zweck haben, den Minister definitiv zu beseitigen, der nach seiner Rückkehr sofort oder doch bald zum Gesandten in Peking ernannt werden solle. Damit würde übereinstimmen, daß schon seit einigen Wochen von einem mir auch seitens des japanischen Gesandten bestätigten Wunsch des Herrn Pak den Pekinger Posten zu erhalten, die Rede ist.

Herr Pak Chä Sun hat allem Anschein nach, namentlich in letzter Zeit, vorwiegend im japanischen Interesse gearbeitet, wenn auch mit einer Vorsicht, die es ihm ermöglicht hat, sich seit Oktober 1898 mit vorübergehenden Unterbrechungen auf dem Posten zu erhalten, obwohl er keineswegs eine leitende oder sehr einflußreiche Stellung unter den koreanischen Staatsmännern einnimmt. Schon bei Gelegenheit der Brown'schen Verwicklung und in der Frage der Anleihe des Yunnan-Syndikats war sein Gegensatz zu der russisch-französischen Gruppe hervorgetreten. Die Letztere ist seitdem eifrig bestrebt ihn zu beseitigen, während der japanische Gesandte ihn nach Kräften stützt. In der Reisexportfrage hat sich nun Herr Pak ziemlich weit engagiert und es ist ihm jedenfalls trotz der ihm zu Gute kommenden sachlichen Gründe[18], die ich an anderer Stelle unter heutigem Datum gehorsamst zu erwähnen die Ehre habe, nicht leicht geworden, sein Herrn Hayashi gegen Ende August gegebenes Verspreschen einzulösen. Der konservative Staatsrat widersetzte sich dem Vorschlag und der Minister reichte um die Mitte v. M. zweimal seine Entlassung ein. Dieselbe wurde damals nicht angenommen und die japanische Forderung wurde schließlich bewilligt, aber wenn die russische Behauptung sich bestätigt, so würde Herr Pak den erfochtenen Sieg nun nachträglich mit dem Verlust seiner Stellung zu bezahlen haben. Preßkopie dieses gehorsamsten Berichts sende ich an die Kaiserliche Gesandtschaft in Tokio und Peking.

Weipert.

Inhalt: Reise des koreanischen Ministers des Auswärtigen nach Japan. Frage seiner Entlassung.

---

18 Ⅱ 36201 mit heutiger Post

Telegramm der „Nowoje Wremja" aus Wladiwostok über Verhaftung von Mitgliedern eines deutschen Vereins.

PAAA_RZ201-018932_165 f.			
Empfänger	Bülow	Absender	Alvensleben
A. 18181 pr. 23. Dezember 1901. a. m.		St. Petersburg, den 21. Dezember 1901.	
Memo	Kaiserlich Deutsche Botschaft in Russland.		

A. 18181 pr. 23. Dezember 1901. a. m.

St. Petersburg, den 21. Dezember 1901.

№ 940.

Seiner Exzellenz, dem Reichskanzler
Herrn Grafen von Bülow.

Der „Nowoje Wremja" wird durch Telegramm aus Wladiwostok vom 19. 6. d. Mts. nachstehendes gemeldet:

„Verhaftet wurden 10 Schüler und 3 Hilfslehrer der deutschen Schule, die einen Verein gegründet hatten.

Die Vereinsmitglieder versammelten sich in der deutschen Schule zu dem Zweck, um über Maßnahmen zur Verbesserung der Bildung in Korea zu beraten. Tatsächlich haben sie auf ihren Beratungen das Vorgehen der Regierung getadelt und den früheren regierungsfeindlichen Verein „Klub der Unabhängigkeit" wiederhergestellt. Die auf Grund der Voruntersuchung Verhafteten sind dem Obergericht übergeben worden."

Die Fassung dieser Nachricht läßt annehmen, daß Wladiwostok lediglich Aufgabeort des Telegramms ist, und die Verhaftungen in Söul stattgefunden haben.

Alvensleben.

Inhalt: Telegramm der „Nowoje Wremja" aus Wladiwostok über Verhaftung von Mitgliedern eines deutschen Vereins.

Berlin, den 27. Dezember 1901   zu A. 18133.

An

die Missionen in

1. London № 1067

2. St. Petersburg. № 905

3. Washington № A. 263

J. № 11011.

Euerer pp. übersende ich anbei ergebenst Abschrift eines Berichts des Kais. Konsuls in Söul vom 2. v. Mts., betreffend die Reise des koreanischen Ministers des Auswärtigen nach Japan zu Ihrer gefl. Information.

St. S.

i. m.

Ernennung des Herrn Min Chong Muk zum interimistischen Minister des Äußern.

PAAA_RZ201-018932_168 f.			
Empfänger	Bülow	Absender	Weipert
A. 113 pr. 4. Januar 1902. a. m.		Söul, den 9. November 1901.	
Memo	J. № 1265.		

A. 113 pr. 4. Januar 1902. a. m.

Söul, den 9. November 1901.

№ 182.

Seiner Exzellenz

dem Reichskanzler

Herrn Grafen von Bülow.

Nach amtlicher Mitteilung ist gestern Herr Min Chong Muk, welcher gleichzeitig das Portefeuille des Ministeriums für Ackerbau, Handel und öffentliche Arbeiten erhalten hat, an Stelle des Vize-Ministers Choi Yong Ha zum interimistischen Minister der Auswärtigen Angelegenheiten ernannt worden.

Herr Min Chong Muk ist der Vater des koreanischen Gesandten in Berlin. Seine Neigungen sind konservativ und jedenfalls nicht japanfreundlich. Die Ernennung wird daher auf russischer und französischer Seite angenehm empfunden, obwohl die Frage des Wiedereintritts des Herrn Pak Chä Sun oder der anderweiten definitiven Besetzung des Postens noch als eine offene gelten muß.

Preßkopie sende ich an die Kaiserliche Gesandtschaft in Tokio und Peking.

Weipert.

Nachschrift vom 11. November 1901.

Nach dem heutigen Staatsanzeiger ist Herr Pak Chä Sun zum Außerordentlichen Gesandten und Bevollmächtigten Minister ohne Angabe eines Postens ernannt worden. Hierdurch soll dem Vernehmen nach ihm eine seiner Mission in Japan mehr entsprechende Stellung gegeben und zugleich seine demnächstige Entsendung als Gesandter nach China eingeleitet werden.

Inhalt: Ernennung des Herrn Min Chong Muk zum interimistischen Minister des Äußern.

[   ]

PAAA_RZ201-018932_170 ff.

Empfänger	Auswärtiges Amt in Berlin	Absender	Weipert
A. 773 pr. 16. Januar 1902. a. m.		Soeul, den 14. Januar 1902.	
Memo	Antwort auf Tel. № 1.		

A. 773 pr. 16. Januar 1902. a. m.

Telegramm.

Soeul, den 14. Januar 1902. 11 Uhr 10 Min. - m.
Ankunft: 15. 1. 8 Uhr 38 Min. p. m.
Der K. Konsul an Auswärtiges Amt.

Entzifferung.

№ 1.

Über die Absichten anderer Mächte verlautet bisher nichts. Empfehle Berücksichtigung der Feste, die auch von den anderen hiesigen Vertretern befürwortet werden dürfte. Nähere Vorschläge noch abhängig von offizieller Ankündigung der Festlichkeiten, die spätestens 6 Monate vorher erfolgen soll.

Weipert.

[   ]

PAAA_RZ201-018932_174

Empfänger	Bülow	Absender	Weipert
A. 933 pr. 19. Januar 1902. a. m.		Söul, den 16. November 1901.	

Abschrift.

A. 933 pr. 19. Januar 1902. a. m.

Söul, den 16. November 1901.

№ 184.

Seiner Exzellenz, dem Reichskanzler
Herrn Grafen von Bülow.

Die Beschaffung eines Terrains für die koreanische Gesandtschaft in Peking scheint dem Frazosen Martel, welcher sich zu diesem Zweck Anfang d. M. zum zweiten Mal dorthin begeben hat, nunmehr gelungen zu sein. Hiesigem gutem Vernehmen nach hat er vor kurzem das alte Grundstück der amerikanischen Gesandtschaft, welches einem der früheren dortigen amerikanischen Minister gehören soll, für einen Preis von 100000 Yen, auf welche einige tausend Yen angezahlt wurden, für die hiesige Regierung käuflich erworben. Die Gelder zur Bestreitung des Restkaufpreises, sowie der Gebäude, die man aufzuführen beabsichtigt, sollen, wie es heißt, aus königlichen Privatmitteln flüssig gemacht werden.

Preßkopie dieses gehorsamsten Berichts sende ich an die Kais. Gesandtschaft in Tokio und Peking.

gez. Weipert.

Orig. i. a. China 11

Aufenthalt des russischen Vize-Finanzministers Romanoff in Korea.

PAAA_RZ201-018932_175 ff.			
Empfänger	Bülow	Absender	Weipert
A. 935 pr. 19. Januar 1902. a. m.		Söul, den 29. November 1901.	
Memo	J. № 1340.		

A. 935 pr. 19. Januar 1902. a. m.

Söul, den 29. November 1901.

№ 190.

Seiner Exzellenz

dem Reichskanzler

Herrn Grafen von Bülow.

Der russische Vize-Finanzminister Romanoff traf auf der Durchreise von Japan nach Port Arthur mit dem der russischen Gesandtschaft in Tokio attachierten Agenten des Finanzministeriums, Alexieff und mehreren anderen, meist dem sibirischen Eisenbahndienst angehörigen Beamten am 22. d. M. in Chemulpo ein. Er wurde am selben Nachmittag von dem hiesigen Souverän in Audienz empfangen und setzte bereits am folgenden Morgen auf dem Dampfer „Noni" seine Reise nach der Mandschurei fort, deren Bahnbauten sein Interesse in erster Linie gewidmet zu sein scheint. Herr Pavlow begleitete ihn nach Port Arthur, um sich, wie er mir sagte, länger mit ihm unterhalten zu können, und kehrte gestern von dort hierher zurück. Nach seinen Äußerungen soll die mandschurische Bahn im nächsten Frühjahr in Charbin feierlich eröffnet werden.

Kopien dieses gehorsamsten Berichts sende ich an die Kaiserlichen Gesandtschaften in Peking und Tokio.

Weipert.

Inhalt: Aufenthalt des russischen Vize-Finanzministers Romanoff in Korea.

Aufenthalt S. M. S. „Seeadler" in Chemulpo.

PAAA_RZ201-018932_180 f.

Empfänger	Buelow	Absender	Weipert
A. 937 pr 19. Januar 1902. a. m.		Söul, den 30. November 1901.	
Memo	J. № 1342.		

A. 937 pr 19. Januar 1902. a. m.

Söul, den 30. November 1901.

№ 191.

Seiner Exzellenz, dem Reichskanzler, Herrn Grafen von Buelow.

Am 22. d. M. traf S. M. S. „Seeadler" von Chefoo kommend auf der Rhede von Chemulpo zu einem mehrtaegigen Aufenthalt ein, der entsprechend dem Befehl des Kommandos des Kreuzergeschwaders speziell dem Zwecke der Foerderung der deutschen Interessen in Korea galt. Der Kommandant, Herr Korvettenkapitaen Hoffmann verweilte vom 23. bis zum 24. und vom 25. bis zum 27. d. M. in Söul und hatte bei zwei groesseren Diners, zu welchen ich zufaellig auf diese Zeit Einladungen hatte ergehen lassen, Gelegenheit die Meisten der gegenwaertig einflussreichen koreanischen Wuerdentraeger kennen zu lernen. Er wurde am 26. d. M. mit 5 der Herren Offiziere und mir in Audienz empfangen, der sich als eine in letzter Zeit gegenueber Marineoffizieren von geringerem als Admiralsrang nur ausnahmsweise geuebte Zuvorkommenheit ein von dem Hausminister veranstaltetes Diner im Palast anschloss.

Entsprechend einer Einladung des Herrn Kommandanten zum Fruehstueck an Bord fuer den 28. d. M. entsandte der Koenig den Minister des Aeusseren a. i., Herrn Min Chong Muk, einen Oberst von der Kriegsschule und einen als Dolmetscher dienenden Hofbeamten, waehrend der Hausminister durch Erkrankung am Erscheinen verhindert wurde. Eine Reihe Geschuetzexercitien mit Verwendung von Platzpatronen, welche der Herr Kommandant den Gaesten vorfuehrte, erregten deren besonderes bewunderndes Interesse.

S. M. S. „Seeadler" hat heute frueh Chemulpo verlassen um sich nach Nagasaki zu begeben.

Weipert.

Inhalt: Aufenthalt S. M. S. „Seeadler" in Chemulpo.

Koreanische Beschickung der Ausstellung in Hannoi. - Franzoesisches Geschenk
von Pferden an den Koenig von Korea.

PAAA_RZ201-018932_183 ff.			
Empfänger	Buelow	Absender	Weipert
A. 938 pr 19. Januar 1902. a. m.		Soul, den 40[19]	
Memo	Ber. v. 23. 1. Kriegsmin. J. № 1345.		

A. 938 pr 19. Januar 1902. a. m.

Soul, den 40[20]. November 1901.

№ 192.

Seiner Exzellenz

dem Reichskanzler

Herrn Grafen von Buelow.

Der franzoesische Vertreter wurde gestern von dem hiesigen Souveraen zusammen mit
einem Herrn Faure in Audienz empfangen, der als Abtheilungschef im Gouvernement von
Indo-China bezeichnet wird und hierhergekommen ist, um die koreanische Regierung zur
Betheiligung an der fuer November k. J. geplanten Ausstellung in Hanoi zu veranlassen.
Dem Vernehmen nach soll der Einladung entsprochen werden. Auch zur Beschickung der
Weltausstellung in St. Louis im Jahre 1903 ist Korea, wie ich hoere, durch den hiesigen
amerikanischen Vertreter aufgefordert worden.

Die Audienz des Herrn de Plancy galt ausserdem der Ankuendigung eines Geschenkes
von 4 arabischen Pferden, die der franzoesische Brigadegeneral in Tientsin dem Koenig
in diesen Tagen bersandt hat. Sie kamen zusammen mit einem Transport von 107 Pferden
- darunter 60 deutscherseits verkaufte Australier-, welche der am hiesigen Arsenal
angestellte franzoesische Artillerie-Hauptmann Payeur fuer die koreanische Armee mit
einem Aufwand von angeblich insgesamt 14 000 Dollar einschliesslich der Transportkosten
in Tientsin angekauft hat.

Kopieen dieses gehorsamsten Berichtes sende ich an die Kaiserlichen Gesandtschaften

---

19 [sic.]

20 [sic.]

in Peking und Tokio.

Weipert.

Inhalt: Koreanische Beschickung der Ausstellung in Hannoi. -Franzoesisches Geschenk von Pferden an den Koenig von Korea.

Russenfreundliche Maßregeln. -Ernennung des Dänen Muehlensteth zum Berater des Ministeriums des Äußeren.

PAAA_RZ201-018932_186 ff.

Empfänger	Buelow	Absender	Weipert
A. 1133 pr. 22 Januar 1902. p. m.		Soul, den 30. November 1901.	
Memo	J. № 1346.		

A. 1133 pr. 22 Januar 1902. p. m.

Soul, den 30. November 1901.

№ 193.

Seine Excellenz, den Reichskanzler

Herrn Grafen von Buelow.

Die vorwiegend russenfreundliche Stroemung, welche sich hier seit der Entsendung Pak Chae Sun´s nach Japan geltend macht, hat am 22. d. M. einen weiteren Ausdruck in der Ernennung des Vice-Finanzministers Yi Yong Ik zum Finanzminister ad interim gefunden.

Bemerkenswerth ist ferner, dass auf Betreiben Yi Yong Ik´s und des interimistischen Ministers des Aeussern, Min Chong Muk, der daenische Rathgeber des koreanischen Telegraphenamts Muehlensteth am 17. d. M. im Nebenamt zum Rath im Gesetz-Revisions-Buereau und am 23. d. M. zum interistischen Rathgeber im Ministerium des Aeusseren ernannt wurde. Die Massregel hat auf franzoesischer Seite nicht angenehm beruehrt, weil man gehofft hatte den Franzosen Martel in diese Stellung zu bringen. Auch die Amerikaner sind verstimmt, weil der Posten vor einigen Jahren dem Berather des Hausministeriums Sands nebenbei uebertragen wurde, der jedoch darin nur voruebergehend thaetig war.

Herr Muehlensteth ist seit 1897 in seinem koreanischen Amt, war aber bereits seit 1885 im Dienst der chinesischen Regierung in Korea beschaeftigt, die ihn mit der Einrichtung und Leitung der damals chinesischen Telegraphenlinie Söul-Wiju betraut hatte. Waehrend er frueher deutscher Schutzgenosse war, ist er auf seinen Antrag im Februar 1899 (cf. s. pl. Bericht № 20. vom 11. Maerz 1899) unter russischen Schutz gestellt worden, er unterhaelt jedoch mannigfache freundschaftliche Beziehungen zu den hiesigen deutschen Kreisen und duerfte deren Interessen, soweit dieselben nicht mit den russischen kollidiren, unter Umstaenden foerderlich sein.

Herr Min CHong Muk sprach sich kuerzlich mir gegenueber sehr anerkennend ueber den Genannten aus und erklaerte gleichzeitig, wie sehr ihm selbst, schon mit Ruecksicht auf die Stellung seines Sohnes, des koreanischen Gesandten in Berlin, daran gelegen sei, die Beziehungen Koreas zu Deutschland moeglichst herzlich zu gestalten worauf ich die Bedeutung hervorhob, welche hierfuer dem kommerziellen und industriellen Gebiet, als dem Gegenstand unserer hiesigen Interessen, zukomme.

Ob Herr Min Chong Muk zurAusuebung seines Einflusses noch laengere Zeit Gelegenheit haben wird, duerfte sich bald nach der Rueckkehr des Herrn Pak Chae Sun entscheiden, der Japan, wo man ihn mit dem Grosskreuz der Aufgehenden Sonne dekorirt hat, bereits verlassen haben soll.

Kopieen dieses gehorsamsten Berichtes sende ich an die Kaiserlichen Gesandtschaften in Tokio und Peking.

Weipert.

Inhalt: Russenfreundliche Maßregeln. -Ernennung des Dänen Muehlensteth zum Berater des Ministeriums des Äußeren.

Berlin, den 24. Januar 1902.   zu A. 935.

An

die Missionen in

1. London № 72

2. St. Petersburg № 61

J. № 702.

Euerer pp. übersende ich anbei ergebenst Abschrift eines Berichts des Kais. Konsuls in Söul vom 29. Nov. v. J., betreffend den Aufenthalt des russischen Vize-Finanzministers Romanoff in Korea zu Ihrer gefl. Information.

St. S.

i. m.

Koreanische Wünsche betreffs Anstellung eines Militärinstrukteurs.

PAAA_RZ201-018932_194 ff.			
Empfänger	Bülow	Absender	Weipert
A. 1465 pr 28. Januar 1902. p. m.		Söul, den 5. November 1901.	
Memo	J. № 1361.		

A. 1465 pr 28. Januar 1902. p. m.

Söul, den 5. November 1901.

№ 195.

Seiner Exzellenz

dem Reichskanzler

Herrn Grafen von Bülow.

In letzter Zeit haben sich wiederholt Anzeichen bemerklich gemacht, dass die hiesige Regierung im Geheimen den Wunsch hat einen deutschen Militaerinstructeur anzustellen. Ein koreanischer Hofbeamter hat sich mir gegenueber in diesem Sinne direkt geaeussert und vor Kurzem hat auch der amerikanische Berather Sands dem deutschen Lehrer Bolljahn gegenueber diesbezuegliche Andeutungen gemacht. Bei beiden Gelegenheiten habe ich jedes Eingehen auf den Gegenstand meinerseits geflissentlich vermieden. Gestern theilte mir der neuernannte daenische Rathgeber Muehlensteth vertraulich mit, ein Deutscher Namens Emecke, angeblich frueher Oberfeuerwerker, der bis zu dem japanisch-chinesischen Krieg waehrend einer Reihe von Jahren als Instrukteur an der Militaerschule in Tientsin thaetig gewesen sei, habe sich von Nagasaki aus an ihn gewendet um hier eventuell eine Beschaeftigung zu finden, und er beabsichtige denselben hierher kommen zu lassen und ihm eine Anstellung als Instrukteur fuer Artillerie- und Fabrikationswesen an der hiesigen Kriegsschule zu verschaffen. Da ich aber Herrn Muehlensteth darauf zu verstehen gab, dass fuer ein solches Engagement auf meine Mitwirkung und Foerderung nicht zu zaehlen sein wuerde, so erklaerte er von seinem Vorhaben abstehen zu wollen.

Bei den nahen Beziehungen des Herrn Muehlensteth zur russischen Gesandtschaft ist damit zu rechnen, dass er in dieser Frage vorher mit Herrn Pavlow Fuehlung genommen und vielleicht nur versucht hat, die diesseitige Haltung zu ermitteln. Weniger wahrscheinlich duerfte es sein, dass Herr Pavlow es aufgegeben haben sollte auf Einhaltung des Herrn de Speyer im Maerz 1898 gegebenen Versprechens zu bestehen, dass Korea keine fremden Militaerinstrukteure mehr anstellen werde.

Weipert.

Inhalt: Koreanische Wünsche betreffs Anstellung eines Militärinstrukteurs.

[   ]

PAAA_RZ201-018932_197

Empfänger	[o. A.]	Absender	[o. A.]
A. 1466 pr. 28. Januar 1902. [o. A.]		[o. A.]	

A. 1466 pr. 28. Januar 1902.

Notiz.

Die Verhandlungen über die Absicht des Marine-Attachés Tokio, im Frühjahr eine
Dienstreise nach Korea etc. zu Informationszwecken zu unternehmen

befinden sich i. a. Deutschland 135 № 19.

[   ]

PAAA_RZ201-018932_198

Empfänger	[o. A.]	Absender	[o. A.]
A. S. 236 pr. 4. Februar 1902. a. m.		[o. A.]	

A. S. 236 pr. 4. Februar 1902. a. m.

Notiz.

Schriftstücke, betr. den Abschluß eines englisch-japanischen Abkommens zur Aufrechterhaltung der Unabhängigkeit und der Integrität Chinas und Koreas, befinden sich

i. a. China 28.

[   ]

PAAA_RZ201-018932_199 f.

Empfänger	Auswärtiges Amt in Berlin	Absender	Weipert
A. 2497 pr. 14. Februar 1902. p. m.		Seoul, den 14. Februar 1902.	
Memo	London 151, Peters 141, Washington 456.		

A. 2497 pr. 14. Februar 1902. p. m.

Telegramm.

Seoul, den 14. Februar 1902. 2 Uhr 5 Min M.
Ankunft: 8 Uhr 7 Min. p. m.
Der K. Konsul an Auswärtiges Amt.

Entzifferung.

№ 3.

Früherer hiesiger japanischer Gesandter Kato als Ratgeber für koreanisches Haus-Ministerium engagiert. Hiesiger russischer Gesandter behauptet, japanische Regierung arbeite auf Protektorat über Korea und Zusammengehen mit China hin und habe dies Herbst v. Js. bereits dem koreanischen Minister des Äußeren in Tokio vorgeschlagen. Hiesige japanische Presse bezichtigt Rußland, Pacht einer Flotten-Station in Südkorea und Bildung russenfreundlichen Kabinetts mittelst Bestechung anzustreben.

Weipert.
Orig. i. a. Korea 10

[   ]

PAAA_RZ201-018932_202 ff.

Empfänger	Bülow	Absender	Alvensleben
A. 2625 pr. 17. Februar 1902. a. m.		St. Petersburg, 14. Februar 1902.	

Abschrift.

A. 2625 pr. 17. Februar 1902. a. m.

St. Petersburg, 14. Februar 1902.

№ 131.

Seiner Exzellenz

dem Reichskanzler

Herrn Grafen von Bülow.

Der neu ernannte japanische Gesandte Kurino ist ganz kürzlich hier eingetroffen und hat mir bereits Gelegenheit gegeben, Besuche mit ihm auszutauschen. Er macht einen intelligenten Eindruck und es geht ihm auch, wie mir Graf Lamsdorff früher erzählte, ein guter Ruf als gewandter Diplomat voraus.

Herr Kurino schilderte mir bei seinem ersten Besuch die gegenwärtigen Beziehungen zwischen Rußland und Japan als durchaus freundschaftlich. Seit Beendigung des japanisch-chinesischen Krieges hätten sich dieselben vorteilhaft verändert. Während im Volk eine gewisse Verstimmung gegen Rußland noch nicht ganz gewichen sein möge, welche die kleinen japanischen Blätter zu unterhalten sich bemühten, sei man in den aufgeklärten und gebildeten Kreisen Japans anderen Sinnes geworden. Marquis Ito habe die besten Eindrücke von hier mitgenommen und scheine hier auch gut gefallen zu haben. Allerdings habe die Reise dieses Staatsmannes, der zur Zeit der Regierung in Japan vorstehe, nur den Zweck persönlicher Information haben können.

Korea bilde zwischen Rußland und Japan ein Streitobjekt, über welches durch Verhandlungen eine Verständigung herbeigeführt werden müsse. Auf beiden Seiten bestehe der Verdacht, daß Japan bzw. Rußland sich Koreas zu bemächtigen wünsche. Die Bedeutung der japanischen Interessen in Korea ergebe sich schon daraus, daß 80% des gesamten koreanischen Handels auf Japan fallen, es liegt auf der Hand, daß Japan diese Interessen zu wahren bestrebt sein müsse.

Auch in der Mandschurei hätte Japan bedeutende wirtschaftliche und Handelsinteressen.

Aus diesem Grunde habe Japan in Peking gegen ein von China mit der russisch-chinesischen Bank getroffenes Spezialabkommen Verwahrung eingelegt. Letzteres gewähre der genannten Bank ein Vorzugsrecht für alle Konzessionen. Was den Staatsvertrag zwischen Rußland und China wegen der Mandschurei betreffe, so würde Japan dagegen keine Bedenken haben, da er ja nur China zum Vorteil gereichen würde.

Während in dieser Unterhaltung der Bündnisvertrag zwischen England und Japan nicht erwähnt worden war, kam bei meinem Erwiderungsbesuch das Gespräch sogleich auf dieses Thema. Herr Kurino hatte den Eindruck gehabt, daß seine Mitteilung den Grafen Lamsdorff ganz unvorbereitet traf und, wie er hinzufügte, dem Minister „nicht angenehm" zu sein schien. Er habe den Auftrag gehabt, mündlich dabei zu bemerken, daß das Abkommen in keiner Weise aggressiv sei und lediglich die Sicherung des Friedens bezwecke. Am Tage bevor er diese Mitteilung machte, habe er den englischen Botschafter von seinem auf Grund erhaltener Weisung beabsichtigten Schritt mit der Aufforderung in Kenntnis gesetzt, gleichzeitig mit ihm vorzugehen, der Botschafter habe dies indessen abgelehnt mit dem Bemerken, daß er dazu keinen Auftrag habe. Wie ich höre, soll es überhaupt nicht in der Absicht der englischen Regierung gelegen haben, den Vertrag hier offiziell zur Kenntnis zu bringen; Japan habe indessen seinerseits darauf bestanden.

Herr Kurino äußerte als seine persönliche Ansicht, er bedaure den Bündnisvertrag; abgesehen von den ihm bei Beginn seiner hiesigen Mission für seine Stellung im Allgemeinen dadurch entstehenden Schwierigkeiten, sehe er voraus, daß Rußland zu einer Verständigung über Korea nunmehr weniger geneigt sein werde. Außerdem würde es das Interesse Japans als Insel bei seiner geographischen Lage gewesen sein, sich nicht auf solche Weise in seiner Aktion zu binden.

Die russisch-chinesische Bank sieht den kommenden Ereignissen, soweit diese ihr Separatabkommen mit China berühren könnten, sehr gelassen entgegen. Sie behauptet, wie ich ganz vertraulich höre, daß ihr durch einen vom hiesigen chinesischen Gesandten unterschriebenen und von Lie Hung Tschang als Regenten genehmigten Vertrag, der mit dem großen Kaiserlichen Siegel versehen sei, alle Rechte auf Kohlen- und Goldbergwerke, Eisenbahnen und industrielle Unternehmungen sowie auf alle Konzessionen, die sie noch wünschen würde, zugesichert seien. Rußland, und überhaupt kein Staat, würde es sich gefallen lassen, daß einem solchen Vertrag nachträglich die Anerkennung versagt würde.

Nach meinen Erkundigungen besitzen weder Engländer noch andere Fremde in Chinesich-Turkestan und der Mongolei bis jetzt überhaupt irgendwelche Konzessionen, das einzige englische Vorrecht soll die Konzession zum Bau einer kurzen bedeutungslosen Eisenbahn in der Süd-Mandschurei sein.

Nach Äußerungen aus russischen Kreisen zu schließen, wird der englisch-japanische

Vertrag hier als eine Niederlage für Rußland empfunden. Rußland wünschte durch den noch immer nicht unterzeichneten Vertrag mit China sein Verhältnis zur Mandschurei und die Räumung derselben nach seinem Belieben zu regeln, nunmehr wird es dabei den vereinten Druck von England und Japan zu empfinden haben. Der englisch-japanische Vertrag wird in amtlichen Kreisen auf die Initiative Englands zurückgeführt, wo man besorgt gewesen sein soll, daß nach den Eindrücken, die Marquis Ito in St. Petersburg empfangen hatte, eine Verständigung zwischen Rußland und Japan wegen Korea, wie dieser Staatsmann sie anstrebte, zu Stande kommen könnte. Marquis Ito ist, wie mir Herr Kurino, der übrigens zur Partei Itos gehören soll, erzählte, von der ihm in Paris zugegangenen Nachricht, daß der Bündnisvertrag zwischen England und Japan abgeschlossen sei, selbst überrascht worden.

Im hiesigen Auswärtigen Ministerium wird die in Bankkreisen als durchaus sicher verbreitete Nachricht, daß es Japan gelungen sei, nachdem sich die Verhandlungen mit dem Crédit Lyonnais zerschlagen hatten, in London am 28. v. M. eine Anleihe von 1,400 000 £st abzuschließen, als nicht zutreffend in Abrede gestellt.

gez. Alvensleben.

Orig. i. a. China 28

[   ]

PAAA_RZ201-018932_208

Empfänger	Auswärtiges Amt in Berlin	Absender	Weipert
A. 2786 pr. 20. Februar 1902. a. m.		Söul, den 19. Februar 1902.	

A. 2786 pr. 20. Februar 1902. a. m.

Telegramm.

Söul, den 19. Februar 1902. 11 Uhr 15 Min. Vm.

Ankunft: 20. 12(2?). 12 Uhr 49 Min. Vm.

Der K. Konsul an Auswärtiges Amt.

Entzifferung.

№ 5.

Der König sucht in Furcht vor japanisch-englischer Einmischung einem Regierungs-
und Personenwechsel durch Anordnungen vorzubeugen.

Weipert.

[   ]

PAAA_RZ201-018932_210

Empfänger	Auswärtiges Amt in Berlin	Absender	Weipert
A. 3050 pr. 24. Februar 1902. a. m.		Söul, den 24. Februar 1902.	

A. 3050 pr. 24. Februar 1902. a. m.

Telegramm.

Söul, den 24. Februar 1902. 12 Uhr 10 Min v. M.

Ankunft: 1 Uhr - Min. - M.

Der K. Konsul an Auswärtiges Amt.

Entzifferung.

№ 6.

Gutem Vernehmen nach bemüht sich japanischer Gesandter um Konzession Söul - Wiju-Eisenbahn und scheint bereit, sich wegen der einschlägigen koreanischen Verpflichtungen gegen Frankreich zu arrangieren.

Weipert.

[   ]

PAAA_RZ201-018932_211 f.

Empfänger	Reichskanzler	Absender	[*sic.*]
A. 3103 pr. 24. Februar 1902. p. m.		Berlin W. 66 den 22. Februar 1902.	

Kriegsministerium.

A. 3103 pr. 24. Februar 1902. p. m. 1 Anl.

Berlin W. 66 den 22. Februar 1902.

Leipzigerstr. 5.

№ 977/1. 02.

Dem Herrn Reichskanzler

(Auswärtiges Amt)

anliegend den mittelst Schreibens vom 23. 1. 1902. A. 938 übersandten Bericht des Kaiserlichen Konsulats in Söul № 192, betreffend koreanische Beschickung der Ausstellung in Hannoi, französisches Geschenk von Pferden an den König von Korea, nach erfolgter Mitteilung an die beteiligten militärischen Dienststellen ergebenst zurückzusenden.

Im Auftrage des Kriegsministers.

[*sic.*]

Die russenfreundliche Stroemung in der koreanischen Regierung.

PAAA_RZ201-018932_213 ff.			
Empfänger	Buelow	Absender	Weipert
A. 3130 pr. 25. Februar 1902. a. m.		Söul, den 2. Januar 1902.	
Memo	J. № 4.		

A. 3130 pr. 25. Februar 1902. a. m.

Söul, den 2. Januar 1902.

№ 2.

Seiner Exzellenz

dem Reichskanzler

Herrn Grafen von Buelow.

Herr Pak Chae Sun, welcher am 18. v. M. von Japan zurueckgekehrt ist, wurde am 30. v. M. wieder in sein frueheres Amt als Minister des Aeusseren eingesetzt, hat aber gleichzeitig auf sein Ansuchen Urlaub wegen Krankheit erhalten und wird weiter von Herrn Min Chong Muk vertreten. Dabei erhaelt sich in den Hofkreisen die Behauptung, dass Herr Pak Chae Sun, wenn er auch thatsaechlich seine Funktionen wieder uebernehmen sollte, doch nur wenige Monate im Amt bleiben und im Fruehjahr als Gesandter nach Peking gehen werde. Es faellt dem Koenig offenbar schwer, sich ganz fuer die durch Min Chong Muk und vor Allem den mit diesem und durch ihn arbeitenden Finanzminister Yi Yong-Ik repraesentirte russenfreundliche Stroemung zu entscheiden. Die Letztere sieht sich der Gegnerschaft nicht nur der japanischen, sondern auch der amerikanischen Parthei ausgesetzt. Zu dem Streit Yi Yong Ik´s mit der Firma Collbran & Bostwick wegen der von Letzterer gelieferten Nickelplaettchen, deren Abnahme er, wie neuerdings verlautet, wegen angeblicher fehlerhafter Beschaffenheit jetzt ueberhaupt verweigert, kommen Schwierigkeiten wegen der elektrischen Strassenbahn, deren chronischem Defizit Yi Yong Ik durch eine Pruefung der Rechnungen der genannten Firma auf den Grund zu kommen wuenscht.

Die Sorge der genannten beiden Minister um die Befestigung ihrer Stellung duerfte die Ursache davon sein, dass bisher besondere Resultate ihrer Thatigkeit im Sinn einer Foerderung der russischen Interessen nicht zu Tage getreten sind. Hoechstens liesse sich anfuehren, dass es Herrn Pavlow gelungen ist, in der Telegraphenfrage die allgemeine

Zusage des Koenigs durch ein Schreiben des Ministers des Aeusseren vom 2. v. M. dahin praecisirt zu erhalten, dass die Linie im Jahre 1902 bis zur Grenze fortgefuehrt werden solle, dass dagegen die Verbindung mit der russischen spaeterer Verstaendigung vorbehalten werde. Auch hat in diesen Tagen die koreanische Regierung beschlossen, die japanischen Forderungen auf diesem Gebiet voellig abzulehnen, welche von Herrn Hayashi im November v. J. zuletzt auf Gestattung eines japanischen Kabels zwischen Fusan und Chemulpo und den Anschluss der japanischen Telegraphenstation an die koreanische in Söul reduzirt worden waren.

Der Plan der Anlegung einer koreanischen Glasfabrik unter Leitung eines mit einem Monatsgehalt von angeblich 400 Yen von der koreanischen Regierung engagirten russischen Sachverstaendigen Namens Mairo, der mit 2 Assistenten vor einigen Tagen hier angekommen ist, ist zwar erst jetzt bekannt geworden, beruht aber, wie ich hoere, auf Abmachungen mit Herrn Pavlow, die bereits ueber ein halbes Jahr zurueckliegen.

Kopieen dieses gehorsamsten Berichts sende ich an die Kaiserlichen Gesandtschaften in Peking und Tokio.

Weipert.

Inhalt: Die russenfreundliche Stroemung in der koreanischen Regierung.

Schreiben des Koenigs von Italien an den Koenig von Korea.

PAAA_RZ201-018932_217			
Empfänger	Buelow	Absender	Weipert
A. 3156 pr. 25. Februar 1902. a. m.		Söul, den 30. Dezember 1901.	
Memo	J. № 1436.		

A. 3156 pr. 25. Februar 1902. a. m.

Söul, den 30. Dezember 1901.

№ 201.

Seiner Exzellenz

dem Reichskanzler

Herrn Grafen von Buelow.

Der hiesige italienische Konsul Graf Francesetti di Malgrà hat in seiner Audienz am 14. d. M., wie ich nachtraeglich vom englichen Ministerresidenten hoere, ein Schreiben des Koenigs von Italien ueberreicht, in welchem dieser dem hiesigen Souveraen seine Thronbesteigung anzeigt.

Kopieen dieses gehorsamsten Berichts sende ich an die Kaiserlichen Gesandtschaften in Tokio und Peking.

Weipert.

Inhalt: Schreiben des Koenigs von Italien an den Koenig von Korea.

Berlin, den 27. Februar 1902.   zu A. 2786.

An

die Missionen in

St. Petersburg № 162.

Euerer pp. übersende ich anbei ergebenst
Abschrift eines Telegramms des Kais. Konsuls
in Söul vom 19. d. M., betreffend japanisch-
chinesische Einflüsse in Korea

J. № 1749.

zu Ihrer gefl. Information.

St. S

i, m.

Berlin, den 5. März 1902.   zu A. 18181.

An

Konsulat

Söul A. № 1.

Nowoje Wremja erfährt über Wladiwostok
Verhaftung von Schülern und Lehrern der
dortigen deutschen Schule, die über Maßnahmen
zur Verbesserung der Bildung in Korea beraten
und den früheren regierungsfeindlichen „Klub der
Unabhängigkeit" wiederhergestellt haben sollen.
Bitte um Bericht über die betreffenden Vorgänge.

J. № 1963.

St. S

i. m.

[   ]

PAAA_RZ201-018932_221

Empfänger	Auswärtiges Amt in Berlin	Absender	Weipert
A. 3985 pr. 12. März 1902. a. m.		Seoul, den 11. März 1902.	

A. 3985 pr. 12. März 1902. a. m.

Telegramm.

Seoul, den 11. März 1902. 8 Uhr 45 Min. p. m.

Ankunft: 12. 3. 8 Uhr - Min. a. m.

Der K. Konsul an Auswärtiges Amt.

Entzifferung.

№ 7.

Im Anschluß an Telegr. № 1. Obwohl Ankündigung noch aussteht, stimme ich schon jetzt gefaßtem Beschluß aller Vertreter bei, Übermittlung entsprechender Glückwünsche durch hiesige Vertreter ohne Eingehen auf etwaige koreanische Wünsche betreffs besonderer Mission zu empfehlen. Allerhöchstes Schreiben dürfte angemessen sein. Russischer Gesandter erwähnte Möglichkeit von Geschenken.

Weipert.

Die Stellung des koreanischen Ministers des Äußern. - Die koreanische
Gesandtschaft in Peking.

PAAA_RZ201-018932_223 ff.			
Empfänger	Herrn Grafen von Bülow	Absender	Weipert
A. 4775 pr. 25. März 1902. a. m.		Söul, den 30 Januar 1902.	
Memo	J. № 115.		

A. 4775 pr. 25. März 1902. a. m.

№ 22.

Söul, den 30 Januar 1902.

Seiner Exzellenz, dem Reichskanzler, Herrn Grafen von Bülow.

Der bisherige Minister der Auwärtigen Angelegenheiten Herr Pak Chae Sun hat
angezeigt, daß er am 28. d. M. seines Postens enthoben und zum Mitglied des Geheimen
Staatsrats ernannt, gleichzeitig aber mit der interimistischen Fortführung der Geschäfte des
Ministers des Äusseren beauftragt worden sei. Es darf darin wohl eine Vorbereitung seiner
gänzlichen Entfernung aus dem Auswärtigen Amt erblickt werden, die man offenbar mit
Rücksicht auf Japan möglichst allmählich und schonend zu vollziehen wünscht. Seiner
baldigen Entsendung nach Peking scheint die Schwierigkeit im Wege zu stehen, daß das
von Korea erworbene bisherige amerikanische Gesandtschaftsgrundstück erst Ende Juni d.
J. frei wird. Von Washington aus hat man sich sogar Ende November v. J. bereits mit
dem Ersuchen hierher gewendet, den bisherigen Mietvertrag noch bis zum Ende d. J.
fortsetzen zu dürfen. Die hiesige Regierung hat sich damit unter der Bedingung
einverstanden erklärt, daß der koreanischen Gesandtschaft in einem der Gebäude des
Grundstücks gleichzeitig, und zwar schon vor dem 30. Juni, ein Unterkommen eingeräumt
werde. Eine Äußerung von Washington auf diesen Vorschlag ist bisher nicht erfolgt.

Kopieen dieses gehorsamsten Berichts sende ich an die Kaiserlichen Gesandtschaften
in Tokio und Peking.

Weipert.

Inhalt: Die Stellung des koreanischen Ministers des Äußern. - Die koreanische
Gesandtschaft in Peking.

[   ]

PAAA_RZ201-018932_226

Empfänger	Herrn Grafen von Bülow	Absender	Weipert
A 4778 pr. 25. März 1902. a. m.		Söul, den 8. Februar 1902.	
Memo	mtg. 30. 3. Petersburg 230.		

Abschrift.

A 4778 pr. 25. März 1902. a. m.

Söul, den 8. Februar 1902.

№ 30.

Seiner Exzellenz

dem Reichskanzler

Herrn Grafen von Bülow.

In den hiesigen japanischen Blättern tritt seit einigen Tagen mit großer Bestimmtheit die Behauptung auf, daß der russische Vertreter sich mit Hilfe von Yi Yong Ik zur Zeit wieder bestrebe, eine Flottenstation in der Nähe von Masampo, und zwar durch Pacht, zu erlangen. Bisher fehlt es indes an jeder Bestätigung des Gerüchts, das selbst auf der japanischen Gesandtschaft keinen Glauben findet. pp.

gez. Weipert.

orig. i. a. Korea 3

[   ]

PAAA_RZ201-018932_227 f.

Empfänger	Bülow	Absender	Weipert
A. 4779 pr. 25. März 1902. a. m.		Söul, den 8. Februar 1902.	
Memo	mtg. 8. 4. London 272, Petersburg 229.		

Abschrift

A. 4779 pr. 25. März 1902. a. m.

Söul, den 8. Februar 1902.

№ 31.

Seiner Exzellenz, dem Reichskanzler
Herrn Grafen von Bülow.

Nach Informationen, welche Herr Pavlow neuerdings erhalten zu haben behauptet, hätte die japanische Regierung die Anwesenheit Pak Chae Suns in Tokio im Herbst v. J. zu einem erneuten Versuch benutzt, Korea zu einem auf ein japanisches Protektorat abzielenden Geheimvertrag zu bestimmen, indem sie als Entgelt die Auslieferung der koreanischen politischen Häftlinge in Aussicht gestellt habe. Daß über letzteren Punkt gewisse Verhandlungen stattgefunden hätten, wurde vor kurzem auch in der japanischen Presse angedeutet. Die koreanische Regierung dürfte indes selbst um diesen Preis kaum geneigt sein, sich auf das Projekt einzulassen. Ihre Wünsche scheinen nach wie vor einer Gerantie der Neutralität Koreas durch die Mächte zu gelten. Wie mir der Berater Sands dieser Tage mitteilte, hätten die koreanischen Gesandten in London und Paris bald nach ihrer Ankunft daselbst im Sommer v. J. die Frage vertraulich angeregt, und von beiden Regierungen ziemlich übereinstimmend die Antwort erhalten, daß man bereit sei der Angelegenheit näher zu treten, wenn eine andere Macht die Initiative ergreife.

gez. Weipert.
Orig. i. a. Korea 10.

[   ]

PAAA_RZ201-018932_229 f.

Empfänger	Bülow	Absender	Alvensleben
A. 4859 pr. 27. März 1902. a. m.		St. Petersburg, den 25. März 1902.	
Memo	mtg. 5. 4. London 286.		

Abschrift.

A. 4859 pr. 27. März 1902. a. m.

St. Petersburg, den 25. März 1902.

№ 259.

Sr. Exzellenz

dem Reichskanzler

Herrn Grafen von Bülow.

Der japanische Gesandte in London soll im Gespräch mit einem Mitarbeiter des Pariser „Matin" u. a. geäußert haben, Japan sei im Stande, die Koreastraße zu schließen und dadurch die Bewegung russischer Schiffe von Wladiwostok nach Port Arthur zu hindern. An diese Äußerung anknüpfend, erklären die „Birshewyja Wjedomosti", daß Port Arthur erst dann eine der Lage Rußlands im Stillen Ozean entsprechende Bedeutung erlangen werde, wenn eine ununterbrochene Verbindung zwischen Port Arthur und Wladiwostok hergestellt sein werde. Zu diesem Zwecke aber müsse der Hafen Masampo in eine russische Flottenstation verwandelt werden. Während die japanische Regierung bis jetzt gegen die russische Erwerbung Masampos keinerlei Einspruch geltend gemacht habe, scheine die Erklärung des offiziellen Vertreters Japans in London als Zeichen der infolge des anglo-japanischen Abkommens veränderten Lage der Dinge aufzufassen zu sein. Wodurch jene Erklärung gerade jetzt hervorgerufen worden sei, entziehe sich freilich der Beurteilung, „aber", heißt es weiter, „für uns ist das Eine gewiß, daß sie bei der Entscheidung der Frage bezüglich Masampos ohne jeden Einfluß auf die russische Diplomatie bleiben wird, der auch ihre ärgsten Gegner die Fähigkeit, abzuwarten und den richtigen Augenblick zu wählen, nicht bestreiten werden." Rußland werde sich auf keinen Fall mit dem Gedanken aussöhnen, daß die koreanischen Gewässer in eine Art asiatischer Dardanellen verwandelt werden könnten.

gez. Alvensleben.

Orig. i. a. Korea 10

Auswärtiges Amt
Abth. A.

Politisches Archiv d. Auswärt. Amts

Acta

Betreffend

Korea

Vom 1. April 1902
Bis 31. Oktober 1902

Vol.: 33
conf. Vol.: 34

Politisches Archiv des Auswärtigen Amts
R 18933

KOREA. № 1.

Ber. a. Söul v. 7. 3. № 49: Eintreffen des russ. Vizeadmirals Skrydloff mit zwei Kriegsschiffen in Chemulpo. Beschwerden des russ. Gesandten Pavlow gegen den Minister des Äußeren wegen widerrechtlicher Entfernung russischer Telegraphenstangen. Feier der englisch-japanischen Allianz. orig. i. a. Korea 3	6343. 23. 4.
Tel. i. Z. a. St. Petersburg v. 23. 6. № 145: Äußerungen des Gf. Lamsdorff über die Bedeutung der Erteilung einer Landkonzession an Japan in Chemulpo. orig. i. a. Korea 10	9736. 23. 6.
Ber. a. Petersburg v. 24. 6. № 511: Art. des „Swjet". Rußland soll die z. Zt. russenfreundliche Strömung am Hofe von Söul zur Erwerbung von Masampo benutzen.	9886. 26. 6.
Ber. a. Söul v. 28. 5. № 93: Einschreiten der Regierung gegen hochverräterische Umtriebe gegen das Könighaus.	10936. 17. 7.
Desgl. v. 12. 6. № 100: Anwesenheit des österr. Kriegsschiffes „Maria Theresia" in Chemulpo.	11582. 31. 7.
Desgl. v. 10. 4. № 69: Rede des Gf. Okuma über die Zielpunkte, welche den japanischen Bestrebungen in Korea zu geben seien.- Deutsche Bestrebungen bezüglich der Söul-Wonsan Bahn.	8072. 25. 5.
Desgl. v. 12. 5. № 84: Japanische Bestrebungen die Einwanderung von Japanern nach Korea zu vermehren.	10234. 3. 7.
Desgl. v. 19. 5. № 89: Ankunft des japanischen Ratgebers Kato. Engagement eines amerikanischen Ratgebers.	10407. 6. 7.
Privatbrief des Ges. v. Brandt ad Weimar 20. 7. Mission des ehem. russ. Vertreters in Korea Waeber, um den Kaiser von Korea zum 25-jähr. Regierungsjubiläum zu beglückwünschen. Geheime Zwecke?	11223. 23. 7.
Ber. a. Tokio v. 3. 7. № A. 66. Veröffentlichung des japan.-korean. Übereinkommens v. 17. 5. 1902 über die japanische Niederlassung in Masampo.	11622. 1. 8.
Ber. a. Söul v. 12. 5. № 85. Ev. Abschluß von Telegraphen-Konventionen Koreas mit Rußland u. Japan.	10121. 1. 7.
Ber. a. Söul v. 21. 6. № 105. Bemühungen des französischen Vertreters zur Herbeiführung einer Verständigung mit Korea wegen der Anleihe des Yuennan-Syndikats. orig. i. a. Korea 5	11986. 9. 8.

Desgl. v. 26. 6. № 108. Text des japan.-korean. Abkommens wegen der japan. Niederlassung in Masampo.	12177. 13. 8.
Desgl. v. 3. 7. № 111. Karte der japan. Niederlassung in Masampo.	12639. 23. 8.
Ber. a. London v. 2. 5. № 224: Über russ.-japan. Verhandlungen wegen Koreas ist in London nichts bekannt. Die Möglichkeit eines russ.-japan. Ausgleichs bzgl. der korean. Frage. Orig. i. a. Korea 10	6926. 4. 5.
Tel. i. Z. aus Söul v. 9. 9. № 15. Absicht Frankreichs und Rußlands, den Kaiser von Korea zu seinem Regier. Jubiläum zu dekorieren. Quelpart-Frage wird keine Schwierigkeiten ergeben.	13515. 9. 9.
Ber. a. Söul v. 7. 7. № 113: Die von der japan. Presse verbreitete Nachricht über ein russ.-franz.-deutsches Abkommen betr. die Wijubahn, die Woensan-Bahn u. Telegraphenkabel Wladiwostok-korean. Küste, ist unwahr. Frage der Anstellung eines russischen und korean. Beraters.	12849. 28. 8.
Ber. a. Petersbg. v. 18. 8. № 639. „Now. Wremja" meldet die Übernahme des Japaners Kato für 3 Jahre in korean. Dienste.	12537. 21. 8.
Tel. a. Söul v. 8. 5. № 9. Regier. Jubiläum für den 18. 10. angesagt. Einladungsformalien. Event. Anwesenheit eines russ. u. franz. Admirals u. Dekorierung des Königs von Korea.	7187. 9. 5.
Tel. i. Z. aus Söul v. 20. 7. № 11. (orig. bei I B) Die koreanische Regierung bittet uns u. die österr. Regierung um Entsendung von Vertretern zum Regier. Jubiläum.	20. 7. o. No
Ber. a. St. Petersburg v. 23. 7. № 580. (Mat.). Engl.-japan. Abkommen zum Schutze der Unabhängigkeit Koreas. Beteiligung Englands und Japans an der inneren Verwaltung; Erhöhung der korean. Land- u. Seestreitkräfte; Korea darf Anleihen nur in England, Japan oder den Ver. Staaten v. Amerika auflegen u. Ausländer nicht in seine Dienste aufnehmen. Orig. i. a. China 28.	11300. 25. 7.
Ber. a. Söul v. 21. 6. № 104. (Mat) Dasgleiche. Orig. i. a. China 28.	11985. 9. 8.

Ber. a. St. Petersburg v. 3. 5. № 371. (cop.) Now. Wremja über gespannte russ.-korean. Beziehungen in Folge der Ausgrabung der von Russen gesetzten Telegraphenstangen. Orig. i. a. Korea 3.	6972. 5. 5.
Ber. a. Söul v. 18. 3. № 56: Russ. Entschädigungsforderung in der Telegraphenstangen-Angelegenheit. Weigerung des russ. Ges. an der Feier des Geburtstages des Kronprinzen teilzunehmen, falls nicht der interimist. Min. d. Äußern Pak Chae Sun entfernt werde. Orig. i. a. Korea 3.	7252. 10. 5.
Ber. a. Söul v. 11. 8. № 133: Besuch eines amerikanischen Geschwaders in Chemulpo zur Unterstützung der Forderung einer amerikanischen Firma für elektrische Anlagen in Söul. Die Forderung soll der russischen Regierung zum Kauf angeboten sein.	14185. 25. 9.
Desgl. v. 30. 7. № 127: Besuch eines englischen Geschwaders in Chemulpo.	13959. 20. 9.
Desgl. v. 23. 8. № 137: Engagement des Japaners Kato als Ratgeber für das Koreanische Ministerium für Landwirtschaft und Handel.	15168. 17. 10.
Desgl. v. 23. 8. № 138: Besuch eines englischen Geschwaders in Chemulpo. Schlägereien zwischen Eingeborenen und den fremden Kriegsschiffbesatzungen. Eintreffen des italienischen Admirals Palumbo in Chemulpo.	15169. 17. 10.
Ber. a. Petersburg v. 23. 10. № 757: Empfang des Großfürsten Kyrill Wladimirowitsch und des russischen außerordentlichen Gesandten Waeber in Söul anläßlich des Regierungsjubiläums des Kaisers von Korea.	15565. 25. 10.
Ber. a. Söul v. 23. 8. № 137: Engagement-Vertrag des Japaners Kato mit der koreanischen Regierung. s. vorher.	15168. 7. 10.
Desgl. v. 1. 9. № 141: Fernbleiben des französischen Minister-Residenten von der Feier des Geburtstages des Kaisers von Korea wegen Nichtbefriedigung französischer Reklamationen.	15146. 16. 11.
Ber. a. Washington v. 26. 10. - A. 374 Dementi von einem angeblichen englisch-japanischen-amerikanischen Abkommen über die Unabhängigkeit Koreas.	15781. 29. 10.

Japanischer Ratgeber für das koreanische Hausministerium.

PAAA_RZ201-018933_013 ff.

Empfänger	Buelow	Absender	Weipert
A. 5248 pr. 8. 4. April 1902. a. m.		Söul, den 14. Februar 1902.	
Memo	J. № 164.		

A. 5248 pr. 8. 4. April 1902. a. m.

Söul, den 14. Februar 1902.

№ 35.

Seiner Excellenz

dem Reichskanzler

Herrn Grafen von Buelow.

Herr Hayashi, der vor einigen Tagen von seinem Urlaub aus Japan zurueckgekehrt ist, theilte mir gestern mit, dass der fruehere hiesige japanische Gesandte, Masuo Kato, mit einem Monatsgehalt von 600 Yen auf 3 Jahre als Rathgeber fuer das koreanische Hausministerium engagirt sei und hierherkommen werde, sobald er von einer Erkrankung, die ihn kuerzlich befallen habe, genesen sein werde. Herr Kato, der russisch und etwas franzoesisch und englisch spricht, hat Japan hier vom Februar 1897 an, zuerst als Ministerresident, seit Mitte Dezember 1898 als Gesandter vertreten. Seit seiner ploetzlichen Abberufung Mitte Mai 1899, die angeblich wegen Unzufriedenheit der Regierung in Tokio mit seiner Berichterstattung erfolgt ist, war er zur Disposition gestellt. Nach Mittheilung des Herrn Hayashi wird er vor Antritt der neuen Stellung seine gaenzliche Entlassung aus dem japanischen Staatsdienst erbitten.

Herr Hayashi hat Herrn Pavlow am 11. d. M. von dem Engagement Mittheilung gemacht und erklaerte mir auf Befragen, er sehe keinen Grund fuer Schwierigkeiten von russischer Seite, da Herr Kato kein Finanzmann und nicht als Finanzberather engagirt sei. Es kann indess keinem Zweifel unterliegen, dass gerade die Stellung als Berather des Hausministeriums die Moeglichkeit weitgehender Beeinflussung der hiesigen Regierung auf allen Gebieten eroeffnet, da alle wichtigeren Entschliessungen im Palast getroffen werden und den anderen Ministerien hoechstens die Bedeutung von Ausfuehrungsorganen zukommt.

Der russische Gesandte sagte mir, er halte es fuer nicht unwahrscheinlich, dass die

Anstellung des Herrn Kato, der in den Regierungskreisen in Tokio ausser dem Vicomte Aoki kaum einen Freund habe, nicht von der japanischen Regierung, sondern von hiesigen, auf eigene Faust und oft gegen die offiziellen Absichten arbeitenden japanischen Politikern zu Stande gebracht sei. Es ist indes kaum anzunehmen, dass Korea den Schritt nur auf solche Anregung hin unternommen haben sollte. Jedenfalls hat nach der Art zu urtheilen, wie Herr Hayashi sich ueber die Sache aeussert, die japanische Regierung die Situation acceptirt.

Sehr empfindlich beruehrt der japanische Vorstoss die Stellung des amerikanischen Berathers des Hausministeriums. Herr Sands, dessen Einfluss ohnehin nur noch ein geringer ist, haelt sich schon seit einiger Zeit von den Geschaeften fern, verstimmt, wie es scheint, ueber die Ernennung des Herrn Muehlensteth zum Berather des Ministeriums des Aeussern und ueber die andauernden Schwierigkeiten, welche seitens Yi Yong Ik's der Firma Collbran & Bostwick, insbesondere durch Nichtabnahme ihrer Nickellieferung, gemacht werden und amerikanischen Geschaeftstraeger in den letzten Tagen veranlasst haben telegraphisch Weisung seiner Regierung zu erbitten.

Kopieen dieses gehorsamsten Berichts sende ich an die Kaiserlichen Gesandtschaften in Tokio und Peking.

Weipert.

Inhalt: Japanischer Ratgeber für das koreanische Hausministerium.

Die „Birshewyja Wjedomosti" zur koreanischen Frage.

PAAA_RZ201-018933_017 ff.			
Empfänger	Bülow	Absender	Alvensleben
A. 5441 pr. 7. April 1902. a. m.		St. Petersburg, den 5. April 1902.	

A. 5441 pr. 7. April 1902. a. m.

St. Petersburg, den 5. April 1902.

№ 292.

Seiner Exzellenz

dem Reichskanzler,

Herrn Grafen von Bülow.

Das Vordringen der Japaner auf Korea erregt den Unwillen der „Birshewyja Wjedomosti", die um so eifriger einer Erwerbung Masampos durch Rußland das Wort redet.

Das Blatt weist darauf hin, daß die Japaner die einzigen fremden Unternehmer und Kaufleute auf Korea seien, und in ihrer Hand sich der ganze Verkehr zwischen dem russischen Küstengebiete, den koreanischen Häfen und dem chinesischen Reiche befinde. Der wirtschaftliche Einfluß Japans auf der Halbinsel sei bereits so bedeutend, daß die Japaner dort geradezu als Herren schalteten und walteten. Es bestehe allerdings ein Gesetz, das den Japanern die Ansiedelung im Inneren der Halbinsel verbiete, aber dieses Gesetz werde nicht beobachtet. Wie der „Nowy Kraj" melde, bemühe sich der Vertreter Japans in Söul sogar um die Aufhebung dieses Gesetzes, das Korea bisher allein vor der Aufsaugung durch die Japaner geschützt habe. Schon jetzt befänden sich mehr als 20000 Japaner auf Korea; werde aber jenes Gesetz beseitigt, so würde sich diese Zahl bald verzehnfachen.

„Von welcher Seite also", so heißt es dann weiter, „wird Korea ernstlich bedroht?" Ist es nicht an der Zeit, auf Maßnahmen zu sinnen, die geeignet wären, der friedlichen Eroberung Koreas durch seine Nachbarn eine Grenze zu setzen? Eine dieser Maßnahmen, die übrigens für Rußland und Korea in gleicher Weise vorteilhaft sein würde, wäre die Erwerbung Masampos für die russische Flotte. Einer Vereinbarung über diese Frage, die längst angeregt worden ist, würde sich zwar die zahlreiche und sehr einflußreiche japanische Partei in Söul widersetzen. Gerade jetzt müßte dieser durch das Bündnis mit

England neu ermutigten Partei entgegengewirkt werden, um ihr die Lust zu benehmen, immer über phantastische Anschläge Rußlands zu schreien."

Alvensleben.

Inhalt: Die „Birshewyja Wjedomosti" zur koreanischen Frage.

Koeniglicher Erlass betreffend bessere Fuehrung der Regierung.

PAAA_RZ201-018933_021 ff.

Empfänger	Buelow	Absender	Weipert
A. 5533 pr. 9. April 1902. a. m.		Soeul, den 18. Februar 1902.	
Memo	J. № 174.		

A. 5533 pr. 9. April 1902. a. m.

Soeul, den 18. Februar 1902.

№ 39.

Seiner Excellenz

dem Reichskanzler

Herrn Grafen von Buelow.

Unter dem 16. d. M. hat der hiesige Souveraen einen Erlass publicirt, der den Beamten des Reiches von den Ministern und Mitgliedern des Staatsraths bis herab zu den Magistraten und Steuereinnehmern Vernachlaessigung ihrer Pflichten zum Vorwurf macht und bessere Amtsfuehrung fuer die Zukunft anbefiehlt. Insbesondere wird die Erhebung ungesetzlicher Steuern getadelt und verboten und dafuer die gewissenhafte Beitreibung der ordnungsmaessigen Gefaelle zur Pflicht gemacht, wobei namentlich die Steuern von den Koeniglichen Domaenen und die Seefischereiabgaben erwaehnt werden. Ferner wird angeordnet, dass das Kabinet von nun an taeglich Sitzungen halten, alle wichtigen Gegenstaende berathen und dem Koenig vortragen soll. Der Erlass ist unverkennbar eine Folge der durch das englisch-japanische Abkommen beim Hofe geweckten Besorgnisse und soll Vorwuerfen und Einmischungen vorbeugen. Dass von derartigen Anordnungen oder mehr oder weniger ausgedehnten Personalaenderungen eine wirkliche Besserung der koreanischen Verwaltungszustaende zu erwarten sei, wird Niemand annehmen. Selbst wenn der Koenig Reform ernstlich anstreben sollte, wuerde es ihm an der genuegenden Zahl ehrlicher und zuverlaessiger Beamter zur Durchfuehrung fehlen.

Beachtenswerth ist, dass der Erlass trotz der durch das Abkommen geschaffenen Situation eine versteckte Spitze gegen Japan in der besonderen Erwaehnung der an sich nicht sehr bedeutenden Seefischereiabgaben enthaelt. Die Fischerei wird an den Kuesten von 5 der 8 Provinzen des Reiches hauptsaechlich von Japanern betrieben und die koreanische Regierung geht schon seit einiger Zeit damit um Massregeln zur schaerferen

Kontrole der Fischerboote zu treffen, welche nach dem koreanisch-japanischen Fischerei-Regulativ vom 12. November 1889 eine jaehrliche Licensgebuehr zu zahlen haben.

Kopieen dieses gehorsamsten Berichts sende ich an die Kaiserlichen Gesandtschaften in Tokio und Peking.

Weipert.

Inhalt: Koeniglicher Erlass betreffend bessere Fuehrung der Regierung.

[   ]

PAAA_RZ201-018933_025 ff.

Empfänger	Bülow	Absender	Alvensleben
A. 5832 pr. 14. April 1902. a. m.		St. Petersburg, den 12. April 1902.	
Memo	I. mtg. m. Erl. 15. 4. London 321. II. mtg. m. Erl. 25. 4. Peking A. 46, Tokio A. 20.		

Abschrift.

A. 5832 pr. 14. April 1902. a. m.

St. Petersburg, den 12. April 1902.

№ 321.

Seiner Exzellenz

dem Reichskanzler

Herrn Grafen von Bülow.

Graf Lamsdorff bestätigte mir den erfolgten Abschluß des Mandschurei Vertrages. Er betonte dabei geflissentlich, daß das englisch-japanische Abkommen das Ergebnis der langwierigen chinesisch-russischen Verhandlungen in keiner Weise beeinflußt habe. Der Vertrag entspreche vielmehr im Wesentlichen dem ursprünglichen Entwurf. Mit dem Wunsche, die Unabhängigkeit der russischen Politik in der Mandschurei-Frage zu dokumentieren, erkläre ich mir auch eine in der heutigen „St. Petersburger Zeitung" enthaltene offiziöse, etwas gewundene Mitteilung der „Russischen Telegraphen-Agentur", daß der Meldung der „Times", den Vertretern Englands, Japans und der Vereinigten Staaten sei das Abkommen vorher mitgeteilt worden, keine Bedeutung beigemessen werden könne, da der von der „Times" angeführte Text offen tendenziöse Ungenauigkeiten enthalte.

Wie mir bestimmt versichert wird, schweben zur Zeit Verhandlungen zwischen Rußland und Japan über eine Zusatzkonvention zu dem im Jahre 1898 getroffenen Nissi-Rosen Abkommen über Korea. Während nach dem bestehenden Vertrage Rußland und Japan sich der Einmischung in die inneren Angelegenheiten Koreas zu enthalten hatten, wird, wie ich höre, in dem geplanten Abkommen Japan eine politisch-militärische Stellung in Korea zuerkannt. Daß Rußland als Äquivalent den ersehnten Hafen von Masampo erhält, der ihm die Verbindung mit Port Arthur und Wladiwostok sichern würde, gilt für nicht unwahrscheinlich.

Erweisen sich diese Nachrichten als zutreffend, so würde es sich wohl darum handeln, daß Japan gegen ein Nachgeben Rußlands in der koreanischen Frage auf einen weiteren Widerspruch gegen die russische Mandschurei-Politik verzichtet. Dabei bleibt allerdings die Frage offen, wie sich das neue Abkommen mit Artikel 4 des englisch-japanischen Abkommens vereinigen lassen würde.

gez. Alvensleben.

Orig. i. a. Korea 10

Abschrift.

B. 15. April 02.   A. 5832 I, 5545 II.

Geschäftsträger London.   Ew. pp. übersende ich anbei abschriftl. einen Bericht
№ 321.   des K. Botschrs. in Petsburg. v. 12. d. M., betr.
                                 schwebende russisch-japanische Verhandlungen über
J. № 3188.   Korea. Die Richtigkeit der Mitteilung wird noch
                                 wahrscheinlicher gemacht durch eine aus Korea
                                 hergemeldete Äußerung des dortigen russischen
                                 Vertreters. Hr. Pavlow hatte im Februar geäußert, für
                                 Rußland sei es gleichgültig, was Japan südlich von
Söul unternehme, über Söul hinaus dürfe jedoch Japan nicht gehen.

Von vornherein war nicht anzunehmen, daß Rußland die Beherrschung der Straße von
Korea, welche die Verbindung zwischen Wladiwostok und Port Arthur bildet, würde Japan
überlassen wollen. Diesem Bedenken wäre aber durch die in dem Petersburger Bericht
besprochene Abtretung von Masampo an Rußland abzuhelfen. Im Hinblick auf Art. 4 des
englisch-japanischen Abkommens ist nicht anzunehmen, daß die japanische Regierung in
dieser Angelegenheit hinter dem Rücken des Londoner Kabinetts verhandelt. Ew. pp.
werden daher in der Lage sein, die Richtigkeit der Petersburger Nachricht zu kontrollieren.
Da Deutschland in der Frage gegenwärtig nicht Stellung zu nehmen hat, ist keine
besondere Eile nötig.

gez. Richthofen.

Orig. i. a. Korea 10

[   ]

PAAA_RZ201-018933_029 f.

Empfänger	Auswärtiges Amt in Berlin	Absender	Arco
A. 6106 pr. 18. April 1902. p. m.		Tokio, den - April 1902.	
Memo	Antwort auf Tel. № 23.		

A. 6106 pr. 18. April 1902. p. m.

Telegramm.

Tokio, den - April 1902. Uhr   Min.   M
Ankunft: 18. 4. 12 Uhr   45 Min. NM

Der K. Gesandte an Auswärtiges Amt.

Entzifferung.

№ 33.

Das Japaner sich auf Beschränkung ihrer Interessen auf einen Teil von Korea einlassen, erscheint mir höchst unwahrscheinlich, es wäre dies im Widerspruch mit ihrer bisherigen Politik und gerade jetzt, nach Abschluß englischen Bündnisses, schwer zu erklären. Hier sind auch keine Anzeichen vorhanden, daß Rußland solche Gedanken verfolgt. Weipert berichtet unter dem 8. d. M., Pavlow habe ihm gesagt, Rußland bezwecke zur Zeit keine besonders aktive Politik in Korea, es sei ihm nur daran gelegen, daß auch seitens anderer Mächte nicht allzu viel dort geschehe, sowie daß ···.. Meinung aufkomme, Rußland habe seine koreanischen Bestrebungen überhaupt aufgegeben.

Arco.

Orig. i. a. Korea 10

PAAA_RZ201-018933_031 f.

Empfänger	Buelow		Absender	Weipert
A. 6341 pr. 23. April 1902. a. m.			Soeul, den 3. Maerz 1902.	
Memo	J. № 206.			

A. 6341 pr. 23. April 1902. a. m.

Soeul, den 3. Maerz 1902.

№ 46.

Seiner Excellenz, dem Reichskanzler, Herrn Grafen von Buelow.

Die in dem gehorsamsten Bericht № 58. vom 18. Juni 1900 gemeldete reaktionäre Massregel der Schaffung eines besonderen Polizeiministeriums ist am 18. v. M. durch Aufhebung des Letzteren und Wiedereinrichtung eines unter dem Ministerium des Inneren stehenden Polizei-Praesidiums rueckgaengig gemacht worden. Diese Aenderung darf auf japanischen Einfluss zurueckgefuehrt werden. Das eigentliche Ziel der Bestrebungen Japans, welche auf moeglichste Einschraenkung der schwer zugaenglichen Palast-Regierung und Staerkung der Ministerien gerichtet sind, ist aber damit noch nicht viel naeher gerueckt. Neben dem Polizei-Praesidium bleibt ein im November v. J. geschaffenes Palast-Polizeiamt bestehen, dessen weitgehende Kompetenz von der des Ersteren nicht klar abgegrenzt ist.

Wie hier der Executive des Ministeriums des Inneren, so wird dem Ministerium des Aeussern durch das Ceremonial-Amt des Hausministeriums, dem Kriegsministerium durch das Militaerkabinet, dem Finanzministerium durch das Schatzamt und die kuerzlich selbstaendig gemachte Muenze und dem Handels- und Ackerbauministerium durch das Nord-West-Eisenbahnamt und das Bergwerksamt des Hausministeriums eine Konkurrenz bereitet, die vorwiegend unter dem Einfluss des aus dem Finanzministerium zwar entfernten, innerhalb der Palastmauern aber seine Stellung immer noch behauptenden Yi Yong Ik steht.

Kopien dieses gehorsamsten Berichts sende ich an die Kaiserlichen Gesandtschaften in Peking.

Weipert.

Abschaffung des koreanischen Polizeiministeriums.

PAAA_RZ201-018933_033 ff.			
Empfänger	Bülow	Absender	Weipert
A. 6343 pr. 23. April 1902. a. m.		Soeul, den 7. März 1902.	
Memo	mtg. 26. 4. London 371, Petersburg 315.		

Abschrift.

A. 6343 pr. 23. April 1902. a. m.

Soeul, den 7. März 1902.

№ 49.

Seiner Exzellenz

dem Reichskanzler

Herrn Grafen von Bülow.

Am 27. v. Mts. traf der russische Vize-Admiral Skrydloff mit den Kriegsschiffen Petropawlowsk und Poltawa von Nagasaki in Chemulpo ein. Er wurde gestern mit einer Anzahl seiner Offiziere und der russischen Gesandtschaft in Audienz empfangen und beabsichtigt heute oder morgen, wie er sagte, seinen Weg nach Port Arthur fortzusetzen. Der Admiral hat, wie ich höre, dem hiesigen Souverän 2 Bronce-Kandelaber als Geschenk überbracht.

Einen weniger freundlichen Charakter hat, wie es scheint, eine Audienz des Herrn Pavlow am 3. d. Mts. gehabt, in welcher derselbe, wie ich von ihm höre, lebhafte Beschwerde gegen den interimistischen Minister des Äußeren Pak Chae Sun geführt hat. Letzterer hat - offenbar im nunmehr gesteigerten Vertrauen auf japanische Deckung - am 16. v. Mts. die russischerseits ohne Erlaubnis vom Grenzfluß Tumen nach Kioeng Heung errichteten Telegraphenstangen - etwa 30 - durch die dortigen Lokalbeamten entfernen lassen, die Vorstellungen des Herrn Pavlow mit einer in scharfem Ton gehaltenen Note beantwortet und sich allen Versuchen des Letzteren zu mündlicher Verständigung durch andauerndes Vorschützen von Krankheit entzogen. Herr Pavlow soll nun gutem Vernehmen nach dem König gegenüber unter Betonung, daß durch eine solche Behandlung der Angelegenheit die guten Beziehungen der beiden Länder gefährdet würden, so weit gegangen sein, die Bestrafung und Entfernung Pak Chae Suns, der ganz unter japanischem Einfluß stehe, zu verlangen und ferneren amtlichen Verkehr mit demselben für unmöglich zu erklären. Herr Pavlow hat in der Audienz weiter, wie ich höre, der russischen Verstimmung durch die Ankündigung Ausdruck verliehen, daß seine Regierung künftig eine schärfere Kontrolle zwecks möglichster Verhinderung koreanischer Einwanderung in Sibirien eintreten lassen werde.

Auf der anderen Seite hat der japanische Gesandte, welcher am 2. und nochmals - mit dem Kommandanten des zur Zeit in Chemulpo stationierten Kreuzers Heiyen - am 5. d. Mts. in Audienz empfangen wurde und dem Souverän Geschenke von seidenen Stoffen und Vasen übermittelt hat, gutem Vernehmen nach dabei durchweg lediglich das Bestreben an den Tag gelegt, den König über den Charakter der Allianz zu beruhigen und ihn davon zu überzeugen, daß Japan mehr denn je der beste Freund Koreas sei. Daß die Genugtuung und Freude über die Allianz auch in der hiesigen japanischen Bevölkerung und Presse einen lauten Widerhall findet, bedarf kaum der Hervorhebung. Bemerkenswert ist die Äußerung eines Blattes, daß jetzt die Zeit gekommen sei, um eine Revision des Vertrages mit Korea zwecks Erweiterung der 10 Li-Zone für den Grunderwerb und die Niederlassung durchzusetzen. Ein von den japanischen und den wenigen britischen Einwohnern von Chemulpo veranstaltetes Fest zur Feier der Allianz wurde am 5. d. Mts. unter Assistenz des englischen Ministerresidenten und des japanischen Konsuls begangen. Herr Hayashi war durch die erwähnte Audienz am Erscheinen verhindert worden.

gez. Weipert.

Orig. i. a. Korea 3

Inhalt: Abschaffung des koreanischen Polizeiministeriums.

[   ]

PAAA_RZ201-018933_037 f.

Empfänger	Bülow	Absender	Weipert
A. 6345 pr. 23. April 1902. a. m.		Soeul, den 8. März 1902.	
Memo	mtg. 26. 4. London 372, Petersburg 316.		

Abschrift

A. 6345 pr. 23. April 1902. a. m.

Soeul, den 8. März 1902.

№ 51.

Seiner Exzellenz

dem Reichskanzler

Herrn Grafen von Bülow.

Am 22. v. M. wurde von der hier erscheinenden koreanischen Zeitung Hoang Soeng Sinmun unter Bezugnahme auf die gegen Mitte Februar in der hiesigen Presse aufgetauchten Gerüchte betreffs russischer Bestrebungen wegen Erlangung einer Flottenstation bei Masampo der chinesische Text des am 30. März 1900 zwischen dem koreanischen Minister des Äußeren und dem russischen Vertreter zur Unterzeichnung gelangten Abkommens betreffend die Nichtabtretung der Insel Koechye (Cargodo-Insel) veröffentlicht. Eine auf Grundlage einer englischen Übersetzung des Konsulatslinguisten angefertigte deutsche Wiedergabe verfehle ich nicht Euerer Excellenz gehorsamst zu unterbreiten.

Auf dem Ministerium des Äußeren wurde mir die Richtigkeit des veröffentlichten Textes bestätigt, während der russische Gesandte auf meine diesbezügliche Frage einer positiven Erklärung auswich und nur zugab, daß der Text „im Allgemeinen" richtig sei. Ich habe den Eindruck, daß Herr Pavlow von der Veröffentlichung unangenehm berührt sei, und halte es für wahrscheinlicher, daß dieselbe auf japanische Anregung hin seitens der koreanischen Regierung erfolgt sei, als daß man sie von russischer Seite veranlaßt habe, wie mir von dem japanischen Legationssekretär angedeutet wurde.

gez. Weipert.

Abschrift.

ad. A. 6345

Übersetzung aus der koreanischen Zeitung Hoeng Soeng Sinmun vom 22. Februar 1902.

Abkommen.

Zwischen dem koreanischen Minister der Auswärtigen Angelegenheiten Herrn Pak und dem russischen Ministerresidenten Herrn Pavlow ist mit Rücksicht auf kürzlich aufgetauchte unbegründete Gerüchte in Betreff der Insel Koechye bei dem Hafen von Masampo und um der Entstehung von künftigen Mißverständnissen vorzubeugen, das nachstehende Abkommen vereinbart worden:

Die russische Regierung wird unter keinen Umständen und zu keiner Zeit jemals das Verlangen stellen, Grund und Boden der Insel Koechye oder des derselben gegenüberliegenden festländischen Gebiets oder des zwischen diesem und dem Hafen von Masampo liegenden Landbezirks oder der von diesen Gebieten eingeschlossenen Inseln pachtweise oder käuflich, sei es für den Gebrauch der Regierung, sei es für den Gebrauch von Privatpersonen zur Etablierung von Handelsgesellschaften oder zu anderen gewerblichen Zwecken, zu erwerben.

Die Koreanische Regierung wird unter keinen Umständen und zu keiner Zeit jemals der Regierung eines anderen Landes bewilligen, daß Grund und Boden der Insel Koechye oder des derselben gegenüberliegenden festländischen Gebiets oder des zwischen diesem und dem Hafen von Masampo liegenden Landbezirks oder der von diesen Gebieten eingeschlossenen Inseln pachtweise oder käuflich, sei es für den Gebrauch der Regierung, sei es für den Gebrauch von Privatpersonen zur Etablierung von Handelsgesellschaften oder zu anderen gewerblichen Zwecken, erworben werde.

Den 30. März des 4. Jahres Kwang Mu.

Der Minister der Auswärtigen Angelegenheiten Pak Chae Sun.

Den 18. März 1900 russischen Kalenders der Ministerresident

Pavlow.

[   ]

PAAA_RZ201-018933_041

Empfänger	Bülow	Absender	Metternich
A. 6926 pr. 4. Mai 1902. a. m.		London, den 2. Mai 1902.	

Abschrift.

A. 6926 pr. 4. Mai 1902. a. m.

London, den 2. Mai 1902.

№ 224.

Sr. Exzellenz

dem Reichskanzler

Herrn Grafen von Bülow.

Aus Äußerungen des Unterstaatssekretärs Sir Th. Sanderson entnehme ich, daß hier über russisch-japanische Verhandlungen bezüglich Koreas mit Ausnahme solcher, welche die Einrichtung und Organisation des dortigen Telegraphennetzes betreffen, nichts bekannt ist. Der Unterstaatssekretär bemerkte ferner vertraulich, daß ein Ausgleich zwischen Rußland und Japan in der koreanischen Frage England nur erwünscht sein könne, da auf diese Weise die Gefahr eines Russisch-japanischen Konflikts bedeutend vermindert werden würde. Die praktische Ausführung eines solchen Ausgleichs erscheine jedoch leider sehr unwahrscheinlich, da Rußland und Japan zu antagonistische, vitale Interessen in Korea hätten.

gez. Metternich.

Orig. i. a. Korea 10

[   ]

PAAA_RZ201-018933_042 f.

Empfänger	Bülow	Absender	Romberg
A. 6972 pr. 5. Mai 1902. a. m.		St. Petersburg, den 3. Mai 1902.	

Abschrift.

A. 6972 pr. 5. Mai 1902. a. m.

St. Petersburg, den 3. Mai 1902.

№ 371.

Seiner Exzellenz

dem Reichskanzler

Herrn Grafen von Bülow.

Dem „Nowy Kraj" entnehmen die „Nowosti" nachstehende Meldung über eine Gespanntheit der Beziehungen zwischen Rußland und Korea:

„Koreanische Beamten haben die von Russen gesetzten Telegraphenstangen ausgegraben. Der russische Gesandte Pavlow hat sich darauf an die koreanische Regierung mit der Forderung um Entschädigung, nach der einen Version im Betrage von 100000, nach der anderen von 10000 Yen, gewandt, da er jenes Vorgehen als eine Verletzung des Völkerrechts ansieht.

In demselben Maße, als unsere Beziehungen zu Korea sich spannen, - schreibt der „Nowy Kraj"-wird das Verhältnis Koreas zu Japan ein besseres. Aus Söul wird offiziell gemeldet, daß der koreanische Thronerbe demnächst eine Besuchsreise nach Japan antritt und das Finanzministerium für diesen Zweck 100000 Yen ausgeworfen hat. Der Thronerbe wird dem japanischen Kronprinzen einen koreanischen Tiger als Geschenk mitbringen.

gez. Romberg.

Orig. i. a. Korea 3.

[   ]

PAAA_RZ201-018933_044 f.

Empfänger	Auswärtiges Amt in Berlin	Absender	Weipert
A. 7187 pr. 9. Mai 1902. a. m.		Söul, den 8. Mai 1902.	

A. 7187 pr. 9. Mai 1902. a. m.

Telegramm.

Söul, den 8. Mai 1902. 11 Uhr 50 Min. p. m.

Ankunft: 9. 5. 1 Uhr 5 Min. a. m.

Der K. Konsul an Auswärtiges Amt.

Entzifferung.

№ 9.

Unter Bezugnahme auf Tel. № 7.[21] Regierungs-Jubiläum für 18. Oktober offiziell angezeigt. Einladung soll angeblich durch koreanischen Gesandten erfolgen. Hiesige Vertreter haben ihren Beschluß wiederholt und empfehlen Schreiben des Staatsoberhaupts. Russischer und französischer Vertreter erwähnten Möglichkeit Besuchs ihrer Admirale zur Zeit der Festlichkeiten, falls Dekorierung hiesigen Souveräns intendiert, dürfte Gelegenheit geeignet sein. Verhaftung einiger Mitglieder des früheren Clubs der Unabhängigen Anfangs des Monats scheint ohne erstere Bedeutung. Deutsche Schule nicht impliziert.

Weipert.

---

21 A. 3985

PAAA_RZ201-018933_046 ff.

Empfänger	Bülow	Absender	Weipert
A. 7252 pr. 10. Mai 1902. a. m.		Soeul, den 18. März 1902.	
Memo	mtg. 15. 5. Petersburg 369. J № 258.		

Abschrift.

A. 7252 pr. 10. Mai 1902. a. m.

Soeul, den 18. März 1902.

№ 56.

Seiner Exzellenz

dem Reichskanzler

Herrn Grafen von Bülow.

Obwohl der russische Gesandte, wie ich von ihm höre, in seiner Audienz vom 3. d. Mts. die Zusage des Königs erhalten hatte, daß der interimistische Minister des Äußeren Pak Chae Sun entfernt werden solle, verzögerte sich die Ausführung dieses Versprechens. In dieser Situation, die kritisch zu werden drohte, griff Herr Pavlow zu dem Mittel, sein Erscheinen bei den für den 17. d. Mts. zur Feier des Geburtstages des Kronprinzen angesetzten Hoffestlichkeiten von der Entlassung Paks abhängig zu machen und die Einladung zurückzuschicken. Dies hatte den gewünschten Erfolg. An Stelle Pak Che Suns wurde am 15. d. Mts. Herr Yu Keui Hoan zum interimistischen Minister des Äußeren ernannt, während Ersterer am 17. d. Mts. wieder mit dem Gesandtenposten in Peking betraut wurde.

Der japanische Gesandte hat, soviel erkennbar, nichts getan um seinen Schützling Pak zu halten, obwohl er sowohl, wie der britische Ministerresident das Vorgehen des Herrn Pavlow mir wiederholt als eine nicht zu billigende Einmischung bezeichneten, die einen gefährlichen Präzedenzfall schaffe. Gleichzeitig äußerten beide, daß Herr Pak es wahrscheinlich absichtlich so weit habe kommen lassen, um die ihm erwünschte Entsendung nach Peking herbeizuführen, eine Erklärung, die bestimmt zu sein scheint, die gänzliche oder einstweilige Unthätigkeit Japans dem russischen Schritt gegenüber zu motivieren.

Bezüglich der zu Grund liegenden Telegraphenangelegenheit teilte mir Herr Pavlow mit, er habe am 8. v. Mt. den Minister des Äußeren nochmals ohne Erfolg ersucht, mit ihm bis zum Eingang der von ihm erbetenen Instruktionen seiner Regierung über einen modus vivendi zu verhandeln. Am 10. habe er ihm dann den inzwischen eingegangenen Weisungen gemäß geschrieben, seine Regierung verlange eine Entschädigung wegen der Telegraphenstangen und bestehe nunmehr auf der Herstellung der Verbindung der koreanischen und russischen Telegraphenlinie. Den russischen Standpunkt bezüglich der Entschädigung gab Herr Pavlow dahin an, daß Korea, solange es die japanische Linien dulde, auch gegen eine russischerseits gebaute keine tätlichen Eingriffe vornehmen dürfe. Japan könne wegen der Lobanow-Yamagata-Konvention von 1896 keinerlei Schwierigkeiten machen und habe auch durch den Gesandten in Petersburg kürzlich auf Anfrage erklären lassen, daß Herr Hayashi bei der hiesigen Regierung nicht gegen die Verbindung protestiert habe. Dies sei insoweit richtig, als derselbe sich schließlich darauf beschränkt habe, für den Fall der Herstellung der Verbindung, ohne Erhebung einer eigentlichen Kompensationsforderung, nur in Aussicht zu stellen, daß dann Japan um Anschluß der koreanischen und japanischen Linien in Soeul und um Gestattung eines Fusan-Chemulpo-Kabels im Interesse der Erhaltung der guten Beziehungen ersuchen werde.

pp.

gez. Weipert.

Orig. i. a. Korea 3

Der neue Minister des Äußeren a. i. Yu Keui Hoan.

PAAA_RZ201-018933_050 f.			
Empfänger	Buelow	Absender	Weipert
A. 7253 pr. 10. Mai 1902. a. m.		Soeul, den 19. Maerz 1902.	
Memo	J. № 259.		

A. 7253 pr. 10. Mai 1902. a. m.

Soeul, den 19. Maerz 1902.

№ 57.

Seiner Excellenz

dem Reichskanzler

Herrn Grafen von Buelow.

Euerer Excellenz beehre ich mich bezueglich des am 15. d. M. zum interimistischen Minister des Aeussern ernannten Herrn Yu Keui Hoan gehorsamst zu berichten, dass der Genannte in derselben Stellung bereits von Mai bis August 1898 fungiert und damals eine hervorragende Rolle bei den der Auswahl des deutschen Bergwerksplatzes bereiteten Schwierigkeiten gespielt hat. Nachher war er Justizminister a. i., Kriegsminister, General und Gesandter ohne Posten bis er 1900 wegen einer hoeheren Orts nicht gebilligten Anklage gegen den Premierminister verbannt wurde. Nach Jahresfrist wurde er begnadigt und vor Kurzem zum Praesidenten des Eisenbahnamts ernannt. Herr Yu Keui Hoan ist vor 1894 eine Zeit lang Legationssekretaer und Geschaeftstraeger in Tokio gewesen. Er hat verschiedentlich konservative Tendenzen gezeigt. Eine bestimmte politische Hinneigung, sei es zu Japan, sei es zu Russland, wird ihm bisher nicht nachgesagt.

Kopieen dieses gehorsamsten Berichts sende ich an die Kaiserlichen Gesandtschaften in Tokio und Peking.

Weipert.

Inhalt: Der neue Minister des Äußeren a. i. Yu Keui Hoan.

PAAA_RZ201-018933_052 f.

Empfänger	Bülow	Absender	Weipert
A. 8070 pr. 25. Juni 1902. a. m.		Soeul, den 8. April 1902.	
Memo	J. № 339.		

A. 8070 pr. 25. Juni 1902. a. m.

Soeul, den 8. April 1902.

№ 67.

Seiner Excellenz

dem Reichskanzler

Herrn Grafen von Bülow.

Bezueglich des Engagements des frueheren hiesigen japanischen Gesandten Kato fuer das koreanische Hausministerium verlautete letzthin, dass koreanischerseits versucht werde die Sache rueckgaengig zu machen, weil der russische Gesandte insgeheim durch Yi Yong Ik der Anstellung entgegen arbeite.

Gestern theilte mir Herr Pavlow mit, der japanische Gesandte habe sich vor einigen Tagen mit der Bitte an ihn gewendet, dem Engagement, das er schon als vollendete Thatsache seiner Regierung in Tokio gemeldet habe, keine Schwierigkeiten zu bereiten. Herr Hayashi habe dabei die Versicherung gegeben, dass Herr Kato nicht den Titel eines Rathgebers fuehren und keinerlei besondere, ueber die Funktionen anderer fremder Angestellter der koreanischen Regierung hinausgehende Thaetigkeit entfalten solle. Nach eingeholter Instruktion von St. Petersburg habe er, Pavlow, dann dem japanischen Gesandten geschrieben, dass seine Regierung, um der japanischen ihr Entgegenkommen zu zeigen, unter der Voraussetzung der Erfuellung der angefuehrten Zusicherungen dem Engagement nichts in den Weg legen wolle. Dies Schreiben habe ihm Herr Hayashi dankend bestaetigt und Herr Kato werde nun wohl bald hierherkommen.

Meine Frage, ob er, wie das Geruecht behaupte, fuer den Fall der Realisierung des japanischen Engagements die Anstellung eines russischen Rathgebers verlangt habe, verneinte Herr Pavlow mit dem Hinzufuegen, Russland bezwecke zur Zeit keine besonders aktive Politik in Korea, und es sei ihm nur daran gelegen, dass auch seitens anderer Maechte nicht allzuviel hier geschehe, sowie dass nicht die Meinung aufkomme, Russland habe seine hiesigen Bestrebungen ueberhaupt aufgegeben.

Kopieen dieses gehorsamsten Berichts sende ich an die Kaiserlichen Gesandtschaften in Peking und Tokio.

Weipert.

Deutsche Bestrebungen bezüglich der Soeul-Woensan-Bahn.

PAAA_RZ201-018933_054 ff.

Empfänger	Buelow	Absender	Weipert
A. 8072 pr. 25. Juni 1902. a. m.		Soeul, den 10. April 1902.	
Memo	cfr A. 10243. J. № 346.		

A. 8072 pr. 25. Juni 1902. a. m.

Soeul, den 10. April 1902.

№ 69.

Seiner Excellenz

dem Reichskanzler

Herrn Grafen von Buelow.

Bei Gelegenheit der Begruendung der japanischen, unter dem Vorsitz des Fuersten Shimazu stehenden „Koreanischen Gesellschaft" hat sich nach einer hiesigen japanischen Zeitung der Graf Okuma am 10. v. M. in einer Rede ueber die Zielpunkte ausgesprochen, welche den japanischen Bestrebungen in Korea zu geben seien. Er soll danach ausser der Hebung des Ackerbaus, der Reform der Waehrungsverhaeltnisse und der Vermehrung der japanischen Bankinstitute in Korea vor Allem die Wichtigkeit von hiesigen Bergwerks- und Eisenbahnunternehmungen betont haben. In letzterer Beziehung ist besonders bemerkenswerth, dass der Graf sowohl die Soeul-Wiju-Bahn, als die Bahn von Soeul nach Woensan als Ziele japanischer Bethaetigung bezeichnete und ausfuehrte, es heisse zwar, dass bezueglich dieser beiden Projekte Bestrebungen anderer Maechte vorliegen, diese seien aber rein politscher Natur und ebenso gefaehrlich fuer Korea, wie nachtheilig fuer die Interessen Japans, beide Bahnen muessten daher unbedingt von Japanern gebaut werden.

Dem gegenueber erschien es angezeigt, die bezueglich der Soeul-Woensan-Bahn seit Langem verfolgten Bestrebungen der Firma E. Meyer & Co. nicht in Vergessenheit gerathen zu lassen. Ich schrieb daher unter Bezugnahme auf meine letzte bisher unbeantwortete Note vom 5. April. v. J. dem Minister des Aeussern unter dem 31. v. M., wenn auch in der Erklaerung der koreanischen Regierung, dass die Bahn nicht an Auslaender vergeben werden solle, eine Garantie dafuer zu erblicken sei, dass die

Konzession jedenfalls an keinen anderen Auslaender als die Firma, E. Meyer & Co. werde verliehen werden, so wuerden doch damit die in Frage kommenden Interessen wenig gefoerdert und die Firma hoffe, dass man sich noch entschliessen werde, ihr die Konzession zu ertheilen. Fuer den Fall aber, dass man bei der bisherigen Entscheidung bleibe, knuepfte ich an die Thatsache, dass vor Kurzen die koreanische Regierung den Bau der Bahn von Soeul nach Wiju (-offenbar um den diesbezueglichen japanischen Bestrebungen zuvorzukommen-) thatsaechlich in Angriff genommen und die Erdarbeiten bei Soeul begonnen hat, den Ausdruck der Hoffnung, dass sie auch den Bau der nicht minder wichtigen Bahn nach Woensan bald selbst in die Hand nehmen werde, wozu die deutsche Firma unter naeher zu vereinbarenden Bedingungen ihre Huelfe anbiete.

Am selben Tage hatte ich in einer Audienz Gelegenheit dem hiesigen Souverain von mir persoenlich aus den Gedanken des Engagements eines deutschen Eisenbahningenieurs fuer die von der Regierung zu unternehmende Woensan-Bahn nahe zu legen. Der Koenig erklaerte, er sei dem nicht abgeneigt, falls sich die Moeglichkeit bieten sollte, den erwaehnten Bahnbau in Angriff zu nehmen. Er fuegte hinzu, dass ihm die hohe Entwickelung der „militaerischen" und technischen Wissenschaften in Deutschland sehr wohl bekannt sei, eine Aeusserung, die meinerseits mit Stillschweigen uebergangen wurde.

Am 7. d. M. erwaehnte ich dem russischen Gesandten gegenueber gespraechsweise die Bestrebungen der deutschen Firma bezueglich der Woensan-Bahn. Derselbe erklaerte, er sei durchaus dafuer, dass die Bahn mit deutscher Huelfe gebaut und ein Deutscher Ingenieur fuer das Unternehmen engagiert werde, denn es sei gut, wenn auch andere Maechte hier Interessen haetten. Bei dieser Aeusserung ist der Wunsch, Gegengewichte gegen den japanischen Einfluss zu gewinnen, unschwer zu erkennen und es muss zweifelhaft erscheinen, ob die Unterstuetzung, die das Projekt von russischer Seite zu erhoffen haette, weiter gehen wuerde, als noetig waere, um die eventuellen Bestrebungen Japans bezueglich der Woensan-Bahn zu hemmen.

Kopien dieses gehorsamsten Berichts sende ich an die Kaiserlichen Gesandtschaften in Peking und Tokio.

Weipert.

Inhalt: Deutsche Bestrebungen bezüglich der Soeul-Woensan-Bahn.

Berlin, den 1. Juni 1902

.zu A. 8070.

An die
Mission in
St. Petersburg № 425.

J. № 4709.

Euerer pp. übersende ich anbei ergebenst Abschrift eines Berichts des Kais. Konsuls in Söul vom 8. v. Mts, betreffend das Engagement des Herrn Kato als koreanischer Ratgeber, zu Ihrer gefl. Information.

St. S.

i. m.

[   ]

PAAA_RZ201-018933_061 ff.

Empfänger	Bülow	Absender	Weipert
A. 8972 pr. 9. Juni 1902. p. m.		Seoul, den 19. April 1902.	
Memo	zur Veröffentlichung nicht geeignet. Entzifferung.		

A. 8972 pr. 9. Juni 1902. p. m.

Seoul, den 19. April 1902.

№ 74.

Seiner Exzellenz

dem Reichskanzler

Herrn Grafen von Bülow.

Euerer Exzellenz verfehle ich nicht in Befolgung des hohen Erlasses A. № 1. vom 5. März d. J. nachstehendes gehorsamst zu berichten.

Die Schüler der koreanischen Regierungsschule für deutsche Sprache begannen im Oktober v. J. ohne Beisein von Lehrern Debattier-Übungen zu halten, an denen auch einige Schüler der englischen und japanischen Sprachschule teilnahmen. Sie hatten dazu die Erlaubnis des koreanischen Direktors der Schulen für fremde Sprachen erwirkt, an den der deutsche Lehrer Bolljahn, der keine administrative Befugnis hat und jede Entscheidung über ihr Gesuch ablehnte, sie verwiesen hatte. In den ersten drei Versammlungen wurden harmlose Aufsatz-Themata diskutiert. In der vierten am 16. November wurde das Thema besprochen, ob es empfehlenswert sei im Ausland zu studieren. Der präsidierende Schüler Sin bejahte dies, da Männer wie der Präsident und der Vize-Präsident des früheren „Club der Unabhängigen" - ersterer ist jetzt in Amerika, letzterer Handels-Superintendent in Wönsan - durch ihr Studium in Amerika große Tüchtigkeit erworben hätten. Während darauf die übrigen Schüler diese Diskussion für unzulässig erklärten, äußerte ein Schüler der japanischen Schule namens Jun, das Studium im Auslande nütze überhaupt nicht, denn bei der Rückkehr hätten die meisten in das Polizeigefängnis zu wandern. Auf Denunziation dieser Äußerungen hin wurde eine polizeigerichtliche Untersuchung gegen Sin und Jun, sowie gegen den Vizepräses. einen Schüler namens Hong eingeleitet. Letztere beiden wurden am 20. November verhaftet. Sin verschlimmerte seine Sache dadurch, daß er in eine amerikanische Missionsschule floh, der er früher angehört hatte. Er stellte sich aber nach einigen Tagen, um seinem Vater und drei koreanischen Hilfslehrern, die man verhaftet hatte und für ihn verantwortlich machte, keine weiteren Ungelegenheiten zu bereiten.

Durch das Fehlen der 3 Hilfslehrer, denen gar nichts vorzuwerfen war, wurde, wie mir der genannte deutsche Lehrer klagte, der Unterricht erschwert. Zu amtlichen Schritten konnte ich mich in dieser rein internen Angelegenheit nicht veranlaßt sehen, jedoch äußerte ich im unoffiziellen Verkehr mit den koreanischen Beamten die Hoffnung, daß die Sache nicht unnötig hingezogen und aufgebauscht werde. Auch empfahl ich nach einer Audienz, die ich am 26. November mit dem Kommandanten von S. M. S. „Seeadler" hatte, in ausgesprochen privater Weise dem König im Interesse des Unterrichts Beschleunigung der Untersuchung. Der König erklärte, er habe bereits eine entsprechende Anordnung erlassen, und fügte hinzu, wenn auch die Schüler Strafe erhalten müßten, so werde dieselbe doch keine schwere sein; er lege der Sache gar keine Bedeutung bei und die Lehrer würden nur als Zeugen noch festgehalten, da der Direktor, der den jungen Leuten zu solchen Torheiten keine Gelegenheit hätte geben dürfen, zu leugnen versuche, daß er die Erlaubnis erteilt habe. Immerhin dauerte es bei dem hiesigen schleppenden Verfahren bis zum 31. Dezember ehe die 3 Hilfslehrer ihren Unterricht wieder aufnehmen konnten. Der Direktor wurde am 1. Januar d. J. strafweise entlassen, nach einigen Wochen aber wieder angestellt. Von den 3 Schülern, welche im Alter von 19-20 Jahren stehen, wurden mit Rücksicht auf die erwähnten Äußerungen „wegen übelgesinnter Reden in einer Versammlung" Sin zu 3 Jahren und Jun zu 1 ½ Jahren Gefängnis verurteilt.

Auf Versuch der Wiederherstellung des „Club der Unabhängigen" ist die Untersuchung, wie ich von dem Richter höre, überhaupt nicht gerichtet gewesen. Gegen den deutschen Lehrer ist von keiner Seite in der Angelegenheit irgend ein Vorwurf erhoben worden. Auch hat der Vorfall, für die deutsche Schule im Übrigen, so viel wahrnehmbar, keinerlei ungünstige Folgen gehabt.

Weipert.

Die „Nowoje Wremja" über die Erteilung einer Konzession an Japaner in Masampo.

PAAA_RZ201-018933_075			
Empfänger	Bülow	Absender	Alvensleben
A. 9716 pr. 23. Juni 1902. a. m.		St. Petersburg, den 21. Juni 1902.	

A. 9716 pr. 23. Juni 1902. a. m.

St. Petersburg, den 21. Juni 1902.

№ 505.

Seiner Exzellenz

dem Reichskanzler

Herrn Grafen von Bülow.

In einer Notiz der „Nowoje Wremja" wird die Reuter-Meldung wiedergegeben, wonach in Tokio der Wortlaut eines japanisch-koreanischen Vertrages über die Erteilung einer Landkonzession an die Japaner in Masampo auf Korea veröffentlicht worden ist.

„Diese Nachricht", fügt das russische Blatt hinzu, „verdiene wegen der sehr großen strategischen Bedeutung Masampos an der Koreastraße Beachtung."

Alvensleben.

Inhalt: Die „Nowoje Wremja" über die Erteilung einer Konzession an Japaner in Masampo.

[   ]

PAAA_RZ201-018933_076 f.

Empfänger	Auswärtiges Amt in Berlin	Absender	Alvensleben
A. 9736 pr. 23. Juni 1902. p. m.		St. Petersburg, den 23. Juni 1902.	
Memo	Tel. i. Z. 2516 Tokio 31 auszgsw. mtg. 1. 7. i. Z London 598.		

A. 9736 pr. 23. Juni 1902. p. m.

Telegramm.

St. Petersburg, den 23. Juni 1902. 5 Uhr 30 Min. p. m.

Ankunft: 5 Uhr 31 Min. p. m.

Der K. Botschafter an Auswärtiges Amt.

Entzifferung.

№ 145.

Über die telegraphisch gemeldete Erteilung einer Landkonzession an Japan in Masampo sagt mir Graf Lamsdorff, er halte die betreffende Reuter-Meldung für übertrieben. Die dort jetzt von Japan verlangte Konzession sei lediglich eine solche, wie sie ebenfalls von anderen Staaten in jenen Gegenden erworben würde und wie sie auch Rußland schon in Masampo besäße. Er sehe daher für Rußland in dieser Konzession keinen Grund zur Beunruhigung. Rußland würde allerdings nicht zugeben können, daß dort von irgend einer Macht ein strategischer Punkt errichtet würde, von dieser Konzession sei dies aber nicht anzunehmen.

Alvensleben.

orig. i. a. Korea 10

Der „Swjet" über die Notwendigkeit der russischen Erwerbung Masampos.

PAAA_RZ201-018933_078 ff.

Empfänger	Bülow	Absender	Alvensleben
A. 9886 pr. 26. Juni 1902. a. m.		St. Petersburg, den 25. Juni 1902.	
Memo	mtg. 1. 7. Peking A. 76, Tokio A. 30.		

A. 9886 pr. 26. Juni 1902. a. m.

St. Petersburg, den 25. Juni 1902.

№ 511.

Seiner Exzellenz

dem Reichskanzler

Herrn Grafen von Bülow.

In sehr eindringlicher Weise tritt heute der „Swjet" dafür ein, daß Rußland die angeblich zur Zeit herrschende russenfreundliche Strömung am Hofe von Söul zur Erwerbung von Masampo benutzen solle. Der Kaiser von Korea sei mit den Bedingungen der letzten japanischen Anleihe sehr unzufrieden und suche andererseits, um mit den unbotmäßigen Gouverneuren sowie den verschiedenen Parteien in seinem Lande fertig zu werden, nach einer auswärtigen Stütze. Diese Gelegenheit dürfe sich Rußland nicht entgehen lassen, nur müsse es mit gleicher Energie vorgehen, wie die Japaner, die Korea eifrig studierten, die dortigen Gouverneure mit Subsidien versähen und ein ganzes Netz von Agenturen über das Land gebreitet hätten.

Masampo besitze alle Eigenschaften, die seinen Besitz für Rußland wünschenswert machten, sowohl als Kohlenstation, wie zur Vornahme von Schiffsremonten, für die Überwinterung der Schiffe wie für deren Verproviantierung und als Lazarettstation für kranke Seeleute. In dem Artikel des „Swjet" wird der gemeldeten Erteilung einer Landkonzession an die Japaner in Masampo nicht Erwähnung getan.

Alvensleben.

Inhalt: Der „Swjet" über die Notwendigkeit der russischen Erwerbung Masampos.

Berlin, den 1. Juli 1902.   zu A. 9886.

An
die Missionen in
1. Peking № A. 76.
2. Tokio № A. 30.

J. № 5737.

Euerer pp. übersende ich anbei ergebenst
Abschrift eines Berichts des Kais. Botschafters in
St. Petersburg vom 24. v. Mts., betreffend einen
Artikel des „Swjet" über die Notwendigkeit der
Erwerbung von Masampo für Rußland
                    zu Ihrer gefl. Information.
                              St. S.
                              i. m.

Die koreanische Telegraphenfrage.

PAAA_RZ201-018933_084 ff.			
Empfänger	Buelow	Absender	Weipert
A. 10121 pr. 1. Juli 1902. a. m.		Soeul, den 12. Mai 1902.	

A. 10121 pr. 1. Juli 1902. a. m. 2 Anlagen.

Soeul, den 12. Mai 1902.

№ 85.

Seiner Excellenz, dem Reichskanzler, Herrn Grafen von Buelow.

Der russische Gesandte hat bereits vor mehreren Wochen dem hiesigen Minister des Aeussern a. i. den Entwurf einer Konvention betreffs Verbindung der beiderseitigen Telegraphenlinien bei Koyeng Heung uebersandt. Der Anschluss soll danach, wie die japanische Ausgabe der hiesigen Zeitung Hansoeng Simpo vom 3. d. M. mittheilt, in der Mitte des Tumen-Flusses bewirkt werden. Fuer den Depeschenaustausch sollen die internationalen Bestimmungen massgebend sein. Die Betriebstelegramme sind gebuehrenfrei. Die in den beiden Laendern zu erhebenden Gebuehren werden vertragsmaessig festgelegt vorbehaltlich der Revision im Falle kuenftiger Einrichtung einer neuen internationalen Verbindung. Die gegenseitige Abrechnung soll monatlich erfolgen.

Die koreanische Regierung hat sich jedoch zum Abschluss bisher nicht bestimmen lassen, dem Anschein nach, weil sie den von Japan alsdann zu erwartenden Wuenschen wegen Konzessionen auf diesem Gebiet unter allen Umstaenden aus dem Wege gehen moechte.

Um diese Schwierigkeit zu beseitigen, hat Herr Pavlow beiden Theilen den Abschluss einer neuen koreanisch-japanischen Telegraphenkonvention suggeriert, deren von ihm ausgearbeitetes Projekt ich mich beehre Euerer Excellenz in der Anlage gehorsamst zu unterbreiten. Japan erhaelt darin auf weitere 25 Jahre das Recht ein Kabel nach Fusan zu unterhalten, an dessen Fortbestehen uebrigens auch Korea selbst ausserordentlich viel gelegen sein muss. Die japanische Landlinie Soeul-Fusan wird fuer die Zeit der Konvention anerkannt, aber mit der Massgabe, dass sie nach 6 Jahren von der koreanischen Regierung angekauft werden darf. Um einem lebhaft empfundenen Beduerfniss der Japaner abzuhelfen, soll sich Korea verpflichten bei allen Stationen binnen 6 Jahren im Telegraphieren der japanischen Silbenschrift (Kana) geuebte Telegraphisten anzustellen, die bis dahin bei den japanischen Stationen ausgebildet werden sollen. Ausserdem soll Korea versprechen, auf keiner seiner sonstigen internationalen Verbindungen die Gebuehrensaetze des Fusan-Kabels zu unterbieten.

Wie ich von Herrn Pavlow hoere, hat der japanische Gesandte dieses Projekt bei vertraulicher Besprechung durchaus beifaellig aufgenommen. Dagegen zoegert jetzt die koreanische Regierung dasselbe ihrerseits formell vorzuschlagen, wie es scheint, weil sie sich selbst zu dieser modifizierten Anerkennung der japanischen Landlinie nicht entschliessen kann. Der Umstand, dass japanischerseits vor Kurzem in dem ungeoeffneten Platz Songdo, wo sich des Ginsenggeschaefts halber eine Anzahl Japaner aufhaelt, eine regelrechte Poststation eingerichtet wurde, hat dazu beigetragen, die koreanische Empfindlichkeit zu vermehren.

Herr Pavlow hat inzwischen zu Anfang v. M. unter Bezugnahme darauf, dass die mandschurische Telegraphenlinie sich zur Zeit voruebergehend in russischen Haenden befinde und die seit den Unruhen von 1900 unterbrochene Strecke zwischen Mukden und Foeng hwangtschen in Baelde wieder hergestellt sein werde, die hiesige Regierung ersucht, den Austausch von Telegrammen vermittelst der koreanischen Linie Soeul-Wiju (Echow) wieder aufzunehmen, und zwar zu den in der Anlage 2 verzeichneten Gebuehrensaetzen. Vor dem japanisch-chinesischen Krieg war die koreanische Linie von den Chinesen als militaerische Linie betrieben worden. Nach dem Krieg hatten die Koreaner im Jahre 1896 die von den Japanern zerstoerte Strecke von Pyoeng Yang bis Wiju hergestellt und den Telegrammaustausch mit der Mandschurei auf Grund einer Verstaendigung mit dem Taotai von Mukden ihrerseits festgesetzt.

Der hiesige Minister des Aeussern a. i. hat den russischen Vorschlag in einer Note vom 19. v. M., wie mir Herr Pavlow mittheilte, rueckhaltlos angenommen. Spaeter aber hat er das Bedenken geltend gemacht, dass doch wohl die Zustimmung Chinas noethig sei, und sich dieserhalb an den hiesigen chinesischen Gesandten gewendet. Letzterer hat nach telegraphischer Anfrage erklaert, China werde die fragliche Linie in der Mandschurei selbst wieder herstellen und dann zur Wiederaufnahme der Verbindung mit der koreanischen bereit sein. Dies wurde vor etwa 10 Tagen Herrn Pavlow mitgetheilt, der mir sagte, er habe um Instruktionen gebeten, da ihm von einer erfolgten Wiederuebernahme der fraglichen Linie seitens China's nichts bekannt sei. Die endgueltige Erledigung der Angelegenheit duerfte sich danach noch einige Zeit hinziehen.

Kopieen dieses gehorsamsten Berichts sende ich nach den Kaiserlichen Gesandtschaften in Peking und Tokio.

Weipert.

Inhalt: Die koreanische Telegraphenfrage. 2 Anlagen.

Anlage 1 zu Bericht № 85.

En vue de cimenter encore plus étroitement les relations de cordiale amitié entre la Corée et le Japon et afin de faciliter la solution si désirable de la question difficile et compliquée d'assure le plus grand nombre possible de voies de communications télégraphiques entre la Corée et les pays Etrangers, le Governement Coréen propose au Gouvernement Japonais de conclure pour un terme de 25 ans une nouvelle convention télégraphique sur les bases suivantes.

I

Le Gouvernement Japonais aura le droit, durant 25 ans depuis la signature de la dite nouvelle convention, d'entretenir son propre cable télégraphique maritime entre la cote du Japon et le port de Fousan.

2.

Le dit cable maritime ainsi que la ligne aérienne actuellement apartenant au Gouvernement Japonais entre les villes de Fousan et Séoul seront raccordées avec les lignes télégraphiques Coréennes à Séoul et a Fousan.

3.

Le Japon et la Corée fixeront de commun accord leur taxes terminales et de transit pour la transmission des télégrammes sur leur lignes. La Corée s'engage que les taxes totales pour les télégrammes internationaux transmis par voie d'autres raccordements des lignes Coréennes avec des lignes Etrangèresne seront d'aucune facon inférieures á celles qui seront établis pour la même correspondance par la voie du cable de Fousan.

4.

Pour la transmission des télégrammes internationaux sur les lignes Coréennes ainsi que sur la ligne Japonais entre Séoul et Fousan pourraient être établis les Taxes suivantes :
A. Taxes terminales.
Pour tous les télégrammes fr. 0, 50 ou Yen 0,20
B. Taxes de transit.
I. Pour les télégrammes échangés
par le Japon d'un cote et l'Europe
et els pays au delà d'Europe fr. 4,00 ou Yen 1.75
2. Pour tous les autres télégrammes fr. 2,00 ou Yen 0,90.

5.

En vue d'assures les facilités spéciales des communications télégraphiques aux sujets Japonais résidants à Söul et dans les autres villes ouvertes de la Corée, le Gouvernement Coréen s'engage dans un délai de 6 ans, de pourvoir dans tous ses bureaux télégraphiques des employées télégraphistes suffisamment exercés dans la transmission des télégrammes Japonais en "Kana".

Pour donner au Gouvernement Coréen le moyen de remplir cet engagement le Gouvernement Japonais consentira à admettre dans ses bureaux télégraphiques en Corée le nombre nécessaire d'élèves télégraphistes Coréens.

6.

A l'expiration du dit terme de six ans, le Gouvernement Coréen pourra racheter la ligne entre Fousan et Séoul actuellement apartenant au Gouvernement Japonais.

Jusqu'au jour où cette ligne sera racheté par le Gouvernement Coréen le total du revenu des taxes perçues pour la transmission des télégrammes sur les lignes paralleles Coréennes et Japonaises sera partagé a parties égales entre les Administrations des télégraphes Japonais et Coréens.

Anlage zu Bericht № 85.

Temporary Arrangement concerning charges over Russian-Corean Telegraph Lines via Echow.

	Total.	Corea.	Russia.
Per Telegrams exchanged between Corea & Russia Stations in China	0,50	0,20	0,30
	fr. 1,20	0,50	0,70
" Corea and Siberia Eastern half (East of Udinsk)	0,50	0,20	0,30
	fr. 1,20	0,50	0,70
" Western half (West of Udinsk)	0,65	0,20	0,45
	fr. 1,50	0,50	1,00
" Corea and Russia in Europe & Caucasus	0,90	0,20	0,70
	fr. 2,00	0,50	1,50

〃 Corea & Europe,			
other countries	3,10	1,75	1,35
	fr. 7,00	4,00	2,25 Russia
			0,75 Europe
〃 Corea and all China	1, 30	0,65	0,65
	fr.3,00	1,50	0,50 Russia
			1,00 China

Anm. Austausch nach Amerika und anderen Laendern ueber Europa hinaus ist nicht vorgesehen.

Der neue Minister des Aeussern a. i. Yu keui Hoan.

PAAA_RZ201-018933_092			
Empfänger	Buelow	Absender	Weipert
A. 10241 pr. 3. Juli 1902. a. m.		Soeul, den 10. Mai 1902.	
Memo	J. № 454.		

A. 10241 pr. 3. Juli 1902. a. m.

Soeul, den 10. Mai 1902.

№ 82.

Seiner Excellenz

dem Reichskanzler

Herrn Grafen von Buelow.

Euerer Excellenz beehre ich mich gehorsamst zu zu melden, dass seit dem 28. v. M. der hiesige Vice-Minister des Aeussern, Herr Choe Yoeng Ha, an Stelle des erkrankten interimistischen Ministers Yu Kui Hoan als interimistische Minister der Auswaertigen Angelegenheiten fungiert.

Kopieen dieses gehorsamsten Berichts sende ich an die Kaiserlichen Gesandtschaften in Tokio und Peking.

Weipert.

Inhalt: Der neue Minister des Aeussern a. i. Yu keui Hoan.

Japanische Einwanderung in Korea.

PAAA_RZ201-018933_093 ff.			
Empfänger	Buelow	Absender	Weipert
A. 10243 pr. 3. Juli 1902. a. m.		Soeul, den 12. Mai 1902.	
Memo	J. № 456.		

A. 10243 pr. 3. Juli 1902. a. m.

Soeul, den 12. Mai 1902.

№ 84.

Seiner Excellenz

dem Reichskanzler

Herrn Grafen von Buelow.

Kuerzlich hatte ich Gelegenheit dem russischen Gesandten gegenueber das Gespraech auf die in dem gehorsamsten Bericht № 69. v. 10. v. M. erwaehnte Rede des Grafen Okuma zu bringen, welche bezueglich der Hebung des Ackerbaus in Korea die Inangriffnahme unbebauter Strecken empfiehlt und davon ausgeht, dass diese Aufgabe japanischen Einwanderern zufalle. Herr Pavlow meinte, seines Wissens seien diese, auch in der japanischen Presse wiederholt aufgetauchten Bestrebungen bisher nicht ueber die Theorie hinaus gediehen und ihren Verfechtern sei es vielleicht hauptsaechlich darum zu thun bei der oeffentlichen Meinung den Eindruck zu erwecken, dass in Korea eine grosse japanische Aktivitaet herrsche. Die Moeglichkeit auch ohne Vertragsaenderung Grund und Boden im Innern unter koreanischem Namen zu besitzen, sei natuerlich gegeben, aber es sei bemerkenswerth, dass die Japaner bisher in der ihnen vertragsmaessig offenstehenden 10Li-Zone der offenen Plaetze sich nirgends mit Ackerbau beschaeftigten, waehrend die Chinesen besonders bei Chemulpo und Soeul viel Gemuesebau treiben. Herr Pavlow gab indess zu, dass Neukultur im Innern mehr Anziehungskraft haben und durch die Stationen der Fusan-Bahn nach deren Vollendung eine grosse Zahl bequemer Stuetzpunkte gewinnen koenne.

Darueber, ob und welche amtlichen Erhebungen ueber diese Verhaeltnisse japanischerseits angestellt werden, war bisher Zuverlaessiges nicht zu ermitteln, doch ist anzunehmen, dass die Japaner schon seit Langem in dieser Beziehung sehr gut informiert sind.

Bezeuglich der Zahl der in Korea lebenden Japaner beehre ich mich Euerer Excellenz in der Anlage eine mir von dem hiesigen japanischen Konsul zur Verfuegung gestellte Statistik fuer Ende 1901 gehorsamst zu unterbreiten. Ueber die Zahl der, abgesehen von den geoeffneten Plaetzen, im Innern sich aufhaltenden Japaner fehlt es an statistischen Angaben. Von amerikanischen Missionaren wurde mir wiederholt erzaehlt, dass in jedem groesseren ? namentlich im Sueden, einige Japaner anzutreffen seien, die meist Hausierhandel mit Artikeln des taeglichen Bedarfs ? Medizinen treiben. Eine vereinzelte Notiz der hiesigen koreanischen Zeitung Hoansoengsimmun vom 23. v. M. bestaetigt dies fuer die suedoestliche Provinz Kioengsang, in deren suedlichen Theil sich danach 4 japanische Kaufleute und an der Kueste 160 japanische Fischer aufhalten sollen.

Kopieen dieses gehorsamsten Berichts sende ich an die Kaiserlichen Gesandtschaften in Tokio und Peking.

Weipert.

Inhalt: Japanische Einwanderung in Korea. 1 Anlage.

Anlage zu Bericht № 84.

Ort.	Haeuser.	Maenner.	Frauen.	Summe.
Fusan	1401	3764	3152	6916
Chemulpo	1064	2564	2064	4628
Soeul	639	1395	1095	2490
Gensan	354	829	675	1504
Mokpo	251	540	391	931
Chinnampo	101	217	153	370
Pyoeng Yang	65	127	73	200
Kunsan	171	278	195	473
Masampo	80	160	99	259
Songchin	24	34	30	64
Summe	4150	9908	7927	17 835.

A. 10407

S. E. dem Herrn von Holstein zur per. Kenntnisnahme gef. vorgelegt.

Notiz.

Soweit sich hier feststellen läßt, sind zur Zeit vier sogen. Ratgeber in Söul:

1) der frühere japanische Gesandte Kato seit dem Februar 1902 für das Hausministerium

2) der amerikanische Legationssekretät Sands seit dem Dezember 1899 für das Auswärtige Ministerium.

3) der Däne Muellensteth seit 1901 für das Telegraphenwesen, vorübergehend auch interimsweise für das Min. des Auswärtigen

4) der Franzose Crémary(?) für das Justizministerium

Ankunft des Ratgebers Kato. Frage eines amerikanischen Beraters.

PAAA_RZ201-018933_099 ff.

Empfänger	Buelow	Absender	Weipert
A. 10407 pr. 6. Juli 1902. a. m.		Soeul, den 19. Mai 1902.	
Memo	J. № 481.		

A. 10407 pr. 6. Juli 1902. a. m.

Soeul, den 19. Mai 1902.

№ 89.

Seiner Excellenz

dem Reichskanzler

Herrn Grafen von Buelow.

Der japanische Rathgeber Kato ist am 9. d. M. hier eingetroffen und hat seine Stellung angetreten.

Ohne ausdruecklich auf dieses Engagement Bezug zu nehmen, aber doch wohl nicht ohne ursaechlichen Zusammenhang mit demselben, hat der amerikanische Gesandte, welcher Ende Maerz von seinem Urlaub wieder eingetroffen ist, vor Kurzem der hiesigen Regierung die Anstellung eines Amerikaners als Berather fuer das Ministerium des Aeussern im Wesentlichen unter den gleichen Bedingungen wie den dem Herrn Kato bewilligten -600 Yen monatliches Gehalt, 3 jaehrige Kontraktsdauer- vorgeschlagen. Er stuetzt sich dabei darauf, dass ihm seitens der koreanischen Regierung nach dem Tode des Herrn Greathouse im Herbst 1899 versprochen worden sei, denselben in seiner Stellung als Berather des Ministeriums des Aeussern wieder durch einen Amerikaner zu ersetzen. Da der amerikanische Einfluss sich nach Rueckkehr des Dr. Allen rasch wieder erholt hat, nimmt man an, dass das Engagement bewirkt werden wird.

Kopieen dieses gehorsamsten Berichts sende ich an die Kaiserlichen Gesandtschaften in Peking und Tokio.

Weipert.

Inhalt: Ankunft des Ratgebers Kato. Frage eines amerikanischen Beraters.

Berlin, den 12. Juli 1902.   A. 10121.

An
die Mission in
St. Petersburg № 571.

J. № 6169.

Ew. pp. übersende ich anbei ergebenst
Abschrift eines Berichts des Kais. Konsuls
in Söul vom 12. Mai d. J. betreffend die
koreanische Telegraphenfrage,
        zu Ihrer gefl. Information.
Ew. pp. beehre ich mich anbei u. R. Bericht
des in wie oben.
    zur gefl. Kenntnisnahme zu übersenden.
            St. S
            i. m

Einschreiten der koreanischen Regierung gegen angebliche
Umsturzbestrebungen.

PAAA_RZ201-018933_104 ff.			
Empfänger	Buelow	Absender	Weipert
A. 10936 pr. 17. Juli 1902. p. m.		Soeul, den 28. Mai 1902.	
Memo	mtg 22. 7. Petersburg 596.		

A. 10936 pr. 17. Juli 1902. p. m.

Soeul, den 28. Mai 1902.

№ 93.

Seiner Excellenz

den Reichskanzler

Herrn Grafen von Buelow.

Seit Anfang d. M. befinden sich die koreanischen politischen Kreise in einiger
Aufregung wegen Einschreitens der Regierung gegen angeblich entdeckte
hochverraeterische Bestrebungen. Es verlautete, dass die Polizei durch koreanische und
japanische geheime Agenten in den Besitz eines Schriftstuecks eines in Japan lebenden
koreanischen Fluechtlings Namens Yu Kil Chun gekommen sei, in dem geplant werden
den Koenig, den Kronprinz, die Lady Oem und einige ihrer Getreuen zu ermorden und
den im Ausland lebenden Prinzen Eui Hwa als Koenig und 7 namentlich aufgefuehrte,
zum Theil gegenwaertig in hohen Stellungen befindliche Politiker als seine Minister
einzusetzen. Von dem anfaenglichen Vorhaben, den 7 hierdurch kompromittirten
Wuerdentraegern den Prozess zu machen, sah sich die Regierung genoethigt Abstand zu
nehmen, da der Umstand, dass sich unter ihnen einige Anhaenger Japans und drei fruehere
Mitglieder der koreanischen Gesellschaft in Washington befinden, den japanischen, sowie
den amerikanischen Gesandten veranlasste zu ihren Gunsten vertrauliche Vorstellungen zu
machen. Dagegen wurde, wie es scheint aus Veranlassung der erwaehnten Denuntiation,
eine Anzahl meist in bescheidenen Stellungen lebender Mitglieder des ehemaligen
Unabhaengigkeits-Clubs verhaftet, dem Vernehmen nach mit der Beschuldigung, dass sie
in Verbindung mit den Fluechtlingen in Japan und der dortigen „Koreanischen
Gesellschaft" die Wiederbelebung des genannten Clubs und den Sturz der Regierung
anstrebten. Von dem russischen sowohl, wie von dem japanischen Gesandten hoere ich,

dass es nach ihren Informationen an jedem thatsaechlichen Anhalt fuer die Wahrheit der Beschuldigung fehlt. Dies hindert jedoch nicht dass die Verhafteten der Folter unterworfen und ihre so erpressten werthlosen Gestaendnisse zum Einschreiten gegen weitere Missliebige benutzt werden, so dass die Zahl der Verhafteten jetzt bereits etwa 16 betragen soll. Schüler oder Lehrer der hiesigen deutschen Schule sind in keiner Weise in die Angelegenheit verwickelt.

Es handelt sich bei derartigen Vorgaengen hier meist um Intriguen, welche darauf berechnet sind, vom Koenig Gelder fuer irgend einen Anschlag gegen die Fluechtlinge in Japan zu erschwindeln. Auch sagte mir Herr Pavlow, dass die sogen. russische Parthei von Zeit zu Zeit immer noch versuche, den Koenig durch Erregung von Furcht vor den Umtrieben der Refugie's zu einer zweiten Flucht in die russische Gesandtschaft zu veranlassen.

Um diesen Beunruhigungen den Boden zu entziehen, hat sich die japanische Regierung, wie ich von Herrn Pavlow hoere, jetzt entschlossen, zunaechst die bedeutendste Figur unter den Fluechtlingen, den frueheren Minister des Innern Pak Yong Hyo, und spaeter noch Andere derselben, auf einer entlegenen Insel zu internieren, ein Schritt, zu dem Herr Pavlow dem japanischen Gesandten schon lange gerathen haben will.

Kopieen dieses gehorsamsten Berichts sende ich an die Kaiserlichen Gesandtschaften in Peking und Tokio.

Weipert.

Inhalt: Einschreiten der koreanischen Regierung gegen angebliche
        Umsturzbestrebungen.

[   ]

PAAA_RZ201-018933_108

Empfänger	Auswärtiges Amt in Berlin	Absender	Weipert
[o. A.]		Söul, den - Juli 1902.	
Memo	Unter Bezugnahme auf Tel. № 9.		

Telegramm.

Söul, den - Juli 1902. - Uhr   - Min. -m
Ankunft: 20. 7.   7 Uhr 40 Min. p. m.
Der K. Konsul an Auswärtiges Amt.

Entzifferung.

№ 11.

Koreanische Regierung ersucht mich der Kaiserlichen Regierung und der Österreichischen Regierung Einladung zur Entsendung besonderer Vertreter zum Jubiläum zu übermitteln. Andere Vertreter wurden ebenfalls ersucht. Ihre Ansicht unverändert!

Weipert.

Berlin, den 20. Juli 1902.

rightzu A. 10936.

An

die Missionen in

St. Petersburg № 596.

J. № 6454.

Euerer pp. übersende ich anbei ergebenst Abschrift
eines Berichts des Kaisl. Konsuls in Soeul vom 28.
Mai v. Js., betreffend die inneren Zustände in
Korea, zu Ihrer Information.

St. S.

i. m.

독일어 원문 탈초본 **627**

[   ]

PAAA_ RZ201_ 018933_ 110 ff.

Empfänger	Gönner	Absender	Brandt
A. 11223 pr. 23 Juli 1902. p. m.		Weimar, den 20. Juli 1902.	

A. 11223 pr. 23 Juli 1902. p. m.

Vertraulich.

Weimar, Cranachstr. 23, den 20. Juli 1902.

Mein hochverehrtester Gönner,

Der langjährige Vertreter Rußlands in Korea (später Gesandter in Mexiko, seit 18 Monaten a. d.) Waeber besuchte mich gestern und erzählte mir, daß er vor wenigen Tagen den Befehl erhalten habe, sich Ende August auf den Weg nach Korea zu machen, um dem Kaiser dieses Landes zu seinem am 18. Oktober stattfindenden 25jährigen Regierungsjubiläum die Glückwünsche und ein Geschenk des Kaisers von Rußland zu überbringen.

Ob man für die Mission Waeber ausgesucht hat, um ihm eine Genugthuung für die vielfach wegen seiner Haltung in Korea gegen ihn gerichteten unberechtigten Angriffe zu geben, oder ob mit der äußeren Aufgabe eine andere geheime verbunden sein wird, vermag ich nicht anzugeben, muss es aber fast annehmen. Waeber kannte den Kaiser und alle Minister desselben, die alle ein Jahr bei ihm in der russischen Gesandtschaft gewohnt haben, sehr gut; außerdem ist seine Frau, die ihn auf der über Sibirien zu machenden Reise begleiten wird, sehr intim mit der ersten Favoritin des Kaisers, die er zu heirathen beabsichtigt, bekannt und eine Fräulein Sontag, die 13 Jahre im Waeber'schen Hause gewesen, steht als eine Art domina im Dienste des Kaisers. Das Personal für eine kleine politische Intrigue ist also gegeben.

W. sagte mir außerdem, daß man von Pavlow (in Korea) als dem nächsten Gesandten Rußlands in Peking spreche und daß [sic.] in Washington durch die Adoption seiner [sic.] als seine Nichte [sic.] ausgegebenen [sic.] sehr gelitten habe.

Relata refero.

Mit besten Grüßen und allen guten Wünschen in alter Verehrung.

Hochverehrte Excellenz

Ihr sehr ergebener

MvBrandt. [Max von Brandt]

[   ]

PAAA_RZ201-018933_113

Empfänger	Bülow	Absender	Alvensleben
A. 11300 pr. 25. Juli 1902. a. m.		St. Petersburg, den 13. Juli 1902.	
Memo	mtg. 5. 8. London 722, Peking A. 92.		

Abschrift.

A. 11300 pr. 25. Juli 1902. a. m.

St. Petersburg, den 13. Juli 1902.

№ 580.

Seiner Exzellenz

dem Reichskanzler

Herrn Grafen von Bülow.

Aus Söul ist der „Nowoje Wremja" nachstehendes Telegramm vom gestrigen Tage zugegangen: „Wie das koreanische Blatt „Jossen-Ssibo" mittheilt, ist zwischen dem englischen und japanischen Gesandten und dem Rat am koreanischen Hofe Kato ein Abkommen getroffen worden, wonach im Falle des Auftretens von wichtigen Fragen bezüglich der inneren Verwaltung Koreas und ebenso bei auswärtigen Verhandlungen Koreas England und Japan mit ihrem Rat teilzunehmen haben. Dies geschieht im Interesse der Aufrechterhaltung der Unabhängigkeit Koreas, das verpflichtet wird, seine Land- und Seestreitkräfte bis zu der erforderlichen Höhe zu vermehren. Sollte Korea in drückender Lage zu einer ausländischen Anleihe seine Zuflucht nehmen, so darf es diese nur auf dem japanischen, englischen oder amerikanischen Markte abschließen. Ausländer dürfen zum Dienste in Korea nicht zugelassen werden. Zum Schutze des koreanischen Territoriums müssen sofort Maßregeln ergriffen werden. Gegen die die Verteidigung Koreas behindernden Anlagen anderer Mächte muß Protest erhoben werden."

gez. Alvensleben.

Orig. i. a. Korea 28

Anwesenheit des österreichischen Kriegsschiffes „Maria Theresia" in Chemulpo.

PAAA_RZ201-018933_114 f.			
Empfänger	Buelow	Absender	Weipert
A. 11582 pr. 31. Juli 1902. p. m.		Soeul, den 12. Juni 1902.	
Memo	J. № 560.		

A. 11582 pr. 31. Juli 1902. p. m.

Soeul, den 12. Juni 1902.

№ 100.

Seiner Excellenz

dem Reichskanzler

Herrn Grafen von Buelow.

Am 5. d. M. traf das k. und k. oesterreichisch-ungarische Kriegsschiff „Maria Theresia", in Chemulpo ein. Der Kommandant, Herr Linienschiffskapitaen Ritter von Schwarz, erklaerte mir, dass er in der Zeit zu beschraenkt sei um eine Audienz bei dem hiesigen Souveraen zu beantragen, und hat am 10. d. M. Chemulpo wieder verlassen, um in Taku den oesterreichisch-ungarische Gesandten Baron Czikann von Wahlborn zu einem Besuch von Nanking und anderen Yangtse-Haefen abzuholen. Er hat indess die Gelegenheit seiner hiesigen Anwesenheit dazu benutzt um am 9. d. M. dem japanischen Gesandten mit mir einen Besuch abzustatten und ihm aus seiner Initiative fuer das Entgegenkommen zu danken, welches derselbe im Interesse der Beilegung einer zwischen dem oesterreichischen Staatsangehoerigen Kaufmann Hugo I. Houben in Fusan und der japanischen Soeul-Fusan-Eisenbahn-Gesellschaft schwebenden Grundeigenthumsschwierigkeit bewiesen hat. Euerer Excellenz habe ich die Ehre, mit dem Anheimstellen hochgeneigter Mittheilung an die k. und k. Regierung in Wien, ueber diese Angelegenheit unter heutigem Datum einen besonderen gehorsamsten Bericht (№ 101.) zu erstatten.

Weipert.

Inhalt: Anwesenheit des österreichischen Kriegsschiffes „Maria Theresia" in Chemulpo.

Die japanische Niederlassung in Masampo.

PAAA_RZ201-018933_116 f.			
Empfänger	Bülow	Absender	Arco
A. 11622 pr. 1. August 1902. a. m.		Tokio, den 3. Juli 1902.	

A. 11622 pr. 1. August 1902. a. m. 1 Anl.

Tokio, den 3. Juli 1902.

A. 66.

Seiner Exzellenz

dem Reichskanzler

Herrn Grafen von Bülow.

Das japanische Regierungsblatt hat unter dem 16. v. M. die in Übersetzung beigefügte Bekanntmachung veröffentlicht, aus welcher das japanisch-koreanische Übereinkommen vom 17. Mai d. J. über die japanische Niederlassung in Masampo ersichtlich ist.

Der in Artikel 1 erwähnte Plan ist nicht mitveröffentlicht worden. Ich darf annehmen, daß Konsul Weipert über die Entwicklung der japanischen Niederlassung in Masampo berichten wird. Aus naheliegenden Gründen habe ich deshalb auch nicht versucht hier nähere Informationen zu sammeln. Ich kann jedoch bestätigen, daß die Veröffentlichung des Übereinkommens hier keinerlei Aufsehen hervorgerufen hat. Es war auch nicht wahrzunehmen, daß sich etwa die Russen dadurch beunruhigt oder empfindlich berührt fänden.

Graf Arco.

Zu A. 66.

Uebersetzung aus dem Kampo (Regierungsblatt) vom 16. Juni 1902

Bekanntmachung des Ministeriums der Auswärtigen Angelegenheiten
№ 5 vom 16. Juni 1902.

Das nachstehende, am 17. Mai d. J. zwischen dem Japanischen Gesandten in Korea, Hayashi Gonske, und dem interimistischen Minister der Auswärtigen Angelegenheiten in Korea, Chai Yöng ha, getroffene Abkommen, betreffend die japanische Niederlassung in Masampo, wird hierdurch genehmigt und sofort in Kraft gesetzt.

gez. Baron Komura Jutaro,
Minister der Auswärtigen Angelegenheiten.

Abkommen, betreffend die japanische Niederlassung in Masampo.

Artikel 1. Die von der Japanischen Regierung in Gemässheit der Bestimmung über die dauernde oder vorübergehende Landpachtung in einem Umkreise von zehn (koreanischen) Meilen um die fremden Niederlassungen aufgekauften Grundstücke und deren Umgebung werden zu einer japanischen Niederlassung gemacht. Die Lage und die Grenzen dieser Niederlassung sind in dem anliegenden Plan festgesetzt.

Artikel 2. Die in der Niederlassung befindlichen Wege und Kanäle stehen in staatlichem Eigenthum. Mit dem Inkrafttreten dieses Abkommens wird das Recht, neue Wege und Kanäle anzulegen oder die bestehenden in Stand zu halten, dem Japanischen Konsul übertragen.

Artikel 3. Von den in der Niederlassung belegenen Grundstücken, welche bereits zur Zeit der Unterzeichnung dieses Abkommens im Eigenthum von Ausländern (einschliesslich der Japaner) standen oder welche zwar Koreanern gehören, bezüglich deren aber schon Verkaufsverhandlungen eingeleitet sind, ist die Grund-Steuer zu zahlen, welche vor dem Verkauf festgesetzt war.

Da indessen die Japanische Regierung die im Besitz von Koreanern befindlichen Grundstücke innerhalb eines Jahres nach der Unterzeichnung dieses Abkommens aufzukaufen beabsichtigt, so dürfen diese Grundstücke bis dahin nicht an Angehörige einer dritten Macht verkauft oder verpachtet werden.

Artikel 4. Für die in der Niederlassung belegenen Grundstücke, welche im Eigenthum der koreanischen Regierung stehen, wird hierdurch ein Kaufpreis von 3 Yen (Japanische Währung) für je 100 qm festgesetzt. Sollte beim Ankauf der im Besitze von Koreanern stehenden Grundstücke und Häuser der von dem Besitzer verlangte Preis seitens des

Japanischen Konsuls für unbillig erachtet werden, so sind von den Koreanischen Behörden und dem Japanischen Konsul gemeinsam Sachverständige zu ernennen, welche den Preis in billiger Weise feststellen.

Artikel 5. Die Grundsteuer in der Niederlassung beträgt vom Tage der Unterzeichnung dieses Abkommens an 20 Sen (Japanische Währung) für je 100qm pro Jahr. Sie ist bis zum 10. Januar jeden Jahres im Voraus für ein Jahr zu entrichten.

Artikel 6. Wenn von den noch nicht aufgekauften Niederlassungs-Grundstücken Gräber verlegt werden müssen, so wird seitens des Japanischen Konsuls für jedes Grab ein Betrag von 5 Yen (Japanische Währung) als Verlegungsgebühr gezahlt.

Artikel 7. Wenn es für die Niederlassung nothwendig wird, den vorliegenden Meeresstrand aufzufüllen, so muss darüber vorher ein Einvernehmen mit den Koreanischen Behörden erzielt werden.

Dieses Abkommens ist in Japanischer und Koreanischer Sprache in je 2 Exemplaren angefertigt, unterzeichnet, untersiegelt und seine Richtigkeit bescheinigt.

den 17. Mai 1902.   Folgen die Unterschriften.

Für die Uebersetzung
Art.

[   ]

PAAA_RZ201-018933_122

Empfänger	Auswärtiges Amt in Berlin	Absender	[*sic.*]
A. 11787 pr. 4. August 1902. p. m.		Berlin W. 66, den 3. August 1902.	
Memo	A. 10121. J. № 6169.		

A. 11787 pr. 4. August 1902. p. m.

Berlin W. 66, den 3. August 1902.

An den Herrn Staatssekretär
des Auswärtigen Amts

Euerer Excellenz beehre ich mich den Bericht des Kaiserlichen Konsuls in Söul vom 12. Mai nebst Anlagen, betreffend die koreanische Telegraphen-Frage, anbei nach Kenntnissnahme mit dem Ausdruck verbindlichen Dankes ergebenst zurückzusenden.

[*sic.*]

[   ]

PAAA_RZ201-018933_123 ff.

Empfänger	Bülow	Absender	Weipert
A. 11965 pr. 9. August 1902. a. m.		Söul, den 21. Juni 1902.	
Memo	mtg 14. 8. London 742, Petersbg. 675.		

Abschrift.

A. 11965 pr. 9. August 1902. a. m.

Söul, den 21. Juni 1902.

№ 104.

Seiner Exzellenz

dem Reichskanzler

Herrn Grafen von Bülow.

In verschiedenen japanischen Blättern kursierte Anfang d. M. die Mitteilung, der hiesige japanische Gesandte habe zur Herbeiführung einer bestimmteren Politik Japans gegenüber Korea im Einvernehmen mit dem englischen Vertreter und unter dem Beifall des Ratgebers Kato ein Programm aufgestellt, wonach

1. Korea sich in allen wichtigeren Fragen an Japan und England wenden und deren Entscheidung einholen solle,

2. Korea zur Verteidigung seines Gebietes und seiner Unabhängigkeit eine entsprechende, innerhalb gewisser Grenzen sich haltende Ausbildung seiner Land-und Seemacht erstreben müsse,

3. Im Falle der Notwendigkeit einer auswärtigen Anleihe nur der japanische, englische oder amerikanische Markt dafür in Anspruch genommen werden solle,

4. Unter möglichster Beschränkung der Anstellung fremder Ratgeber auf Harmonie zwischen Hof und Regierung hinzuarbeiten sei,

5. Korea die Wahrung seiner Grenzen sich angelegen sein lassen und jeden Versuch einer Beeinträchtigung derselben zurückweisen müsse.

Der japanische Gesandte sowohl wie der britische Vertreter erklären diese Nachricht für völlig unbegründet und aus der Luft gegriffen.

Herr Pavlow äußerte mir gegenüber, er halte dies Dementi für durchaus aufrichtig, zudem könne Rußland wegen seiner einschlägigen Abmachungen mit Japan erwarten, daß

Letzteres ihm Mitteilung machen werde, wenn es eine derartige Vereinbarung mit England treffe.

Das derzeitige Verhalten des Herrn Hayashi gegenüber der hiesigen Regierung läßt, obwohl er beispielsweise bezüglich der Stellung des Ratgebers Kato, dessen Engagementsvertrag noch nicht zur formellen Unterzeichnung gekommen zu sein scheint, mit dem passiven Widerstand gewisser Hofkreise zu kämpfen hat, keine besonders energischen Tendenzen erkennen.

Er hat zwar vor einigen Wochen eine bereits aus dem Jahre 1896 stammende Entschädigungsforderung von ungefähr 300000 Yen in Betreff der bei den damaligen Unruhen umgekommenen Japaner wieder in Erinnerung gebracht, erklärte mir aber gesprächsweise, es sei seiner Regierung nicht darum zu tun, Korea wegen der Zahlung zu drängen, sie wünsche nur die Forderung und damit die Verantwortlichkeit der hiesigen Regierung für die Vorkommnisse anerkannt zu haben.

Eine Schwierigkeit, welche dem Bau der Soeul-Fusan-Bahn bei Suwoen etwa 20 engl. Meilen südlich von Soeul dadurch erwuchs, daß die Regierung die Genehmigung zu einem Tunnel wegen eines auf dem Berge 100 Fuß über der Stelle befindlichen Denkmals verweigerte, wird, wie mir Herr Hayashi sagte, dieser Tage durch Nachgeben auf japanischer Seite und Verlegung der betreffenden Strecke ihre Erledigung finden.

gez. Weipert.

Orig. i. a. China 28

[   ]

PAAA_RZ201-018933_126

Empfänger	Bülow	Absender	Weipert
A. 11986 pr. 9. August 1902. a. m.		Söul, den 21. Juni 1902.	
Memo	mtg. London 332, Paris 558, Petersbg 665.		

Abschrift.

A. 11986 pr. 9. August 1902. a. m.

Söul, den 21. Juni 1902.

№ 105.

Seiner Exzellenz, dem Reichskanzler, Herrn Grafen von Bülow.

Hier ist nicht wahrzunehmen, was der kürzlich von London heraustelegraphierten Pariser Nachricht der „Daily News", Frankreich habe es auf einen Streit mit Korea abgesehen, zur Bestätigung dienen könnte. Im Gegenteil ist das Verhalten des französischen Vertreters gegenüber der hiesigen Regierung durch entschiedene Zurückhaltung und Schonung gekennzeichnet. Dies gilt nicht nur von seiner Art der Verfolgung verschiedener, bisher unbefriedigter Ansprüche, wie z. B. wegen der Entschädigung für die Quelpart-Affäre, sondern auch von seiner Behandlung der Frage der Anleihe des Yünnan-Syndikats, bezüglich deren er es schließlich dabei bewenden ließ, gegenüber der koreanischen Absage wiederholt das Fortbestehen des Vertrages zu behaupten und eine Verständigung mit dem Vertreter des Korea-Syndikats, Baron Bellesrize zu empfehlen, der seinerseits inzwischen Mitte v. M. seinen Aufenthalt nach Peking verlegt hat und das hiesige Projekt, ja selbst die Hoffnung auf Erlangung einer Entschädigung aufgegeben zu haben scheint.

Was die russische Auffassung bezüglich der französischen Haltung anbetrifft, so fiel mir auf, daß Herr Pavlow, als ich bei Erwähnung des gedachten Telegramms bemerkte, Herr Colin de Plancy verhalte sich bisher jedenfalls sehr ruhig, ziemlich lebhaft äußerte, „Ja, eigentlich viel zu ruhig."

gez. Weipert.

Orig. i. a. Korea 5

Die japanische Niederlassung in Masampo.

PAAA_RZ201-018933_127 ff.

Empfänger	Bülow	Absender	Weipert
A. 12177 pr. 13. August 1902. a. m.		Soeul, den 26. Juni 1902.	
Memo	A. 12639. J. № 615.		

A. 12177 pr. 13. August 1902. a. m. 1 Anl.

Soeul, den 26. Juni 1902.

№ 108.

Seiner Excellenz

dem Reichskanzler

Herrn Grafen von Bülow.

Die in dem gehorsamsten Bericht № 89. vom 28. Mai v. J. in Aussicht gestellte schriftliche Fixirung der Vereinbarung betreffs Einrichtung einer ausschliesslichen japanischen Niederlassung in Masampo ist nunmehr zu Stande gekommen. Eine Uebersetzung des am 17. v. M. hier unterzeichneten und seitens der Regierung in Tokio nach Billigung am 16. d. M. publizierten Abkommens, dessen Text ich von dem japanischen Gesandten erhalten habe, verfehle ich nicht Euerer Excellenz in der Anlage gehorsamst zu unterbreiten.

Die Groesse des Terrains gab mir Herr Hayashi auf 953 832,40 qm an, indem er mir baldige Ueberlassung einer Kopie des im § 1 in Bezug genommenen Planes in Aussicht stellte. Bezueglich eines innerhalb der vereinbarten Grenzen gelegenen Komplexes von Grundstuecken, welche sich im Eigenthum von Russen befinden, wird, wie mir Herr Hayashi mittheilte, voraussichtlich ein aehnliches Arrangement getroffen werden wie bezueglich der in der russischen Niederlassung belegenen japanischen Grundstuecke, (cf. s. pl. Bericht № 41. vom 9. Mai 1900) so dass die russischen Eigenthuemer die Parzellen behalten koennen, wenn sie sich den Reglements der Niederlassung unterwerfen.

Mit Ruecksicht auf die Bestimmung des § 3 des Abkommens, wonach die noch im Eigenthum von Koreanern stehenden Grundstuecke binnen eines Jahres seitens der japanischen Regierung angekauft und bis dahin an andere Auslaender weder verkauft noch verpachtet werden sollen, erwaehnte ich dem japanischen Gesandten gegenueber vertraulich mein Bedenken, dass wegen des in den Vertraegen garantierten Rechts des Grunderwerbs innerhalb der Zone von 10 Li (cf. s. pl. Artikel IV November 4. unseres Vertrages) zur Vermeidung kuenftiger Schwierigkeiten eine Mittheilung des Abkommens seitens der hiesigen Regierung an die Vertragsmaechte erforderlich sei. Entsprechend seiner in dem gehorsamsten Bericht № 101. vom 12. d. M. beruehrten Stellungnahme zu einer aehnlichen in Fusan aufgetauchten Frage erklaerte Herr Hayashi, dass er das Bedenken nicht theile und es jedenfalls fuer genuegend halten wuerde, wenn die koreanische Regierung das Abkommen veroeffentliche, was indess ebenfalls bisher nicht erfolgt ist.

Die Bestimmung des Kaufpreises der noch im koreanischen Eigenthum stehenden Grundstuecke ist im □4 des Abkommens geregelt. Die Grundrente ist, entsprechend der der russischen Konzession auf 20 Sen jaehrlich per 100 qm festgesetzt.

Kopieen dieses gehorsamsten Berichts sende ich an die Kaiserlichen Gesandtschaften in Peking und Tokio.

Weipert.

Inhalt: Die japanische Niederlassung in Masampo. 1 Anlage.

Anlage zu Bericht № 108.
Uebersetzung.

Abkommen
betreffend die japanische ausschliessliche Niederlassung in Masampo.

1. In Gemaessheit der Bestimmungen betreffs dauernder und zeitweiser Pachten in dem Bezirk von 10 Li ausserhalb der Fremdenniederlassungen wird vereinbart, dass die von der japanischen Regierung gekauften Grundstuecke und deren naechste Umgebung eine japanische Niederlassung bilden sollen, deren Lage und Grenze dem anliegenden Plan entsprechend bestimmt wird.
2. Die Strassen und Abzugsgraeben in der Niederlassung gehoeren urspruenglich der Regierung und nach Ausfuehrung dieses Abkommens soll das Recht der Einrichtung und Erhaltung derselben in jeder Beziehung ausschliesslich dem japanischen Konsul zustehen.
3. Innerhalb der Niederlassung sollen von Unterzeichnung dieses Abkommens an die bereits Auslaendern (einschliesslich der Japaner) gehoerigen, sowie die noch nicht

angekauften im Eigenthum von Koreanern stehenden Grundstuecke bis zum Ankauf die bisherige Grundsteuer bezahlen. Jedoch sollen die im Eigenthum von Koreanern stehenden Grundstuecke innerhalb eines Jahres von Unterzeichnung dieses Abkommens an seitens der japanischen Regierung angekauft werden. Sie sollen daher bis dahin an andere Auslaender weder verkauft noch verpachtet werden.

4. Der Kaufpreis fuer die im Eigenthum der koreanischen Regierung stehenden Grundstuecke in der Niederlassung wird auf 3 japanische Yen fuer je 100 Quadratmeter festgesetzt. Was den Ankauf der im Privateigenthum von Koreanern stehenden Grundstuecke und Haeuser anbelangt, so soll, wenn der japanische Konsul den vom Eingenthuemer geforderten Preis fuer ungemessen erachtet, der koreanische Handelssuperintendent im Einvernehmen mit dem japanischen Konsul einen angemessenen Preis durch einen Sachverstaendigen abschaetzen lassen.

5. Als Grundsteuer der Niederlassung soll vom Tage der Unterzeichnung dieses Abkommens an ein Betrag von 20 japanischen Sen jaehrlich fuer jede 100 qm bis zum 10. Januar jedes Jahres bezahlt werden.

6. Bei Verlegung von koreanischen Privatgrabstaetten, welche sich auf den noch nicht gekauften Grundstuecken innerhalb der Niederlassung befinden, sollen als Kosten der Verlegung fuer jede Grabstaette 5 japanische Yen von dem japanischen Konsul verguetet werden.

7. Falls der Bau von Quai-Anlagen am Ufer der Niederlassung fuer noethig erachtet werden sollte, so ist darueber vorher mit dem koreanischen Handelssuperintendenten in Verhandlung zu treten.

Dieses Abkommen soll in japanischer und koreanischer Sprache in je zwei Exemplaren ausgefertigt und beiderseits unterschrieben und untersiegelt werden.

Am 17. Tage des 5. Monats des 35. Jahres Meiji (1902)

Gez. Hayashi Gonsuke.

Ausserordentlicher Gesandter und Bevollmaechtigter Minister.
Am 17. Tag des 5. Monats des 6. Jahres Kwangmu (1902)

gez. Choe Yong Ha.
Minister des Aeussern ad interim.

Die „Nowoje Wremja" über Koreanische Verhältnisse.

PAAA_RZ201-018933_135			
Empfänger	Bülow	Absender	Alvensleben
A. 12537 pr. 21. August 1902. a. m.		St. Petersburg, den 18. August 1902.	
Memo	Kaiserlich Deutsche Botschaft in Rußland. Tokio. mtg 29. 8. Tokio A. 38.		

A. 12537 pr. 21. August 1902. a. m.

St. Petersburg, den 18. August 1902.

№ 639.

Seiner Exzellenz

dem Reichskanzler

Herrn Grafen von Bülow.

Der „Nowoje Wremja" ist aus Tokio die telegraphische Medlung zugegangen, daß die koreanische Regierung den Japaner Kato für die Zeit von 3 Jahren in ihre Dienste genommen habe. Wie die Zeitung mitteilt, sind Herrn Kato als koreanischem Ratgeber weitgehende Vollmachten hinsichtlich der inneren Verwaltung des Landes vertragsgemäß zuerkannt worden.[22]

Alvensleben.

---

22 [Randbemerkung] Der geht ganz systematisch vorwärts.

Karte der japanischen Niederlassung in Masampo.

PAAA_RZ201-018933_136 ff.			
Empfänger	Buelow	Absender	Weipert
A. 12639 pr. 23. August 1902. a. m.		Soeul, den 3. Juli 1902.	
Memo	J. № 642.		

A. 12639 pr. 23. August 1902. a. m. 1 Anl.

Soeul, den 3. Juli 1902.

№ 111.

Seiner Excellenz

dem Reichskanzler

Herrn Grafen von Buelow.

Euerer Excellenz beehre ich mich im Anschluss an den Bericht № 108. vom 26. v. M. in der Anlage Kopie eines mir inzwischen vom japanischen Gesandten zur Kenntnissnahme vertraulich mitgetheilten Exemplars der im Abkommen vom 17. Mai d. J. in Bezug genommener Karte der japanischen Niederlassung in Masampo gehorsamst einzureichen. Von dem gesammten Areal von 953 832, 40 qm stehen danach zur Zeit 754 924, 38 qm in japanischem, 31 254, 97 qm in russischem und 154 710, 35 qm in koreanischem Eigenthum, waehrend der Rest auf Wege und Wasserlaeufe entfaellt.

Bezueglich der in dem angefuehrten Bericht beilaeufig erwaehnten in der russischen Niederlassung in Masampo belegenen japanischen Grundstuecke hoerte ich von Herrn Pavlow, dass dieselben neuerdings saemmtlich gegen ausserhalb der russischen Niederlassung belegene russische Grundstuecke umgetauscht worden sind.

Weipert.

Inhalt: Karte der japanischen Niederlassung in Masampo. 1 Anlage.

Anl. zu A. 12639

Karte der japan. Niederlassung in Masampo.

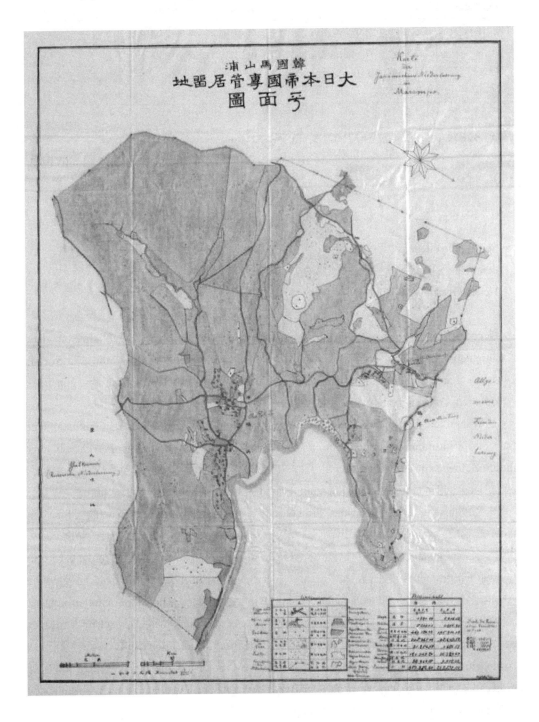

Tendenziöse Erfindungen der japanischen Presse. - Die koreanische Beraterfrage.

PAAA_RZ201-018933_143 ff.			
Empfänger	Buelow	Absender	Weipert
A. 12849 pr. 28. August 1902. a. m.		Seoul, den 7. Juli 1902.	
Memo	I. mtg 1. 9., Petersburg 728, Paris 619, London 800. II. mtg. 10. 9., Washington A. 281. J. № 655.		

A. 12849 pr. 28. August 1902. a. m.

Seoul, den 7. Juli 1902.

№ 113.

Seiner Excellenz

dem Reichskanzler

Herrn Grafen von Buelow.

Gegen Ende v. M. erschien in der japanischen Presse eine angeblich von dem Nachrichten-Bureau Chugai Tsushinsha stammende Mittheilung, dass am 17. v. M. zwischen dem russischen, franzoesischen und deutschen Vertreter in Söul ein geheimes Abkommen unterzeichnet worden sei, wonach

1. Frankreich die koreanische Regierung zur Verausgabung der fuer das laufende Jahr fuer die Wiju-Bahn noethigen Summe von 1 800 000 Yen bestimmen, eventuell aber dieser Betrag selbst vorstrecken,

2. Deutschland die Konzession zum Bau der Woensan-Bahn erhalten und

3. Russland unter Aufgabe des Projektes der Telegraphenverbindung ueber China ein unterseeisches Kabel von Wladivostock nach der koreanischen Kueste legen solle.

Es bedarf kaum der Hervorhebung, dass diese Nachricht voellig auf Erfindung beruht.

Wie ich gestern von Herrn Pavlow hoerte, hat derselbe kuerzlich telegraphische Weisung erhalten, dass er seinen Urlaub nicht erst im Oktober, sondern schon jetzt antreten koenne, sobald die -in 14 Tagen etwa zu erwartende- Unterzeichnung des daenischen Vertrages bewirkt sein werde. Demnach scheint man gegenwaertig russischerseits weder auf das Arrangement bezueglich der Telegraphenverbindung, noch auf die Beratherfrage ein sehr grosses Gewicht zu legen, wenn auch in Bezug auf Letztere Herr Pavlow nicht so unthaetig gewesen sein duerfte, wie er selbst angiebt.

Nach Behauptung des Herrn Hayashi wenigstens soll er die Anstellung eines russischen Berathers als Gegengewicht gegen Kato zwar nicht offiziell, aber doch in einer Audienz vertraulich verlangt haben. Dies scheint koreanischerseits dazu benutzt zu werden, den Vollzug des Anstellungsvertrages des Herrn Kato immer noch zu verzoegern. Wenn in der japanischen Presse letzthin vielfach von einer lebhaften Thaetigkeit des Letzteren und insbesondere von einem eingehenden Reformprogramm berichtet wurde, dass er der hiesigen Regierung unterbreitet habe, so gehoert auch diese Meldung in die Reihe der tendenzioesen Erfindung.

Bezueglich der Frage der Anstellung eines weiteren amerikanischen Berathers theilte mir Dr. Allen mit, dass er seine Vorschlaege, weil man auf dieselben nicht gleich rueckhaltlos eingegangen sei, gaenzlich zurueckgezogen und seine fernere Mitwirkung bei einem derartigen Engagement ablehnen zu muessen erklaert habe.

Kopieen dieses gehorsamsten Berichts sende ich an die Kaiserlichen Gesandtschaft in Peking und Tokio.

Weipert.

Inhalt: Tendenziöse Erfindungen der japanischen Presse.
    - Die koreanische Beraterfrage.

Berlin, den 29. August 1902.

zu A. 12537.

An

die Mission in

Tokio № A. 38.

J. № 7658.

Euerer pp. übersende ich anbei ergebenst Abschrift eines Berichts des Kais. Botschafters in St. Petersburg vom 18. d. Mts., betreffend ein Telegramm der „Nowoje Wremja." über Herrn Kato in Korea, zu Ihrer gefl. Information.

St. S.

i. m.

Berlin, den 1. September 1902.

I. zu A. 12849.

An

die Missionen in

1. St. Petersburg № 728.

2. Paris № 619.

3. London № 800.

J. № 7726.

Euerer pp. übersende ich anbei ergebenst Abschrift eines Berichts des Kais. Konsuls in Söul vom 7. Juli d. J., betreffend tendenziöse Erfindungen der japanischen Presse, zu Ihrer gefl. Information.

St. S.

i. m.

Betreffend Kopieen des Berichts Nr. 111 vom 3. Juli 1902.

PAAA_RZ201-018933_150			
Empfänger	Buelow	Absender	Weipert
A. 13310 pr. 6. September 1902. p. m.		Soeul, den 21. Juli 1902.	
Memo	A. 12639. J. № 688.		

A. 13310 pr. 6. September 1902. p. m.

Soeul, den 21. Juli 1902.

№ 121.

Seiner Excellenz

dem Reichskanzler

Herrn Grafen von Buelow.

Euerer Excellenz beehre ich mich im Anschluss an Bericht № 111. vom 3. d. M. gehorsamst zu melden, dass ich nachtraeglich Kopieen desselben einschliesslich der Anlage an die Kaiserlichen Gesandtschaften in Peking und Tokio uebersandt habe.

Weipert.

Berlin, den 10. September 1902.   II. zu A. 12849.

An
die Mission in
Washington № A. 281.

J. № 8020.

Euerer pp. übersende ich anbei ergebenst Abschrift eines Berichts des Kais. Konsuls in Söul vom 7. Juli d. J., betreffend tendenziöse Erfindungen der japanischen Presse, die Telegraphenangelegenheit, sowie die Anstellung von fremden Beratern in koreanischen Diensten, zu Ihrer gefl. Information.

St. S.

i. m.

[   ]

PAAA_RZ201-018933_152

Empfänger	Auswärtiges Amt in Berlin	Absender	Weipert
A. 13515 pr. 10. September 1902. p. m.		Söul, den 9. September 1902.	

A. 13515 pr. 10. September 1902. p. m.

Telegramm.

Söul, den 9. September 1902. - Uhr - Min. - m.
Ankunft: 10. 9. 8 Uhr - Min. a. m.
Der. K Konsul an Auswärtiges Amt.

Entzifferung.

№ 15.

Nach Andeutung, welche mir russischer Geschäftsträger machte, scheinen Frankreich und Rußland Dekorierung hiesigen Souveräns zum Regierungsjubiläum zu beabsichtigen. Schwierigkeiten, welche Frankreich zur Zeit hier wegen Quelpart Genugtuung hat, dürften bald durch koreanisches Nachgeben beseitigt werden.

Weipert.

Englisches Geschwader in Chemulpo.

Empfänger	Buelow	Absender	Weipert
A. 13959 pr. 20. September 1902. a. m.		Soeul, den 30. Juli 1902.	
Memo	J. № 739.		

PAAA_RZ201-018933_153 f.

A. 13959 pr. 20. September 1902. a. m.

Soeul, den 30. Juli 1902.

№ 127.

Seiner Excellenz

dem Reichskanzler

Herrn Grafen von Buelow.

Am 23. d. M. traf ein englisches Geschwader bestehend aus den Schiffen „Albion",
„Goliath", „Blenheim" und „Talbot" unter dem Befehl des Contreadmirals Grenfell von
Weihaiwei im Hafen von Chemulpo ein. Der Admiral wurde am 25. mit 24 Offizieren
und dem hiesigen britischen Vertreter in Audienz empfangen. Er hat sodann am 26. eine
Anzahl koreanischer Wuerdentraeger an Bord der „Albion" bewirthet und am 28. den
Hafen wieder verlassen, angeblich um sich nach Weihaiwei zurueck zu begeben.

Kopieen dieses gehorsamsten Berichts sende ich an die Kaiserlichen Gesandtschaften
in Peking und Tokio und an das Kommando des Kreuzergeschwaders.

Weipert.

Inhalt: Englisches Geschwader in Chemulpo.

Franzoesisches und amerikanisches Geschwader in Chemulpo. Die Ansprueche der Firma Collbran & Bostwick.

PAAA_RZ201-018933_155 ff.

Empfänger	Buelow	Absender	Weipert
A. 14185 pr. 25. September 1902. p. m.		Soeul, den 11. August 1902.	
Memo	J. № 777.		

A. 14185 pr. 25. September 1902. p. m.

Soeul, den 11. August 1902.

№ 133.

Seiner Excellenz

dem Reichskanzler

Herrn Grafen von Buelow.

Waehrend der franzoesische Contre-Admiral Bayle, welcher vom 6. bis 8. d. M. mit den Schiffen „D´Entrecasteaux" „Bugeaud" und „Décidée" in Chemulpo verweilte, einen offiziellen Besuch in Soeul, vermuthlich weil er einen solchen erst im Mai d. J. abgestattet hat, unterliess, wurde der amerikanische Contre-Admiral Evans, welcher mit den Schiffen „Kentucky", „New Orleans", „Vicksburg" und „Helena" am 7. d. M. von Chefoo einlief, am 8. mit dem amerikanischen Gesandten in Audienz empfangen. Obwohl das amerikanische Geschwader Chemulpo am 10. wieder verlassen hat, scheint es doch als ob seinem Besuch die Absicht nicht ganz fern gelegen haette, den Gesandten bei gewissen zur Zeit schwebenden Verhandlungen in Betreff amerikanischer Ansprueche zu unterstuetzen. Es handelt sich um die Forderung der Firma Collbran & Bostwick wegen ihrer Auslagen fuer die elektrischen Unternehmungen in Soeul und fuer das Wasserleitungsprojekt, deren Hoehe auf etwa 1 1/2 Millionen Yen angegeben wird. Die Summe soll am 15. d. M. faellig sein und Dr. Allen hat, wie er mir sagte, der Regierung angekuendigt, dass im Fall der Nichtzahlung die Firma von ihrem vertragsmaessigen Recht Gebrauch machen und sich an die Einrichtungen und Liegenschaften der Elektrischen Gesellschaft halten werde. Die Firma, welche sich um die Hafenbauten in Port Arthur bewirbt, scheint geneigt zu sein, sich von ihren hiesigen Unternehmungen zurueck zu ziehen. Sie hat, wie ich von dem russischen Geschaeftstraeger hoere, diesem vor 10 Tagen etwa ihre saemmtlichen hiesigen Interessen und Konzessionen (Elektrische Bahn, elektrisches

Licht, Bahnprojekt, Soeul-Songdo, Bank, Wasserleitungs- und Telephonberechtigung fuer Soeul) fuer 1 1/2 Millionen Yen zum Kauf angeboten. Herr Stein glaubt aber nicht, dass man sich russischerseits darauf einlassen werde. Eventuell duerfte die Firma auf Verkauf der elektrischen Anlagen an Japaner rechnen, wenn sie nicht von der koreanischen Gesellschaft noch befriedigt werden sollte.

Kopieen dieses gehorsamsten Berichts sende ich an die Kaiserlichen Gesandtschaften in Peking und Tokio und Peking.

Weipert.

Inhalt: Franzoesisches und amerikanisches Geschwader in Chemulpo. Die Ansprueche der Firma Collbran & Bostwick.

Engagementsabschluß des Ratgebers Kato.

PAAA_RZ201-018933_158 f.

Empfänger	Buelow	Absender	Weipert
A. 15168 pr. 17. Oktober 1902. a. m.		Soeul, den 23. August 1902.	
Memo	mtg. 22 .10. London 944, Petbg. 846. J. № 810.		

A. 15168 pr. 17. Oktober 1902. a. m.

Soeul, den 23. August 1902.

№ 137.

Seiner Excellenz

dem Reichskanzler

Herrn Grafen von Buelow.

Nach laengeren Verhandlungen ist, wie ich von dem japanischen Gesandten hoere, am 21. d. M. zwischen der hiesigen Regierung und Herrn Masuo Kato ein Vertrag zur Unterzeichnung gelangt, durch welchen der Letztere auf 3 Jahre mit einem monatlichen Gehalt von 600 Yen als Rathgeber, nicht des Hausministeriums, sondern des Ministeriums fuer Landwirthschaft, Handel und Industrie engagiert wird. Wenn darin auch ein Sieg der Bestrebungen zu erblicken ist, Herrn Kato aus dem Palast fernzuhalten, so kann Japan doch zufrieden sein, wenigstens seine Verwendung in einem fuer die japanischen Interessen besonders wichtigen Ressort erreicht zu haben.

Kopieen dieses gehorsamsten Berichts sende ich an die Kaiserlichen Gesandtschaften in Peking und Tokio und Peking.

Weipert.

Inhalt: Engagementsabschluß des Ratgebers Kato.

[   ]

PAAA_RZ201-018933_160 ff.

Empfänger	Bülow	Absender	Weipert
A. 15146 pr. 16. Oktober 1902. p. m.		Soeul, den 1. September 1902.	
Memo	J. № 840.		

Abschrift.

A. 15146 pr. 16. Oktober 1902. p. m.

Soeul, den 1. September 1902.

№ 141.

Sr. Exzellenz

dem Reichskanzler

Herrn Grafen von Bülow.

Bei der Feier des Geburtstages des hiesigen Souveräns am 28. v. Mts. hat sich der französische Ministerresident nach der Audienz vor dem in Anschluß daran vom Hausminister im Palast veranstalteten Frühstück mit seinem Personal in ostentativer Weise entfernt. Auch zu einer im Ministerium des Äußeren am selben Abend abgehaltenen Soiree erschien die französische Gesandtschaft nicht. Einige Tage später teilte mir Herr Collin de Plancy mit, er habe dadurch den Koreanern gegenüber sein Mißfallen über deren unbefriedigende Art der Behandlung der Quelpart-Angelegenheit zur Geltung bringen wollen. Es handelt sich dabei, abgesehen von der immer noch nicht bezahlten Entschädigung von 5160 Yen, vor Allem um die Frage der Bestrafung der Anstifter und Anführer der Christenverfolgung vom April v. J.. Von denselben waren im Oktober v. Js. durch den Obersten Gerichtshof in Soeul 3 zum Tode und 8 zu Zuchthaus von 10 bis 15 Jahren verurteilt worden, während der Prozeß gegen einen nach Angabe der französischen Priester am hervorragendsten beteiligten Bezirks-Magistrat namens Chai Kui Soek trotz dringenden Strafantrags des französischen Vertreters verschleppt wurde. Die erwähnten Todesstrafen wurden zwar alsbald vollstreckt, bezüglich der übrigen Schuldigen wurde dagegen am 18. v. M. ein Dekret publiziert, wonach 4 derselben begnadigt sind und der erwähnte Chai Kui Soek - mit der Angabe, daß er sich um den Schutz der französischen Priester bemüht habe - außer Verfolgung gesetzt wurde. Da schriftliche Vorstellungen, welche Herr Collin de Plancy dieserhalb an den interimistischen Minister des Äußern richtete, unbeantwortet blieben, erklärte er, den Einladungen zu den eingangs erwähnten Festlichkeiten nicht Folge leisten zu können. Er verspricht sich von diesem Schritt, abgesehen von der vorliegenden Frage, auch bezüglich verschiedener anderer unbefriedigter Ansprüche französischer Untertanen eine günstige Wirkung, indem er darauf rechnet, daß man koreanischerseits befürchten werde, er könne eventuell auch die Jubiläumsfestlichkeiten im Oktober durch sein Fernbleiben stören.

gez. Weipert.

Orig. i. a. Korea 5

Besuch des englischen und des italienischen Admirals.

PAAA_RZ201-018933_163 ff.

Empfänger	Buelow	Absender	Weipert
A. 15169 pr. 17. Oktober 1902. a. m.		Soeul, den 23. August 1902.	
Memo	mtg. 22. 10. London 943. J. № 812.		

A. 15169 pr. 17. Oktober 1902. a. m.

Soeul, den 23. August 1902.

№ 138.

Seiner Excellenz, dem Reichskanzler, Herrn Grafen von Buelow.

Der englische Vice-Admiral Sir Cyprian Bridge traf am 18. d. M. mit dem Aviso „Alacrity" und dem Torpedozerstoerer „Fame" von Weihaiwei in Chemulpo ein, hat aber nach kurzem Besuch in Soeul und ohne Audienz bei dem hiesigen Souveraen nachzusuchen, den Hafen am 21. wieder verlassen um nach Weihaiwei zurueckzukehren. Es ist nicht unmoeglich, dass eine Schlaegerei, welche am Nachmittag des 19. zwischen 6 Matrosen der „Fame" und japanischen Kulis in Chemulpo stattfand, zur Abkuerzung des Aufenthalts beigetragen hat. Die Matrosen hatten in der Betrunkenheit Streit in japanischen Laeden angefangen und sind von der japanischen Uebermacht uebel zugerichtet worden. Der englische Vice-Konsul Fox, welcher die Matrosen schliesslich in Sicherheit brachte, sah sich gleichfalls durch zahlreiche Steinwuerfe bedroht. Drei Japaner wurden verwundet. Man ist aber auf beiden Seiten bestrebt aus der Sache moeglichst wenig zu machen.

Auch in Fusan hat am 11. d. M. eine von 4 Matrosen des franzoesischen Kriegsschiffes „D´Entrecasteaux" angezettelte Schlaegerei stattgefunden, bei der ihnen eine Anzahl Matrosen des italienischen Kriegsschiffes „Marco Polo" zu Huelfe kam und 13 Japaner verwundet wurden.

Gleichzeitig mit den englischen Schiffen kam der italienische Kontre-Admiral Palumbo mit dem „Marco Polo" in Chemulpo an. Er wurde mit angeblich 8 seiner Offiziere und dem italienischen Konsul heute in Audienz empfangen und zum Diner im Palast bewirthet.

Kopieen dieses gehorsamsten Berichts sende ich an die Kaiserliche Gesandtschaft in Tokio und Peking und an das Kaiserliche Kommando des Kreuzer-Geschwaders.

Weipert.

Inhalt: Besuch des englischen und des italienischen Admirals.

Berlin, den 22. Oktober 1902.   A. 15168.

An

die Missionen in

1. London № 944.

2. Petersburg № 846.

J. № 9138.

Euer pp. übersende ich anbei ergebenst Abschrift
eines Berichts des Kaiserl. Konsuls in Söul vom 23.
August d. J., betreffend Anstellung des Japaners
Masuo Kato in Korea,

        zu Ihrer gefl. Information.

           St. S.

            i. m.

Berlin, den 22. Oktober 1902.   A. 15169.

An

die Mission in

London № 943.

J. № 9139.

Euer pp. übersende ich anbei ergebenst Auszug aus
einem Bericht des Kais. Konsuls in Söul vom 23.
August d. J. betreffend einen Besuch des englischen
Vize-Admirals Bridge in Chemulpo und Söul,

        zu Ihrer gefl. Information.

           St. S.

            i. m.

Russische Vertretung beim Regierungsjubiläum des Kaisers von Korea.

PAAA_RZ201-018933_168 f.			
Empfänger	Bülow	Absender	Rowberg
A. 15565 pr. 25. Oktober 1902. a. m.		St. Petersburg, den 23. Oktober 1902.	
Memo	Kaiserlich Deutsche Botschaft in Rußland. Wladimirowitsch.		

A. 15565 pr. 25. Oktober 1902. a. m. 1 Anl.

St. Petersburg, den 23. Oktober 1902.

№ 757.

Seiner Exzellenz, dem Reichskanzler, Herrn Grafen von Bülow.

Die „Nowoje Wremja" veröffentlicht heute zwei Telegramme aus Port Arthur über den Empfang des Großfürsten Kyrill Wladimirowitsch und des russischen außerordentlichen Gesandten Waeber in Söul anläßlich des Regierungsjubiläums des Kaisers von Korea. Wenn auch nach der Darstellung des Korrespondenten der Gesandte Waeber offiziell die Glückwünsche der russischen Regierung dem Kaiser von Korea übermittelte, so geht doch andererseits aus derselben hervor, daß bei dem Empfang der russischen Vertretung der Großfürst die erste Rolle spielte und durch seine Anwesenheit die Demarche der russischen Regierung anläßlich des Regierungsjubiläums eine besondere Feierlichkeit erhielt.

Wie s. Zt. berichtet worden war, hatte die Kaiserliche Botschaft im hiesigen Ministerium des Äußeren die Auskunft erhalten, daß lediglich ein Abgesandter der hiesigen Regierung dem Kaiser von Korea die Glückwünsche des Zaren überbringen würde, und daß die etwaige gleichzeitige Anwesenheit russischer Schiffe oder Offiziere in Korea jedenfalls in keinem Zusammenhang mit dem Regierungsjubiläum stehen würde.

Diese amtliche Auskunft ist mit den von der Nowoje Wremja geschilderten Vorgängen, vorausgesetzt daß diese Schilderung den Tatsachen entspricht, schwer in Einklang zu bringen. In der Anlage beehre ich mich den erwähnten Bericht der „Nowoje Wremja" vorzulegen.

Rowberg.

Inhalt: Russische Vertretung beim Regierungsjubiläum des Kaisers von Korea.

Anlage zu Bericht № 757. der Ksl. Botschaft in St. Petersburg vom 23. Oktober 1902.

Der „Nowoje Wremja" wird aus Port Arthur durch Telegramme vom 21. und 22. d. M. gemeldet, daß der außerordentliche Gesandte Waeber am 16/4. Oktober auf dem Kreuzer „Admiral Nachimow", auf welchem der Großfürst Kyrill Wladimirowitsch als erster Offizier Dienst tut, auf der Rhede von Tschemulpo eingetroffen sei. Zur Begrüßung des Gesandten waren die koreanischen Minister der Finanzen und der Justiz sowie der Russische Geschäftsträger mit den Gliedern der Gesandtschaft und der Kommandant des Russischen Stationsschiffes „Otwashny" erschienen. Alle Erschienenen wurden dem Großfürsten vorgestellt, der am nächstfolgenden Tage mit dem Admiral und den Offizieren des Kreuzers „Admiral Nachimow" in einem Extrazuge nach Söul aufbrach, wo er von den ihn dorthin vorangeeilten Personen: dem Gesandten Weber, dem Russischen Geschäftsträger und den koreanischen Würdenträgern, sowie einer Ehrenwache festlich empfangen wurde. Um 1 Uhr Mittags fand im Palais des Kaisers von Korea feierlicher Empfang statt, wobei Waeber die Glückwünsche der Russischen Regierung und der Kommandant der „Admiral Nachimow", Kapitän 1. Ranges Stemman, die Glückwünsche des Geschwaderchefs im Stillen Ozean, Vize-Admirals Skrydlow, überbrachte. Nachdem Champagner gereicht worden war, brachte der Kaiser einem Toast auf den Russischen Zaren aus, den Großfürst Kyrill mit einem Trinkspruch auf die Gesundheit des Kaisers erwiderte. Später überreichte der Kaiser dem Großfürsten eigenhändig die Insignien eines koreanischen Ordens, der nur Mitgliedern regierender Häuser verliehen zu werden pflegt.

Der Großfürst kehrte, nachdem er noch in den Räumen der Russischen Gesandtschaft die Vertreter der auswärtigen Mächte empfangen hatte, per Extrazug nach Tschemulpo zurück.

[   ]

PAAA_RZ201-018933_174 f.

Empfänger	Bülow	Absender	Quadt
A. 15781 pr. 29. Oktober 1902. a. m.		Washington, den 20. Oktober 1902.	
Memo	mtg. 4. 11. London 982, Petersbg. 884, Peking A. 126.		

Abschrift.

A. 15781 pr. 29. Oktober 1902. a. m.

Washington, den 20. Oktober 1902.

A. 374.

Seiner Exzellenz, dem Reichskanzler
Herrn Grafen von Bülow.

Der russische Botschafter Graf Cassini erzählte mir, er sei kürzlich durch ein Telegramm, aus London datiert, welches in der hiesigen Presse wiedergegeben worden sei, so merkwürdig dasselbe geklungen habe, doch in eine gewisse Aufregung versetzt worden. Das Telegramm habe nämlich gesagt, der japanische Berater des Königs von Korea, sowie der englische Gesandte daselbst, hätten ein neues Abkommen gezeichnet, nach welchem die Integrität und Unabhängigkeit Koreas von Neuem anerkannt worden sei und die koreanische Regierung sich verpflichtet habe, sich zur Beschaffung von Geld an keine anderen Mächte zu wenden, wie Japan, Großbritannien oder die Vereinigten Staaten. Er habe sich deshalb sofort zu Staatssekretär Hay begeben und denselben befragt, ob in der Tat die Vereinigten Statten in irgendeiner Weise sich in Ostasien mit Japan und Großbritannien eingelassen hätten. Staatssekretär Hay habe dies auf das Entschiedenste, beinahe mit Heftigkeit, in Abrede gestellt. Graf Cassini hat denn auch den Eindruck gewonnen, daß an der Nachricht nichts Wahres daran sei, und führt dieselbe darauf zurück, daß England den Anschein zu erwecken wünsche, als ob die Vereinigten Staaten mit Großbritannien und Japan in Ostasien Hand in Hand gingen, was natürlich die Stellung dieser beiden Mächte sehr verstärken würde.

gez. Quadt.

Orig i. a. Korea 10.

연구 참여자

[연구책임자] **김재혁** : 출판위원장·독일어권문화연구소장·고려대학교 독어독문학과 교수

[공동연구원] **김용현** : 출판위원·고려대학교 독어독문학과 교수
Kneider, H.-A. : 출판위원·한국외국어대학교 독일어학과&통번역대학원 교수
이도길 : 출판위원·고려대학교 민족문화연구원 HK 교수
배항섭 : 출판위원·성균관대학교 동아시아학술원 교수
유진영 : 출판위원·고려대학교 독일어권문화연구소 연구교수

[전임연구원] **한승훈** : 고려대학교 독일어권문화연구소 연구교수
이정린 : 고려대학교 독일어권문화연구소 연구교수

[번역] **김인순** : 고려대학교 독일어권문화연구소 연구원 (R18931)
강명순 : 고려대학교 독일어권문화연구소 연구원 (R18932, R18933)

[보조연구원] **김형근** : 고려대학교 대학원 한국사학과 박사수료
박진홍 : 고려대학교 대학원 한국사학과 박사수료
박진우 : 고려대학교 대학원 독어독문학과 석사과정
서진세 : 고려대학교 대학원 독어독문학과 석사과정
이홍균 : 고려대학교 독어독문학과 학사과정
정지원 : 고려대학교 독어독문학과 학사과정
박지수 : 고려대학교 독어독문학과 학사과정
박성수 : 고려대학교 한국사학과 학사과정
이원준 : 고려대학교 한국사학과 학사과정

[탈초 · 교정] **Seifener, Ch.** : 고려대학교 독어독문학과 부교수
Wagenschütz, S. : 동덕여자대학교 독일어과 외국인 교수
Kelpin, M. : 고려대학교 독어독문학과 외국인 교수

1874~1910
독일외교문서 한국편 10

2020년 4월 29일 초판 1쇄 펴냄

옮긴이 고려대학교 독일어권문화연구소
발행인 김흥국
발행처 보고사

책임편집 황효은
표지디자인 손정자

등록 1990년 12월 13일 제6-0429호
주소 경기도 파주시 회동길 337-15 보고사 2층
전화 031-955-9797(대표), 02-922-5120~1(편집), 02-922-2246(영업)
팩스 02-922-6990
메일 kanapub3@naver.com / bogosabooks@naver.com
http://www.bogosabooks.co.kr

ISBN 979-11-5516-999-5 94340
      979-11-5516-904-9 (세트)
ⓒ 고려대학교 독일어권문화연구소, 2020

정가 50,000원